U0107902

重释唯物史观

吴英——著

社会科学文献出版社
SOCIAL SCIENCES ACADEMIC PRESS (CHINA)

序

吴英研究员的新著《重释唯物史观》面世，为史学林苑添上了一株新木。虽然那是作者积二十余年培育之功的作品，但他对我说，它只是提供学界同人切磋琢磨、批评讨论的一个场地。这样的谦逊态度，值得点赞。

唯物史观和它揭示的历史发展规律从问世那一天起，就遭到各方论者的质疑、批评。与此同时，竭力捍卫唯物史观的论者也提出了众多的回应和对批评的批评。吴英一面细读深研马克思主义经典原著，一面对20世纪国内外出现的多种史学理论和历史哲学思潮进行系统的观察与思考，在此基础上，形成了他对唯物史观进行重新阐释的一些基本理念，以及他对20世纪国内外一些主要的历史学和历史哲学思潮的是非得失的评价。

毋庸讳言，吴英曾是我的学生，毕业后曾在同一个研究所从事研究和教学工作，一起研讨工作中遇到的问题，因此，我们在学术观点上有许多交集、共通之处。吴英也是一位独立个性极强的学者，他常常提出一些颇为尖锐的问题跟我争辩、讨论。诸如历史学的本体论和认识论的定义和关系，生产力和生产关系的定义和关系，分工的定义及其和所有制的关系，"文明"的定义和物质文明与精神文明的关系，"规律"的定义和因果逻辑与归纳逻辑的关系……这些争辩、讨论对我的思考深度的推进起了很大的促进作用，成为我学术求索历程中愉快的回忆。

这一"问难—促进"流程至今也没有停止。最近的一个例子就是，在这本《重释唯物史观》的结语中，吴英提出了如何辨识唯物史观的"规律观"问题。这是我过去未曾讲述明白的一个问题。

在此，我先对这个问题做一个提纲式的说明，供作者参酌，也供学界同人批评、研讨。

早在 1843 年，马克思投身人类解放斗争之时，也是他开始步入创立唯物史观的艰巨历程之时，就满腔热忱、充满信心地说道：

> 批判的武器当然不能代替武器的批判，物质力量只能用物质力量来摧毁；但是理论一经掌握群众，也会变成物质力量。理论只要说服人〔ad hominem〕，就能掌握群众；而理论只要彻底，就能说服人〔ad hominem〕。所谓彻底，就是抓住事物的根本。而人的根本就是人本身。①

这也就是说，只有抓住了"人的根本"的理论，才是能够"说服人"的"彻底"的理论。

可惜，至今理解马克思说的"人的根本"的人，为数不多，因此理解和阐发能够"说服人"的"彻底"的理论，所见也为数不多。

那么，究竟什么是抓住了"人的根本"因而能够"说服人"的"彻底"的理论呢？这需要从马克思的世界观深处开始，一层一层地解读。

我不揣冒昧，在此陈述如下。

（一）马克思提出的历史发展规律的深层根基是，包括人类在内的整个宇宙大自然的"一元多因多果"的自然生成的因果必然性规律

1. 马克思的立论根基是科学的自然发生说世界观。自然发生说是整个科学宇宙观—世界观的根基和内核，它是以可感知的证据确证的自

---

① 《马克思恩格斯文集》第 1 卷，人民出版社 2009 年版，第 11 页。

然必然性，排除了任何超自然的神魔鬼怪参与"创世"的可能性。

对此，马克思先后做过以下论证："历史本身是**自然史**的即自然界生成为人这一过程的一个**现实**部分"；"**大地**创造说，受到了**地球构造学**即说明地球的形成、生成是一个过程、一种自我产生的科学的致命打击。自然发生说是对创世说［Schöpfungstheorie］的惟一实际的驳斥"；"所以关于某种**异己的**存在物、关于凌驾于自然界和人之上的存在物的问题，即包含着对自然界的和人的非实在性的承认的问题，实际上已经成为不可能的了"。①

2. 无论整个宇宙大自然，还是它的包括人类在内的每个组成部分，都是一个永恒运动的实体或运动主体，都有其发生、发展的历史过程；每个历史过程在科学家的认知中都形成一门科学，总体来说都可以说是历史性的科学。

对此，马克思做过多次论证，其中最详者为："我们仅仅知道一门唯一的科学，即历史科学。历史可以从两方面来考察，可以把它划分为自然史和人类史。但这两方面是不可分割的；只要有人存在，自然史和人类史就彼此相互制约。自然史，即所谓自然科学，我们在这里不谈；我们需要深入研究的是人类史，因为几乎整个意识形态不是曲解人类史，就是完全撇开人类史。意识形态本身只不过是这一历史的一个方面。"②

现代科学提供了越来越多的事实，证明马克思的"唯一的科学，即历史科学"的论断是科学的真理：宇宙大爆炸到银河系到恒星系，包括地球在内的行星系和其中的无机物、有机物、可能有的动植物，直到人类，都有一个具有自然必然性的历史演进过程，在自然科学家的认知中都形成了各自历史性的科学。如今只是在分子、原子和各种基本粒子的微观世界中，科学家还未能发现其中的历史演进过程，因此在表述

---

① 《马克思恩格斯全集》第3卷，人民出版社2002年版，第308、309、311页。
② 《马克思恩格斯文集》第1卷，人民出版社2009年版，第516页脚注②。

它们运动变化的原理或规律的方程中往往用一个经验性的"常数"来替代尚未精确知悉的因素。2023 年诺贝尔物理学奖三位获奖者，皮埃尔·阿戈斯蒂尼（Pierre Agostini）、费伦茨·克劳茨（Ferenc Krausz）和安妮·卢利尔（Anne L'Huillier），他们的主要贡献是掌握了"阿秒光脉冲"技术，运用它也许就可以深入原子内部去观察肉眼见不着的微观粒子瞬间运动过程，也就是微观粒子的历史运动轨迹了。

3. 宇宙大自然和其中包括人类在内的每个运动主体都具有自己运动的自然本性和动力源泉：在无生命世界，其动力源泉或原动力或许就来自爱因斯坦发现的质能关系式（$E = mc^2$）表达之处；在有生命世界，动力源泉或原动力来自生命体新陈代谢生命活动的自然本性。

4. 无论无生命的世界还是有生命的世界，运动主体的自己运动都不是孤立的运动，都必然要同环绕自身的外部环境交换能量，由此决定，每一个具体的运动主体的本性都不是纯粹的自身特性，而是自身的内在特性（内因、主因或终极原因）跟环绕自身的外部环境作用（外因、辅因或次生原因）合成的结果。因此马克思说："具体之所以具体，因为它是许多规定的综合，因而是多样性的统一。"[①] 有的论者把内因和外因的合成作用说成是没有主体（内因）和环境（外因）差别的"相互作用"的结果，这是不对的。马克思虽然说过"人创造环境，同样，环境也创造人"，[②] 但他更强调的是"关于环境和教育起改变作用的唯物主义学说忘记了：环境是由人来改变的，而教育者本人一定是受教育的"。[③]

5. 因此我们说，马克思的历史规律观是科学的"一元多因多果"的因果必然性历史规律观。"一元"指的是任何一个运动实体（主体内因）的自己运动；"多因"指的是给予主体的多种可能的"外因"；"多果"指的是任何具体的生成体都是"多样性的统一"，"统一"于

① 《马克思恩格斯文集》第 8 卷，人民出版社 2009 年版，第 25 页。
② 《马克思恩格斯文集》第 1 卷，人民出版社 2009 年版，第 545 页。
③ 《马克思恩格斯文集》第 1 卷，人民出版社 2009 年版，第 500 页。

何者？"统一"于运动主体的自己运动。

我们曾用符号语言将科学的"一元多因多果"的因果必然性历史规律观表述如下：

【M，C】i… （表示"任何事物 M，由于自身特性 C 决定"）

$c_1, c_2 \cdots c_n \cdots$ （表示"在受到不同的外部因素 $<c_i>$ 制约条件下"）

——————… （表示"该事物【M，C】i 必然要对影响到它的外部因素做出反应"）

【M，C】E_1,

【M，C】E_2…

【M，C】E_n… （表示"必然产生出相应的变化结果"）[1]

（二）"一元多因多果"的宇宙演进的因果必然性历史规律在人类历史发展进程中展现为人类本性的历史发展规律

1. 人类区别于其他动物的人类本性就是人总要有意识地追求与其生产能力发展水平相适应的自由幸福。

对此，马克思先后做过以下论证："一个种的整体特性、种的类特性就在于生命活动的性质，而自由的有意识的活动恰恰就是人的类特性";[2] "宗教是人的本质**在幻想中的实现**"，因此，"废除作为人民的**虚幻**幸福的宗教，就是要求人民的现实幸福。要求抛弃关于人民处境的幻觉，就是**要求抛弃那需要幻觉的处境**";[3] 他进而指出："理论只要说服人［ad hominem］，就能掌握群众；而理论只要彻底，就能说服人［ad hominem］。所谓彻底，就是抓住事物的根本特性。而人的根本特性就

---

① 庞卓恒、李学智、吴英、李友东：《史学概论（第三版）》，高等教育出版社 2019 年版，第 141 页。

② 《马克思恩格斯文集》第 1 卷，人民出版社 2009 年版，第 162 页。

③ 《马克思恩格斯文集》第 1 卷，人民出版社 2009 年版，第 3—4 页。译文中"人的本质"宜译为"人的本性［Wesen］"。

是人本身。德国理论的彻底性的明证，亦即它的实践力量的明证，就在于德国理论是从坚决**积极**废除宗教出发的。对宗教的批判最后归结为人就是人间上帝这个最高生灵这样的学说，从而也归结为这样的**绝对命令：必须推翻**那些使人成为被侮辱、被奴役、被遗弃和被蔑视的东西的**一切关系**。"①

总之，人的本性就是总要追求自由幸福生活，并且为此努力排除各种障碍：发展生产能力以克服自然环境障碍；奋力抗争以克服社会的障碍。

2. 人类追求自由幸福生活的本性驱使人类首先要努力发展物质生产能力，这是人类"一切历史的第一个前提"或历史发展的原动力或终极原因；人类在发展物质生产力的同时，推动着自身本性从低级向高级发展。

对此，马克思先后做过如下论证："……在社会主义者看来，整个所谓的世界历史不过是人类通过人的劳动而产生的过程，不过是人类的自然形成过程，由此他就有了人类通过自己产生自己、他的形成过程的生动的、不可否认的论据"②；"我们首先应当确定一切人类生存的第一个前提，也就是一切历史的第一个前提，这个前提是：人们为了能够'创造历史'，必须能够生活。但是为了生活，首先就需要吃喝住穿以

---

① 《马克思恩格斯文集》第 1 卷，人民出版社 2009 年版，第 11 页。译文部分有调整，如原版译文中的"人的根本"一语令人费解，经查对，在马克思的德文原著里为"Die Wurzel für den Menschen"，这里改译为"人的根本特性"；另一处"人是人的最高本质"，令人无法理解，经查对，在德文原著里为"daß der Mensch das höchste Wesen für den Menschen sei"，此处据之改译为"人就是人间上帝这个最高生灵"。

② 《马克思恩格斯文集》第 1 卷，人民出版社 2009 年版，第 196 页。该处的译文是："……对社会主义的人来说，**整个所谓世界历史**不外是人通过人的劳动而诞生的过程，是自然界对人来说的生成过程，所以关于他通过自身而**诞生**、关于他的**形成过程**，他有直观的、无可辩驳的证明。"如此译文多有费解处。经查对马克思的德文原著，此处的表述是："… für den sozialistischen Menschen die ganze sogenannte Weltgeschichte nichts anders ist als die Erzeugung des Menschen durch die menschliche Arbeit，als das Werden der Natur für den Menschen，so hat er also den anschaulichen，unwiderstehlichen Beweis von seiner Geburt durch sich selbst，von seinem Entstehungsprozeß." 据此对译文做了如上改写。

及其他一些东西。因此第一个历史活动就是生产满足这些需要的资料，即生产物质生活本身，而且，这是人们从几千年前直到今天单是为了维持生活就必须每日每时从事的历史活动，是一切历史的基本条件";①"这种活动、这种连续不断的感性劳动和创造、这种生产，正是整个现存的感性世界的基础，它哪怕只中断一年，费尔巴哈就会看到，不仅在自然界将发生巨大的变化，而且整个人类世界以及他自己的直观能力，甚至他本身的存在也会很快就没有了";②"由于人类本性的发展规律，一旦满足了某一范围的需要，又会游离出、创造出**新的需要**。因此，资本在促使劳动时间超出为满足工人的必不可少的自然需要所决定的限度时，也使社会劳动即社会的总劳动划分得越来越多，生产越来越多样化，社会需要的范围和满足这些需要的手段的范围日益扩大，从而使人的生产能力得到发展，因而使人的才能在新的方面发挥作用";③"在再生产的行为本身中，不但客观条件改变着，例如乡村变为城市，荒野变为开垦地等等，而且生产者也改变着，他炼出新的品质，通过生产而发展和改造着自身，造成新的力量和新的观念，造成新的交往方式，新的需要和新的语言";④"像野蛮人为了满足自己的需要，为了维持和再生产自己的生命，必须与自然搏斗一样，文明人也必须这样做；而且在一切社会形式中，在一切可能的生产方式中，他都必须这样做。这个自然必然性的王国会随着人的发展而扩大，因为需要会扩大；但是，满足这种需要的生产力同时也会扩大。这个领域内的自由只能是：社会化的人，联合起来的生产者，将合理地调节他们和自然之间的物质变换，把它置于他们的共同控制之下，而不让它作为一种盲目的力量来统治自己；靠消耗最小的力量，在最无愧于和最适合于他们的人类本性的条件下来进行这种物质变换。但是，这个领域始终是一个必然王国。在这个

① 《马克思恩格斯文集》第1卷，人民出版社2009年版，第531页。
② 《马克思恩格斯文集》第1卷，人民出版社2009年版，第529页。
③ 《马克思恩格斯全集》第32卷，人民出版社1998年版，第223—224页。
④ 《马克思恩格斯文集》第8卷，人民出版社2009年版，第145页。

必然王国的彼岸，作为目的本身的人类能力的发挥，真正的自由王国，就开始了。但是，这个自由王国只有建立在必然王国的基础上，才能繁荣起来。工作日的缩短是根本条件"。①

3. 人类本性的发展规律展现为人的劳动生产活动推动生产力和与之相应的生产关系的发展；在生产力处于低水平发展阶段，地域环境的差异导致人类生产力和生产关系发展过程中出现民族和阶级之间富强贫弱的差距和对立，导致以富欺穷、恃强凌弱的反人性的兽性行径；但是对立和反人性的兽性行径只是在生产力还没有发展到足以消弭地域局限并消除富强贫弱差距的历史时期存在的暂时、相对的必然性，不是超越历史时期限制的绝对的必然性；随着贫弱者的反抗日益强劲和生产力日益发展，致使地域阻隔强度日渐消退和富强贫弱差距日渐缩小，以富欺穷、恃强凌弱的反人性兽性霸道必然要日渐消退，这是绝对的历史必然性。

对此，马克思先后做过如下论证："生产力和社会关系（指生产关系——引者注）——这二者是社会个人的发展的不同方面"；②"我所得到的、并且一经得到就用于指导我的研究工作的总的结果，可以简要地表述如下：人们在自己生活的社会生产中发生一定的、必然的、不以他们的意志为转移的关系，即同他们的物质生产力的一定发展阶段相适合的生产关系。这些生产关系的总和构成社会的经济结构，即有法律的和政治的上层建筑竖立其上并有一定的社会意识形式与之相适应的现实基础。物质生活的生产方式制约着整个社会生活、政治生活和精神生活的过程。不是人们的意识决定人们的存在，相反，是人们的社会存在决定人们的意识。社会的物质生产力发展到一定阶段，便同它们一直在其中运动的现存生产关系或财产关系（这只是生产关系的法律用语）发生矛盾。于是这些关系便由生产力的发展形式变成生产力的桎梏。那时社

---

① 《马克思恩格斯文集》第 7 卷，人民出版社 2009 年版，第 928—929 页。

② 《马克思恩格斯全集》第 31 卷，人民出版社 1998 年版，第 101 页。"社会个人"这个译词令人费解，马克思的德文原著为"sozial individuum"，宜译为"社会中的个人"。

会革命的时代就到来了。随着经济基础的变更，全部庞大的上层建筑也或慢或快地发生变革。在考察这些变革时，必须时刻把下面两者区别开来：一种是生产的经济条件方面所发生的物质的、可以用自然科学的精确性指明的变革，一种是人们借以意识到这个冲突并力求把它克服的那些法律的、政治的、宗教的、艺术的或哲学的，简言之，意识形态的形式。我们判断一个人不能以他对自己的看法为根据，同样，我们判断这样一个变革时代也不能以它的意识为根据；相反，这个意识必须从物质生活的矛盾中，从社会生产力和生产关系之间的现存冲突中去解释。无论哪一个社会形态，在它所能容纳的全部生产力发挥出来以前，是决不会灭亡的；而新的更高的生产关系，在它的物质存在条件在旧社会的胎胞里成熟以前，是决不会出现的。所以人类始终只提出自己能够解决的任务，因为只要仔细考察就可以发现，任务本身，只有在解决它的物质条件已经存在或者至少是在生成过程中的时候，才会产生。大体说来，亚细亚的、古代的、封建的和现代资产阶级的生产方式可以看做是经济的社会形态演进的几个时代。资产阶级的生产关系是社会生产过程的最后一个对抗形式，这里所说的对抗，不是指个人的对抗，而是指从个人的社会生活条件中生长出来的对抗；但是，在资产阶级社会的胎胞里发展的生产力，同时又创造着解决这种对抗的物质条件。因此，人类社会的史前时期就以这种社会形态而告终"；① "生产力与交往形式（指生产关系——引者注）的关系就是交往形式与个人的行动或活动的关系。（这种活动的基本形式当然是物质活动，一切其他的活动，如精神活动、政治活动、宗教活动等都取决于它。……）……个人相互交往的条件，在上述这种矛盾产生以前，是与他们的个性相适合的条件，对于他们来说不是什么外部的东西；在这些条件下，生存于一定关系中的一定的个人独力生产自己的物质生活以及与这种物质生活有关的东西，因而这些条件是个人的自主活动的条件，并且是由这种自主活动产生出来

① 《马克思恩格斯全集》第31卷，人民出版社1998年版，第412—413页。

的。这样，在矛盾产生以前，人们进行生产的一定条件是同他们的现实的局限状态，同他们的片面存在相适应的，这种存在的片面性只是在矛盾产生时才表现出来，因而只是对于后代才存在。这时人们才觉得这些条件是偶然的桎梏，并且把这种视上述条件为桎梏的意识也强加给先前的时代。这些不同的条件，起初是自主活动的条件，后来却变成了自主活动的桎梏，这些条件在整个历史发展过程中构成各种交往形式的相互联系的序列，各种交往形式的联系就在于：已成为桎梏的旧交往形式被适应于比较发达的生产力，因而也适应于进步的个人自主活动方式的新交往形式所代替，新的交往形式又会成为桎梏，然后又为另一种交往形式所代替。由于这些条件在历史发展的每一阶段都是与同一时期的生产力的发展相适应的，所以它们的历史同时也是发展着的、由每一个新的一代承受下来的生产力的历史，从而也是个人本身力量发展的历史"；①"从资本和雇佣劳动的角度来看，活动的这种物的躯体的创造是在同直接的劳动能力的对立中实现的，这个对象化过程实际上从劳动方面来说表现为劳动的外化过程，从资本方面来说表现为对他人劳动的占有过程，——就这一点来说，这种扭曲和颠倒是**真实的**，而不是**单纯想象的**，不是单纯存在于工人和资本家的观念中的。但是很明显，这种颠倒的过程不过是**历史的**必然性，不过是从一定的历史出发点或基础出发的生产力发展的必然性，但决不是生产的一种**绝对的**必然性，倒是一种暂时的必然性，而这一过程的结果和目的（内在的）是扬弃这个基础本身以及扬弃过程的这种形式"。②

4. 人类追求自由幸福生活的本性推动生产力和生产关系发展，一般要从低级向高级依次经历三个大的阶段：手工劳动生产力条件下的对"天然尊长"的依附关系为主的阶段，机器劳动生产力条件下的物的依赖关系基础上的人独立平等交往关系为主的阶段，以及自动化、智能化

---

① 《马克思恩格斯文集》第 1 卷，人民出版社 2009 年版，第 575—576 页。
② 《马克思恩格斯文集》第 8 卷，人民出版社 2009 年版，第 207—208 页。

生产力条件下"每个人的自由发展是一切人的自由发展的条件"① 的交往关系的阶段。人类发展依次递进的三个大的阶段是普遍规律，但各民族、国家所处自然环境和人文环境各不相同，由此决定，其递进三大阶段的具体道路和方式必然是各不相同、各有特色的。

对此，马克思先后做过如下论证："人的依赖关系（起初完全是自然发生的），是最初的社会形式，在这种形式下，人的生产能力只是在狭小的范围内和孤立的地点上发展着。以**物的依赖性**为基础的人的独立性，是第二大形式，在这种形式下，才形成普遍的社会物质变换、全面的关系、多方面的需要以及全面的能力的体系。建立在个人全面发展和他们共同的、社会的生产能力成为从属于他们的社会财富这一基础上的自由个性，是第三个阶段。第二个阶段为第三个阶段创造条件。因此，家长制的，古代的（以及封建的）状态随着商业、奢侈、**货币**、**交换价值**的发展而没落下去，现代社会则随着这些东西同步发展起来。"②

"任何时候，我们总是要在生产条件的所有者同直接生产者的直接关系——这种关系的任何当时的形式必然总是同劳动方式和劳动社会生产力的一定的发展阶段相适应——当中，为整个社会结构，从而也为主权关系和依附关系的政治形式，总之，为任何当时的独特的国家形式，发现最隐蔽的秘密，发现隐藏着的基础。不过，这并不妨碍相同的经济基础——按主要条件来说相同——可以由于无数不同的经验的情况，自然条件，种族关系，各种从外部发生作用的历史影响等等，而在现象上显示出无穷无尽的变异和色彩差异，这些变异和差异只有通过对这些经验上已存在的情况进行分析才可以理解。"③ 马克思在《给〈祖国纪事〉杂志编辑部的信》中指出："他（指米海洛夫斯基——引者注）一定要把我关于西欧资本主义起源的历史概述彻底变成一般发展道路的历史哲学理论，一切民族，不管它们所处的历史环境如何，都注定要走这条

---

① 《马克思恩格斯文集》第 2 卷，人民出版社 2009 年版，第 53 页。
② 《马克思恩格斯文集》第 8 卷，人民出版社 2009 年版，第 52 页。
③ 《马克思恩格斯文集》第 7 卷，人民出版社 2009 年版，第 894—895 页。

路……但是我要请他原谅。(他这样做,会给我过多的荣誉,同时也会给我过多的侮辱。)"① 他在《给维·伊·查苏利奇的复信》(初稿)中又指出:"……我**明确地把**(资本主义起源——引者注)这一运动的'历史必然性'限制在**西欧各国**的范围内。……在俄国,由于各种独特情况的结合,至今还在全国范围内存在着的农村公社能够逐渐摆脱其原始特征,并直接作为集体生产的因素在全国范围内发展起来。正因为它和资本主义生产是同时存在的东西,所以它能够不经受资本主义生产的可怕的波折而占有它的一切**积极的成果**。"②

(三)人类本性的历史发展规律助力理解习近平新时代中国特色社会主义思想是 21 世纪的马克思主义

习近平总书记在中国共产党第二十次全国代表大会的报告中指出:"我们创立了新时代中国特色社会主义思想,明确坚持和发展中国特色社会主义的基本方略,提出一系列治国理政新理念新思想新战略,实现了马克思主义中国化时代化新的飞跃,坚持不懈用这一创新理论武装头脑、指导实践、推动工作,为新时代党和国家事业发展提供了根本遵循。"③ 这里指出的"马克思主义中国化时代化新的飞跃",含义极其深刻,需要认真领会。

1. "新的飞跃"是在中国历史和世界历史的进程发生百年未有之大变局背景下提出和付诸实践的。百年未有之大变局的主要表现,在中国,主要是完成了反帝反封建的新民主主义革命,并对走向社会主义的道路进行艰苦曲折的探索;在全世界,旧殖民体系已经崩溃,国家之间的关系从以前的征服者与被征服者的关系变为"发达国家"与"发展中国家"的关系,或者更确切地说,变为高收入国家与中低收入国家之间的关系。在各个国家内部,随着不同强度的社会保障制度的建立,

---

① 《马克思恩格斯文集》第 3 卷,人民出版社 2009 年版,第 466 页。
② 《马克思恩格斯文集》第 3 卷,人民出版社 2009 年版,第 570—571 页。
③ 习近平:《高举中国特色社会主义伟大旗帜 为全面建设社会主义现代化国家而团结奋斗——在中国共产党第二十次全国代表大会上的报告》,人民出版社 2022 年版,第 6 页。

阶级、民族、种族之间的对立也逐渐出现由强到弱的转化。

2. 在这样的历史背景下，世界各国必然会有越来越多的人意识到马克思说的"自由的有意识的活动恰恰就是人的类特性"，也就是意识到争取自由幸福生活是每个人的现实生存权利。这或许就是马克思说的人类本性发展的第二个大阶段的中期阶段。

3. 正是在这样的背景下，习总书记提出了"以人民为中心""人民至上""人民对美好生活的向往，就是我们的奋斗目标"的根本原则、"五位一体"的总体布局和"四个全面"的战略布局等一系列治国理政的宏伟方略；提出了"共同构建人类命运共同体""弘扬全人类共同价值""全球发展倡议""全球安全倡议""全球文明倡议"等一系列全球治理宏图，无不展示出马克思所言的"第二个阶段为第三个阶段创造条件"的强劲态势。我们由此清楚地看到，习近平新时代中国特色社会主义思想就是 21 世纪的马克思主义。

庞卓恒

2023 年 12 月 6 日于天津

| Contents |

目　录

对唯物史观进行重新解读的
可能性和必要性

21 世纪以来，唯物史观对各门社会科学，包括历史学的指导地位已经被严重边缘化。唯物史观已经"过时"的观点也不时能够听到。这反映出随着时代的发展和学术的进步，唯物史观的解释体系也需要同步发展的要求。因此，厘清唯物史观的学科属性，对坚持唯物史观的科学性和在历史研究中的指导地位具有重要的意义。我们认为，唯物史观是实证科学，它能够根据时代的变化和学术的进步做出与时俱进的发展，这是唯物史观的生命力所在。

一 唯物史观是一门真正的实证科学

进入 21 世纪，哲学界就唯物史观的学科属性展开争论。大体存在三种观点：第一种观点认为，因为哲学是研究"存在"的学问，实证科学是研究"存在者"的学问，而唯物史观是以存在尤其是社会存在作为自己的研究对象的，因此唯物史观是哲学；① 第二种观点认为，鉴于唯物史观是从现实中可以通过经验观察、在一定条件下实现发展的人出发，去描述人们的实践活动和实际发展过程的考察方法，因此唯物史

---

① 俞吾金：《历史唯物主义是哲学而不是实证科学——兼答段忠桥教授》，《学术月刊》2009年第 10 期。

观是真正的实证科学；① 第三种观点认为，唯物史观既有哲学的内容（即逻辑前提），又有实证科学的内容（即事实前提），所以唯物史观既是哲学，又是实证科学。② 此外，还有观点认为马克思的学说有一个从哲学向科学的转化过程，③ 但这种观点实际可以归类于前述的第二种观点。

纵观这些论争，大体存在两方面的问题。一是在概念界定上，这些学者要对唯物史观进行学科归类，但又大多未能给出清晰的概念界定，而是予以模糊处理。例如，将哲学等同于以黑格尔为代表的思辨哲学，将实证科学等同于以孔德为代表的运用归纳方法的实证方法。并且绝大多数学者明显地将哲学与实证科学对立起来。尽管有学者认为唯物史观既有逻辑前提，又有事实前提，所以唯物史观既是哲学，又是实证科学，但其中暗含的还是将哲学和实证科学视为截然不同的两种学科。因为，逻辑前提和事实前提是两种无法统一的属性。但是，马克思的唯物史观明显超越了思辨哲学和实证方法，实现了逻辑与历史的完美统一，由此使唯物史观成为一门真正的科学。二是囿于学科特点，学者更多是从经典作家的论述出发在概念之间转换，而没有能够从马克思运用唯物史观对一些具体问题的考察来体会唯物史观的方法论特征，并由此来对唯物史观做出学科归类。

厘清唯物史观的学科属性，对坚持唯物史观在历史研究中的指导地位具有重要的意义。一个时期以来，史学界未能在唯物史观的学科属性上进行充分的研讨，并予以厘清，所以绝大多数史学工作者都将唯物史观归属于哲学范畴，而回避对唯物史观的阐释和发展进行细致的研究工作，致使唯物史观变成教条甚至套语。在明显同经验事实不相一致时，

---

① 段忠桥：《历史唯物主义："哲学"还是"真正的实证科学"——答俞吾金教授》，《学术月刊》2010 年第 2 期。

② 邓晓芒：《"柯尔施问题"的现象学解——兼与徐长福先生商讨》，《哲学研究》2005 年第 2 期；张廷国、梅景辉：《历史唯物主义是什么意义上的"实证科学"——由俞吾金教授与段忠桥教授之争所想到的》，《学术月刊》2010 年第 2 期。

③ 徐长福：《求解"柯尔施问题"——论马克思学说跟哲学和科学的关系》，《哲学研究》2004 年第 6 期。

不是对唯物史观做重新阐释和发展，而是无视事实，继续教条地坚持。由此我们也就忘记了经典作家的告诫，[①] 将唯物史观由方法变成教条，导致的后果就是一些西方史学理论登堂入室，成为许多史学工作者用来指导历史研究的圭臬，而唯物史观则被边缘化。由此可见，要重树唯物史观的指导地位，必须首先厘清唯物史观的学科属性，在此基础上根据经验事实对唯物史观的基本原理和基本理论做出检验和发展，对唯物史观的理论体系做出更全面的阐释，使唯物史观真正成为与时俱进的、发展着的理论，成为对重大历史和现实问题具有解释力的理论。这样，唯物史观对历史学的指导地位才能真正得到坚持，而不再是将其作为"表态式的"套语。我们认为，唯物史观是真正的实证科学，它能够根据时代的变化和学术的进步做出与时俱进的发展，这也是唯物史观的生命力所在。

（一）唯物史观是真正的实证科学

以人类社会的实践活动这一经验现象为研究对象，成功地揭示出人类社会实践活动的内在规律，使唯物史观成为一门经验的、实证的科学。正如恩格斯对唯物史观做出的经典概括所揭示的，唯物史观乃是"关于现实的人及其历史发展的科学"。[②]

回顾马克思创建唯物史观的初衷，既是不满于思辨哲学脱离经验事实、进行纯粹概念推演，并断言意识的变化是人们物质实践活动变化的终极原因的方法和观点，同时也是受到自然科学的影响，立志要创建像自然科学那样的以经验现象为对象，进而揭示研究对象内在规律的实证科学。

马克思很早就表达了对以黑格尔为代表的思辨哲学的不满。例如，他在 1844 年写作的《神圣家族》中指出："历史活动是群众的活动，

---

① 恩格斯曾经告诫说："马克思的整个世界观不是教义，而是方法。它提供的不是现成的教条，而是进一步研究的出发点和供这种研究使用的方法。"（《马克思恩格斯文集》第 10 卷，人民出版社 2009 年版，第 691 页）

② 《马克思恩格斯文集》第 4 卷，人民出版社 2009 年版，第 295 页。

随着历史活动的深入，必将是群众队伍的扩大。在批判的历史中，事情当然必定是以另一种方式发生的，批判的历史认为，在历史活动中重要的不是行动着的群众，不是经验的活动，也不是这一活动的经验的**利益**，相反，'在这些活动中'，'**重要的**'仅仅是'**一种思想**'。"① 在《德意志意识形态》中，马克思和恩格斯继续对这种思辨哲学展开批判。② 正因为不满于以黑格尔为代表的德国古典哲学所做的这种脱离经验事实的形而上学研究，马克思和恩格斯甚至提出了"消灭哲学"③"哲学成为多余"④ 的口号，当然这里的"哲学"是指黑格尔那种思辨的或形而上学的哲学。正是不满于当时流行的这种脱离经验现象、以概念推演为对象的哲学研究，马克思将研究对象转向了活生生的人的社会生活实践。

马克思生活的时代是自然科学高歌猛进的时代，受自然科学的影响，马克思很早就萌生了要将研究人的学问做成像自然科学那样的学问的想法。早在 1843 年，他在《莱茵报》上发表的《摩塞尔记者的辩护》一文中就指出，"既然已经证明，一定的现象**必然**由当时存在的关系所引起，那就不难确定，在何种**外在**条件下这种现象会**真正**产生，在何种外在条件下即使需要它，它也不能产生。这几乎同化学家能够确定在何种**外在**条件下具有亲和力的物质化合成化合物一样，是可以确确实实地确定下来的"。⑤ 这清晰地表明，马克思要探求像化学现象所具有的必然性那样的社会现象的必然性。在《1844 年经济学哲学手稿》中，

---

① 《马克思恩格斯文集》第 1 卷，人民出版社 2009 年版，第 287 页。

② 像马克思和恩格斯指出："在这种情况下，从人的概念、想象中的人、人的本质、人中能引申出人们的一切关系，也就很自然了。思辨哲学就是这样做的。黑格尔本人在《历史哲学》的结尾承认，他'所考察的仅仅是**概念**的前进运动'，他在历史方面描述了'真正的**神正论**'。"（《马克思恩格斯文集》第 1 卷，人民出版社 2009 年版，第 553 页）

③ 原文是"**你们不使哲学成为现实，就不能够消灭哲学**"（《马克思恩格斯文集》第 1 卷，人民出版社 2009 年版，第 10 页）。

④ 原文是"只有当自然科学和历史科学本身接受了辩证法的时候，一切哲学的废物——除了纯粹的关于思维的理论以外——才会成为多余的东西，在实证科学中消失掉"（《马克思恩格斯文集》第 9 卷，人民出版社 2009 年版，第 461 页）。

⑤ 《马克思恩格斯全集》第 1 卷，人民出版社 1956 年版，第 216 页。

马克思更清楚地表达了这种思想。① 当然，那时由于将研究人的学问变成像自然科学那样的科学的方法论基础——唯物史观——尚未形成，所以创建一门像自然科学那样的关于人的科学还只是一种理想。

随着《德意志意识形态》这部标志着唯物史观诞生的著作问世，马克思充满信心地宣告："我们仅仅知道一门唯一的科学，即历史科学。历史可以从两方面来考察，可以把它划分为自然史和人类史。但这两方面是不可分割的；只要有人存在，自然史和人类史就彼此相互制约。"② 而且马克思强调有关人的科学是真正的实证科学："在思辨终止的地方，在现实生活面前，正是描述人们实践活动和实际发展过程的真正的实证科学开始的地方。……对现实的描述会使独立的哲学失去生存环境，能够取而代之的充其量不过是从对人类历史发展的考察中抽象出来的最一般的结果的概括。这些抽象本身离开了现实的历史就没有任何价值。"③

可以说，马克思的毕生思想都贯穿着这种要把关于人的科学建设成像自然科学那样的以人类社会生活实践这一经验现象为研究对象并揭示其内在规律的科学精神。这表现在马克思在自己各个时期的著作中使用了大量作为形容词的"科学的"，其意在于表明要对研究对象做出科学的研究。④ 马克思甚至认为，"一种科学只有在成功地运用数学时，才算达到了真正完善的地步"。⑤

---

① 像马克思指出："自然科学往后将包括关于人的科学，正像关于人的科学包括自然科学一样：这将是一门科学。"（《马克思恩格斯文集》第 1 卷，人民出版社 2009 年版，第 194 页）

② 《马克思恩格斯文集》第 1 卷，人民出版社 2009 年版，第 516 页脚注②。

③ 《马克思恩格斯文集》第 1 卷，人民出版社 2009 年版，第 526 页。

④ 例如在总结自己研究方法的《〈政治经济学批判〉序言》中，马克思指出："随着经济基础的变更，全部庞大的上层建筑也或慢或快地发生变革。在考察这些变革时，必须时刻把下面两者区别开来：一种是生产的经济条件方面所发生的物质的、可以用自然科学的精确性指明的变革，一种是人们借以意识到这个冲突并力求把它克服的那些法律的、政治的、宗教的、艺术的或哲学的，简言之，意识形态的形式。"（《马克思恩格斯文集》第 2 卷，人民出版社 2009 年版，第 592 页）

⑤ 〔法〕保尔·拉法格等：《回忆马克思恩格斯》，马集译，人民出版社 1973 年版，第 7 页。

（二）唯物史观通过实证研究揭示了人类社会发展的规律

像自然科学那样通过对经验事实的研究揭示研究对象的内在规律，这是马克思创建揭示人类社会发展内在规律的实证科学的目标设定。对此，连马克思的批评者都承认，"在马克思看来，只有一件事情是重要的，那就是发现他所研究的那些现象的规律。而且他认为重要的，不仅是在这些现象具有完成形式和处于一定时期内可见到的联系中的时候支配着它们的那个规律。在他看来，除此而外，最重要的是这些现象变化的规律，这些现象发展的规律。即它们由一种形式过渡到另一种形式，由一种联系秩序过渡到另一种联系秩序的规律"。①马克思的确揭示了人类社会的发展规律，如恩格斯所指出的："正像达尔文发现有机界的发展规律一样，马克思发现了人类历史的发展规律。"②

那么，马克思究竟是怎样通过对经验事实的研究揭示出人类社会的发展规律呢？恩格斯曾予以明确提示："18世纪综合了过去历史上一直是零散地、偶然地出现的成果，并且揭示了它们的必然性和它们的内在联系。无数杂乱的认识资料经过整理、筛选，彼此有了因果联系；知识变成科学。"③由此可见，这种规律正是在对经验材料进行整理、筛选的基础上，抽象出的因果规律。

据此可知，马克思首先要做的工作是确定有关研究对象的经验事实，然后确认这些事实之间的因果联系。确定经验事实的研究是马克思揭示研究对象因果联系的第一步，却是非常重要的一步，因为如果事实不准确甚至是错误的话，那么整个大厦都将建立在不牢固的基础之上，也就不可能经得起检验。所以，马克思为了获得真实有据的事实付出了巨大的努力。马克思的女婿、法国革命者拉法格回忆说："他从不满足于间接得来的材料，总要找原著寻根究底，不管这样做有多麻烦……。参考原始资料的习惯使他连最不知名的作家都读到了"，"即令是为了

---

① 《马克思恩格斯文集》第5卷，人民出版社2009年版，第20页。
② 《马克思恩格斯文集》第3卷，人民出版社2009年版，第601页。
③ 《马克思恩格斯文集》第1卷，人民出版社2009年版，第87—88页。

证实一个不太重要的事实，他也要特意到大英博物馆去一趟"，所以，"反对马克思的人从来也不能证明他有一点疏忽，不能指出他的论证是建立在受不住严格考核的事实上的"。①

在充分占有事实的基础上，马克思开始探求事实之间因果联系的艰苦工作。当时，自然科学和社会科学流行的实证研究方法是对经验事实进行单层次的归纳，比如像"天下乌鸦一般黑"这样的命题就是通过对乌鸦羽色进行观察的结果。但是很早就有学者（像休谟等）指出了归纳方法的致命缺陷所在，因为其中存在着从"我观察到的乌鸦的羽色是黑色的"的命题向"天下所有乌鸦羽色都是黑色的"命题的非理性过渡。正是因为很难做到完全归纳，所以归纳得出的结论并不能保证一定为真，而且在现实生活中往往能够找到反例，对结论予以证伪，如人们已经发现羽色是白色的乌鸦，证伪了"天下乌鸦一般黑"的命题。

唯物史观超越了这种单层次归纳的方法。它并未停留于事物的表象，而是深入到表象背后探寻其中的因果关系，这是唯物史观的深刻之处。马克思强调，"研究必须充分地占有材料，分析它的各种发展形式"，然后才能"探寻这些形式的内在联系"。② 科学的任务就是"把看得见的、只是表面的运动归结为内部的现实的运动"。③

通过对唯物史观一些研究结论的分析，我们可以清楚地认识到，唯物史观是在单层次归纳的基础上对研究对象进行深层次因果关系揭示的；它的表述方式不是全称判断式的，而是因果条件式的。还以"天下乌鸦一般黑"这一命题为例，这种由单层次归纳所产生的命题很容易被证伪，但如果我们找到决定乌鸦羽色的因果关系，那就会改变这种不利状况。科学家经过研究发现，决定乌鸦羽色的是染色体的排列，当染色体的排列呈某种类型时，乌鸦羽色是黑色的；当染色体的排列呈另

---

① 〔法〕保尔·拉法格等：《回忆马克思恩格斯》，马集译，人民出版社 1973 年版，第 11 页。
② 《马克思恩格斯文集》第 5 卷，人民出版社 2009 年版，第 21 页。
③ 《马克思恩格斯文集》第 7 卷，人民出版社 2009 年版，第 348 页。

一种类型时，乌鸦羽色是白色的；当然还可能发现其他羽色的乌鸦，同样可以由染色体的排列来解释。由此可见，揭示因果关系的深层次归纳具有以下特点：第一，其表述方式是因果条件式的判断；第二，这种内含因果关系的归纳不可能被反例证伪，而且一旦发现新的反例，会使因果关系的内涵更加丰富；第三，对研究对象的深层因果关系的揭示往往是从寻找反例开始的，因为没有反例的发现，就很难通过比较发现其中所蕴含的因果关系。

下面我们结合一些具体研究来说明唯物史观所揭示的人类社会发展的因果关系。

首先看有关后发国家向社会主义过渡问题的研究。马克思以俄国为例写作了一系列文献，[①] 归纳相关论述，我们可以清楚地看到：马克思认为，俄国走资本主义道路和社会主义道路的可能性都存在；如果条件具备，俄国就有可能跨越资本主义制度而直接向社会主义制度过渡；如果条件不具备，那它就会走资本主义道路。我们根据马克思的相关论述，将俄国跨越资本主义制度的条件概括为：汲取资本主义制度所创造的一切积极成果，对农村公社进行民主化改造，有挽救农村公社的革命。[②] 再看有关利润率变化问题的研究。马克思认为，随着科技的不断发展、生产机械化程度的不断提高，不变资本相比可变资本会逐渐增加，由此推断出利润率有不断下降的趋势。但与此同时，马克思又列举出一些可能会抵消利润率下降趋势的条件，像劳动剥削程度的增加、不变资本诸要素变得更便宜、相对过剩人口的增加、工资被压低到劳动力价值之下以及对外贸易、股份资本的增加等。当促使利润率下降的因素的作用力大于促使利润率提高的因素的作用力时，利润率会下降；反之，利润率会提高；当两种作用力相等时，利润率保持不变。

---

① 这些文献包括：《给〈祖国纪事〉杂志编辑部的信》、《给维·伊·查苏利奇的复信》（包括初稿和复信）和《共产党宣言》1882 年俄文版序言等。

② 吴英：《马克思关于后发国家向社会主义过渡的观点及其现实意义》，《人民论坛·学术前沿》2021 年第 22 期。

　　由此可见，唯物史观揭示的是内含因果关系的可以做条件式表述的规律，其结论会随着客观条件的变化而变化。而这些客观条件的确定都是在经验实证研究中逐渐完成的。这也是马克思坚持关于人的科学同自然科学一样，两者是同样的科学的原因，其根据就在于他认为两者都揭示了各自研究对象的因果关系。

　　唯物史观并未止步于揭示不同条件或原因导致不同的结果，在这一认识的基础上，它进一步对原因本身做出考察，区分出处于不同层次的原因，尤其是揭示出基础性的或终极性的条件或原因。马克思所确定的人类社会发展的最基本的或最终极的原因，是人们要生存就必须从事物质生产活动，也就是马克思所说的人类社会存在的现实前提。① 正因为无法否认为了生存就必须吃喝住穿，所以就无法否认必须进行生产劳动以满足吃喝住穿的需要，由此也就无法否认人类的物质生活、社会生活、精神生活的发展和演变都是以生产劳动为起点和源头发生的，而且是必然要发生的。"个人怎样表现自己的生命，他们自己就是怎样。因此，他们是什么样的，这同他们的生产是一致的——既和他们生产**什么**一致，又和他们**怎样**生产一致。"② 可见，劳动的发展决定着生产力同与之相应的生产关系和经济基础与上层建筑的发展和演变。所以，恩格斯强调唯物史观是"在劳动发展史中找到了理解全部社会史的锁钥的新派别"。③

　　在马克思的论著中有大量关于表层现象要到基础存在中寻求原因的论述，像马克思在《〈政治经济学批判〉序言》中对唯物史观的经典概括所表述的："人们在自己生活的社会生产中发生一定的、必然的、不

---

① 马克思强调："我们首先应当确定一切人类生存的第一个前提，也就是一切历史的第一个前提，这个前提是：人们为了能够'创造历史'，必须能够生活。但是为了生活，首先就需要吃喝住穿以及其他一些东西。因此第一个历史活动就是生产满足这些需要的资料，即生产物质生活本身，而且，这是人们从几千年前直到今天单是为了维持生活就必须每日每时从事的历史活动，是一切历史的基本条件。"（《马克思恩格斯文集》第1卷，人民出版社2009年版，第531页）

② 《马克思恩格斯文集》第1卷，人民出版社2009年版，第520页。

③ 《马克思恩格斯文集》第4卷，人民出版社2009年版，第313页。

以他们的意志为转移的关系，即同他们的物质生产力的一定发展阶段相适合的生产关系。这些生产关系的总和构成社会的经济结构，即有法律的和政治的上层建筑竖立其上并有一定的社会意识形式与之相适应的现实基础。物质生活的生产方式制约着整个社会生活、政治生活和精神生活的过程。不是人们的意识决定人们的存在，相反，是人们的社会存在决定人们的意识。"① 不仅在理论表述中如此，在对事实分析和对错误认识的反驳中更是如此。马克思指出："要研究精神生产和物质生产之间的联系，首先必须把这种物质生产本身不是当作一般范畴来考察，而是从**一定的历史的**形式来考察。例如，与资本主义生产方式相适应的精神生产，就和与中世纪生产方式相适应的精神生产不同。如果物质生产本身不从它的**特殊的历史的**形式来看，那就不可能理解与它相适应的精神生产的特征以及这两种生产的相互作用。从而也就不能超出庸俗的见解。"②

正因为不是那种不管条件如何变化、结论总是相同的全称判断式的归纳研究，而是揭示不同条件导致不同结果的条件式判断的因果研究，唯物史观必然是一种经验实证研究。它要不断对新的研究对象进行深入探索，然后同之前的研究对象进行比较，找出它们之间的共性和个性所在，并揭示产生这种共性和个性背后的因果关系。

（三）唯物史观在不断变化的现实中接受检验并获得发展

唯物史观既然是一门实证科学，就要求它一方面必须不断扩大自己的研究范围，扩大自己从经验研究中抽象出结论的适用范围；另一方面它必须随着经验研究的深入和范围的扩大，不断修正或完善原来的结论。而这正是马克思和恩格斯从理论上予以论述，并在实践中予以践行的。

马克思首先从理论上论证，作为实证科学，唯物史观必须不断接受从历史和现实中新获得经验的检验。马克思指出："人的思维是否具有

① 《马克思恩格斯文集》第 2 卷，人民出版社 2009 年版，第 591 页。
② 《马克思恩格斯全集》第 26 卷第 1 册，人民出版社 1972 年版，第 296 页。

客观的真理性，这不是一个理论的问题，而是一个**实践的**问题。人应该在实践中证明自己思维的真理性，即自己思维的现实性和力量，自己思维的此岸性。"① 恩格斯同样肯定了理论假说需要实践检验的观点，他指出："布丁的滋味一尝便知。当我们按照我们所感知的事物的特性来利用这些事物的时候，我们的感性知觉是否正确便受到准确无误的检验。如果这些知觉是错误的，我们关于能否利用这个事物的判断必然也是错误的，要想利用也决不会成功。可是，如果我们达到了我们的目的，发现事物符合我们关于该事物的观念，并产生我们所预期的效果，这就肯定地证明，**在这一范围内**，我们对事物及其特性的知觉符合存在于我们之外的现实。"②

从实践上看，马克思一生都在不断扩大自己的研究范围，就地域和时段层面而言都是如此。从地域层面看，由于受自己研究对象和当时科学发展的制约，马克思在 19 世纪 70 年代后期之前更多地将研究注意力集中于西欧社会，而对西欧以外的社会缺乏深入系统的研究。从 19 世纪 50 年代革命低潮时期马克思转向学术研究，到 70 年代，马克思的主要精力集中于政治经济学研究，努力探索资本主义经济运行的内在规律，并用剩余价值理论揭示资本主义的内在矛盾以及资本主义必然向社会主义过渡的规律，这种经验研究的主要对象是西欧资本主义已经获得发展的社会。到 19 世纪 70 年代后期，一方面由于俄国国内有关社会发展道路争论所提出的现实问题需要马克思做出回答，另一方面由于这一时期人类学的发展已经产生出一批能够对非西方社会做出深入研究的成果，马克思停下了整理《资本论》第 2、3 卷的工作，在 1879—1881 年写作了《人类学笔记》，③ 将研究范围扩大到西欧以外的社会，尤其是

---

① 《马克思恩格斯文集》第 1 卷，人民出版社 2009 年版，第 500 页。
② 《马克思恩格斯文集》第 3 卷，人民出版社 2009 年版，第 506—507 页。
③ 《人类学笔记》又称《民族学笔记》，是指马克思研读柯瓦列夫斯基的《公社土地占有制，其解体的原因、进程和结果》、摩尔根的《古代社会》、梅恩的《古代法制史讲演录》、拉伯克的《文明的起源和人的原始状态》、菲尔的《印度和锡兰的雅利安人村社》、佐姆的《法兰克人法和罗马法》、道金斯的《不列颠的原始人》等著作写下的笔记。

东方社会。从时段层面看，同样由于受研究对象和科学发展的制约，此前马克思主要关注资本主义社会，对前资本主义社会，尤其是原始社会缺乏深入的研究。为了完整揭示人类社会发展的规律，马克思在 19 世纪 70 年代末到 80 年代初写作了《历史学笔记》，①内容主要是公元前 1 世纪初到 17 世纪中叶世界各国，特别是欧洲国家的政治事件。

在从地域和时段上扩大研究范围的同时，马克思和恩格斯也在不断修正和补充自己原来的结论，由此验证了恩格斯所强调的"我们的理论是发展着的理论"②的论断。例如，马克思和恩格斯在写作《共产党宣言》时对原始社会还没有了解，所以他们当时做出"至今一切社会的历史都是阶级斗争的历史"的判断是有缺陷的。后来通过研读摩尔根的《古代社会》等著作了解到在阶级社会产生之前存在着一个无阶级的社会，他们便根据新的研究成果修正了原来的判断。恩格斯在 1888 年英文版中加了一个注释来限定这一判断的适用范围。③

由此可见，马克思和恩格斯不断以新的经验研究来检验自己已有的学说和观点，或者完善、修正它们。正是在这种意义上我们坚持认为，唯物史观是一门真正的实证科学。当然，唯物史观并未止步于经验归纳，而是深入探究其背后的因果关系，从而得出深层次的因果必然性判断。这种判断是条件式的，而且各种原因在不同层次上存在；唯物史观

---

① 《历史学笔记》是马克思研读施洛塞尔的 18 卷本《世界史》、博塔的《意大利人民史》、科贝特的《英国和爱尔兰的新教改革史》、休谟的《意大利人民史》、马基雅弗利的《佛罗伦萨史》、卡拉姆津的《俄罗斯国家史》、塞居尔的《俄国和彼得大帝史》、格林的《英国人民史》等著作写下的笔记。

② 《马克思恩格斯文集》第 10 卷，人民出版社 2009 年版，第 562 页。

③ 注释的内容是："这是指有**文字**记载的全部历史。在 1847 年，社会的史前史、成文史以前的社会组织，几乎还没有人知道。后来，哈克斯特豪森发现了俄国的土地公有制，毛勒证明了这种公有制是一切条顿族的历史起源的社会基础，而且人们逐渐发现，农村公社是或者曾经是从印度到爱尔兰的各地社会的原始形态。最后，摩尔根发现了**氏族**的真正本质及其对**部落**的关系，这一卓越发现把这种原始共产主义社会的内部组织的典型形式揭示出来了。随着这种原始公社的解体，社会开始分裂为各个独特的、终于彼此对立的阶级。关于这个解体过程，我曾经试图在《家庭、私有制和国家的起源》（1886 年斯图加特第 2 版）中加以探讨。"（《马克思恩格斯文集》第 2 卷，人民出版社 2009 年版，第 31 页）

坚持做深层次的因果关系追溯，由此把握住了人类社会发展的终极原因，那就是满足人们物质生存需求的物质生产活动。正是在这种物质生产活动的基础上，人们在生产活动中形成了生产关系（或经济基础）和上层建筑等不同层次的因果联系。这正是唯物史观作为马克思、恩格斯在 19 世纪研究他们所处的现实社会所得出的理论体系在进入 21 世纪时仍然具有其适用性的方法论意义所在。

（四）在揭示人类社会演进规律的意义上，唯物史观是到目前为止仍然具有生命力的历史哲学

俞吾金教授肯定唯物史观是哲学的论断是依据两位非马克思主义学者的个人标准做出的，这两位学者分别是胡塞尔和海德格尔。前者认为，实证科学不探讨人生的意义，而哲学是探讨人生意义的；唯物史观肯定是探讨人生意义的，所以是哲学，不是实证科学。后者认为，哲学是关于"存在"的学问，而实证科学是关于"存在者"的学问；唯物史观明确表明自己是关于"社会存在"的学问，所以是哲学，而不是实证科学。我们同意俞吾金教授有关唯物史观是哲学的判断，但不同意他做出这种判断的依据。理由有三。一是俞吾金教授提出的界定哲学或实证科学的标准缺乏普遍性，胡塞尔或海德格尔的标准无法作为学术界普遍接受的标准。我们查阅《辞海》会发现，它对哲学的定义是"人们对于整个世界（自然界、人类社会和思维）的根本观点的体系。自然知识和社会知识的概括和总体"。相比胡塞尔或海德格尔，《辞海》的定义应该是更为人们普遍接受的定义。据此，我们便不应否认唯物史观是有关人类社会的总体性知识。很多西方著名学者都承认唯物史观是一种历史哲学。像英国著名历史学家巴勒克拉夫就认为："今天仍保留着生命力和内在潜力的唯一的'历史哲学'，当然是马克思主义。……当代历史学家，甚至包括对马克思主义的分析抱有不同见解的历史学家，无一例外地交口赞誉马克思主义历史哲学对他们所产生的巨大影响，启发了他们的创造力。……马克思主义是唯一的历史哲学，它对历

史学家的思想产生了明显的影响。"① 二是俞吾金教授提出的哲学研究的"存在"和马克思提出的唯物史观研究的"存在"是两个不同的概念。俞吾金教授所说的"存在"是指人生的意义,而马克思所说的"存在"是指"人们的现实生活过程",② 生活过程当然包括人生的意义。从这个标准看,唯物史观当然也是一种哲学。三是唯物史观不仅研究人生的意义,而且提出了研究人生意义的正确路径。人生意义或价值是在人们的实际生活过程中形成的,从唯物史观有关经济基础决定上层建筑的原理看,研究人生的意义自然需要剖析其所在社会的经济基础。而且,不同时期人们追求人生意义的变化也需从现实生活,尤其是经济基础方面加以理解。马斯洛的需求层次理论讲的就是这个道理,人们对更高层次需求的追求是以满足较低层次需要为基础的,其中人生价值的自我实现是要在依次满足生理需求、安全需求、社会需求、尊重需求的基础上才能实现的。

我们曾经专门论述过哲学是科学的问题:"哲学应该是在世界最高的普遍层次上研究本体论、方法论和认识论,并揭示其普遍规律的一门总体科学。"③ 也就是说,一种理论既可以因为是对经验事实的概括而成为实证科学,也可以因为它同时揭示了研究对象的普遍规律而成为一门哲学。唯物史观正是在这双重意义上既是实证科学,又是哲学!

二 在史实的检验中重建唯物史观的解释体系

对理论认识的检验标准问题,我们曾经走过弯路,一度以经典作家的个别论述为准绳来判定理论认识是否具有真理性。粉碎"四人帮"后,以关于真理标准问题的大讨论为契机,重新确立了"实践是检验

① 〔英〕杰弗里·巴勒克拉夫:《当代史学主要趋势》,杨豫译,上海译文出版社1987年版,第261页。
② 原文为:"人们的存在就是他们的现实生活过程。"《马克思恩格斯文集》第1卷,人民出版社2009年版,第525页。
③ 庞卓恒、吴英:《什么是哲学?什么是历史哲学?》,《史学理论研究》2000年第4期。

真理的唯一标准"的科学真理。我们对唯物史观原有的解释体系是否具有真理性，也应秉持实践检验的标准，用历史与现实的实践予以检验。设若原有解释体系的命题被历史与现实的事实证伪，我们就需要追根溯源，审视原有解释体系的命题所依据的经典作家的论述是否支持该命题的推出。而如果从经典作家的论述中不能推导出该命题，那就应依据经典作家的论述推导出新命题，并使之在历史与现实的实践中接受检验。下面试举几个例子加以分析。

（一）五种社会形态的依次演进是不是放之四海而皆准的真理

唯物史观依据社会形态（或生产方式）的不同对社会历史发展阶段做出划分。我们对唯物史观现有的解释体系借鉴自苏联，《联共（布）党史简明教程》第四章第二节"论辩证唯物主义和历史唯物主义"是由斯大林亲自撰写的，被认为对唯物史观做出了经典表述。斯大林在该文中对社会形态问题做出了系统阐述，他明确指出："社会发展史首先是生产的发展史，是各种生产方式在许多世纪过程中依次更迭的历史，是生产力和人们生产关系的发展史"，"历史上生产关系有五**大**类型：原始公社制的、奴隶占有制的、封建制的、资本主义的、社会主义的"。[1] 这就是我们所熟悉的"五种生产方式理论"的来源。马克思主义哲学界编写的有关唯物史观基本原理的教科书就是依据斯大林的相关论述来介绍有关社会形态理论的，几十年来没有大的改变。[2]

同马克思主义哲学界从经典作家的文本出发，从其论述中抽象概括出唯物史观的基本原理和基本理论命题不同，历史学界主要是从马哲学界抽象概括出的唯物史观基本原理和基本理论命题出发来解释历史，并

---

[1]　《斯大林选集》下卷，人民出版社 1979 年版，第 443、446 页。

[2]　最近出版的有关马克思主义基本原理的著作指出："原始社会、奴隶社会、封建社会、资本主义社会和共产主义社会五种社会形态依次更替，是社会历史运动的一般过程，体现了人类社会由低级向高级发展的规律"，"五种社会形态依次更替的过程和规律是客观的，其发展的基本趋势是确定的、必然的"［张雷声主编《马克思主义基本原理概论（第二版）》，中国人民大学出版社 2018 年版，第 98—99 页]。

用历史事实来检验这些命题是否正确。如果理论命题同历史事实不相一致，或者说无法解释历史事实，那么，历史学者就会以怀疑甚至否定的态度来看待该理论命题。当然，也会有少数学者对这些理论命题乃至整个解释体系做出反思，以考察这些命题是否同经典作家的论述一致；如果不一致，则会进一步探究是否能够根据这些论述建构新的命题，甚至新的解释体系。应该说，相比马哲学界从理论到理论的研究路径，历史学界这种从理论到史实的研究路径，更容易判断不同理论命题在解释历史事实上是否具有说服力。

像在社会形态问题上，历史学者会考察他们的研究对象是否是按照五种社会形态依次演进的；也正是在这种考察中，五种社会形态依次演进是放之四海而皆准的规律受到质疑。从 20 世纪 50 年代开始，就有像雷海宗、胡仲达等历史学者对奴隶社会的普遍性表示怀疑。直到现在，"中国没有奴隶社会"的观点依然存在，甚至形成了"无奴派"。此后，由于冯天瑜的《"封建"考论》的出版，"中国没有封建社会"的观点的影响不断扩大。并且，研究世界历史的学者很早就提出斯拉夫社会未经过奴隶社会的观点。尽管对奴隶社会和封建社会的具体内涵和判断标准，以及某个社会是否经过某种社会形态还存在争论，但大多数历史学者对五种社会形态是否是普遍历史演进规律、是否能用它来指导历史研究，已持有怀疑态度，并寻求运用新的社会阶段划分理论来指导自己的研究，如很多世界历史教科书已经按照上古、中古、近代的分期，来划分历史发展阶段。也有少数学者在追根溯源，考察能不能从经典作家的论述中得出"五种生产方式依次更替是放之四海而皆准的真理"的结论，最终发现，不能从马克思、恩格斯的论述中得出这样的命题。例如，有关五种生产方式的命题，乃是依据马克思在《〈政治经济学批判〉序言》中的论述得出的，原文是"大体说来，亚细亚的、古希腊罗马的、封建的和现代资产阶级的生产方式可以看作是经济的社会形态演进的几个时代"。① 马克思在这里提到的四种生产方式，再加上社会主义生产方式，就是五种生产方式说的来源。但是，马克思所使用的前置词是"大体说来"，并非"必然如此"，也就是说马克思并不认为这四个阶段的更替是具有普遍性的必然规律；而且，当俄国自由民粹派代表人物米海洛夫斯基断言，因为马克思认为五种生产方式的依次更替是"放之四海而皆准"的规律，所以俄国必须先发展资本主义，然后才能向社会主义过渡时，马克思愤怒地予以回应："他一定要把我关于西欧资本主义起源的历史概述彻底变成一般发展道路的历史哲学理论，一切民族，不管它们所处的历史环境如何，都注定要走这条道路，——以便最后都达到在保证社会劳动生产力极高度发展的同时又保证每个生产者个人最全面的发展的这样一种经济形态。但是我要请他原谅。（他这样做，会给我过多的荣誉，同时也会给我过多的侮辱。）"② 也就是说，马克思在《〈政治经济学批判〉序言》中对四种生产方式的概括是以西欧社会为研究对象归纳得出的，并不是对所有社会发展进程的归纳，因此，也就不是"放之四海而皆准"的。在这种背景下，有学者考察了马克思在同一时期提出的有关社会发展阶段划分的"三形态"或"三阶段"理论，③ 认为它是比五种生产方式说更具解释力的对生产方式演

---

① 《马克思恩格斯文集》第 2 卷，人民出版社 2009 年版，第 592 页。

② 《马克思恩格斯文集》第 3 卷，人民出版社 2009 年版，第 466 页。

③ "三形态"理论是马克思在《政治经济学批判（1857—1858 年手稿）》（简称《手稿》）中提出的，原文是："人的依赖关系（起初完全是自然发生的），是最初的社会形式，在这种形式下，人的生产能力只是在狭小的范围内和孤立的地点上发展着。以**物**的依赖性为基础的人的独立性，是第二大形式，在这种形式下，才形成普遍的社会物质变换、全面的关系、多方面的需要以及全面的能力的体系。建立在个人全面发展和他们共同的、社会的生产能力成为从属于他们的社会财富这一基础上的自由个性，是第三个阶段。第二个阶段为第三个阶段创造条件。因此，家长制的，古代的（以及封建的）状态随着商业、奢侈、**货币、交换价值**的发展而没落下去，现代社会则随着这些东西同步发展起来。"（《马克思恩格斯文集》第 8 卷，人民出版社 2009 年版，第 52 页）马克思当时写作了一系列手稿，并寻找出版商，原打算分六卷出版，但找到的出版商只答应先出版一卷，看看市场反应再决定是否出版其他手稿。《〈政治经济学批判〉序言》是马克思在 1859 年为先出版的、题名为《政治经济学批判》的那一卷所写的序言，所以序言和手稿是同一时期的著作。

进的划分。①

对上述"三形态"理论的了解，在马哲学界是比较普遍的，而且还发生过持"五形态"说的学者同持"三形态"说的学者之间的争论。有学者甚至否定马克思本人提出过"五形态"说，而认为他只提出过"三形态"说，即人类社会的发展经过前资本主义社会、资本主义社会和共产主义社会三大社会形态的依次更替。② 但在历史学界了解"三形态"说的学者还很有限，甚至有的学者还以"三形态"说是马克思在手稿中提出的而不予采信。像罗荣渠就曾指出："当前在重新研究五种生产方式论的讨论中，有人提出用所谓三大社会形态的新说来代替五种生产方式论。论者从马克思的《经济学手稿》中找出一段话作为依据，试图构筑一个三大社会形态论。社会形态共有几种？这个问题完全可以

---

① 庞卓恒认为，与《〈政治经济学批判〉序言》提出的四阶段划分相比，《手稿》提出的"三形态"划分具有三个不同的特点。第一，它不像四阶段划分只概括到资本主义，而是把未来的共产主义（第三阶段或第三形态）直接概括在内。第二，它把"家长制的关系、古代共同体、封建制度和行会制度"并称为第一大形态或第一个大阶段。马克思把亚细亚公社所有制与古典古代的（即古希腊罗马的）和西欧封建的所有制关系归并为同一阶段或大形态，这是因为它们有一个共同点，就是都处于"人的依赖关系"之中，这种"人的依赖关系"，马克思又称为"个人之间的统治和服从关系"，且在这一点上，性质是相同的。第三，它从大轮廓上把生产力的发展水平与经济和社会关系的变革之间的关系联系起来，显示了两者之间的因果必然性联系。在第一大阶段上，因为人的生产能力只是在狭窄的范围内和孤立的地点上发展着，产品和活动的交换范围和数量都极其有限，一旦人们的生产能力水平突破了狭窄的范围和孤立的地点的局限，出现了普遍的交换，这时人们就必然要抛弃"人的依赖关系"或"直接的统治和服从关系"，建立具有"以物的依赖性为基础的人的独立性"的社会关系，即进入第二大阶段；在第二大阶段的历史进程中，人们的生产能力发展到更高水平，那时人们就会普遍体验和意识到以货币为"一切权力的权力"的社会的不合理性，就必然要抛弃以"物的依赖关系"为特征的社会形态，产生"建立在个人全面发展和他们共同的社会的生产能力成为他们的社会财富这一基础上的自由个性"，建立起"每个人的自由发展是一切人的自由发展的条件"的"自由人联合体"。从整体上看，这个"三形态"的归纳，似乎更接近于马克思表述的普遍规律（庞卓恒：《唯物史观与历史科学》，高等教育出版社 2004 年版，第 41—42 页）。后来庞卓恒在他主编的教科书中重申了"三形态"理论的普遍适用性，"马克思揭示的人类社会历史循着'三大形态'或'三大阶段'演进的规律，是因果必然性的普遍规律，而不是单纯从外观形态上归纳出某种大致的、或然性的演进序列或演进趋势的经验规律。因为其中包含着生产力的发展水平决定生产关系和整个社会形态从低级向高级演进的因果必然性"［庞卓恒、李学智、吴英、李友东：《史学概论（第三版）》，高等教育出版社 2019 年版，第 160 页］。

② 段忠桥：《重释历史唯物主义》，江苏人民出版社 2009 年版，第 153 页。

研究。但是我认为引用马克思的《手稿》来解决这个问题恐怕只能给马克思主义历史发展理论帮倒忙。"① 应该说，以论述出自马克思的手稿而否定它的合理性是不能成立的。作为资本主义制度的批判者，马克思的作品是很难，而且实际也是很少能够出版的，保留下来的绝大多数都是手稿。

我们认为，加强对历史和现实经验事实的深入研究，同时结合对经典作家文本的系统考察，通过马哲学界和历史学界的合作对"五种社会形态"说和"三种社会形态"说做出深入的比对研究，以厘清二者各自的适用范围，而后以更具解释力的科学理论对当代中国所处的历史发展阶段做出论析，② 乃是使马克思社会形态理论继续葆有生命力和解释力的正途所在。

（二）对用"三要素"界定生产力、将"所有制"形式视为生产关系最基本内容的质疑

"生产力决定生产关系"是唯物史观的一项基本原理，"生产力"与"生产关系"是唯物史观的两个基本概念。对这些基本概念做出科学的界定，乃是论证基本原理正确并具有科学解释力的前提。但恰恰是由于我们对这些基本概念未能做出科学的界定，所以唯物史观基本原理的解释力也受到质疑。

---

① 罗荣渠：《现代化新论——世界与中国的现代化进程》，北京大学出版社 1993 年版，第 79 页。

② 笔者认为，我们现在所处的社会历史发展阶段，实际上是和发达资本主义国家一样都处于社会发展的第二大形态上。从生产力的发展水平衡量，我们还低于他们，因此发展生产力在较长时间内仍将是我们的第一要务。第二大形态的基本内涵包括：在生产力层面已摆脱手工劳动和小生产的局限，代之以社会化的大生产，并向机械化、自动化、智能化和高度人性化、个体性的生产迈进；在经济交换关系层面突破自然经济的局限，代之以普遍的社会物质交换，直至全球化的地球村交换；在人际交往关系和个性发展层面摆脱人身依附关系的束缚，代之以物的依赖性基础上的人的独立性的发展，为个人的全面发展创造条件。这三个层面的推进，都在为进入第三大形态的共产主义准备条件。从这个角度看，正在建设中的中国特色社会主义，应该属于马克思论述的社会发展的第二大形态，而且是较不发达阶段。因此，发展生产力、赶超西方发达资本主义国家，乃是我们的第一要务（吴英：《论中国特色社会主义的本质特征》，《理论与评论》2018 年第 4 期）。

马哲学界编写的介绍唯物史观基本原理的教科书，一贯是按"要素说"来界定生产力的，像"生产力是人们积极地改造自然、获得物质生活资料的能力……劳动对象、劳动资料和劳动者构成了生产力的基本要素"。① 虽然马哲学界已有学者质疑以"三要素说"来界定生产力的合理性，但目前基本仍然沿用"要素说"，只不过增加了新的要素，像"社会生产系统中各个层次的劳动过程之间的联系方式与组织管理方式"。② 至于生产关系，受斯大林界定③的影响，马哲学界仍在沿用要素论或环节论来加以界定，并且强调所有制是生产关系"最根本的、决定性的内容和基础"。④ 其中，所有制又被划分为两大基本类型，"人类社会经历了两种基本类型的生产关系：一种是以生产资料公有制为基础的生产关系；另一种是以生产资料私有制为基础、以人剥削人的制度为其主要特征的生产关系。……以生产资料私有制为基础的生产关系，可以区分为奴隶制生产关系、封建主义生产关系和资本主义生产关系；以生产资料公有制为基础的生产关系，可以区分为原始公有制生产关系、社会主义生产关系和共产主义高级阶段的生产关系"。当然，作为公有制类型的生产关系，社会主义和共产主义乃是高于作为私有制类型的生产关系的。

在历史学界，学者运用生产力决定生产关系的原理对历史做出解

① 张雷声主编《马克思主义基本原理概论（第二版）》，中国人民大学出版社 2018 年版，第98—99 页。
② 鲁品越：《〈资本论〉的生产力与生产关系概念的再发现》，《上海财经大学学报》2018 年第 4 期。
③ 斯大林认为，生产关系的构成要素"包括：（一）生产资料的所有制形式；（二）由此产生的各种社会集团在生产中的地位以及他们的相互关系……（三）完全以它们为转移的产品分配形式"（《斯大林选集》下卷，人民出版社 1979 年版，第 594 页）。
④ 例如，最近的马克思主义基本原理教科书指出："生产关系是在社会生产总过程的生产、分配、交换和消费四个环节中所形成的人们相互之间的关系。它包括生产资料所有制的形式、人们在生产中的地位和相互关系，以及产品分配方式这三个方面的基本内容，生产关系就是这些内容所构成的有机整体。其中生产资料所有制形式，是生产关系的最根本的、决定性的内容和基础。"［张雷声主编《马克思主义基本原理概论（第二版）》，中国人民大学出版社 2018 年版，第 72 页］

释，并接受历史事实的检验。恰恰是在这个过程中，生产力决定生产关系基本原理的解释力受到质疑。历史学家的推理逻辑是首先要对生产力水平做出衡量，然后考察生产关系是否随着生产力的不断提高而发生改变。由于马哲学界通行的是用"三要素"来界定生产力，而"三要素"中相对于劳动者和劳动对象而言，劳动工具更容易衡量，所以历史学界长期以来一直是以劳动工具来判断生产力发展水平的。[①] 当然，马克思也有"手推磨产生的是封建主的社会，蒸汽磨产生的是工业资本家的社会"[②] 的形象说法。用劳动工具来衡量生产力，用所有制形式来衡量生产关系，在解释历史和现实的过程中会遇到一系列困难。例如，古代希腊、罗马是由于使用铁器工具而进入文明社会的，经典作家曾对此做过概括和论述；但如果按同样的标准来判断中国的情况，那就出问题了，因为中国是在使用木石工具时就已经通过大协作的方式进入文明社会。又如，从原始社会到资本主义手工工场阶段使用的基本都是手工工具，却为什么会发生从原始公有制生产关系到奴隶制生产关系、封建主义生产关系、资本主义生产关系那么多次生产关系的变革？！再比如，中国是在大部分生产仍然使用手工工具、只有少部分生产使用机器生产的条件下建立社会主义制度的，又是长期在劳动工具技术水平远低于西方发达国家的条件下建设社会主义的，目前仍然是在总体技术水平低于西方国家的条件下加速推进中国特色社会主义建设事业，在以劳动工具衡量的生产力水平基本不变的前提下多次发生生产关系的变革，在较低的生产力水平上实行较高级的生产关系类型。面对这些反常现象，历史学者又该如何坚持生产力决定生产关系的原理？！

　　面对上述这种困惑，有的历史学者试图在原有的解释框架下予以灵

---

① 像我国最早的一本史学概论教科书就指出："研究以生产工具为主的劳动资料，是判断生产力发展水平的重要步骤。"（葛懋春主编《历史科学概论》，山东教育出版社1983年版，第127页）

② 《马克思恩格斯文集》第1卷，人民出版社2009年版，第602页。

活化处理，像提出"在同一生产力发展水平和条件下社会形态可以是多模式的，发展的道路也是多模式的"，"同一性质与水平的生产力可能与几种不同的生产关系相适应"。① 但这种应对之道，同前面提到的诸种反常现象一样，只是将问题一再提出，却未能从根本上解决生产力决定生产关系原理的解释力问题。②

另一些学者则追根溯源，将马哲学界有关生产力和生产关系概念流行的界定同经典作家的论述进行比对，考察这些界定是否同经典作家的论述相吻合。经过考察，他们认为，这些对生产力和生产关系概念的界定同经典作家的论述并不相符，由此提出了新的界定。比如，他们发现，马克思有关"三要素"的界定并不是指生产力，而是指劳动过程，③"如果把'劳动过程'的三要素变换成为'生产力'的三要素，那就无异于将'驴唇'移植于'马嘴'"。④ 他们更倾向于将生产力称为生产能力，并对马克思衡量生产能力的标准进行考察，指出马克思是用工作效率、劳动生产率、产量、总产品，甚至财富之类的标准来衡量生产能力的高低的。他们选择劳动生产率，尤其是人均劳动生产率作为衡量生产能力的主要标准。之所以做这样的选择，一是因为劳动生产率相比其他标准更容易量化，二是因为劳动生产率，尤其是人均劳动生产率决定着在满足劳动者个人和家庭消费之外的剩余量的大小，这个剩余量的大小就为解释生产关系的变革提供了锁钥。再比如，他们梳理了生产力决定生产关系的因果链条。既然说所有制形式是生产关系最基本的因素，那么所有制又是由什么决定的呢？在生产能力和所有制形式之间还有没有什么中间层次的要素呢？通过对经典作家论述的考察，他们找

① 罗荣渠：《现代化新论——世界与中国的现代化进程》，北京大学出版社 1993 年版，第 72、61 页。
② 笔者对这种解释的局限进行了分析，见吴英《关于现代化的含义、规律和模式——对〈现代化新论〉几个理论观点的评析》，《天津师范大学学报》2001 年第 5 期。
③ 马克思在《资本论》中指出："劳动过程的简单要素是：有目的的活动或劳动本身，劳动对象和劳动资料。"（《马克思恩格斯文集》第 5 卷，人民出版社 2009 年版，第 208 页）
④ 庞卓恒：《生产能力决定论》，《史学集刊》2002 年第 3 期。

出了这一中间要素，那就是劳动分工。① 这样，生产力决定生产关系的因果链条就是生产能力的提高→劳动分工的演进→所有制形式的变化，是一种"三层次"的演进模式。② 以劳动生产率，尤其是人均劳动生产率来衡量的生产能力的提高，必然导致个体劳动者在满足个人和家庭消费之后剩余量的增加，这就使得他们就业的产业部门中有一部分劳动力能够转移到新的产业部门工作而不会影响全社会对该产业部门产品的获得。正是在生产能力逐渐提高的推动下，人类社会的产业结构经历了从小生产农业为主到社会化大生产工业为主，再到第三产业人口和产值超过第一、二产业总和的逐步升级。也正是在产业结构不断升级的促动下，在劳动分工中因为从事管理和技术工作而在分配中占据主导地位的阶级的身份也在不断发生着变化，并由此推动了生产资料所有者的身份发生了从土地所有者→资本所有者→知识所有者的变迁。可见，在生产力决定生产关系的因果链条中引入劳动分工的演化，能够更合理地解释生产力的提高是如何导致生产关系的变革的。此外，引入分工对解释阶级的产生和阶级结构的演变，③ 以及论证前面涉及的"三形态"理论的合理性④等，都具有重要的理论价值。

　　对唯物史观的基本原理做过细的探究，特别是对决定与被决定关系的因果链条做过细的探究，是增强唯物史观解释力的又一关键所在，在唯物史观的解释力受到质疑的背景下更应予以加强。当前，中西方学界

---

① 马克思和恩格斯在《德意志意识形态》中明确指出了所有制的决定因素以及生产力决定生产关系的因果链条。像他们指出："与这种分工同时出现的还有**分配**，而且是劳动及其产品的**不平等**的分配（无论在数量上或质量上）；因而产生了所有制。""分工的各个不同发展阶段，同时也就是所有制的各种不同形式。这就是说，分工的每一个阶段还决定个人在劳动材料、劳动工具和劳动产品方面的相互关系。"而分工的演化又取决于生产力的进步："任何新的生产力，只要它不是迄今已知的生产力单纯的量的扩大（例如，开垦土地），都会引起分工的进一步发展。"（《马克思恩格斯文集》第1卷，人民出版社2009年版，第536、521、520页）

② 吴英：《对唯物史观几个基本概念的再认识》，《史学理论研究》2007年第4期。

③ 吴英：《对马克思分工—阶级理论的再解读》，《史学月刊》2004年第5期。

④ 庞卓恒：《生产能力决定论》，《史学集刊》2002年第3期。

都有学者主张，不是生产力决定生产关系，而是生产关系决定生产力，^① 甚至有学者主张是上层建筑在起决定作用。^② 与此相对，同样有学者在坚持生产力决定生产关系，而且对生产力如何决定生产关系进行了有见地的研究。^③ 面对唯物史观逐渐被边缘化的紧迫形势，马哲学界和历史学界应该加强合作，以经典作家的论述为依据，结合对历史与现实发展的深入探究，对生产力、生产关系（经济基础）、上层建筑等唯物史观的基本概念做出科学的界定，对生产力决定生产关系、经济基础决定上层建筑的因果链条做出科学的梳理，从而使这些基本原理既能够解释历史和现实的变迁，同时又能对现实中国与世界的发展大势做出预测。这应该说是促使唯物史观葆有生命力和解释力的关键所在。

（三）是生活决定意识，还是物质决定意识

"存在决定意识"是唯物史观的又一基本原理。对"存在"这一基本概念做出科学的界定，是论证这一基本原理正确并具有科学解释力的前提。但正是因为我们未能对这一基本概念做出科学的界定，致使唯物

---

① 像德国著名社会学家哈贝马斯就主张"坚持生产关系的首要性"（Richard Ruey-Chyi Hwang, *Recent Interpretation of Karl Marx' Social Theory*, Peter Lang, 2006, p. 5）；英国历史学家里格比通过对马克思、恩格斯经典著作的考察，认为他们主张的是"生产关系在历史解释中居于首要地位"（〔英〕S. H. 里格比：《马克思主义与历史学：一种批判性的研究》第 8 章"生产力决定论：一种替代性理论"，吴英译，译林出版社 2012 年版）。

② 像美国学者拉特纳就指出："从战时共产主义到新经济政策，从新经济政策到指令经济、再到资本主义经济都是由上层建筑的有意识决策和行动引致的。"（Harry Ratner, "Historical Materialism: A Critical Look at Some of Its Concepts," *New Interventions*, Vol. 10, No. 2, 2000）后马克思主义学派的代表人物拉克劳和墨菲同样主张政治的独立性，他们指出："我们进行研究的基础在于给予政治连接因素以优先性。"（〔英〕恩斯特·拉克劳、查特尔·墨菲：《领导权与社会主义的策略——走向激进民主政治》，尹树广、鉴传今译，黑龙江人民出版社 2003 年版，第 5 页）

③ 像分析的马克思主义学派的主要代表人物科恩就坚持"生产力首要性命题"，并在生产关系中区分出物质关系和社会关系，认为"新的生产力会要求新的生产的物质关系，后者会接着要求生产的社会关系、新的权力形式和对权利的分配"（〔英〕G. A. 科恩：《卡尔·马克思的历史理论——一种辩护》，段忠桥译，高等教育出版社 2008 年版，第 196 页）；该学派的另一位代表人物威廉姆·肖在生产关系中区分出劳动关系和所有权关系，认为"虽然这两种生产关系——劳动关系和所有权是紧密地联系在一起的……但是它们之间的区别却是马克思的中心思想"（〔美〕威廉姆·肖：《马克思的历史理论》，阮仁慧等译，重庆出版社 2007 年版，第 34 页）。

史观这一基本原理的解释力遭受质疑。

马哲学界编写的介绍唯物史观基本原理的教科书是按"物质与精神"来界定"存在与思维"的。像前文所引教科书指出："思维与存在、精神与物质的关系问题，是全部哲学特别是近代哲学重大的基本问题。……唯物主义把世界的本原归结为物质，主张物质第一性，意识第二性，物质决定和派生意识。"① 至于"物质"是指什么，马哲学界编写的教科书解释得非常抽象，但基本可以理解为指人之外的物质世界。"'物质'范畴是唯物主义哲学关于世界本原和统一性的最高抽象，是唯物主义世界观的基石。"同时引用列宁的论述指出："物质是标志着客观实在的哲学范畴，这种客观实在是人通过感觉感知的，它不依赖于我们的感觉而存在，为我们的感觉所复写、摄影、反映。"② 引申到人类社会的历史和现实发展过程，决定人们意识的存在就变成了人之外的某些因素，像生活环境、阶级属性、家庭出身等。例如在将唯物史观理解为"阶级斗争决定论"的"文化大革命"时期，现实社会中出现了完全依据出身划定右派的现象，历史学界也出现了"见地主就批，见农民就赞"的完全依据阶级身份来做评价的倾向。但是，随着现实社会对那些由此造成的冤假错案予以平反，同时随着历史研究的深入，学者们逐渐认识到同一阶级内部不同个体意识和行为的复杂性和差异性，放弃了那种贴标签式的简单甚至粗暴的评价方式。面对将"存在"理解为人之外因素所造成的不良影响，部分学者放弃了对到底是什么决定意识问题的探讨，更有一些学者甚至放弃了对"存在决定意识"这一唯物史观基本原理的坚持。

另一些学者则将马哲学界有关"物质决定意识"的界定同经典作家的论述进行比对，认为目前流行的将"存在"理解为"物质"的界定同经典作家的论述并不相符。他们根据马克思的论述指出，马克思所

---

① 张雷声主编《马克思主义基本原理概论（第二版）》，中国人民大学出版社 2018 年版，第 16—17 页。

② 张雷声主编《马克思主义基本原理概论（第二版）》，中国人民大学出版社 2018 年版，第 17 页。

说的"存在"绝不是人之外的存在，而是指人们自身的实际生活过程。① 而那种将人们所处的外部环境作为意识决定因素的做法，实际是属于费尔巴哈的机械唯物论。费尔巴哈曾经说过："皇宫中的人所想的，和茅屋中的人所想的是不同的。"这段话常常被误认为是对存在决定意识原理的形象表达。但恩格斯却指出："费尔巴哈完全不知道用这些命题去干什么，它们始终是纯粹的空话。"② 这种外部环境或阶级出身决定论并不能解释为什么同样是生活在茅屋中的人，有的人想推翻旧皇帝、自己当皇帝，有的人想做忠实的顺民；同样是生活在皇宫中的人，有的人同情受压迫阶级，甚至加入受压迫者造反的行列，有的人却只想维护封建制度和皇帝的特权。他们由此断言，这种将"存在"理解为外部环境和阶级出身的观点不是马克思"存在决定意识"原理的真正内涵，而是机械反映论。当然，在肯定"存在决定意识"是"生活决定意识"的前提下，对生活到底是如何决定意识的问题还需要做过细的研究，厘清其中的因果链条，使"存在决定意识"这一唯物史观的基本原理真正具有说服力。

通过对以上三个有关唯物史观基本原理和基本理论原有解释的剖析，可以认识到，对唯物史观原有的解释体系的确需要做出系统的检讨和重构。但马哲学界编写的介绍唯物史观基本原理的教科书仍在延续几十年"一贯"制，尚未结合时代的变化和学术研究的进步做出相应的更新，由此削弱了唯物史观对历史和现实经验事实的解释力，并引发对唯物史观的质疑，甚至放弃唯物史观对人文社会科学研究的指导。我们认为，失去解释力的不是唯物史观自身，而是原有的解释体系。在新的时代背景下，应该尽快建构对唯物史观新的解释体系。这才是继续保持唯物史观对人文社会科学研究的指导地位，并由此保持马克思主义对意识形态指导地位的关键所在。

---

① 例如，马克思和恩格斯在《德意志意识形态》中曾明确指出："意识在任何时候都只能是被意识到了的存在，而人们的存在就是他们的现实生活过程"；"不是意识决定生活，而是生活决定意识"（《马克思恩格斯文集》第 1 卷，人民出版社 2009 年版，第 525 页）。

② 《马克思恩格斯文集》第 4 卷，人民出版社 2009 年版，第 290—291 页。

第一章

对唯物史观基本概念和基本原理的
重新解读

第一节　对唯物史观基本概念的重新解读

唯物史观是马克思、恩格斯为后人留下的认识和把握人类社会发展规律的理论体系。它从人类赖以延续生命的物质生产演进的视角，揭示出社会存在、社会交往、阶级结构等一系列的演化规律，从而成为指导我们认识客观世界并能动地改造客观世界的根本理论。但是，一个时期以来，唯物史观的指导地位面临着严峻的挑战。在历史学领域，也出现主张史学研究指导理论多元化的呼声。究其缘由，固然有多方面因素的影响，但其中认识上的原因不容忽视。正如陈先达所指出的，以往存在的不足，"并不是因为我们比较注重基本原理和范畴的研究，而是因为我们单纯局限在原理和范畴之内以至我们对什么是生产力、什么是生产关系、什么是经济基础、什么是上层建筑、什么是社会存在、什么是社会意识，至今仍然不很清楚。在教科书中对历史唯物主义基本范畴和概念也很难给出明确的、得到共识的定义。至于一些基本原理的分歧更大"。① 因

---

① 陈先达：《唯物史观在新中国的五十年》，《哲学动态》1999 年第 10 期。

此，亟须下大力气去辨识唯物史观的基本概念和基本原理，力求与时俱进地深化对该理论真谛的理解与把握。

一　对唯物史观基本概念的重新界定

（一）关于"生产力"

生产力是唯物史观理论体系的逻辑出发点。科学地界定"生产力"概念的内涵，才能使我们在把握唯物史观的理论体系时具有准确、坚实的基点。但是，我们过去习惯于按"三要素说"来界定生产力，即生产力是由劳动力、劳动工具和劳动对象三个要素构成。这种界定源出于对马克思关于"劳动过程"的论述的误读和误用。在《资本论》第 1 卷第三篇第五章阐释"劳动过程"的论述中，马克思明确地指出："劳动过程的简单要素是：有目的的活动或劳动本身，劳动对象和劳动资料。"① 把劳动过程运行所必需的三要素转换成为生产力的三要素实际上是"偷换概念"。须知，"劳动过程"概念是以生产运行过程为研究对象，阐明它有三个必备要素，若缺少其中任何一个要素，该"过程"就无法进行。而"生产力"显然是一种有关"能力"的概念，是一种做工的能力。② 这两个概念不存在可以相互替代的关系。

那么，生产力的内涵究竟应该如何界定？这可以从马克思、恩格斯的相关论述中得到启示。比如他们在《德意志意识形态》中论及，在资本主义私有制下，"各个人——他们的力量就是生产力——是分散的和彼此对立的，而另一方面，这些力量只有在这些个人的交往和相互联系中才是真正的力量"。③ 又如马克思在 1846 年 12 月 28 日致安年科夫

---

① 《马克思恩格斯文集》第 5 卷，人民出版社 2009 年版，第 208 页。

② 分析的马克思主义学派创始人、英国学者科恩指出，"马克思的通常被译为'生产力'（Productive forces）的用语是 Produktivkräfte。这一英文的译法是如此根深蒂固以至我们一般情况下都将使用它，但值得指出的是，它是不确切的。生产能力（Productive powers）才是更确切的。……无论一件生产工具还是一定数量的原料，严格说来都不是生产能力"（〔英〕G. A. 科恩：《卡尔·马克思的历史理论——一种辩护》，段忠桥译，高等教育出版社 2008 年版，第 54—55 页）。

③ 《马克思恩格斯文集》第 1 卷，人民出版社版 2009 年版，第 580 页。

的信中指出："人们不能自由选择**自己的生产力**——这是他们的全部历史的基础，因为任何生产力都是一种既得的力量，是以往的活动的产物。可见，生产力是人们应用能力的结果，但是这种能力本身决定于人们所处的条件，决定于先前已经获得的生产力，决定于在他们以前已经存在、不是由他们创立而是由前一代人创立的社会形式。后来的每一代人都得到前一代人已经取得的生产力并当做原料来为自己新的生产服务，由于这一简单的事实，就形成人们的历史中的联系，就形成人类的历史，这个历史随着人们的生产力以及人们的社会关系的愈益发展而愈益成为人类的历史。"① 由此可见，马克思是用"力量""应用能力""能力"等词来描述生产力的。这就是说，生产力是人们应用于生产的、外化了的能力，或者说，生产力是人们在物质生产实践中释放出来的能力。这里要着重强调的是，我们只将人们应用于实际生产过程中的外化了的能力视为生产力。至于个人拥有的知识、技能是以无形的形态存在于人体之中，而未应用于实际的物质生产中，既然它还只是一种知识积累、技术潜能，没有释放出来转化为现实的生产力，自然也就不能将其视为生产能力。更何况，这种潜在的能力也无法加以计量。

确认了生产力是人们在物质生产过程中实际表现出的能力后，下一步就是如何衡量和测度这种生产能力。因为，只有识别、把握了生产力的变化，才能解释生产关系或经济结构的变化以及后者引致的上层建筑的变化。过去按"三要素"来理解生产力，往往选择用生产工具来测度生产力的发展。加之又有马克思的形象描述作为支持："手推磨产生的是封建主的社会，蒸汽磨产生的是工业资本家的社会。"② 于是，人们往往用生产工具来衡量生产力的变化，并由此来解释历史的变迁。但是，这种做法是存在疑难的。其一，从经典作家的论述看，上述的形象描述出自马克思批驳蒲鲁东的著述《哲学的贫困》。在他对蒲鲁东的批

---

① 《马克思恩格斯文集》第 10 卷，人民出版社 2009 年版，第 43 页。
② 《马克思恩格斯文集》第 1 卷，人民出版社 2009 年版，第 602 页。

驳中，上述描述是在论及"社会关系和生产力密切关联"时作为举例提及的，并非界定生产力本质特征的理论判断。随着人们物质生产能力的提高，劳动过程的诸要素当然也会发生相应的变化。但如果将生产力简单地理解为"生产工具"，将会导致在生产力对生产关系的决定关系上出现巨大弹性，从而使我们出现认识上的混乱。因为，历史地看，奴隶制、封建制和产业革命以前近200年的手工工场时期的资本主义，这三种不同的生产方式都在使用手工工具。这样一来，一种"生产力"（即手工工具）就可以同多种生产关系相适应，那么，又何谈生产关系必须适应生产力发展的要求？这岂不是否定了二者之间关系的规律性！马克思对生产能力与劳动工具、劳动对象（后两者被他称为"劳动条件"或"客观条件"）的轻重地位有过明确阐释："积累只不过是社会劳动生产力的积累，所以工人本身的技能和知识（科学力量）的积累是主要的积累，比和它一同进行并且只是反映它的那种积累，即这种积累活动的**现存客观**条件的积累，重要得多，而这些客观条件会不断重新生产和重新消费，只是名义上进行积累。"① 对此，西方分析的马克思主义学派的创始人之一科恩也有过很形象的表述："毁掉所有的蒸汽机但保存如何制造和使用它们的知识，加上如果在原料问题上稍有运气，你就能很快使其恢复原状。毁掉知识而保留蒸汽机，你有的只是一堆无用的金属……"② 不过，科恩最终将唯物史观解释为一种技术决定论，则是不可取的。其二，从因果链条解析，工具，哪怕是最复杂的机器都不是终极性的。先是"后来的每一代人都得到前一代人已经取得的生产力并当做原料来为自己新的生产服务"，尔后才通过认知的积累与操作技能的提升，根据需要创造性地研制出新的工具。可见，是人们在生产实践中劳动能力的提高导致新的生产工具的创制，并在新的生产工具被接受和应用于实际生产后提高劳动效率，推动生产力的提高。分析的

① 《马克思恩格斯全集》第26卷第3册，人民出版社1974年版，第294页。
② 〔英〕G.A.科恩：《卡尔·马克思的历史理论——一种辩护》，段忠桥译，高等教育出版社2008年版，第59页。

马克思主义学派的另一位创始人、美国学者威廉姆·肖也曾指出："一方面，新工具……必须由更有知识的劳动力来创造。……另一方面，任何发明的引进都需要有充分熟练地使用它的劳动者，如果缺乏这样的劳动者，发明的利用所带来的进步就会受到抑制。"① 他还引用马克思的话作为支持："沃康松、阿克莱、瓦特等人的发明之所以能够实现，只是因为这些发明家找到了相当数量的、在工场手工业时期就已准备好了的熟练的机械工人。"② 可见，生产工具的发明和普遍应用都是以人们物质生产能力的提高为前提的。而假如人们的普遍物质生产能力尚未发展到一定水平，那么，单个人的发明不仅不会在生产中应用，而且还可能会给发明家带来悲惨的命运。历史就是这样告诫后人的："安东·缪勒约在 1529 年在但泽发明了一种所谓织带机，或称为纽带机或编织机床，可以同时织出四到六块织物；但是城市绅董会恐怕这项发明会使大量工人沦为乞丐，因此禁止它使用，并把发明者秘密地淹死或绞死了。……马堡大学数学教授但尼斯·巴宾企图造一部工业用的蒸汽机；后来由于各方面的反对而灰了心，他结果把机器放下而造了一艘汽船，他在 1707 年乘着它从加塞尔沿富尔达河顺流而下，想航行到英国去；但在明登，明智的当局禁止他前进；维塞尔河上的船夫就把汽船捣毁了。巴宾于是就在英国贫困而死。现在可以弄明白了，1529 年安东·缪勒发明织带机或是但尼斯·巴宾在 1707 年发明汽船，是比詹姆斯·哈格里夫斯在 1764 年发明珍妮机，或富尔顿在 1807 年发明汽船，更伟大得不可比拟的人类精神产物。但前者竟一事无成，而后者则获得这样的改变世界面貌的成功。"③ 所以，工具的发明或技术的创新，以及它们被普遍应用，在社会生产力演进、提高的进程中不是终极性的；恰恰相反，它们乃是人们实际生产能力提高的产物。这也是我们不赞同科恩

---

① 〔美〕威廉姆·肖：《马克思的历史理论》，阮仁慧等译，重庆出版社 2007 年版，第 20—21 页。

② 《马克思恩格斯文集》第 5 卷，人民出版社 2009 年版，第 439 页。

③ 〔德〕梅林：《保卫马克思主义》，吉洪译，人民出版社 1982 年版，第 32—33 页。

将唯物史观解释为技术决定论的原因所在。

我们主张用劳动生产率（指劳动者在一定时间内所生产的产品价值或产品数量）来测度生产力。除了因为它是生产能力的一个自然衡量指标外，还在于它直接决定着一个能够说明生产关系性质的指标，即剩余量或净余量，也就是劳动者在满足自身和家庭的物质生活需要之后的剩余量。每个部门的劳动生产率决定着该部门的剩余劳动量，也就决定了该部门能够转移出多少劳动力到新的生产部门工作，同时决定了有多少人可以从直接的生产过程中游离出来去从事生产的组织管理和技术工作，以及有多少人能够从物质生产过程中游离出来从事社会公共事务的管理工作。而这些指标实际上决定着社会生产关系中劳动分工关系的特性。

（二）关于生产关系

什么是生产关系？马克思指出："人们在生产中不仅仅影响自然界，而且也互相影响。他们只有以一定的方式共同活动和互相交换其活动，才能进行生产。为了进行生产，人们相互之间便发生一定的联系和关系；只有在这些社会联系和社会关系的范围内，才会有他们对自然界的影响，才会有生产。"① 他还指出："人们在发展其生产力时，即在生活时，也发展着一定的相互关系；这些关系的形式必然随着这些生产力的改变和发展而改变。"② 这就是说，生产关系是人们在生产过程中形成的各种关系，而它的性质则是由生产力的发展水平决定的。具体地讲，生产关系应该是包括了在生产过程中形成的各种人际间的交往关系，像劳动分工关系、产品分配与交换关系、消费关系，乃至生产资料所有权关系等。在标志唯物史观形成的著作《德意志意识形态》一书中，马克思、恩格斯曾使用"交往方式"一词来描述生产关系，后来才改用"生产关系"一词。这也反映出"生产关系"就是指在生产中

① 《马克思恩格斯文集》第 1 卷，人民出版社 2009 年版，第 724 页。
② 《马克思恩格斯文集》第 10 卷，人民出版社 2009 年版，第 47 页。

发生的人与人之间的诸种交往与联系，尽管这种联系与交往大都以实际生产进程或物质产品作为媒介，但究其本质则是人与人之间有目的的交往活动。但是，在过去很长一段时期，我们对生产关系内涵的理解集中于生产资料所有制，对于生产关系范畴内的其他交往关系则熟视无睹，由此使我们在理论与实践两个层面都遭遇到困难。美国学者拉特纳就曾以苏联的实例论证生产资料所有制是一个可以由上层建筑任意加以改变的权利关系，从而质疑生产力决定生产关系命题的真理性。他写道："从 1917 年 10 月到 1918 年中期，年轻的苏维埃政府支配着一种分崩离析的资本主义经济。企业尚未被国有化，仍然处于名义的资产阶级所有制下，尽管所有者的实际控制已经有效地由工人委员会自下、由苏维埃政府机构自上给予挑战。从 1918 年到 1921 年，经济基础是战时共产主义制度，其特征是对工业实施中央集权化的军事控制，取消商品交换和货币。从 1921 年到 1929 年，新经济政策见证了混合经济的发展，它将私人所有权、由独立生产者为市场进行的小生产和国家所有权结合在一起。……斯大林的强制集体化和工业化终止了这一过程。从 1929 年到1991 年，苏维埃国家支配和管理着一个中央集权化的、由国家拥有的指令性经济。从 1991 年到现在，我们见证了基本上是同样的政府机构在执行国有企业私有化、自由市场经济替代指令经济，及苏维埃经济重新整合进资本主义世界市场。……从战时共产主义到新经济政策，从新经济政策到指令经济，再到资本主义经济都是由上层建筑的有意识决策和行动引致的。"① 这种任意以上层建筑的决策来改变经济基础的结构和性质的做法，显然背离了马克思的有关论述，也是导致苏联解体的重要原因。

仔细阅读马克思、恩格斯有关生产关系的论述还可以领悟到，他们明确阐释了构成生产关系的诸种关系并非彼此独立或相互并列，它们之

---

① Harry Ratner, "Historical Materialism: A Critical Look at Some of Its Concepts," *New Interventions*, Vol. 10, No. 2, 2000.

间是蕴含着因果关系的。如他们指出："分工起初只是性行为方面的分工，后来是由于天赋（例如体力）、需要、偶然性等等才自发地或'自然地'形成的分工。分工只是从物质劳动和精神劳动分离的时候起才真正成为分工。"① **"分工使精神活动和物质活动、享受和劳动、生产和消费由不同的个人来分担这种情况不仅成为可能，而且成为现实。"②** "与这种分工同时出现的还有**分配**，而且是劳动及其产品的**不平等**的分配（无论在数量上或质量上）；因而产生了所有制……"③ "分工的各个不同发展阶段，同时也就是所有制的各种不同形式。这就是说，分工的每一个阶段还决定个人在劳动材料、劳动工具和劳动产品方面的相互关系。"④ 而这种分工的演化则取决于生产力的进步："任何新的生产力，只要它不是迄今已知的生产力单纯的量的扩大（例如，开垦土地），都会引起分工的进一步发展。"⑤ 这些论述明确揭示了一系列因果链条，即生产力的演进制约着生产关系的演化；在诸种生产关系中，生产过程中的劳动分工关系决定着生产过程中生产资料和生产结束后产品的分配关系。而对这些因果链条的揭示，乃是马克思、恩格斯对人类社会历史演进规律剖析的出发点或者说基础性认识。

依据马克思、恩格斯的相关论述，我们尝试对诸种生产关系之间蕴含的因果联系做一些分层的解析，以更好地把握其中的规律。首先看生产关系的第一个层面或称基础性层面，位于这个层面的是人们在生产过程中形成的分工与协作关系。最初它是由人们自然禀赋的差异自发地形成的，那时的分工十分简单、自然，尚未形成以脑体分工为基础的"真正"的分工或社会分工。伴随着生产力水平的提高和剩余产品的产生，人们的知识在不断积累，劳动技能在不断提升，与此同时人们之间的能力差异也在不断扩大，于是以脑体分工为基础的社会分工出现，生

---

① 《马克思恩格斯文集》第 1 卷，人民出版社 2009 年版，第 534 页。
② 《马克思恩格斯文集》第 1 卷，人民出版社 2009 年版，第 535 页。
③ 《马克思恩格斯文集》第 1 卷，人民出版社 2009 年版，第 536 页。
④ 《马克思恩格斯文集》第 1 卷，人民出版社 2009 年版，第 521 页。
⑤ 《马克思恩格斯文集》第 1 卷，人民出版社 2009 年版，第 520 页。

产分工日益走向专业化，而生产协作也日趋紧密。到了现代，高度发达的生产力已经促使社会形成一个庞杂、繁复的分工与协作体系。所以不难看出，自从人类以社会群居形态生活的那一刻起，为了求得生存的最简单的生产（狩猎和采集）就已经萌生了分工。而日趋复杂的分工与协作，促使人们的交往活动（产品的分配与交换、生产资料的拥有或占用……）亦步亦趋地复杂化、多样化。可以毫不夸张地讲，这种以物为媒介的人际交往，现时已经遍及全球，融入整个社会生活。但究其本源，皆出自生产中的分工关系。这也是我们把它列为第一层面的依据，它对于生产关系中包括的其他人际交往关系具有决定性的作用。其次，生产关系的第二个层面包括了由于生产的分工、协作而必然形成的生产资料和产品的分配关系、交换关系，乃至生产资料的拥有或占用关系，等等。表面看，这些似乎都是在生产过程中发生的人与物的关系，但联系生产过程中的分工关系就不难识别，在物的背后有着权力之手在操控，所以仍然是人与人之间的交往关系。马克思、恩格斯的阐述形象地揭示了这一切，如他们指出：“与这种分工同时出现的还有**分配**，而且是劳动及其产品的**不平等**的分配（无论在数量上或质量上）；因而产生了所有制……所有制是对他人劳动力的支配。其实，分工和私有制是相等的表达方式。对同一件事情，一个是就活动而言，另一个是就活动的产品而言。”① 马克思还指出：“分配的结构完全决定于生产的结构，分配本身是生产的产物，不仅就对象说是如此，而且就形式说也是如此。就对象说，能分配的只是生产的成果，就形式说，参与生产的一定方式决定分配的特殊形式，决定参与分配的形式。”② 就是说，人们在生产活动中的地位、作用和表现相应地决定着生产资料和产品的分配权益。由于人们在生产中发挥的作用和在劳动分工中所处的地位不同，必然导致的是生产资料和产品的不平等分配，这种不平等的占有导致了阶

① 《马克思恩格斯文集》第 1 卷，人民出版社 2009 年版，第 536 页。
② 《马克思恩格斯文集》第 8 卷，人民出版社 2009 年版，第 19 页。

级差别的出现。在劳动分工中居于主导地位，因而在生产资料和产品分配中居于优势地位的集团，构成社会的统治阶级；而在劳动分工中处于附属地位，因而在生产资料和产品分配中居于劣势地位的集团，构成社会的被统治阶级。当这种权益分配由上层建筑予以确认，就转化为法律上的所有权制度。

上述对生产关系的层次划分，在一些西方研究唯物史观的学者中也有相似的认识，他们将生产关系划分为两个不同层次。科恩区分为物质关系和社会关系，认为"新生产力会要求新的生产的物质关系，后者会接着要求生产的社会关系、新的权力形式和对权利的分配"。[①] 威廉姆·肖区分为劳动关系和所有权关系，认为"虽然这两种生产关系——劳动和所有权是紧密地联系在一起的……但是它们之间的区别却是马克思的中心思想"。[②] 普列门纳茨区分出："实际生产中包括的关系与因为生产创造了对它们的需求而产生的关系。第一类关系凡是存在劳动分工的地方它们就存在，而且它们随着生产方法的变化而变化……似乎正是第二类关系，而不是第一类关系最有资格成为生产力发展的形式或桎梏……包括在生产中的关系必然随着生产的变化而变化，因此不大可能成为它的桎梏。"[③] 不过，西方学者并未从人的生产实践能力的差异上去解析分配中出现的差别，也就未能触及事物的本源。

综上所述，在对生产关系概念的界定上有两点应予以重视：一是要摒弃狭义的、简单化的解释；二是要厘清在生产关系中各种不同性质的人际交往关系的内在因果链条，从而使我们能够在认识与实践中做出科学的把握。

（三）生产力与生产关系的辩证关系

从上文不难看出，学术界对于生产力和生产关系的概念界定是有着

---

① 〔英〕G. A. 科恩：《卡尔·马克思的历史理论——一种辩护》，段忠桥译，高等教育出版社 2008 年版，第 196 页。

② 〔美〕威廉姆·肖：《马克思的历史理论》，阮仁慧等译，重庆出版社 2007 年版，第 34 页。

③ John Plamenatz, *Man and Society*, Vol. 2, McGraw-Hill Book Company, 1963, pp. 279–280.

认识上的分歧的，因此，在生产力和生产关系二者间关系的认识上也有着截然不同的观点。归纳起来，大体有三种不同的看法。第一，认为生产力居于首要地位。科恩和威廉姆·肖都坚持生产力居于决定地位。科恩认为，"马克思给予生产力以解释上的首要性……首要性，指的是生产力对生产关系的首要性，或者说对由生产关系构成的经济结构的首要性。首要性命题讲的是，一类生产关系的性质是由它所包含的生产力的发展水平解释的"。[①] 威廉姆·肖也指出，"我坚定地主张对他的理论作一种'决定论'的解释。这种理论认为生产力在历史中起着决定性的作用，并且试图更确切地阐明生产力以及生产力在解释历史唯物主义中的首要性"。[②] 第二，认为生产关系居于首要地位。将马克思主义与实用主义相结合的美国学者悉尼·胡克指出："不能把社会生产关系（它同'财产关系'以及'文化的经济基础'等说法，其意义是相同的）看作是技术的自发反映。相反的，技术的开发其本身往往是取决于它所遇到的社会关系的制度的。"[③] 坚持生产关系首要地位的另一重要学者是法兰克福学派的哈贝马斯，他的论点是，"坚持生产关系的首要性……在许多历史事例中生产关系的变革先于生产力"。[④] 第三，生产力和生产关系相互适应说。在上述两种针锋相对的解释之外，还出现了一种折中解释，即认为生产力和生产关系是一种相互适应的关系。中国已故著名历史学家罗荣渠就持此种看法："对于生产力和生产关系的相互关系的机械的单线解释……现在看来，这一简单化的概括未必是正确的。相应的生产力水平有相应的生产关系，形成相应的社会经济结构，但是由于每一种新形态的生产力都具有巨大的能动性、发展弹性和适应

---

① 〔英〕G. A. 科恩：《卡尔·马克思的历史理论——一种辩护》，段忠桥译，高等教育出版社 2008 年版，第 162—163 页。

② 〔美〕威廉姆·肖：《马克思的历史理论》，阮仁慧等译，重庆出版社 2007 年版，第 6 页。

③ 〔美〕悉尼·胡克：《对卡尔·马克思的理解》，徐崇温译，重庆出版社 1989 年版，第 118 页。

④ Richard Ruey-Chyi Hwang, *Recent Interpretations of Karl Marx' Social Theory*, Peter Lang, 2006, pp. 5–7.

性，同一性质与水平的生产力可能与几种不同的生产关系相适应。同一
种生产力、同一种生产方式在不同的历史条件下可以适应几种不同的社
会结构。"① 在唯物史观最基本的概念和原理上存在如此截然不同的解
释，关键的症结就在于对生产力和生产关系的概念界定上存在着分歧。
而消除这种认识分歧只有一种途径，那就是要准确地理解与把握马克思
的经典论述。

对生产力与生产关系之间的辩证关系，马克思、恩格斯曾经做过明
确的阐述。他们指出："已成为桎梏的旧交往形式被适应于比较发达的
生产力，因而也适应于进步的个人自主活动方式的新交往形式所代替；
新的交往形式又会成为桎梏，然后又为另一种交往形式所代替。由于这
些条件在历史发展的每一阶段都是与同一时期的生产力的发展相适应
的，所以它们的历史同时也是发展着的、由每一个新的一代承受下来的
生产力的历史，从而也是个人本身力量发展的历史。"② 马克思还指出：
"无论哪一个社会形态，在它所能容纳的全部生产力发挥出来以前，是
决不会灭亡的；而新的更高的生产关系，在它的物质存在条件在旧社会
的胎胞里成熟以前，是决不会出现的。"③ 这些论述向我们展示了两个
自然历史进程。其一，生产关系总是伴随生产力的进步或迟或早地发生
演变，也就是说，生产力的进步会促使生产关系做出适应性的变革。那
么，它是通过什么样的"机制"或者说"路径"促使生产关系发生变
革？其二，原有的生产关系为新的更高级的生产关系所替代又是有条件
的，即在新的生产力还有允许其发展的空间的时候，在新的生产关系的
孕育还不成熟的时候，原有的生产关系是不会轻易退出历史舞台的。那
么，又是什么力量在阻滞生产关系的变革？下面，我们尝试做出解析。

先看前者。前文我们曾引用马克思、恩格斯的论述说明，有什么样

① 罗荣渠：《现代化新论——世界与中国的现代化进程》，北京大学出版社1993年版，
　第61页。
② 《马克思恩格斯文集》第1卷，人民出版社2009年版，第575—576页。
③ 《马克思恩格斯文集》第2卷，人民出版社2009年版，第592页。

的生产力就会产生、发展依据该生产力所要求的劳动分工，而劳动分工又决定着"个人的与劳动材料、劳动工具和劳动产品有关的相互关系"。所以说，生产力决定生产关系这一因果链条的关键机制在于"分工"。新的生产力会造成新的社会劳动分工，而处于生产关系基础层面的"分工"的演化，必然牵动整个生产关系的演化。这是生产力与生产关系之间的正向决定层面，它无疑是一种自然历史进程。而后者，生产关系伴随生产力的演进而演变，表现出一种双向的滞后性，即旧有的生产关系不是立即退出历史舞台的，而新的生产关系也不是立即取得社会主导地位的，其中同样蕴含着一种自然历史进程。因为，分配关系、交换关系，乃至所有权关系等诸种生产关系的演化，无不蕴含着社会不同利益集团的利益调整，而此种不同社会利益集团的利益调整乃是一种"此消彼长"的关系。新的生产力在原有的生产关系制约下发育、成长是一个漫长的进程；而新的生产关系的孕育，同样需要假以时日。所以，原有的生产关系只要尚未束缚、排斥新生产力的发展，亦即尚未形成"桎梏"，就不会被完全取代。至于新的生产关系伴随新的生产力的发育、成长，也有一个过程。当新的生产力发展成为主导社会生产的生产力，而新的生产关系也为社会所认同和接受的情况下，新的生产关系才会成为在全社会起主导作用的人际交往形式。这是生产力与生产关系之间的反向作用层面。但生产关系最终必须适应生产力发展的要求，否则就会由于利益分配不当而抑制生产者发挥积极性与创造性，由此阻碍生产力的持续发展。社会一旦发生这种矛盾而又久拖不决，最终将会引发变革生产关系的强烈要求。

（四）经济基础与上层建筑的矛盾运动

马克思在《〈政治经济学批判〉序言》中明确指出："这些生产关系的总和构成社会的经济结构，即有法律的和政治的上层建筑竖立其上并有一定的社会意识形式与之相适应的现实基础。"[1] 这就是说，生产

---

[1]　《马克思恩格斯文集》第 2 卷，人民出版社 2009 年版，第 591 页。

关系的总和构成经济结构或称经济基础,上层建筑则是指服务于经济基础的政治、法律权力和观念意识。这种政治、法律权力和观念意识是现存社会生产关系的反映,它们的存在则是为了维系现存的社会生产关系。于是,我们会在人类社会历史演变的长河中观察到,当社会中处于主导地位的分配关系、生产资料占有关系同生产力、劳动分工关系相符合时,掌握上层建筑的社会统治阶级会通过对经济结构的卫护与稳定,促进生产力的发展;而当生产关系不适应生产力发展时,既有的社会统治阶级则会利用上层建筑作为原有生产关系的卫道士,为维护这种有利于自身利益的分配格局,运用它所能动用的政治的、法律的、观念意识的种种手段,来阻碍生产关系的变革,从而阻滞生产力的提高和劳动分工的演化。这就是既得利益集团(即社会的统治阶级)对社会发展的阻滞效应。在这种情况下,在劳动分工中居于劣势地位,并由此在分配关系中处于不利地位的集团或阶级就将试图改变现有的经济结构。但这种变革的意图和行动能否成功,就将取决于他们在劳动分工中的地位是否已经发生实质性的改变,而这又取决于社会的生产能力是否有了实质性的提高。因为"生产关系仅仅是由于社会生产能力的扩张才发展到较高阶段"。① 恩格斯晚年曾对上层建筑的反作用做过经典论述,他指出:"国家权力对于经济发展的反作用可以有三种:它可以沿着同一方向起作用,在这种情况下就会发展得比较快;它可以沿着相反方向起作用,在这种情况下,像现在每个大民族的情况那样,它经过一定的时期都要崩溃;或者是它可以阻止经济发展沿着某些方向走,而给它规定另外的方向——这种情况归根到底还是归结为前两种情况中的一种。但是很明显,在第二和第三种情况下,政治权力会给经济发展带来巨大的损害,并造成大量人力和物力的浪费。"②

以上对唯物史观几个基本概念的重新认识使我们领悟到,唯物史观

① 〔美〕威廉姆·肖:《马克思的历史理论》,阮仁慧等译,重庆出版社 2007 年版,第 81 页。
② 《马克思恩格斯文集》第 10 卷,人民出版社 2009 年版,第 597 页。

的基本解释范式似可以概括为：生产力与劳动分工的演化牵动生产关系整体发生变革，而社会经济结构与上层建筑的矛盾运动决定着这种变革会或迟或早地实现，由此推动人类社会由低级向高级的演进。

二 用唯物史观的基本理论解析人类社会历史发展轨迹

以上对唯物史观几个基本概念的重新认识表明，人类社会历史发展的终极原因在于社会生产力的持续提高，即人们认识自然、能动地改造自然的实践能力的持续进步。在马克思、恩格斯的著述中对人类社会历史演进的轨迹做过不同视角的概括，而其中以生产力和交往关系演进为主线做出的概括最具包容性和解释力，即著名的"三形态"理论："人的依赖关系（起初完全是自然发生的），是最初的社会形式，在这种形式下，人的生产能力只是在狭小的范围内和孤立的地点上发展着。以**物的依赖性**为基础的人的独立性，是第二大形式，在这种形式下，才形成普遍的社会物质变换、全面的关系、多方面的需要以及全面的能力的体系。建立在个人全面发展和他们共同的、社会的生产能力成为从属于他们的社会财富这一基础上的自由个性，是第三个阶段。"[①] 在这三大形态的社会演进中，包含三次大的社会转型：一是从无阶级社会向阶级社会的过渡，二是从前资本主义社会向资本主义社会的过渡，三是从资本主义社会向共产主义社会的过渡。

（一）从无阶级社会向阶级社会的过渡

这是生产力演化进程中实现的第一次跃升的结果。阶级的出现决定于物质生产力的发展水平。在原始社会，人们群居生活、集体狩猎，个人是非常不独立的。随着人们生产能力的逐渐提高，维持最低生活水平的生产开始出现少量剩余，使少数人能够从直接生产过程中游离出来从事社会公共事务的管理，由此产生了阶级。就像恩格斯所指出的："社会分裂为剥削阶级和被剥削阶级、统治阶级和被压迫阶级，是以前生产

---

① 《马克思恩格斯文集》第8卷，人民出版社2009年版，第52页。

不大发展的必然结果。只要社会总劳动所提供的产品除了满足社会全体成员最起码的生活需要以外只有少量剩余，就是说，只要劳动还占去社会大多数成员的全部或几乎全部时间，这个社会就必然划分为阶级。在这被迫专门从事劳动的大多数人之旁，形成了一个脱离直接生产劳动的阶级，它掌管社会的共同事物：劳动管理、国家事务、司法、科学、艺术等等。因此，分工的规律就是阶级划分的基础。"① 恩格斯还较为详尽地描述了阶级产生的两种不同路径：一条路径是由于公社中公共事务管理的需要，像解决争端、制止个别人越权、监督用水、宗教职能等，少数人从直接生产过程中游离出来履行这些职能，他们逐渐发展为社会的统治阶级；另一条路径是随着生产发展，人们的劳动所能生产的生活资料超过了单纯维持劳动力生存所需要的数量，养活更多劳动力所需的生活资料已经具备，使用这些劳动力的资料也已经具备，劳动力获得了某种价值，而战争提供了这种劳动力，人们就让战俘活下来，并且使用他们的劳动，奴隶制被发现，② 阶级社会由此诞生。

（二）从前资本主义社会向资本主义社会的过渡

从前资本主义社会向资本主义社会的过渡是以小生产农业为主转向以工业生产为主的过程，而工业生产的发展和市场交换的繁荣在很大程度上却是取决于农业劳动生产能力的提高。因为，只有农业劳动生产能力提高了，农业部门产生的剩余劳动力才能够从农业部门中游离出来，到工业部门从事生产活动；也只有农业劳动生产能力提高了，农业剩余产品才会增多，相应地交换来的工业产品也会增多，市场的发展才有了坚实基础。马克思精辟地概括道："重农学派的正确之点在于，剩余价值的全部生产，从而资本的全部发展，按自然基础来说，实际上都是建立在农业劳动生产率的基础上的。……超过劳动者个人需要的农业劳动生产率，是全部社会的基础，并且首先是资本主义生产的基础。"③ 这

① 《马克思恩格斯文集》第 3 卷，人民出版社 2009 年版，第 562 页。
② 《马克思恩格斯文集》第 9 卷，人民出版社 2009 年版，第 186—188 页。
③ 《马克思恩格斯文集》第 7 卷，人民出版社 2009 年版，第 888 页。

是因为"社会上的一部分人用在农业上的全部劳动——必要劳动和剩余劳动——必须足以为整个社会，从而也为非农业劳动者生产必要的食物；也就是使从事农业的人和从事工业的人有实行这种巨大分工的可能，并且也使生产食物的农民和生产原料的农民有实行分工的可能"，[①] "如果撇开对外贸易……那末很明显，从事加工工业等等而完全脱离农业的工人……的数目，取决于农业劳动者所生产的超过自己消费的农产品的数量"。[②] 资本主义社会的产生固然还有工业生产力的发展、资本原始积累的野蛮掠夺、世界市场的开辟等条件，但是，如果没有农业劳动生产率的提高这个根本条件，资本主义的胚胎是无法发育成形的。

（三）从资本主义社会向共产主义社会的过渡

马克思在《哥达纲领批判》中对共产主义社会的本质特征做出过权威性论述："在共产主义社会高级阶段，在迫使个人奴隶般地服从分工的情形已经消失，从而脑力劳动和体力劳动的对立也随之消失之后；在劳动已经不仅仅是谋生的手段，而且本身成了生活的第一需要之后；在随着个人的全面发展，他们的生产力也增长起来，而集体财富的一切源泉都充分涌流之后，——只有在那个时候，才能完全超出资产阶级权利的狭隘眼界，社会才能在自己的旗帜上写上：各尽所能，按需分配！"[③] 从这段引文可以看出，其中隐含的因果链条是：生产能力普遍而巨大的提高导致脑体分工的根本消失，而因分工产生的不平等分配也失去了合理性；加之产品的极大丰富，人们之间的分配关系第一次真正实现了按需分配。马克思在进一步谈到向未来社会的过渡时，是将劳动日的缩短作为一个根本的条件，"这个自由王国只有建立在必然王国的基础上，才能繁荣起来。工作日的缩短是根本条件"。[④] "［真正的经

---

① 《马克思恩格斯文集》第 7 卷，人民出版社 2009 年版，第 716 页。
② 《马克思恩格斯全集》第 26 卷第 1 册，人民出版社 1972 年版，第 22 页。
③ 《马克思恩格斯文集》第 3 卷，人民出版社 2009 年版，第 435—436 页。
④ 《马克思恩格斯文集》第 7 卷，人民出版社 2009 年版，第 929 页。

济——节约——是劳动时间的节约（……）。］而这种节约就等于发展生产力……发展生产的能力……节约劳动时间等于增加自由时间，即增加使个人得到充分发展的时间，而个人的充分发展又作为最大的生产力反作用于劳动生产力。"① 而要大大缩短工作时间，前提条件就是要大大提高劳动生产能力，以越来越短的时间生产出过去用较长时间才能生产出来的产品和服务。当前，人类世界正处于从第二大阶段向第三大阶段过渡的进程中。发达资本主义国家在工作日的缩短和从事脑力劳动者的人数上都有了重大提升，可以说，客观上是在为向共产主义过渡的自然历史进程逐步创造着条件。中国作为后发国家，充分发挥中国特色社会主义制度的优越性，选择避免重走造成巨大贫富差距、付出惨重代价的资本主义道路。这种选择，马克思曾以跨越"资本主义制度的卡夫丁峡谷"的命题予以专门论述。② 历史的演进在不同的民族国家尽管千差万别，但是，以生产力作为社会历史发展终极动因的唯物史观的解释模式却是逻辑严密和前后一致的，它对历史和现实过程都具有令人信服的解释力。

第二节　对马克思"分工-阶级"理论的再解读

马克思的分工-阶级理论是唯物史观的重要组成部分。但是，多年来，一讲到阶级，我们往往习惯于将其同所有制关系、阶级斗争联系在一起，并且把唯物史观简单地归结为"所有制决定阶级-阶级斗争推动社会发展"这样一种公式，似乎这是唯物史观天经地义的学说，不容置疑。但这种阐释并非马克思本人的理论思路，而是从苏联对马克思理论的解释借鉴而来的。这种阐释适应了夺取政权和改造所有制的革命斗争的需要，因而有其历史的合理性。但随着社会的发展和学术研究的进步，这种理论阐释的缺陷也越来越明显地暴露出来。

---

① 《马克思恩格斯文集》第 8 卷，人民出版社 2009 年版，第 203 页。
② 吴英：《马克思关于后发国家向社会主义过渡的观点及其现实意义》，《人民论坛·学术前沿》2021 年第 22 期。

一　"所有制决定阶级-阶级斗争推动社会发展"解释模式的缺陷

人们往往把列宁有关阶级的定义作为"所有制决定阶级-阶级斗争推动社会发展"这一理论模式的依据。列宁指出："所谓阶级，就是这样一些大的集团，这些集团在历史上一定的社会生产体系中所处的地位不同，同生产资料的关系（这种关系大部分是在法律上明文规定了的）不同，在社会劳动组织中所起的作用不同，因而取得归自己支配的那份社会财富的方式和多寡也不同。所谓阶级，就是这样一些集团，由于它们在一定社会经济结构中所处的地位不同，其中一个集团能够占有另一个集团的劳动。"[1] 这个定义是从四个方面的特征来界定阶级的：第一，社会集团在生产体系中所处的地位；第二，这些集团对生产资料的关系；第三，这些集团在社会劳动组织中的作用；第四，这些集团取得归自己所支配的那份社会财富的方式和多寡。该定义存在两点不足。一是对这四个特征之间的关系并未交代，它们是并列的，还是存在决定与被决定的关系？哪一个是最具决定性的特征？因为如果不交代清楚，一旦在这四个特征之间发生矛盾，又将如何处理？例如，当代西方发达资本主义社会中的经理阶层，他们在生产体系中居于主导地位，在劳动组织中也是处于领导地位，但他们并不拥有生产资料，所获得的收入也是以薪酬形式取得的。在这种矛盾情况下，如何界定经理阶层的阶级属性？有些学者从他们不拥有生产资料的角度将他们归入从事管理工作的工人阶级行列；有些学者则从他们收入较高的角度将他们归入资产阶级行列。这对于科学认识当代西方发达国家的阶级和阶级关系的演变极为不利。二是该定义未能同劳动分工建立直接联系，虽然第一个和第三个特征实际上讲的是在劳动分工中的地位，但是不明确。由此留下了一个不小的模糊空间。

---

[1] 《列宁全集》第37卷，人民出版社 2017 年版，第 13 页。

尽管列宁的界定有模糊之处，但他并未将阶级的界定归于单一因素，尤其是没有归于单一的生产资料所有制这个因素。南斯拉夫学者斯·布里舍奇在谈到如何运用列宁关于阶级的定义时指出，不能仅仅根据对生产资料的占有关系去界定阶级。他举例说："只根据对生产资料的关系这个特征来区别阶级是论据不足的，因为奴隶主、封建主和资产阶级对生产资料的关系基本上是相同的，都是生产资料的支配者，但他们毕竟是不同的阶级。奴隶、农奴和现代无产阶级对生产资料的关系是同样的，都失去了生产资料。但如果说他们是同一阶级那就错了。由此可见，在确定阶级时，除了对生产资料的关系外，还必须考虑到在历史上一定社会生产体系中的地位这个因素。"[①] 布里舍奇反对单一地以生产资料所有制关系来界定阶级，并举出有力的例证，实际上已经接触到不同社会集团在生产体系中的作用这一劳动分工的内容，是非常可取的。但他却未能揭示出在生产体系中的地位（劳动分工）与生产资料所有制之间是什么关系。

但是，布里舍奇要求防止发生的偏颇却在现实中发生了。在由斯大林亲自审定并作为官方指定教材的《联共（布）党史简明教程》第四章第二节"论辩证唯物主义和历史唯物主义"中，阶级的决定因素就只剩下"生产资料所有制关系"一项；人类社会的演进规律也成了以生产资料所有制更替为衡量标准的"五种生产方式"论；而完成这种更替的主要手段就是通过阶级斗争改变所有制；社会主义社会是无阶级的社会，要实现它就需要无产阶级通过阶级斗争，剥夺资产阶级的生产资料所有权，实行生产资料公有制，这样就能创建一个无阶级的"大同社会"。应该看到，《联共（布）党史简明教程》的这种解释是适应当时苏联社会主义革命和建设需要的，我们借鉴这种对马克思理论的解释，也是从当时中国社会主义革命和建设的现实需要出发的，因此都有

---

① 转引自倪力亚《论当代资本主义社会的阶级结构》，中国人民大学出版社 1989 年版，第 43 页。

其历史合理性。但这种"所有制决定阶级-阶级斗争推动社会发展"的理论毕竟有其自身内在的缺陷。

这种理论的缺陷在于，其一，如果将生产资料所有制作为决定阶级的最重要因素，那么我们要问，生产资料所有制本身又是由什么决定？它是如何产生，又是如何变化的？常见的一种回答认为，所有制的产生和变化是由阶级和阶级斗争决定的。但是这就陷入了自相矛盾的循环论证：所有制决定阶级和阶级斗争，阶级和阶级斗争又决定所有制。这种"鸡生蛋，蛋生鸡"式的论证，是反科学逻辑的典型表现。其二，"所有制决定阶级-阶级斗争推动社会发展"这一理论模式排斥或至少淡化了生产力的提高是推动所有制变化和整个历史发展的根本动力或终极原因的观点。用这一理论模式解释历史，一个明显的"失灵"就是：中国封建社会农民阶级反抗地主阶级剥削压迫的阶级斗争规模之大、次数之多、持续时间之长，都堪称世界历史之最，但是，为什么如此剧烈的阶级斗争却没有在推动生产力发展、改变地主土地所有制和实现封建社会向更高级社会演进方面起到明显的作用?! 而与此相反，西欧社会封建时代农民反抗斗争的规模、次数和持续时间都远不如中国，为什么那里生产力的发展、封建生产关系（包括庄园-农奴制度和封建土地所有制）的改变却在封建社会后期呈现出日益加速推进的态势？并且，英国率先完成向资本主义社会的过渡。其三，如果用"所有制决定阶级-阶级斗争推动社会发展"这一理论模式解释中国改革开放的历史，不但无法合理解释中国为什么在已经基本上废除了私有制之后还要重新给生产资料私有制以合法地位，以在社会主义制度下实现多种经济成分的协调发展；更不能解释为什么民营企业虽然在所有制形式上似乎同西方资本主义企业相似，但民营企业家的社会属性却是积极参与社会主义建设的阶层，而不是同工人阶级对立的一个阶级。其四，如果用"所有制决定阶级-阶级斗争推动社会发展"这一理论模式解释当代西方资本主义社会正在发生的演变，我们很难认清当代西方社会中崛起的"白领"阶层或所谓的"新中间阶级"的社会属性以及与之相应的经济社会变迁，更难以把握其必然的演进规律和趋势；也很难解释清楚当代西方资本所有制为什么会发生如此大的变化（如股份制的普遍推行、各种社会基金投资机构拥有的"社会资本"数量的巨大增长、资本所有权和经营权的普遍分离等），更难以揭示其进一步演进的趋势。其五，这一理论模式难以回应当代西方非马克思主义阶级理论提出的挑战。当代西方非马克思主义阶级理论的主流范式是持阶级划分标准的多元论，这一理论范式来源于德国著名社会学家韦伯，他提出的阶级划分标准有三个，即所有制关系、市场能力和对阶级地位的主观评价。他之所以提出这种多元标准，就是针对所谓马克思的阶级界定的所有制一元标准。他认为，单纯以所有制为标准，一方面无法解释同是不拥有生产资料的无产者，为什么在经济收入、社会地位上存在着如此巨大的差异（韦伯将造成这些差异的原因归为在市场能力上的不同）；另一方面无法解释为什么一些人并不拥有生产资料所有权，收入也不是很高，却拥有很高的社会声望（韦伯将它归因于主体评价上的差异）。正是因为阶级划分的所有制决定论无法回答这些问题，才使得韦伯的多元论解释在西方学术界产生巨大影响，一些研究阶级问题的学者如著名社会学家普兰查斯等都接受了韦伯的多元论标准。

二 对马克思的"分工-阶级"理论的再解读

那么，马克思阶级理论的原旨究竟是什么呢？

（一）分工是阶级划分的基础

马克思、恩格斯认为，决定阶级划分的首要因素不是所有制，而是分工；分工决定着生产资料的所有权关系和劳动产品的分配关系，进而决定着阶级和阶级关系。他们指出："与这种分工同时出现的还有**分配**，而且是劳动及其产品的**不平等**的分配（无论在数量上或质量上）；因而产生了所有制……所有制是对他人劳动力的支配。其实，分工和私有制是相等的表达方式。对同一件事情，一个是就活动而言，另一个是就活动的产品而言。"①"分工的各个不同发展阶段，同时也就是所有制的各种不同形式。这就是说，分工的每一个阶段还决定个人在劳动材料、劳动工具和劳动产品方面的相互关系。"②恩格斯还指出："分工的规律就是阶级划分的基础。"③那么，分工的发展又是由什么决定的呢？马克思、恩格斯认为是生产力的发展，"**分工**，分工的阶段依赖于当时生产力的发展水平"。④"任何新的生产力，只要它不是迄今已知的生产力单纯的量的扩大（例如，开垦土地），都会引起分工的进一步发展。"⑤从上面引用的经典作家的论述中，我们可以发现决定阶级产生和变化的因果链条：生产力决定分工，分工决定所有制关系（包括分配关系）和与之相应的阶级关系。

（二）不同类型的分工及其在阶级界定上的意义

在马克思和恩格斯的著述中提到三种对分工的区分，即在工场或工厂内部存在的工艺、工序、工种等分工，马克思称之为生产机构内的分工或个别分工，为了叙述统一起见，我们称之为技术性分工；行业和部门分工，马克思称之为产品间或部门间的分工、社会分工或一般分工，我们沿用马克思的用法称之为社会分工，其中也包括恩格斯所论述的从事社会公共事务管理工作的分工；组织管理者和直接生产者之间的分工，或广义的精神劳动与物质劳动、劳心者与劳力者之间的分工，我们称之为脑体分工。下面我们就分别考察这三种分工的区分及其相互间的关系。

马克思运用亚当·斯密分析劳动分工时所使用的别针生产的例子解析了两种分工的存在及其关系：

譬如别针和棉纱是两种特殊商品，它们各自代表一个特殊的劳动

---

① 《马克思恩格斯文集》第1卷，人民出版社2009年版，第536页。
② 《马克思恩格斯文集》第1卷，人民出版社2009年版，第521页。
③ 《马克思恩格斯文集》第3卷，人民出版社2009年版，第562页。
④ 《马克思恩格斯文集》第1卷，人民出版社2009年版，第587页。
⑤ 《马克思恩格斯文集》第1卷，人民出版社2009年版，第520页。

部门，并且它们的生产者作为商品所有者互相对立着。它们代表社会分工，其中每一部分都作为特殊的生产领域与另一部分相对立。假设别针的各个部分不表现为特殊商品，那么，生产别针所需要的各种不同的操作就是另一回事了。只要这些不同的操作表现为同样多的工种，有各类特殊工人从属于这些工种，那么，就是第二种意义上的分工。这种分工标志着某种特殊**商品**的生产领域内的各种操作的分化，并把所有这些操作分给各类特殊工人，这些工人协作生产出完整的产品，即**商品**，但是它的代表不是工人，而是资本家。……

很清楚，（1）这种分工以社会分工为前提。只是由于在商品交换中发展起来的社会劳动的分化，不同的劳动部门才互相分离，使每个特殊部门从事专门劳动，在这种专门劳动内部又可以分为几个部分。（2）同样也很清楚，第二类分工又必然会发生反作用，扩大第一类分工。**首先**，因为第二类分工与所有其他的生产力的共同之处，就是会缩短生产某种使用价值所需要的劳动，因而就为一个新的社会劳动部门腾出了劳动。**其次**，——这是第二类分工所特有的，——因为第二类分工能够通过它的分解过程把一个专业划分为若干部分，结果是**同一个使用价值**的各个**组成部分**现在可以被当作彼此互相独立的不同商品来生产，或者也可以说，**同一个使用价值的不同种类**，过去属于同一个生产领域，现在由于个别生产领域的分解而属于不同的生产领域。

第一类分工是社会劳动分成不同的劳动部门；第二类分工是在生产某个商品时发生的分工，因而不是社会内部的分工，而是同一个工厂内部的社会分工。作为特殊**生产方式的工场手工业**就是后一种意义上的分工。①

马克思在《资本论》中将这两种分工分别称为一般的分工和个别

---

① 《马克思恩格斯全集》第47卷，人民出版社1979年版，第304—305页。

的分工，"单就劳动本身来说，可以把社会生产分为农业、工业等大类，叫做一般的分工；把这些生产大类分为种和亚种，叫做特殊的分工；把工场内部的分工，叫做个别的分工"。① 恩格斯也提到了这两种分工的存在，"到目前为止的一切生产的基本形式是分工，一方面是社会内部的分工，另一方面是每一单个生产机构内部的分工"。②

这两种分工有不同的适用范围，马克思认为，"整个社会内的分工，不论是否以商品交换为中介，是各种经济的社会形态所共有的，而工场手工业分工却完全是资本主义生产方式的独特创造"。③

简单总结一下，第一，从劳动分工的类别上看，马克思认为，可以将劳动分工区分为两类：一类是在不同产品生产上的社会分工，即社会分工；另一类是在同一产品生产工序上的分工，即技术性分工。第二，从两种分工的适用范围看，社会分工是各种社会形态所共有的分工形式；技术性分工则是专属于由资本主义所创造的现代经济。第三，从两种分工的关系看，技术性分工的形成是以社会分工的发展为基础的，两者又都是以生产力的提高为前提的；技术性分工的发展会进一步促进社会分工的多样发展。这种关系形成的内在机制是交换的发展。而脑体分工则是以高度概括的形式描述了社会分工和技术性分工这两种不同分工中不同活动的特征，社会分工和技术性分工的组织、管理者从事的都是脑力劳动，而被管理、被组织者从事的则是体力劳动。第四，从分工变化所带来的所有制形式和分配形式的变化看，前面已经引述过，"所有制"首先是由"分工"决定的，分工的不同阶段决定了所有制的不同形式，分工是"活动"，所有制是"活动的结果"。所谓"活动"，首先是指管理者阶级如何组织、指挥和监督从事直接生产的被管理、被统治的阶级的"活动"，由此产生出相应的所有制形式，进而决定相应的分配方式。在生产力有了一定发展但又比较低下时，即所生产的剩余产

---

① 《马克思恩格斯文集》第 5 卷，人民出版社 2009 年版，第 406—407 页。
② 《马克思恩格斯文集》第 9 卷，人民出版社 2009 年版，第 306 页。
③ 《马克思恩格斯文集》第 5 卷，人民出版社 2009 年版，第 415—416 页。

品仅能允许少数人从直接生产过程中游离出来，专门履行组织和协调各分工部门之间关系的公共职能，管理者阶级由此产生，并形成管理者阶级和被管理者阶级之间的脑体分工。在生产力和分工发展的第一大阶段，即在前资本主义社会，统治者、管理者阶级（奴隶主或封建主阶级）由于在劳动分工中履行了组织、管理和监督生产等公共职能，因此他们获得了对前资本主义社会中最重要的生产资料——作为不动产的土地——的所有权，并据此获得剩余产品，甚至可以获得对直接生产者的人身控制权。到了生产力和分工发展的第二大阶段，即在资本主义社会，劳动者阶级已经通过市场经济的发展摆脱了人身依附关系，作为统治阶级的资产阶级既不可能也不再需要对劳动阶级进行直接的人身控制，而主要通过控制动产形式的生产资料（作为资本的货币，不动产形式的生产资料的价值也是按货币计算的）的所有权来获取剩余产品（或剩余价值）。马克思认为，这种分工和所有制形式的转化，"一方面，它表现为社会的经济形成过程中的历史进步和必要的发展因素，另一方面，它表现为文明的和精巧的剥削手段"。①

恩格斯也曾论述过分工是如何导致阶级产生的。他指出："社会分裂为剥削阶级和被剥削阶级、统治阶级和被压迫阶级，是以前生产不大发展的必然结果。只要社会总劳动所提供的产品除了满足社会全体成员最起码的生活需要以外只有少量剩余，就是说，只要劳动还占去社会大多数成员的全部或几乎全部时间，这个社会就必然划分为阶级。"② 他还较为详尽地描述了阶级产生的两种不同道路：

> 在每个这样的公社中，一开始就存在着一定的共同利益，维护这种利益的工作，虽然是在全体的监督之下，却不能不由个别成员来担当：如解决争端；制止个别人越权；监督用水，特别是在炎热

---

① 《马克思恩格斯文集》第5卷，人民出版社2009年版，第422页。
② 《马克思恩格斯文集》第3卷，人民出版社2009年版，第562页。

的地方；最后，在非常原始的状态下执行宗教职能。……这些职位被赋予了某种全权，这是国家权力的萌芽。生产力逐渐提高；较稠密的人口使各个公社之间在一些场合产生共同利益，在另一些场合又产生相互抵触的利益，而这些公社集合为更大的整体又引起新的分工，建立保护共同利益和防止相互抵触的利益的机构。这些机构，作为整个集体的共同利益的代表，在对每一个公社的关系上已经处于特别的、在一定情况下甚至是对立的地位，它们很快就变得更加独立了，这种情况的出现，部分地是由于职位的世袭（这种世袭在一切事情都是自发地进行的世界里差不多是自然而然地形成的），部分地是由于同别的集团的冲突的增多，使得这种机构越来越必不可少了。在这里我们没有必要来深入研究：社会职能对社会的这种独立化怎样逐渐上升为对社会的统治；起先的公仆在情况有利时怎样逐步变为主人；这种主人怎样分别成为东方的暴君或总督，希腊的部落首领，凯尔特人的族长等等；在这种转变中，这种主人在什么样的程度上终究也使用了暴力；最后，各个统治人物怎样结合成一个统治阶级。在这里，问题仅仅在于确定这样的事实：政治统治到处都是以执行某种社会职能为基础，而且政治统治只有在它执行了它的这种社会职能时才能持续下去。不管在波斯和印度兴起和衰落的专制政府有多少，每一个专制政府都十分清楚地知道它们首先是河谷灌溉的总管，在那里，没有灌溉就不可能有农业。……

但是，除了这样的阶级形成过程之外，还有另一种阶级形成过程。农业家族内的自发的分工，达到一定的富裕程度时，就有可能吸收一个或几个外面的劳动力到家族里来。在旧的土地公有制已经崩溃或者至少是旧的土地共同耕作已经让位于各个家族分得地块单独耕作的那些地方，上述情形尤为常见。生产已经发展到这样一种程度：现在人的劳动力所能生产的东西超过了单纯维持劳动力所需要的数量；维持更多的劳动力的资料已经具备了；使用这些劳动力的资料也已经具备了；劳动力获得了某种**价值**。但是公社本身和公社所属的集团还不能提供多余的可供自由支配的劳动力。战争却提供了这种劳动力……战俘获得了某种价值；因此人们就让他们活下来，并且使用他们的劳动。……**奴隶制**被发现了。……只有奴隶制才使农业和工业之间的更大规模的分工成为可能。①

这里，恩格斯为我们描述了在不同领域产生的两类阶级：前者是在社会政治领域，拥有社会政治管理能力的少数人集团因为履行了社会所必需的公共职能，而获得了相应的统治权力，构成了社会的统治阶级；后者则是在经济领域，少数人集团因为拥有了维持更多劳动力所需的生活资料和使用这些劳动力劳作的生产资料，而获得了支配、组织和管理别人劳动，并分享剩余劳动产品的权力，构成了社会的剥削阶级。而且恩格斯倾向于将两者结合为一个阶级，因为统治阶级、剥削阶级都是在从事非体力劳动，"当人的劳动的生产率还非常低，除了必要生活资料只能提供很少的剩余的时候，生产力的提高、交往的扩大、国家和法的发展、艺术和科学的创立，都只有通过更大的分工才有可能，这种分工的基础是从事单纯体力劳动的群众同管理劳动、经营商业和掌管国事以及后来从事艺术和科学的少数特权分子之间的大分工"。②

对这两类分工间的关系，马克思做出明晰的回答："甚至下面一点也可以确立为普遍的规则：社会内部的分工越不受权威的支配，工场内部的分工就越发展，越会从属于一人的权威。因此，在分工方面，工场里的权威和社会上的权威是互成**反比**的。"③ 他指出，在前资本主义社会形态中，技术性分工是不发达的，"在宗法制度、种姓制度、封建制度和行会制度下，整个社会的分工都是按照一定的规则进行的。……至

① 《马克思恩格斯文集》第9卷，人民出版社2009年版，第186—188页。
② 《马克思恩格斯文集》第9卷，人民出版社2009年版，第189页。
③ 《马克思恩格斯文集》第1卷，人民出版社2009年版，第624页。

于工场内部的分工，它在上述一切社会形式中是很不发达的"。① 循着马克思和恩格斯的思路，我们就可以做出如下推断：在前资本主义社会，由于技术性分工的不发达，社会的主导性分工是社会分工，相应地处于主导地位的阶级划分标准就是是否从事社会公共事务的管理工作或劳动的组织、管理和协调工作，是否由此而拥有了对生产资料（这一时期最重要的生产资料是土地）的所有权，并据此而获得直接生产者所生产的剩余产品；根据马克思的反比定律，社会分工在这一时期居于主导性地位，而技术性分工则居于从属性地位。这是由于当时的劳动还带有很大的自发性，相应地对劳动管理和组织的要求不高，因此劳动的管理和组织者的权威的合法性也还不充分，他们需要依附于那些因履行了公共职能而拥有政治权力的统治阶级来维持自身的存在和发展，而且也往往努力通过成为那个统治阶级中的成员来保障和扩大自身的利益。

在资本主义社会，情况则恰好相反。随着生产力的不断发展，技术性分工越来越高级化、复杂化和专业化，劳动的组织和管理越来越不可或缺，而且越来越需要较高的专业技能，其存在的合法性已经是确定无疑的和充分的。马克思将它们归类在生产劳动中，"凡是有许多个人进行协作的劳动，过程的联系和统一都必然要表现在一个指挥的意志上，表现在各种与局部劳动无关而与工场全部活动有关的职能上，就像一个乐队要有一个指挥一样。这是一种生产劳动，是每一种结合的生产方式中必须进行的劳动"。② 随着技术性分工地位的不断上升，社会分工的地位则在不断下降，国家甚至一度沦为"守夜人"的角色，统治阶级也成为资产阶级的附属。所以，在资本主义社会，主导性的阶级划分标准是是否从事劳动的组织和管理工作，由此区分出从事劳动组织和管理工作的剥削阶级和从事物质生产劳动的被剥削阶级。在这一阶段，资本家正是凭借着在技术性分工中居于管理和组织者的地位，从而获得对生

① 《马克思恩格斯文集》第 1 卷，人民出版社 2009 年版，第 624 页。
② 《马克思恩格斯文集》第 7 卷，人民出版社 2009 年版，第 431 页。

产资料（这一时期最重要的生产资料是资本）的私人所有权，并由此获得对剩余产品的控制权。

需要强调的是，我们对分工－所有制－阶级问题的讨论，目的不是单纯对其"特征"做出描述，而是为了认清不同的阶级在社会生产力的发展和整个社会发展过程中的不同作用及其演进的趋势和规律。从以社会分工为主导转化为以技术性分工为主导作为阶级划分的根据，代表了人类社会发展的巨大进步，它表现在两个方面。第一，大大增加了从事管理和组织（包括技术性）工作的人数。由于生产力的巨大发展，企业规模的不断扩大和机械化程度的不断提高，可以使更多的人从直接生产过程中游离出来，从事劳动的组织和管理工作，而因技术性分工的细化所提供的不断增加的管理和组织职位使这一可能变为现实。第二，大大增加了社会的流动性（这里主要是指阶级地位变化的垂直流动性）。在前资本主义社会，由于生产力的低下，统治阶级人数有限，为了维护这少数人的利益，并使其子孙后代永享这些特殊利益，统治阶级建立了严格的身份等级制度。在统治阶级补充其成员的遴选上，严格按照等级标准，只从上层特权等级中"招募"，这就造成极低的社会流动性。希望改变自身命运的人们只能祈求有好运气生在特权等级的家庭中，后天努力的作用微乎其微。而到了资本主义社会，随着身份等级制度的废除，市场交换关系渗透到人类生活的各个领域，加之在技术性分工中管理职位的不断增加，普通大众可以凭借后天努力获得"市场能力"并取得相应的管理职位和报酬，从而使社会流动性显著增加。

通过上面的分析，我们可以给阶级做出如下的定义：所谓阶级，是在一定生产力发展水平决定的分工体系中处于不同的地位、发挥不同的作用，因而对生产资料和生产成果拥有不同的占有或支配权利，并因而具有不同的思想和行为取向的社会集团。

（三）分工和阶级存在的历史性

马克思和恩格斯都认定，分工和阶级的存在是历史现象，仅同历史发展的一定阶段相联系。他们指出，"分工只是从物质劳动和精神劳动分离的时候起才真正成为分工"。① 由此形成的"**阶级的存在**仅仅同**生产发展的一定历史阶段**相联系";② "如果说阶级的划分根据上面所说具有某种历史的理由，那也只是对一定的时期、一定的社会条件才是这样"。③ 就分工发展的阶段划分，以及分工的消失与阶级的消亡命题，马克思和恩格斯既为我们系统地做出历史性的解析，也做出有关演进趋势的预示。

可以肯定，马克思和恩格斯对分工以及阶级演化规律的解析必然反映在他们对历史发展阶段划分的规律性揭示之中。因为，分工以及阶级的演化乃是历史发展阶段性变迁的重要内容。马克思有关人类社会历史发展阶段的规律性概括就是著名的"三形态"理论，他是这样表述的："人的依赖关系（起初完全是自然发生的），是最初的社会形式，在这种形式下，人的生产能力只是在狭小的范围内和孤立的地点上发展着。以**物的**依赖性为基础的人的独立性，是第二大形式，在这种形式下，才形成普遍的社会物质变换、全面的关系、多方面的需要以及全面的能力的体系。建立在个人全面发展和他们共同的、社会的生产能力成为从属于他们的社会财富这一基础上的自由个性，是第三个阶段。第二个阶段为第三个阶段创造条件。因此，家长制的，古代的（以及封建的）状态随着商业、奢侈、**货币、交换价值**的发展而没落下去，现代社会则随着这些东西同步发展起来。"④

结合马克思和恩格斯有关分工演变的阶段性划分的概括（即以社会分工为主的阶段—以技术性分工为主的阶段—消灭脑体分工的阶段），我们可以得出如下认识：在社会发展的第一大形态下，也就是在前资本主义社会的历史阶段，统治阶级和剥削阶级凭借着从事公共事物和生产的管理、组织工作而获得了对土地的所有权，据此而获得了对被

① 《马克思恩格斯文集》第 1 卷，人民出版社 2009 年版，第 534 页。
② 《马克思恩格斯文集》第 10 卷，人民出版社 2009 年版，第 106 页。
③ 《马克思恩格斯文集》第 9 卷，人民出版社 2009 年版，第 298 页。
④ 《马克思恩格斯文集》第 8 卷，人民出版社 2009 年版，第 52 页。

管理者和直接生产者的人身控制权，并由此索取剩余产品。因此，马克思所总结的作为第一大形态本质特征的人身依附关系主要是指在分工和分配上的直接依附关系。因为在剩余很少的情况下，不可能通过交换手段获得剩余产品，只有通过控制土地所有权，并由此控制人身的手段来实现对剩余产品的占有，因此从事组织和管理工作的阶级同直接生产者阶级形成的是人身不平等的依附关系。

在第二大形态的前期阶段，剥削阶级是凭借对资本这一当时最重要的生产资料的所有权来实施对劳动的组织和管理的，马克思生活的那个时代就是如此。但随着生产力的巨大发展，企业规模的不断扩大和技术性分工的不断细化，劳动的组织和管理变得越来越高级化、复杂化和专业化，往往需要管理者具有较高的管理能力并投入巨大精力。在这种情势下，生产资料的所有者或者不堪工作压力的重负，或者不具备相应的管理能力，为了使企业能够继续生存、壮大，他们逐渐将组织和管理权力让渡给没有生产资料但拥有组织管理技能的经理阶层，股份公司为这种所有权和控制权的分离提供了组织形式。由此，企业中劳动的组织和管理职能就由经理阶层来执行，这个管理阶层就是在当代西方社会学和经济学中引起巨大争议的新兴阶层，莱德勒称之为"新中间阶级"，[①] 米尔斯称之为"白领"。[②] 这就是说，到了第二大形态的中后期阶段，作为这一时期最重要的生产资料的知识的重要性越来越超过物质资本的重要性，资本家阶级由于在劳动分工中的作用逐渐消失，而正在由"必要的阶级转化为多余的阶级"。这无疑是由于劳动日益知识化而导致资本主义走向自我扬弃的结果，是朝着第三大形态迈进的征兆。马克思对这种现象做出了精辟的分析："资本主义生产本身已经使那种完全同资本所有权分离的指挥劳动比比皆是。因此，这种指挥劳动就无须资

① Arthur. J. Vidich ed. , *The New Middle Class*: *Life Styles*, *Status Claims and Political Orientation*, Macmillan Press Ltd. , 1995, Chapter 2.
② 〔美〕C. 莱特·米尔斯：《白领：美国的中产阶级》，周晓宏译，南京大学出版社 2006 年版。

本家亲自进行了。一个乐队指挥完全不必就是乐队的乐器的所有者；如何处理其他演奏者的'工资'问题，也不是他这个乐队指挥职能范围以内的事情。合作工厂提供了一个实例，证明资本家作为生产上的执行职能的人员已经成为多余的了，就像资本家自己发展到最成熟时，认为大地主是多余的一样。……商业经理和产业经理的管理工资，在工人的合作工厂和资本主义的股份企业中，都是完全同企业主收入分开的。管理工资同企业主收入的分离，在其他的场合是偶然发生的，而在这里则是经常的现象。在合作工厂中，监督劳动的对立性质消失了，因为经理由工人支付报酬，他不再代表资本而同工人相对立。随着信用而发展起来的股份企业，一般地说也有一种趋势，就是使这种管理劳动作为一种职能越来越同自有资本或借入资本的占有权相分离，这完全像司法职能和行政职能随着资产阶级社会的发展，同土地所有权相分离一样，而在封建时代，这些职能却是土地所有权的属性。……又因为那些不能在任何名义下，既不能以借贷也不能以别的方式占有资本的单纯的经理，执行着一切应由执行职能的资本家自己担任的现实职能，所以，留下来的只有执行职能的人员，资本家则作为多余的人从生产过程中消失了。"①恩格斯也在《必要的和多余的社会阶级》一文中论述了同样的内容。②

历史发展的趋势是，劳动的组织和管理将越来越多地由具备组织和管理能力的人承担，而越来越少地由资本所有者承担，后者将作为生产领域中多余的人逐渐失去其存在的合法性，并由此丧失在其他领域的特权。

在如何消灭分工和阶级消亡的问题上，马克思和恩格斯认为，分工的产生是由人们在能力上的差别引起的，因此要消灭分工就必须大大提高劳动者的能力，直至每个人的能力都获得全面的发展，都具有从事脑力劳动的能力；至于人们是具体从事脑力劳动还是从事体力劳动，完全

---

① 《马克思恩格斯文集》第 7 卷，人民出版社 2009 年版，第 434—436 页。
② 《马克思恩格斯全集》第 19 卷，人民出版社 1963 年版，第 315—318 页。

是凭兴趣而为，而不是因为能力差别所致。他们在《德意志意识形态》中指出："当分工一出现之后，任何人都有自己一定的特殊的活动范围，这个范围是强加于他的，他不能超出这个范围：他是一个猎人、渔夫或牧人，或者是一个批判的批判者，只要他不想失去生活资料，他就始终应该是这样的人。而在共产主义社会里，任何人都没有特殊的活动范围，而是都可以在任何部门内发展，社会调节着整个生产，因而使我有可能随自己的兴趣今天干这事，明天干那事，上午打猎，下午捕鱼，傍晚从事畜牧，晚饭后从事批判，这样就不会使我老是一个猎人、渔夫、牧人或批判者。社会活动的这种固定化，我们本身的产物聚合为一种统治我们、不受我们控制、使我们的愿望不能实现并使我们的打算落空的物质力量，这是迄今为止历史发展中的主要因素之一。"① 在《哥达纲领批判》中，马克思表述了类似的思想，"在共产主义社会高级阶段，在迫使个人奴隶般地服从分工的情形已经消失，从而脑力劳动和体力劳动的对立也随之消失之后；在劳动已经不仅仅是谋生的手段，而且本身成了生活的第一需要之后；在随着个人的全面发展，他们的生产力也增长起来，而集体财富的一切源泉都充分涌流之后，——只有在那个时候，才能完全超出资产阶级权利的狭隘眼界，社会才能在自己的旗帜上写上：各尽所能，按需分配！"② 由于马克思和恩格斯认为脑力劳动和体力劳动的分工是产生真正分工的开始，也就是产生阶级的开始，那么要真正消灭分工、消灭阶级，也只有消灭脑体分工才能实现；而每个人的全面发展正是要求每个人都具有脑力劳动能力，或用马克思的话来表述，每个人都有能力成为批判的批判者；当每个人都有能力成为脑力劳动者的时候，脑体分工自然就会消失。随着人们能力的全面发展和脑体分工的消失，每个人都有能力从事社会公共事务和劳动的组织管理工作，那么依凭能力差异为存在条件的阶级自然也就失去了其存在的合

---

① 《马克思恩格斯文集》第1卷，人民出版社2009年版，第537页。
② 《马克思恩格斯文集》第3卷，人民出版社2009年版，第435—436页。

理性。

历史的发展无疑正是这样昭示我们的。在第二大形态的高级阶段上，随着生产力的巨大发展，技术性分工和社会性分工都获得进一步的发展，这促使劳动交换的空间和频率空前增大，促使劳动者在众多的专业技能和分工部门之间越来越频繁地流动，促使劳动者的知识和能力向着"多专多能"的方向发展，由此不断提升劳动者的知识水平，逐渐为消灭脑体分工创造条件；与此同时，企业内部技术性分工的发展会创造出更多的管理和技术职位，既为更多的体力劳动者转变为脑力劳动者创造条件，又要求资本主义社会为自身的发展需要而培养更多的受过良好教育的人。教育，尤其是高等教育的民主化为人们能力的全面发展创造了良好的条件。由此可见，技术性分工的发展既是资本主义产生并发展的成就，同时也是资本主义为自身被效率更高、更人道的制度所取代而创造条件。总之，种种趋势都在证明第三大形态来临的必然性。

三　分工-阶级理论对认识中国当前社会结构变化的现实意义

在加速推进中国特色社会主义现代化建设的今天，中国的社会结构发生着深刻变化。在工人、农民和知识分子这些社会中坚阶层之外，产生了私营企业主、民营科技企业的创业人员、个体户、从业于外资企业的管理技术人员，以及各类服务行业的从业人员等。这些新的群体有一些鲜明的共同特征：其一，他们是伴随着改革开放进程而产生和发展起来的；其二，他们均不属于所谓"公家人"的范畴，而是在私营的、民办的、个体的、外资的大小单位的从业人员，或者就是单位的老板；其三，他们或拥有多少不等的有形资本，或拥有多少不等的无形资本（知识和技能），凭借这些个人的"财富"为社会做出有益的贡献；其四，他们脱离直接的体力劳动，多数人从事脑力劳动工作；其五，他们多数人的收入颇丰，但并不固定，特别是社会保障水平要大大低于"公家人"。

这种社会结构的变化是有其历史背景的。新中国成立之初，我们党和政府依据从苏联那里借鉴来的马克思主义理论，通过行政甚至是革命手段实施了所有制关系上的变革，从根本上取消了生产资料的私有制，希望借此消灭阶级，实现社会主义。在其后的 30 年间，我们基本上坚持了这一大政方针，但结果并不理想。首先，通过前文的论述，我们已经知道，阶级的消灭取决于脑体分工的消除，而不是仅仅通过消除所有制就能完成的。这无疑是一种自然历史过程，即没有生产力的巨大发展，以及在此基础上对脑体分工的消灭，是无法从根本意义上消灭阶级的。虽然有可能通过消灭私有制来暂时人为地压制多样阶级或阶层的产生，但这无疑抑制了分工的进一步发展，由此也抑制了生产力的发展，造成一穷二白的局面。其次，由于生产力水平的低下、分工的不发展，又抑制了多样分工主体的产生和发展，造成市场的不发达。在中国这样一个人口众多的国家，管理和组织经济发展的任务就落在了中央和各级政府手中，由于信息量的巨大及收集、反馈的困难，加之管理人员的水平有限，造成管理机构的庞大和低效率，这又造成经济在低水平的均衡上徘徊。最后，由于企业类型单一又缺乏市场竞争，完全按照国家指令计划进行生产，所以企业缺乏创新、技术落后，而且企业内部管理落后，人员的调配完全取决于上级"红头文件"的任命，抑制了技术人员和管理人员的成长，由此也就抑制了向消除脑体分工方向的发展。

正是由于在新中国成立之初，我们受苏联式马克思主义认识的影响，采取了一些不利于生产力和分工发展的政策，造成了生产力和分工发展的停滞。在严酷的历史教训中，我们终于清醒过来，以邓小平为核心的党的第二代中央领导集体转变了政策方向，实行"改革开放"政策，其中的改革主要就是建设社会主义市场经济，允许多种所有制的共同发展。在这种政策的支持和鼓励下，各种所有制主体如雨后春笋般地发展起来，并推动了市场经济的发展。

但是由于长期受苏联式马克思主义理论的影响，尤其是所有制-阶级-阶级斗争理论的影响，我们虽然在政策上已经赋予多种所有制发展以合法性，但在许多人心目中，这只是权宜之计，只是暂时利用其促进经济的发展。这就造成我们在意识形态和主导理论上一直无法给予这些多种所有制的主体以真正的认同，造成在现实生活中无法给予其真正的合法地位。这无疑给那些多种所有制主体发挥积极作用蒙上了阴影。

可喜的是，党中央及时认识到了这一点，明确赋予了多样所有制主体以合法地位，从法律和意识形态上解决了长期困扰多种所有制主体的问题。但从马克思主义理论的学术解释上，这一问题尚未从根本上予以解决，我们研究的目的就是想在这方面有所贡献。

| 第二章 |

对唯物史观基本理论的重新解读

第一节　对马克思国家理论的重新解读

马克思并没有专门系统地论述自己的国家理论,[①] 他在 1858 年 2 月 22 日给拉萨尔的信中,[②] 介绍了自己正在进行的理论研究计划,他计划写作的著作将分为 6 个分册,分别是《资本》《土地所有制》《雇佣劳动》《国家》《国际贸易》《世界市场》,遗憾的是,马克思并没能完成这一计划。但马克思有关国家的论述散布于他的各种著述中,从中我们可以较完整地提炼出他的国家理论。

国家理论是唯物史观的重要组成部分。但是,多年来,一讲到国家,我们往往简单地将之归结为"阶级压迫的工具"这样一种公式,似乎这是唯物史观不言而喻的主张,不容置疑。但这种阐释是对马克思国家理论片面理解的产物。这种阐释适应了特定历史背景下通过阶级斗争夺取国家政权的现实需要,但随着社会的发展和学术研究的进步,这

---

① 这种观点为许多西方马克思主义学者所赞同,像列菲弗尔指出:"如果有人想在马克思的著作中寻找一种国家理论,也就是想寻找一种连贯和完全的国家学说体系,我们可以毫不犹豫地告诉他,这种学说体系是不存在的。"(〔法〕亨利·列菲尔:《论国家——从黑格尔到斯大林和毛泽东》,李青宜等译,重庆出版社 1988 年版,第 122 页)
② 《马克思恩格斯文集》第 10 卷,人民出版社 2009 年版,第 150 页。

种阐释的缺陷也越来越明显地暴露出来。因此，有必要对唯物史观的这一重要理论进行重新解读，以正本清源，有鉴于历史研究。

一　"国家是阶级压迫的工具"解读存在的缺陷

诚然，马克思和恩格斯都曾提到"国家是阶级压迫的工具"的观点，像在两人共同撰写的《共产党宣言》中指出："政治权力，是一个阶级用以压迫另一个阶级的有组织的暴力。"① 此外，马克思在《法兰西内战》中曾指出："它（指国家政权——引者注）一直是一种维护秩序，即维护现存社会秩序从而也就是维护占有者阶级对生产者阶级的压迫和剥削的权力。"② 恩格斯也是多次做出这样的论述，像他在为马克思的《法兰西内战》1891 年再版所写的导言中就明确指出："国家无非是一个阶级镇压另一个阶级的机器，而且在这一点上民主共和国并不亚于君主国。"③ 在《家庭、私有制和国家的起源》中指出："国家是文明社会的概括，它在一切典型的时期毫无例外地都是统治阶级的国家，并且在一切场合在本质上都是镇压被压迫被剥削阶级的机器。"④ 列宁系统地发挥了马克思国家理论的这种解读模式，他在专门论述国家问题的《论国家》中指出："国家是维护一个阶级对另一个阶级的统治的机器。"⑤ 在同样是论述国家问题的《国家与革命》中指出："国家是阶级**统治**的机关，是一个阶级**压迫**另一个阶级的机关。"⑥ 在其他著述中，列宁也多次这样论述。列宁的相关论述成为苏联理论界有关马克思国家理论解读的经典来源，中国理论界对马克思国家理论的认识正是受苏联式解读影响的产物。尽管学者们现在越来越少这样简单、片面地去理解马克思的国家理论，但通过正本清源式地解读还马克思国家理论以本来

① 《马克思恩格斯文集》第 2 卷，人民出版社 2009 年版，第 53 页。
② 《马克思恩格斯文集》第 3 卷，人民出版社 2009 年版，第 219 页。
③ 《马克思恩格斯文集》第 3 卷，人民出版社 2009 年版，第 111 页。
④ 《马克思恩格斯文集》第 4 卷，人民出版社 2009 年版，第 195 页。
⑤ 《列宁全集》第 37 卷，人民出版社 2017 年版，第 68 页。
⑥ 《列宁全集》第 31 卷，人民出版社 2017 年版，第 6 页。

面目的研究还不多见。我们正是尝试做这样的研究，以维护唯物史观在解释重大理论和现实问题上的优势地位。

将马克思的国家理论单纯地解读为阶级压迫的工具存在以下几点疑难。第一，文本支持上的疑难。尽管如上所示，马克思和恩格斯有许多关于"国家是阶级压迫的工具"的论述，但是同样明显的是，马克思和恩格斯也有许多关于国家在履行公共职能方面的论述，尤其重要的是他们明确强调，履行公共职能是统治阶级进行统治的基础。第二，唯物史观逻辑推理上的疑难。唯物史观的逻辑推理是经济基础决定上层建筑，而经济基础是生产关系的总和；生产关系是人们在生产过程中结成的各种关系，而人们之所以要结成各种关系，目的是要保证生产的顺利进行，因为没有物质生活资料的生产，人类是无法生存的；上层建筑是服务于经济基础的，因此它的第一要务是要保证和服务于生产的顺利进行，如果不是这样，那么统治阶级的统治就会因失去其合理性和合法性而遭到人民的抵制和反抗，甚至被一场革命推翻。由此可见，国家的职能中必须有为生产服务的职能，也就是必须履行公共职能。当然，履行公共职能的范围和程度则取决于当时当地的历史条件。第三，历史和现实实践检验上的疑难。从历史和现实的实际看，国家的确有维持统治阶级的统治和利益的一面，有时甚至是赤裸裸的和毫无遮掩的，但同时国家也有履行公共职能和服务于人民群众的一面，而且越是到现代，这种倾向也就越为明显。因此，单纯强调国家是阶级压迫工具的一面，而忽略国家履行公共职能的一面，不能为历史和现实的实践所证实。第四，在理论判断的形式逻辑上的疑难。"国家是阶级压迫的工具"是一种全称归纳，无法容纳反例的存在。一旦有例外情况出现，就只好或是顽固地坚持原来的教条，无视反例的存在；或是干脆放弃原来的理论，去寻求新的理论。这是当前对待马克思的国家理论，甚至是对待唯物史观的两种典型表现。而我们知道，唯物史观从方法论上看是一种揭示历史发展因果规律的科学历史观。马克思研究历史现象就是要找出决定这种现象的因果关系，而他揭示的因果关系是一种条件决定论的因果关系，即在一些条件下国家主要是作为阶级压迫的工具，在另一些条件下国家主要是发挥履行公共职能的作用，在还有一些条件下国家在两者间处于一种平衡状态。因此，有关"国家是阶级压迫的工具"的理论判断不是马克思所揭示的那种条件决定论式的因果关系判断。

在西方学术界，国家理论的建构大体上可以分为三大流派，即自由主义的国家理论、保守主义的国家理论和西方马克思主义的国家理论。而西方马克思主义国家理论同前两种国家理论的本质区别就在于它承认国家与阶级的关系，这是其他两种理论所反对的。自由主义国家理论主张国家的中立性；保守主义国家理论主张国家职能的最小化，反对国家职能的扩大。第二次世界大战以来，西方马克思主义学者对国家理论的研究使国家问题重新成为社会科学研究的重点问题。因此我们在学术史回顾上只考察西方马克思主义有关国家理论的研究。国家理论一直是西方马克思主义研究关注的重点论题，吸引了许多学者的关注。在有关国家本质和作用的问题上大体形成了四种观点："工具主义"国家论，它是在"国家是阶级压迫的工具"观点的基础上发展起来的，认为国家并不是相互竞争的利益集团之间的中立的仲裁者，而是统治阶级的工具；"结构主义"国家论，它认为应该从经济结构，即生产关系总和的视角来研究国家问题，并区分出经济、政治和意识形态三种结构，虽然强调经济结构具有最终的决定性，但同时认为其他两种结构在一定时期也能成为支配性结构；"调节者"国家论，它将国家视为调节阶级矛盾、应对社会经济危机的主体，保持着相对独立性，通过调节阶级矛盾来维护现有的社会结构；"制度平台"国家论，它认为国家是一种制度平台，它为社会各阶层和力量提供了进行活动和斗争的制度平台。[①] 这四种观点可以说都抓住了马克思国家理论的某个侧面，但又都失之片面。"工具主义"国家论的缺陷上面已有过讨论，这里不再赘述。"结构主义"国家论强调要从生产关系或经济结构层面来解释国家，这正

---

① 参见杨雪冬《西方马克思主义的国家理论简评》，《马克思主义与现实》2004 年第 2 期。

是马克思的研究方法，但该理论未能真正揭示经济基础决定上层建筑的内在因果关系，尤其是未能揭示分工对阶级和国家产生、发展、消亡的决定关系，所以它同时又强调政治结构的支配地位。"调节者"国家论正确地指出了国家履行公共职能的作用，但如同"工具主义"国家论一样，它也是片面地强调了国家作用的一个方面，未能从因果决定论视角揭示在什么条件下国家更多是发挥统治阶级工具的作用，在什么条件下国家更多是在履行公共职能，以及在什么条件下国家在两者之间保持平衡。"制度平台"国家论正确地指出了各阶级为了自身的利益而争夺对国家的控制权，从而使国家在有利于自身利益的方向上发挥作用的事实，但它并未指出，各阶级在国家这一制度平台上较量的结果是由什么决定的，以及为什么往往是在生产关系，尤其是劳动分工中居于优势地位的阶级或阶层在这一较量中处于有利地位。

二　国家本质属性的二重性

如前所述，我们引证了马克思和恩格斯有关"国家是阶级压迫的工具"的论述，但与此同时，他们两人同样有许多有关国家履行公共职能的论述。像马克思在《不列颠在印度的统治》中指出："在亚洲，从远古的时候起一般说来就只有三个政府部门：财政部门，或者说，对内进行掠夺的部门；战争部门，或者说，对外进行掠夺的部门；最后是公共工程部门。气候和土地条件……使利用水渠和水利工程的人工灌溉设施成了东方农业的基础。……所以亚洲的一切政府都不能不执行一种经济职能，即举办公共工程的职能。"① 马克思在《资本论》中指出："这（指资本主义生产方式下的国家——引者注）完全同在专制国家中一样，在那里，政府的监督劳动和全面干涉包括两方面：既包括由一切社会的性质产生的各种公共事务的执行，又包括由政府同人民大众相对

---

① 《马克思恩格斯文集》第2卷，人民出版社2009年版，第679页。

立而产生的各种特有的职能。"① 马克思还指出："只有为了社会的普遍权利，特殊阶级才能要求普遍统治。"② 也就是说只有履行公共职能，服务于大众，统治阶级才能取得统治的合法性。恩格斯这方面的相关论述也很多，像他在《反杜林论》中指出："政治统治到处都是以执行某种社会职能为基础，而且政治统治只有在它执行了它的这种社会职能时才能持续下去。不管在波斯和印度兴起和衰落的专制政府有多少，每一个专制政府都十分清楚地知道它们首先是河谷灌溉的总管，在那里，没有灌溉就不可能有农业。"③ 他继续指出："一切政治权力起先都是以某种经济的、社会的职能为基础的。"④ 由此可见，马克思和恩格斯在论述国家的本质属性时指出了它的二重性：一方面是履行公共职能的机构，另一方面是阶级压迫的工具。所以，恩格斯简洁而明确地概括了国家的本质："国家的本质特征，是和人民大众分离的公共权力。"⑤ 也就是说，国家是履行公共职能的机构，但是由于掌握在统治阶级手中，所以它同时也在维护统治阶级的利益和统治。

那么两者间的关系如何呢？从前面的引述中可知，服务于统治阶级的利益是以履行公共职能服务于大众为基础的。这首先是因为国家的两种本质属性在产生的时间上存在着先后关系。对此，恩格斯予以较为详尽的论述："在每个这样的公社中，一开始就存在着一定的共同利益，维护这种利益的工作，虽然是在全体的监督之下，却不能不由个别成员来担当：如解决争端；制止个别人越权；监督用水，特别是在炎热的地方；最后，在非常原始的状态下执行宗教职能。……这些职位被赋予了某种全权，这是国家权力的萌芽。生产力逐渐提高；较稠密的人口使各个公社之间在一些场合产生共同利益，在另一些场合又产生相互抵触的

① 《马克思恩格斯文集》第7卷，人民出版社2009年版，第431—432页。
② 《马克思恩格斯文集》第1卷，人民出版社2009年版，第14页。
③ 《马克思恩格斯文集》第9卷，人民出版社2009年版，第187页。
④ 《马克思恩格斯文集》第9卷，人民出版社2009年版，第190页。
⑤ 《马克思恩格斯文集》第4卷，人民出版社2009年版，第135页。

利益，而这些公社集合为更大的整体又引起新的分工，建立保护共同利益和防止相互抵触的利益的机构。这些机构，作为整个集体的共同利益的代表，在对每一个公社的关系上已经处于特别的、在一定情况下甚至是对立的地位，它们很快就变得更加独立了，这种情况的出现，部分地是由于职位的世袭（这种世袭在一切事情都是自发地进行的世界里差不多是自然而然地形成的），部分地是由于同别的集团的冲突的增多，使得这种机构越来越必不可少了。在这里我们没有必要来深入研究：社会职能对社会的这种独立化怎样逐渐上升为对社会的统治；起先的公仆在情况有利时怎样逐步变为主人；这种主人怎样分别成为东方的暴君或总督，希腊的部落首领，凯尔特人的族长等等……最后，各个统治人物怎样结合成一个统治阶级。"① 恩格斯在其他地方也表达了相同的意思："社会为了维护共同的利益，最初通过简单的分工建立了一些特殊的机关。但是，随着时间的推移，这些机关——为首的是国家政权——为了追求自己的特殊利益，从社会的公仆变成了社会的主人。"② 也就是说，国家起源于公共职能的履行，但履行公共职能的个人或集团也由此产生了特殊利益，他们逐渐在国家职能中加进了维护自身统治和利益的内容，并结合成统治阶级。其次是因为阶级统治的维系是以履行公共职能为基础的，也即前者通过后者取得合法性和合理性。前面引述的恩格斯的论述已经表明了这层意思。其中的因果关系在于：公共职能的履行者由社会公仆变成社会主人为自身谋取私利，是一定会遭到人民群众的反对的，为了继续维持这种统治，统治阶级在加强专政手段维护自身统治的同时，必须履行公共职能来服务于人民群众，在履行公共职能和充当阶级压迫工具之间求得某种平衡，以维系自身的统治。由此可见，国家本质的二重属性在具体历史时期会实现某种程度的结合，而这种结合决定于当时当地的统治阶级和被统治阶级之间的力量对比。

---

① 《马克思恩格斯文集》第 9 卷，人民出版社 2009 年版，第 186—187 页。
② 《马克思恩格斯文集》第 3 卷，人民出版社 2009 年版，第 110 页。

三　国家的产生和消亡

在唯物史观的理论体系中，国家属于上层建筑范畴，它是由经济基础决定的，而经济基础是生产关系的总和。所以，马克思在谈到自己研究国家的方法时指出："任何时候，我们总是要在生产条件的所有者同直接生产者的直接关系——这种关系的任何当时的形式必然总是同劳动方式和劳动社会生产力的一定的发展阶段相适应——当中，为整个社会结构，从而也为主权关系和依附关系的政治形式，总之，为任何当时的独特的国家形式，发现最隐蔽的秘密，发现隐藏着的基础。"[①]由此可见，马克思是从阶级关系——生产条件的所有者同直接生产者的关系——的视角来研究国家的，而阶级关系又是同劳动方式和社会生产力相适应的，劳动方式无疑是分工方式，分工方式的发展又是同生产力的发展水平相一致的。[②]其中的因果链条关系是：生产力→分工→阶级关系→国家的产生和消亡。

1. 国家的产生

马克思和恩格斯都认定国家不是从来就有的，是一定历史发展阶段的产物，而且同阶级的产生相适应。像马克思指出："它（指国家——引者注）只是在社会发展的一定阶段上才**出现**……**阶级利益等等**，所以这种个性本身就是阶级的个性等等，而它们最终全都以**经济条件**为基础。这种条件是国家赖以建立的基础，是它的前提。"[③]恩格斯也指出："国家是社会在一定发展阶段上的产物；国家是承认：这个社会陷入了不可解决的自我矛盾，分裂为不可调和的对立面而又无力摆脱这些对立面。而为了使这些对立面，这些经济利益互相冲突的阶级，不致在无谓的斗争中把自己和社会消灭，就需要有一种表面上凌驾于社会之上的力

量，这种力量应当缓和冲突，把冲突保持在'秩序'的范围以内；这种从社会中产生但又自居于社会之上并且日益同社会相异化的力量，就是国家。"① 在国家产生之前的氏族社会中，履行氏族公共职能的人是由氏族选举产生的，而且接受氏族全体成员的监督，也就是说履行公共职能的人是整个社会的公仆，这时尚未产生在专事组织管理工作与专事直接生产工作之间的劳动分工。但随着社会共同体规模的不断扩大，公共职能不断增加，履行公共职能的个人和群体逐渐从共同体中游离出来成为固定从事组织管理工作的集团；随着公共职能履行者的逐渐固定化和世袭化，脑体分工逐渐形成，这正是产生阶级的分工。当然，脑体分工的产生是以生产力的发展为前提的，正是生产力发展产生的剩余，使少数人能够从直接生产过程中游离出来专门从事组织和管理工作。正如恩格斯所指出的："只要社会总劳动所提供的产品除了满足社会全体成员最起码的生活需要以外只有少量剩余，就是说，只要劳动还占去社会大多数成员的全部或几乎全部时间，这个社会就必然划分为阶级。在这被迫专门从事劳动的大多数人之旁，形成了一个脱离直接生产劳动的阶级，它掌管社会的共同事务：劳动管理、国家事务、司法、科学、艺术等等。因此，分工的规律就是阶级划分的基础。"② 这段话清晰地揭示出生产力发展→脑体分工产生→阶级分化→国家形成的因果链条。因此，恩格斯强调："国家决不是从外部强加于社会的一种力量。"③ 它是生产力发展引起社会分化的产物，一部分有能力、有经验从事社会公共事务管理工作的个人或集团同直接从事生产的劳动者分离开来，形成社会的统治阶级。当然，经典作家在这里讲的是分工、阶级和国家产生与发展的过程和内在机制，他们并未否认在这个过程中存在的暴力掠夺和残酷剥削等。恩格斯在"分工的规律就是阶级划分的基础"那段引文后，紧接着就指出："但是，这并不妨碍阶级的这种划分曾经通过暴力

① 《马克思恩格斯文集》第4卷，人民出版社2009年版，第189页。
② 《马克思恩格斯文集》第3卷，人民出版社2009年版，第562页。
③ 《马克思恩格斯文集》第4卷，人民出版社2009年版，第189页。

和掠夺、欺诈和蒙骗来实现，这也不妨碍统治阶级一旦掌握政权就牺牲劳动阶级来巩固自己的统治，并把对社会的领导变成对群众加紧剥削。"① 也正如恩格斯所描述的那样，在脑体分工中居于主导地位的统治阶级一旦掌握了国家权力，马上就把自身从社会公仆变成社会的主人，对被统治阶级进行剥削和压迫。前面提到"国家的本质特征，是和人民大众分离的公共权力"，而国家的产生其实也就是公共职能的履行脱离大众而由脑力劳动统治阶级掌控的过程。

2. 国家的消亡

如前所述，马克思和恩格斯都认为，国家是一定历史发展阶段的自然产物，即随着脑体分工所决定的阶级分化而产生；马克思和恩格斯同时也认为，国家将在未来的共产主义社会自然走向消亡，当然这将是一个漫长的历史过程。像马克思和恩格斯在《共产党宣言》中指出的："当阶级差别在发展进程中已经消失而全部生产集中在联合起来的个人的手里的时候，公共权力就失去政治性质。原来意义上的政治权力，是一个阶级用以压迫另一个阶级的有组织的暴力。……代替那存在着阶级和阶级对立的资产阶级旧社会的，将是这样一个联合体，在那里，每个人的自由发展是一切人的自由发展的条件。"② 恩格斯表达了同样的思想："阶级不可避免地要消失，正如它们从前不可避免地产生一样。随着阶级的消失，国家也不可避免地要消失。在生产者自由平等的联合体的基础上按新方式来组织生产的社会，将把全部国家机器放到它应该去的地方，即放到古物陈列馆去，同纺车和青铜斧陈列在一起。"③ 恩格斯还强调了国家的消亡是自行的而不是被废除的："那时，国家政权对社会关系的干预在各个领域中将先后成为多余的事情而自行停止下来。那时，对人的统治将由对物的管理和对生产过程的领导

---

① 《马克思恩格斯文集》第3卷，人民出版社2009年版，第562—563页。
② 《马克思恩格斯文集》第2卷，人民出版社2009年版，第53页。
③ 《马克思恩格斯文集》第4卷，人民出版社2009年版，第193页。

所代替。国家不是'被废除'的，**它是自行消亡的**。"①

国家之所以会消亡，是因为阶级差别的消失，而阶级差别的消失又是因为脑体分工的消失。马克思正是沿着他所揭示的因果链条做出推理的。他在《哥达纲领批判》中指出："在共产主义社会高级阶段，在迫使个人奴隶般地服从分工的情形已经消失，从而脑力劳动和体力劳动的对立也随之消失之后；在劳动已经不仅仅是谋生的手段，而且本身成了生活的第一需要之后；在随着个人的全面发展，他们的生产力也增长起来，而集体财富的一切源泉都充分涌流之后，——只有在那个时候，才能完全超出资产阶级权利的狭隘眼界，社会才能在自己的旗帜上写上：各尽所能，按需分配！"② 马克思提示的消灭产生阶级差别的劳动分工的路径是人们的全面发展，即人们既能从事脑力劳动，又能从事体力劳动。至于如何才能实现人们能力的全面发展，马克思设想了两个条件：一是劳动时间的大大缩短，使人们能够有充足的时间培养多方面的能力："在这个必然王国的彼岸，作为目的本身的人类能力的发挥，真正的自由王国，就开始了。但是，这个自由王国只有建立在必然王国的基础上，才能繁荣起来。工作日的缩短是根本条件。"③ 二是人的全面发展只有在共同体中才能实现："个人力量（关系）由于分工而转化为物的力量这一现象，不能靠人们从头脑里抛开关于这一现象的一般观念的办法来消灭，而只能靠个人重新驾驭这些物的力量，靠消灭分工的办法来消灭。没有共同体，这是不可能实现的。只有在共同体中，个人才能获得全面发展其才能的手段，也就是说，只有在共同体中才可能有个人自由。"④ 马克思之所以强调共同体的作用，主要是因为每个人在发展其全面能力的过程中是需要共同体中其他伙伴的支持、协作的。共产主义社会也存在分工，但这种分工不是那种引发阶级差别的脑体分工，而

---

① 《马克思恩格斯文集》第3卷，人民出版社2009年版，第562页。
② 《马克思恩格斯文集》第3卷，人民出版社2009年版，第435—436页。
③ 《马克思恩格斯文集》第7卷，人民出版社2009年版，第929页。
④ 《马克思恩格斯文集》第1卷，人民出版社2009年版，第570—571页。

是出于共同体成员的兴趣和自愿；而且因为不存在能力上的本质差别，所以人们可以随时转换分工的角色。

马克思和恩格斯对共产主义社会并未做出更多具体的预测。但从逻辑推理上看，共产主义社会肯定也存在公共事务，但与以前社会具有本质不同的是，公共事务的管理不再由少数脑力劳动者所垄断，而是每个人都有能力去从事，最终只是由有兴趣的人来具体从事，也就是前引恩格斯的话所表明的，对物的管理代替了对人的管理。

四　国家与公共职能的履行

1. 国家履行公共职能的程度取决于阶级力量对比

根据上面揭示的有关决定国家属性的因果链条，国家是更多履行公共职能服务于人民群众，还是更多充当压迫工具服务于少数统治阶级，那要具体看当时当地统治阶级和被统治阶级之间的力量对比。恩格斯明确地指出了这一点："在现代历史中，国家的意志总的说来是由市民社会的不断变化的需要，是由某个阶级的优势地位，归根到底，是由生产力和交换关系的发展决定的。"① 从逻辑推理看，阶级力量对比对国家履行公共职能程度的决定关系有三种可能：第一种可能是统治阶级相比被统治阶级具有力量上的优势，由此决定国家更多的是在发挥阶级压迫工具的作用；第二种可能是被统治阶级的力量不断成长，制约统治阶级特权的能力和手段不断提高和增加，由此决定国家更多的是在发挥履行公共职能的作用；第三种可能是统治阶级和被统治阶级的力量大体平衡，由此导致国家具有相对的自主性，发挥两个阶级调停人的作用。恩格斯专门提到这种情况，并把它作为一种例外："也例外地有这样的时期，那时互相斗争的各阶级达到了这样势均力敌的地步，以致国家权力作为表面上的调停人而暂时得到了对于两个阶级的

---

① 《马克思恩格斯文集》第4卷，人民出版社2009年版，第306页。

某种独立性。"① 由此可见，统治阶级要在两极之间游走：一极是对自身统治合法性的维系，即最大限度地履行公共职能，获得被统治阶级对其统治权的认同；一极是对自身统治利益的维系，最大限度地剥削和压迫被统治阶级，获得最大可能的利益。具体到当时当地国家在履行公共职能和充当压迫工具两种职能上的结合程度，那取决于阶级力量的对比；随着被统治阶级力量的不断增强，国家会不断向着履行公共职能的一极移动，直至最终让渡出对公共职能履行权力的垄断。从历史的发展进程看的确是如此。在国家产生以前，氏族社会选出的管理者是完全在履行公共职能，不存在阶级压迫；在未来的共产主义社会，人人都可以凭兴趣承担履行社会的公共职能的工作，并可以随时调换，也不存在阶级压迫。在这两者之间，从管理者由社会公仆变为社会主人的那一刻起，国家就是兼具履行公共职能和充当阶级压迫工具的双重角色，两者结合的程度取决于阶级力量的对比，而各阶级力量的状况又取决于由生产力发展水平所决定的劳动分工的状况。

掌握管理和技术知识而拥有脑力劳动能力的集团在劳动分工中居于主导地位，成为社会的统治阶级；不掌握管理和技术知识而只能从事体力劳动的集团则在劳动分工中居于被主导的劣势地位，成为社会的被统治阶级。在阶级力量对比中，统治阶级对被统治阶级的支配程度取决于其对脑力劳动这一稀缺能力的垄断程度；同理，被统治阶级抵制统治阶级特权的有效程度也取决于其掌握脑力劳动这一稀缺能力的程度。如前所述，未来共产主义社会将会消除这种在管理和技术能力上的本质差别，也就是消灭脑体分工，使得任何人或集团都无法再垄断对公共职能的履行，也就无法由此而要求享有特权，将国家变为维护自身统治和利益的工具。这是一个相当漫长的自然历史过程，因为社会由少数人到多数人，直至全体成员都能够掌握管理和技术能力，是一个必须一步一步走的漫长过程。当然，在这其中被统治阶级绝非是上述客观限定性的奴

---

① 《马克思恩格斯文集》第 4 卷，人民出版社 2009 年版，第 191 页。

隶，他们会为自身尽早掌握管理和技术能力、参与公共职能的履行而斗争，迫使统治阶级做出让步，推进教育的民主化，给更多的人以学习和提高能力的机会；同理，统治阶级也在极力维护他们对稀缺能力和资源的垄断，迟滞被统治阶级掌握它们的进程。

从历史发展进程看，被统治阶级抵制统治阶级特权的能力在不断提高，手段在不断增多，他们掌握管理和技术能力的范围在不断扩大，机会在不断增加；相反，统治阶级行使特权的范围在不断缩小，强度在不断减弱，他们从事公共职能履行的社会管理工作的比重在不断增加，为自身利益从事政治统治的比重在不断缩小。这种进程呈逐渐加速的态势，特别是自近代以来，而且越到现代，这种转换态势就越明显。这从政体形式演进的轨迹可以较为清晰地看出：在前资本主义社会，更多实行的是没有受到任何实质性约束的君主专制；在资本主义社会，最初实行的是君主立宪制，尽管仍然是君主在统治，但却是在法律约束下进行统治；后来逐渐发展为代议民主制，即民选政府在民意约束下进行统治，由此人民群众制约着统治者的特权，要求后者更多地履行公共职能。尽管这些都是统治形式的变化，但它实质上正是反映了决定统治者实际作为的阶级力量对比的变化。还可以从国家权力的合法性来源的转变中看出：在古代和中世纪，国家权力的合法性主要源自血缘关系或宗教信仰，虽然也有履行公共职能的因素，但并不起主要作用；而近代社会以来，国家主要是从履行公共职能的作为中来证明自身权力的合法性；越是到现代，就越是如此，因为履行公共职能越充分，普通大众的生活水平就会越多改善，他们也就会越由衷地支持国家的管理。合法性问题是当代西方学术界讨论的一个热点问题，具有合法性意味着某种政治秩序获得了大众的支持和效忠，而取得合法性的关键就在于公共职能的履行。它能成为热点问题，表明公共职能的履行已成为社会关注的问题。还可从民众要求国家履行公共职能的手段的变化看出，从反抗统治者的起义到通过选举和议会等合法的民主渠道，再到当代资本主义社会的公民协商自治，直至将来的人民直接管理公共事务；与之相应，国家统治的手段从暴力专制到依法治理，再到管理职位的民主化，直至对管理权垄断的消失。当然，在资本主义发展阶段，这种对公共职能的履行还必须局限于资本的逻辑范围内；超出了这个范围，统治阶级是决不会让步的。这就是当前发达资本主义国家的福利制度出现危机的根源。也就是说，每个社会集团都希望从政府那里获得更多的资助，但却不愿承担更多的税收，尤其是资本家阶级。这必然导致财政支出的增长速度超过政府收入的增长速度，从而造成财政危机。而当代资本主义统治的合法性正是建立在调节工人和资本家关系的福利国家制度之上的，由此引发合法性危机。哈贝马斯专门研究了当代资本主义的合法化危机问题，他指出："国家对经济过程的缺陷的遏制和成功处理，是国家的合法化的保障；但是国家承担这一任务，又不能直接约束作为资本主义经济运作的核心的私人决策，它最多只能是间接控制，这样国家又难以有效地遏制和成功地处理经济过程中的缺陷，难以完成维持自己的合法化的任务，难以保障群众的支持，从而使合法化的消解成为不可避免的事情。"① 这个矛盾是无法在资本主义框架内解决的，这就是资本主义必然向社会主义过渡的原因所在。下面我们就简单地考察一下国家在履行公共职能上的变化及其发展趋势。

2. 公共职能的内涵及其历史演化轨迹

国家产生于阶级分化，因此它首要的公共职能就是将阶级冲突和斗争维持在秩序的范围之内。正如恩格斯所指出的："国家是承认：这个社会陷入了不可解决的自我矛盾，分裂为不可调和的对立面而又无力摆脱这些对立面。而为了使这些对立面，这些经济利益互相冲突的阶级，不致在无谓的斗争中把自己和社会消灭，就需要有一种表面上凌驾于社会之上的力量，这种力量应当缓和冲突，把冲突保持在'秩序'的范围以内。"② 实质上，可以将公共职能概括为调节和缓和阶级矛盾，将

---

① 陈炳辉编著《西方马克思主义的国家理论》，中央编译出版社 2004 年版，第 181 页。
② 《马克思恩格斯文集》第 4 卷，人民出版社 2009 年版，第 189 页。

矛盾控制在秩序范围之内。当然实现这种目标的手段是多样的，可以有不同的划分标准。例如，按对内对外的标准划分有防御外敌入侵的外部公共职能和将内部阶级冲突控制在秩序范围内的内部公共职能；按政治、经济、社会、文化等领域划分，有保障社会秩序和保护人身不受侵犯等的政治公共职能，有为再生产创造必需的外部条件、通过调节和指导以保障再生产顺利进行等的经济公共职能，有提供社会救济和保障等的社会公共职能，有为社会提供教育等公共文化产品的文化公共职能；按提供方式划分，有国家直接提供的方式，有国家给予政策优惠鼓励私人提供的方式，有公私结合提供的方式等。

公共职能提供的历史发展轨迹，呈现范围不断扩大，越来越适应民众需求的趋势。这可以分为两个阶段来考察。在前资本主义社会，由于主导的经济生产模式是自给自足的自然经济，单个家庭在小块土地上耕作，从生产领域看，国家很少直接干预，只是在保障生产顺利进行所必需的公共工程建设上，需要国家出面组织建设。当然，这种公共职能的范围非常有限，从马克思和恩格斯的论述看，就前资本主义社会，他们提到的主要是公共工程，因为这是在需要灌溉的地区进行农业生产所必需的，而且他们举的是东方社会或亚洲社会的例子。从中国封建社会的历史看，公共职能的履行也是非常有限的：兴修水利保证农业生产的顺利进行、设置农官指导和督促生产、灾荒之际的赈济等。可以说，在这一阶段，国家更多的是扮演阶级压迫工具的角色。到了资本主义社会，公共职能的范围在不断扩大，这是因为随着自然经济向市场经济的转型，供需之间的不平衡出现，也就是说生产出来的产品可能不是市场所需要的，或者市场需要没有那么多而导致卖不出去、造成损失，这就是造成资本主义经济危机的直接原因。而且随着企业的生产规模越来越大，造成的损失也越来越大，危机亦越来越严重。这就需要国家对经济做出干预，其主要表现形式有国家制定生产计划、直接将企业国有化、进行收入再分配以调节需求等，且其强度越来越大。再者，从自然经济独门独户从事生产转化为集中在工厂中共同从事生产，管理和监督的力度加大，加上资本家的逐利动机，劳资矛盾逐渐尖锐化。另外，企业经营不善或失败，也会造成工人工资减少甚至失业，这些都加剧了劳资矛盾。这同样需要国家进行调节阶级矛盾的干预，其主要表现形式有制定劳工法保障劳工权益、实施社会救济和社会保障、提供医疗和教育等方面的资助等。由此，国家实现了对经济社会的全方位干预。当然，这有一个逐渐加强的过程，愈到现代愈强烈。特别是第二次世界大战以来，随着西方资本主义各国实行福利国家政策，公共职能的履行已经提出为全体公民提供"从摇篮到坟墓"的终生保障的目标。从政治方面看，赋予人民的政治权利更全面；从经济方面看，政府干预经济的力度更大，以保障经济的平稳运行；从社会方面看，社会救济和社会保障的范围更广泛、力度更强；从文化方面看，提高全民受教育水平的举措执行得更坚决和更彻底，西方资本主义国家民众接受教育的平均年限都有了大幅提高。就当代资本主义社会而言，国家履行的公共职能包括以下诸方面。经济方面，对内制定宏观经济政策，推动经济发展，包括落后时保护市场，领先时推进自由贸易；实施公共工程，保障经济生产的顺利进行；启动对风险部门的投资，为新行业的创建奠定基础；提供必要的贷款、补贴、资助等。社会方面，调解阶级矛盾，实现社会稳定；实行再分配，调解社会矛盾；实施社会救济和社会保险。行政和法律方面，制定法律，为经济生产和社会生活提供法律框架和制度环境；加强公用事业建设，包括电、水、煤气等系统供应。对外保卫国家主权和领土完整，通过各种手段维护本国的经济利益。当然，资本主义社会在国家履行公共职能方面也有一个逐渐完善的过程，不是一蹴而就的，这从指导政府经济行为的经济理论的演化上就可窥见一斑。比如在资本主义的古典时期，经济理论（以亚当·斯密的经济理论为代表）为国家设定的职能是维护社会秩序的"守夜人"角色，其余的都由市场这只"看不见的手"来操控；而到现代资本主义时期，经济理论（以凯恩斯的经济理论为代表）为国家设定的职能就丰富多了，增加了促进经济发展、实施社会保障、提高文化素养等多方面的内容。

导致这种变化的原因当然是阶级力量对比的变化。在前资本主义社会，被统治阶级抵制统治阶级特权的方式和手段非常有限，社会阶级间的垂直流动性很小，统治阶级完全或几乎完全垄断了统治能力和资源，因此除了使用代价高昂的公开反抗手段外，就只能寄希望于统治者的"善心"。在资本主义社会，被统治阶级抵制统治阶级特权的方式和手段在不断增多。其一，社会阶级间的垂直流动性不断增加，统治阶级对统治能力和资源的垄断在逐渐减弱，使得出身中下层、从事组织管理工作的人数不断增加，他们履行公共职能、服务于人民群众的倾向肯定要强于那些出身上层的人。其二，被统治阶级的组织能力不断增强，能够通过有组织的斗争来不断争取各方面的权利，像普选权、参政议政权，与之相应的一套手段，像传媒、出版、集会、网络等也发展起来。通过被统治阶级自身的斗争，他们在不断争取各方面的权利，对统治阶级行使特权的抵制能力不断增加。特别是在当代社会，民众在传统的斗争形式之外利用一些新的形式，尤其是通过网络来表达政治意愿，为争取自身的利益而斗争，像关注和平、环境保护、教育等问题的新社会运动，以及大学、教会、社团等形式的非政府组织等，也就是西方学者所说的公民社会组织的不断发展和成熟。以英国为例，英国近代以来的历史中有三次重要的制度变革，其中每一次都是由于人民群众力量的成长及其在阶级力量对比中的相对优势促成的。第一次是普选制度的确立。当时英国掀起了争取普选权的宪章运动，在运动中支持普选权的民众通过支持改革的签名来对政府施压，结果争取到了330万人的签名，占到全国人口的1/10强。在民众的强大压力下，政府实行了普选制度，给予普通男性民众以选举权，使被统治阶级有了通过选举向政府施压的新手段，迫使统治者通过履行公共职能来服务于人民群众。第二次是福利国家制度的确立。第二次世界大战爆发后，英国卷入战争，而打赢战争的关键就在于普通民众的支持。在这种背景下，英国政府推行了改善普通百姓生活条件，对他们的生活予以保障的福利制度，提出了要提供"从摇篮到坟墓"的保障的口号，成为世界上第一个实行福利制度的国家。第三次是 20 世纪 90 年代以来的"第三条道路"政纲。随着第二次世界大战以来持续的经济发展，人民生活水平不断提高，中间阶级所占比重不断提高，"中产化"成为发达资本主义国家的一个突出特征。与这种阶级结构的变化相适应，竞争执政党地位的工党率先做出调整，提出了"第三条道路"政纲，意在吸引中间阶级的选票。结果在 1995 年的选举中，工党获得大胜，并连续执政三届。这些都反映出国家必须在作为阶级压迫的工具与履行公共职能两个角色之间做出抉择，至于具体的政策确定，那要看当时当地阶级力量对比的状况。但总体的发展趋势无疑是由作为阶级压迫工具的一极逐渐向履行公共职能的一极移动。

3. 公共职能履行的发展趋势

自近代以来，尤其是第二次世界大战以来，西方资本主义国家履行公共职能的力度在不断加强。尽管在 20 世纪 70 年代末到 80 年代有一个反复，新自由主义成为主要资本主义国家政府施政的指导思想，它们纷纷实施减少国家干预和削减福利支出的政策。但研究国家职能变迁的美国学者施普尔伯指出："这些缩减政策的关键过程有多方面是于 20 世纪 70 年代末、80 年代初合法登台亮相的，这是否意味着它们将会阻止政府在其他方面发挥更大作用呢？我不这样认为。依我之见，涉及西方生产结构变化的各种复杂问题、跨国企业生产体系发展的意义所在、工作的莫测性及人们由此产生的不安情绪、技能的合理使用、长期性失业问题等等，这些实际已在要求政府进行各种干预，而且这种要求将来可能还会增加。……政府可赞助境况不佳的产业，对多项基础设施直接投资，甚至可创立各种公用事业，换句话说，这些干预行为将会再度流行。"① 这可从两个指标的变化予以说明：一是政府支出在不断增加，可从表 2-1 中列举的数据明显看出；二是主要资本主义国家收入转让②占国内生产总值的百分比及平均数，可从表 2-2 中列举的数据明显看

---

① 〔美〕尼古拉斯·施普尔伯：《国家职能的变迁》，杨俊峰等译，辽宁教育出版社 2004 年版，第 248—249 页。

② "收入转让"指用于老龄、病患、家庭补助等社会援助的社会保障支出。

出。这两组数据表明，政府在履行公共职能上更加全面，力度也在不断加大，尽管其中有反复，但长期增长的趋势是明显的。

表 2-1 西欧、美国和日本政府总支出占现价 GDP 的百分比

单位：%

	1913 年	1938 年	1950 年	1973 年	1999 年
法国	8.9	23.2	27.6	38.8	52.4
德国	17.7	42.4	30.4	42.0	47.6
荷兰	8.2*	21.7	26.8	45.5	43.8
英国	13.3	28.8	34.2	41.5	39.7
算术平均值	12.0	29.0	29.8	42.0	45.9
美国	8.0	19.8	21.4	31.1	30.1
日本	14.2	30.3	19.8	22.9	38.1

说明：* 为 1910 年数据。

资料来源：〔英〕安格斯·麦迪森：《世界经济千年史》，伍晓鹰等译，北京大学出版社 2003 年版，第 126 页表 3-9。

表 2-2 七国集团收入转让占国内生产总值的百分比

单位：%

	1960 年	1980 年	1993 年	1960—1993 年	1990—1993 年
美国	5.0	10.9	13.2	9.1	12.4
日本	3.8	10.1	12.1	7.9	11.5
德国	12.0	16.5	15.8	14.8	15.1
法国	13.5	19.2	23.6	18.3	22.3
意大利	9.8	14.1	19.3	14.7	18.8
英国	6.8	11.7	14.6	10.3	13.4
加拿大	7.9	9.9	16.1	9.9	14.9

资料来源：〔美〕尼古拉斯·施普尔伯：《国家职能的变迁》，杨俊峰等译，辽宁教育出版社 2004 年版，第 171 页表 5.6。

当代西方新中间阶级兴起、壮大的一个原因就是政府从业人员的不断增加，[1] 也就是说，有能力从事政府管理工作的人员在不断增加，他

---

[1] 参见吴英《西方新中间阶级兴起及其社会政治影响》，《史学理论研究》2006 年第 4 期。

们当然是脑力劳动者。再加上在生产部门就业的从事管理和技术工作的脑力劳动者，当代西方社会中从事脑力劳动的新中间阶级劳动者在总劳动力中所占比例已经超过50%，有些国家甚至占到70%。这可以说是向着马克思所预言的消灭脑体劳动分工的未来社会迈出了坚实的一步。作为结果，统治阶级对国家管理职位越来越难以垄断，普通群众参与政治管理的力度在不断增强，这是当代西方国家的政府越来越多地履行公共职能的坚实基础。当然，这些变化都是以生产力的巨大发展为前提的。没有生产力的巨大提高，不可能有那么多的人从直接生产过程中游离出来从事管理和技术工作；没有生产力的巨大提高，也不可能有那么多的剩余被用于提高全社会的整体福利水平；没有生产力的巨大提高，更不可能有那么多的人力、物力、财力被用于提高全社会的整体受教育水平，为最终消灭脑体分工奠定坚实的基础。由此可见，国家的发展趋势就是越来越多地履行公共职能，为更多人能够从事公共事务的管理工作创造条件，直至阶级差别消失，公共职能由社会成员凭兴趣去履行，这样公共职能的履行就不再具有政治统治的性质。正如恩格斯所预示的那样："公共职能将失去其政治性质，而变为维护真正社会利益的简单的管理职能。"①

小　结

国家作为上层建筑的组成部分，它的性质是由生产关系决定的。正是生产关系中的分工关系决定了阶级的产生和哪个阶级会成为统治阶级，去履行公共职能。但与此同时，国家也对经济基础发挥着反作用，由此影响到生产力的发展。恩格斯晚年对这种反作用进行了归纳："国家权力对于经济发展的反作用可以有三种：它可以沿着同一方向起作用，在这种情况下就会发展得比较快；它可以沿着相反方向起作用，在这种情况下，像现在每个大民族的情况那样，它经过一定的时期都要崩

---

① 《马克思恩格斯文集》第3卷，人民出版社2009年版，第338页。

溃；或者是它可以阻止经济发展沿着某些方向走，而给它规定另外的方向——这种情况归根到底还是归结为前两种情况中的一种。但是很明显，在第二和第三情况下，政治权力会给经济发展带来巨大的损害，并造成大量人力和物力的浪费。"① 从恩格斯的论述中，我们可以了解到国家制度设计和政策制定对经济发展所起的巨大促进或阻碍作用。其中的关键就在于国家的制度和政策能否调动人民群众的生产积极性，能否激励他们全力投入生产建设，并主动寻求提高自身的能力。如果能够这样做，那么就是恩格斯所列举的第一种情况，会促进经济的快速发展；反之，如果不能，那么就是恩格斯所列举的第二种和第三种情况，会阻碍经济的发展，甚至导致经济的倒退。而能否调动人民群众积极性的关键就在于政府在是履行公共职能还是发挥阶级压迫作用之间的抉择。当然，具体到每个时代，囿于生产力发展水平和生产关系，尤其是分工状况的限制，国家在两者之间做出选择的能力是受到客观条件限制的。但国家并不是消极无为的机构，因为在客观条件限定的阈值内，国家有其发挥主体能动性的空间：发挥得好，人民群众的积极性就能在一定范围内被调动起来，经济也能够在一定限度内获得最大发展；发挥得不好，人民群众的积极性受到抑制，经济的发展也会受到迟滞和阻碍。当然，如果经济发展停滞，甚至倒退，对统治阶级也是不利的，因此，为了本阶级的长远和整体利益，统治阶级往往会通过履行公共职能来调动人民群众的积极性，但这必然会牺牲他们的短期利益。能否在这两者间做出正确的权衡和抉择，是一个王朝、一个国家兴衰的终极原因所在。比如中国封建社会的重农抑商政策，即政府对商业实施苛刻的管制，像征收名目繁多的捐税、在贸易路线上设置重重关卡和对制造业发展施加的诸多限制等，阻碍了中国封建社会向资本主义社会的过渡，从而导致在近代落后于西方的发展。再比如当代西方资本主义社会，政府实际上是在偏向生产者阶级还是偏向资本家之间游弋：偏向生产者阶

---

① 《马克思恩格斯文集》第10卷，人民出版社2009年版，第597页。

级，调动人民群众的积极性，经济往往会发展得快些，但资本家的利益会受到挤压，资本家会运用各种手段抵制政府的举措，像产业向海外转移、游说国会、宣扬自由主义意识形态的优越性等；偏向资本家，削弱福利国家制度和削减公共职能，尽管满足了资本家的利益，但由于降低了人民群众的收入水平和抑制了他们的积极性，往往会导致市场需求不足和劳动生产率提高速度减慢，使经济增长陷于停滞。总之，政府在这种两极之间不断进行试错，在过于靠近一极而招致失败后，就会转向另一极。

第二节　对马克思世界历史理论的解读：理论与现实

早在 16 世纪即已启动的全球化进程，在当代信息科技革命引发的第三次工业革命推动下，显现出全新的形态与日趋强劲的走势，成为人类共同关注的重大课题。关于经济全球化作为历史发展进程中的一种必然趋势，马克思在对资本主义所做的深刻剖析中曾有过精辟的论述。在一个多世纪以后，即 20 世纪七八十年代，经济全球化态势已经非常明显，西方学术界相应地掀起了对全球化进行理论研究和探讨的热潮，至今仍方兴未艾。

进入 21 世纪以来，全球化的影响已经渗透到人类社会生产、生活、交往的方方面面。这种国家间联系的新发展，推动人类社会向更新阶段演化。为此，对马克思的世界历史理论做出解读，并比照经济全球化发展的实际，对其隐含的历史意义做出解析，就成为本节所要探讨的主题。我们将依次对全球化进程的历史轨迹、马克思的世界历史理论及全球化对后发国家发展的影响等问题，做出解析。

一　全球化进程的历史轨迹

人类是一种社会性存在。从脱离动物的那一刻起，人类就形成了相互依存的生活方式，在分工与合作中获取生存所必需的物质生活资料。在人类社会发展的早期阶段，受生产力和交往能力的限制，人们所能形成的社会共同体规模很小，交往的范围也很狭小。伴随着生产力的发展和人们交往能力的提高，人们生存所依赖的社会共同体规模在不断扩大，人们的交往范围也就由近及远、由浅入深，最终形成全球范围的相互依存。这可以说是人类社会历史演进的一种必然趋势。经济全球化进程是同资本主义的诞生和发展紧密联系在一起的。新航路的开辟，使人们相互依存的空间迅速扩及全球；资本的贪婪与无限扩张，不断加剧全球相互依存的程度。但是，全球化进程虽然同资本主义制度同始，却不会同资本主义制度共终。它将成为人类走向大同世界的阶梯。

结合资本主义演化的历史，考察在生产力发展与资本运动的强力推动下，生产与交往打破国家界限走向全球化的进程，大体可以划分为三个阶段。

第一阶段，商业资本主义阶段，即从 16 世纪新航路开辟到 18 世纪中期第一次工业革命开始这个时段。它是以商业资本兴起为标志的资本主义早期阶段。起初主要是西欧国家的生产力有了较明显的提高，使产品有了剩余，并通过商人之手进入市场。生产力的持续发展、市场规模的持续扩大，使商业资本逐渐发展起来。作为市场与生产者中介的商业资本为了追逐诱人的利润，积极促进生产的扩大以满足国内市场甚至国际市场的需求，使生产逐渐从以生计为主转向以交换为主，生计经济转化为商品经济，由此完成了从传统生产方式向资本主义生产方式的转化，并相应地引发上层建筑的变革，建立起服务于商业资本利益的政权。商业资本积累主要是通过商品的"贱买贵卖"赚取利润实现的，而这在同落后国家的贸易中最易于实现。随着新大陆的发现，世界市场范围不断扩大，商品需求无论在数量还是品种上都呈急剧增加的态势，商业资本获得了巨大发展。概括商业资本主义阶段的全球化态势，可以归纳为四点：一是，这个阶段是全球化的早期阶段，商品和商品生产构成经济全球化的物质基础，它在商业资本的扩张中启动，并在商业资本的急剧扩张中演进；二是，全球化的启动意味着商业资本向全球范围的扩张，由于资本贪婪的本质，全球化从启动的那一刻起就带有"弱肉强食"的血腥气味，把不平等的交往方式散播到世界各地；三是，全球化是一个多维度的共生体，经济交往扩展到哪里，政治冲击、文化渗透也就会跟进到哪里；四是，先进强势国家为了更好地控制落后国家、更多地攫取商业利润，逐渐确立殖民制度作为同落后国家"交往"的制度形式，并开始把它向世界的各个角落输出。

第二阶段，工业资本主义垂直等级分工阶段，即从第一次工业革命到第二次世界大战结束的时段。发生在这一时期的两次工业革命使生产力有了飞跃性发展，机械，尤其是以电力为动力使得大功率、高效能的机械生产成为可能，从而诞生了现代大工业，使先进国家相对于落后国家在技术、产业及由此而致的生产能力上的优势，攀登上新的高度。随着从事生产的工业资本实力的逐渐增强，他们不再能容忍商业资本通过垄断市场来赚取利润，要求直接控制流通领域，迫使商业资本逐渐退居次要地位，工业资本上升为经济的主导性力量。相比商业资本在全球建立的贸易体系，工业资本在全球范围建立起它们的生产与交换体系，即带有强制性的国际劳动分工，形成少数先进的工业化国家生产工业制成品、多数落后国家生产初级农矿产品的全球性垂直等级分工格局；而在贸易交换领域也就自然形成了先进工业化国家以高附加值的工业制成品交换落后国家的廉价初级产品的不平等交换。为了牢牢地控制落后国家，保证原材料产地和工业品市场的稳定，原已形成的殖民制度在这一时期有了实质性的扩展，并最终掀起了少数先进国家瓜分世界的高潮。到19世纪末，全球殖民地已被瓜分完毕。列强在殖民地瓜分过程中多次爆发冲突，尤其是在殖民地被瓜分完毕后，新崛起的工业化国家要求重新瓜分殖民地以获得同自身实力相称的殖民地份额，最终引发了帝国主义国家之间的战争冲突，在不到半个世纪的时间内爆发了两次世界大战。其结局是终止了资本主义制度一统天下的局面，在第一次世界大战后产生了世界上第一个社会主义国家，在第二次世界大战后出现了一系列社会主义国家，并以苏联为首形成了社会主义阵营，同以美国为首的资本主义阵营相对峙。归纳这个阶段全球化演化的态势，也可以概括出四点：一是，资本主义由以商业资本为主的阶段演化为以工业资本为主的阶段，全球化进程亦步亦趋，也就由以商业贸易为主的阶段进入以国际生产分工为主的阶段；二是，在全球范围形成的垂直型等级分工格局使世界经济初具雏形，国家间的相互依附程度不断增强；三是，工业资本对落后国家进行更为残酷的掠夺，致使国家间的两极分化日趋严重，落后的殖民地犹如一座座的"活火山"，随时可能爆发出"浓浓的烈焰"，列强必须依赖强大的军事实力来维持它们的统治；四是，资本主义列强间的矛盾由于对殖民地的争夺而激化，甚至兵戎相见，使资本主义对世界的统治链条出现松动。由是，产生了以苏联为首的社会主义阵营同资本主义阵营相对立。

　　第三阶段，全球生产的层级水平分工阶段，即从第二次世界大战结束迄今的时段。它是全球化程度更加深入、国际经济关系进入紧密依存状态的崭新阶段。发生于 20 世纪六七十年代的第三次科技革命实现着生产力的又一次飞跃，以微电子技术与现代通信技术结合形成的现代信息技术，已经使全球结成一个紧密联系的信息整体。所谓生产领域的层级水平分工，是指发达国家与后发国家同处在制造业生产这一产业链条上。但位于中心区的发达国家却掌握并控制着核心技术，以及巨额的金融资本；而处在边缘区的后发国家虽然可以跻身于某项高科技产品的生产流程，但仅从事一些技术含量低、附加值少的零部件生产工作，而且在资本和技术上也需要发达国家予以支持。大的跨国公司发挥着全球层级水平分工体系的组织和领导作用，它们纷纷把生产基地选建在原材料充裕、劳动力廉价的后发国家，并就近占领销售市场，既避开了东道国可能设置的进口关税和配额等障碍，又大大节约了生产成本，还降低了运输、交易成本等中间费用。归纳这个阶段全球化演化的态势，最重要的有三点。一是，在全球建立层级水平分工体系，从形式上看，后发国家似乎同发达国家同处于制造业生产链条上，甚至同处于高新技术产品的生产链条上，但这种表面上的平等背后却隐藏着实质上的不平等。因为后发国家之所以能够与发达国家一道生产同类产品，虽然可能只是其中一些零部件的生产，却是因为它们在生产技术、生产设备、生产资金、管理技巧等方面依赖于发达国家，而一旦失去了发达国家的支持，后发国家将随之丧失这些生产能力。这样，在消灭了殖民制度的后殖民时代，利用内在经济联系这一新的看不见的纽带，重新构建起后发国家对发达国家的依附。它与赤裸裸的殖民统治不同，这种经济依附更深刻、更隐蔽，也更难于摆脱。它既保证了发达国家的资本继续赚取超额利润，又使发达国家操纵着后发国家的经济发展。全球生产的层级水平分工使国与国间在经济领域形成相互依存的紧密关系。它同现代通信技术的瞬时、畅通无阻一道，使人类生存的地球开始具有"地球村"的特点。二是，跨国公司获得大的发展。现代信息技术的发展为跨国公司的迅速发展提供了物质条件。跨国公司的高级管理人员，凭借这种最新的信息技术，随时可以在瞬间了解分布于全球各地的子公司的运营状况，收集全球的市场需求变化信息，及时做出决策以应对变化，增加赢利机会。据联合国 1997 年投资报告的统计数据，全球 4.4 万多家跨国公司母公司和 28 万家在国外的子公司，控制了 40% 的世界生产、60% 的国际贸易、80% 的技术交易。三是，市场的全球化又增添新的内涵。(1) 从国际贸易看，其种类、范围不断扩大，不仅有商品的贸易，而且有技术、服务、劳务的贸易。在服务贸易中，已开展了全球范围的金融保险服务、邮电通信服务、文化教育服务、交通运输服务，乃至信息咨询服务等。(2) 在国际性金融机构和金融衍生工具有大发展的情况下，资本跨国界的投资规模日趋增大，全球金融市场终于成型。一个庞大的金融市场的存在，无疑给全球大市场的发展奠定了雄厚基础。(3) 目前，全世界绝大多数国家和地区都已经参与到全球统一大市场中来。尽管它们实行的经济体制各具自身特色，但是，以市场作为资源配置的基础性手段却是相同的，突破一国疆界、打破保护主义市场限制的要求是相同的，从而为规范全球统一的市场规则创造了有利条件。

综上所述，马克思早在一个多世纪前所预断的"世界历史"已经悄悄降临。当今，全球化发展的种种特征启示我们，一个走向"世界历史"的新时代已经起步，它将会在矛盾、冲突、和解的反复磨合中不断趋向全人类的世界大同。

二　马克思的世界历史理论

马克思在他的著述中多次论述到人们之间的交往走向世界的论题，不过，他不是使用"全球化"这个特定术语，而是使用"世界历史"来表述的。据国外一些学者考证，大约在 1960 年，"全球化"一词才进入英语世界，而到 1991 年出版的《牛津新词词典》才将"全球的"（global）一词作为新词收录进去。[①] 马克思的世界历史理论虽未使用"全球化"这个特定的术语，但它们的内涵却是一致的。马克思的相关论述是在对资本主义做深刻剖析时揭示出的一种必然发展趋势，并为以后资本主义演进的史实所证实。这些论述具有很高的科学预见性；而他所论述的内容，几乎涉及当代学者对全球化论述的方方面面。尽管这些论述在全球化的具体形式、发展程度、对世界影响的广度上，存在一定的时代性差异，但马克思对全球化历史发展规律的揭示却是铁的事实，不容置疑。

其一，马克思对全球化的论述，首先是指出，人类社会的历史演进由最初的民族、地域的孤立的历史向世界历史的转变，具有历史必然性的规律，不可逆转，它表现为一个漫长的历史进程。如马克思论述道："各民族之间的相互关系取决于每一个民族的生产力、分工和内部交往的发展程度。"[②] "人们彼此间的世界主义的关系最初不过是他们作为商品所有者的关系。商品就其本身来说是超越一切宗教、政治、民族和语言的限制的。它们的共同语言是价格，它们的共性是货币。"[③] 这就是

---

① 杨雪冬：《全球化：西方理论前沿》，社会科学文献出版社 2002 年版，第 1 页。
② 《马克思恩格斯文集》第 1 卷，人民出版社 2009 年版，第 520 页。
③ 《马克思恩格斯全集》第 13 卷，人民出版社 1962 年版，第 142 页。

说，民族、地域历史向世界历史的转变，是"生产力"、"分工"和"交往"发展的需要与结果，是受着商品交换促动的，是物质的而并非纯粹精神的产物。因此，这种转变就具有必然性与不可逆转性；同时，表现为由低层次向高层次、更高层次的动态演进的趋势。

其二，马克思明确描述了向世界历史转变的起始时间，他说："大工业建立了由美洲的发现所准备好的世界市场。"① "到各地追逐黄金使一些地区被发现，使新的国家形成……把遥远的大陆卷进交换和物质变换的过程。……并把交换的范围扩展到整个地球。"② "创造**世界市场**的趋势已经直接包含在资本的概念本身中。"③ 也就是说，马克思认为，全球化进程的启动时间应该追溯到新航路的开辟。正是新航路的开辟，打破了海洋对洲际大陆之间交往构成的天然阻隔，人类才得以将足迹遍布世界各个角落，从而使全球逐步发展成为一个统一的大市场。如此算来，全球化进程启动于 16 世纪，迄今已跨越五个世纪的历程。

其三，促进人们之间的交往走向全球层面的推动力是什么呢？马克思深刻地指出："资本一方面要力求摧毁交往即交换的一切地方限制，征服整个地球作为它的市场，另一方面，它又力求用时间去消灭空间，就是说，把商品从一个地方转移到另一个地方所花费的时间缩减到最低限度。资本越发展，从而资本借以流通的市场，构成资本流通空间道路的市场越扩大，资本同时也就越是力求在空间上更加扩大市场，力求用时间去更多地消灭空间。"④ 从马克思的这一论述中，我们可以领悟到，"资本"乃是推动全球化发展的直接动力源，它不仅在空间上要占领整个地球，而且在时间上要尽量缩短来往于全球各个角落的时间。这些预见在科学技术高速发展的今天已经实现，远距离的交流已经达到瞬间化。资本的运动变化虽然于无形中发生，但资本的贪婪特性彰显得淋漓

---

① 《马克思恩格斯文集》第 2 卷，人民出版社 2009 年版，第 32 页。
② 《马克思恩格斯全集》第 46 卷上册，人民出版社 1979 年版，第 175 页。
③ 《马克思恩格斯文集》第 8 卷，人民出版社 2009 年版，第 88 页。
④ 《马克思恩格斯文集》第 8 卷，人民出版社 2009 年版，第 169 页。

尽致。马克思对资本的特性予以准确的描述："资本不是物，它体现着资本主义特定的生产关系；资本家只是人格化的资本。""（资本）增殖自身，获取剩余价值的生活本能"成为资产阶级唯一的欲望追求；而资本家的贪婪本性，充分体现了资本的"生活本能"。

其四，全球化是一个多维度的过程，而且以经济全球化为基础。马克思论述道："过去那种地方的和民族的自给自足和闭关自守状态，被各民族的各方面的互相往来和各方面的互相依赖所代替了。物质的生产是如此，精神的生产也是如此。各民族的精神产品成了公共的财产。民族的片面性和局限性日益成为不可能。"[①] 也就是说，在全球化进程中，经济的交往固然是首当其冲，表现为一切交往的基础性交往，但伴随经济交往而来的，必然是全方位的或者说全面的交往。比如商品一般都带有民族的色彩，商人也都是来自不同地域的商人，都带有所在地域的风俗和生活习惯，于是，附着于经济交往之上的文化、文明交流就成为必然。到目前为止，不同民族的本土文化，都已经不再是自身纯粹的原文化，而是各民族文化相互交流、相互影响的结果，都具有不同程度的融合性。因此，马克思断言："民族的片面性和局限性日益成为不可能。"

其五，全球化是一柄"双刃剑"，它打破闭关自守，推动着不同文明的交流与共生，但同时又把市场所奉行的"弱肉强食"的残酷机制传播开来，造成全球范围的两极分化。马克思指出："大工业创造了交通工具和现代的世界市场，控制了商业，把所有的资本都变为工业资本，从而使流通加速（货币制度得到发展）、资本集中。……它首次开创了世界历史，因为它使每个文明国家以及这些国家中的每一个人的需要的满足都依赖于整个世界，因为它消灭了各国以往自然形成的闭关自守的状态。"[②] 毫无疑问，打破闭关自守状态是社会的进步，而这种进

① 《马克思恩格斯文集》第 2 卷，人民出版社 2009 年版，第 35 页。
② 《马克思恩格斯文集》第 1 卷，人民出版社 2009 年版，第 566 页。

步是在全球化进程中实现的，是由于全球化的推动才得以成功的。但马克思同时指出："自由竞争在一个国家内部所引起的一切破坏现象，都会在世界市场上以更大的规模再现出来。……如果说自由贸易的信徒弄不懂一国如何牺牲别国而致富，那么我们对此不应该感到意外，因为这些先生们同样不想懂得，在每一个国家内，一个阶级是如何牺牲另一个阶级而致富的。"① 资本家之所以急剧地向全球推进他们的扩张，并不是出于什么善心，他们所怀有的企图只有一种，那就是通过掠夺而致富，却完全不问会给当地带来怎样的破坏。

其六，全球化是自然历史进程演进的必然结果，它的历史意义就在于为向共产主义的过渡准备条件。当代西方大多数研究全球化的学者虽然都在不同程度上承认马克思有关世界历史理论的论述具有启发意义，但绝大多数学者有意或无意地忽视了马克思有关全球化历史意义的论述，而这种历史意义在马克思有关世界历史理论的论述中占有极其重要的地位。马克思在这一点上阐发了三个方面的内容。一是，"资产阶级历史时期负有为新世界创造物质基础的使命：一方面要造成以全人类互相依赖为基础的世界交往，以及进行这种交往的工具；另一方面要发展人的生产力，把物质生产变成对自然力的科学支配。资产阶级的工业和商业正为新世界创造这些物质条件……只有在伟大的社会革命支配了资产阶级时代的成果，支配了世界市场和现代生产力，并且使这一切都服从于最先进的民族的共同监督的时候，人类的进步才会不再像可怕的异教神怪那样，只有用被杀害者的头颅做酒杯才能喝下甜美的酒浆"② 在马克思心目中，只有共产主义才能使社会进步的成果为人们共同享有；而资本主义实现的一切进步是在为共产主义的来临准备条件。二是，马克思提出了世界共产主义思想，指出无产阶级的存在、劳动的解放、共产主义的实现，不是一个地方、一个国家的事业。既然全球化进

① 《马克思恩格斯文集》第 1 卷，人民出版社 2009 年版，第 757—758 页。
② 《马克思恩格斯文集》第 2 卷，人民出版社 2009 年版，第 691 页。

程已经使世界联成一体，既然发达国家主宰着全球化的进程，马克思由此认为："劳动的解放既不是一个地方的问题，也不是一个国家的问题，而是涉及存在现代社会的一切国家的社会问题，它的解决有赖于最先进的国家在实践上和理论上的合作。"① 三是，共产主义的最终建成是要在世界范围共同采取行动，而它的前提条件是生产力的普遍发展和世界交往的普遍发展。马克思指出："无产阶级只有**在世界历史意义上**才能存在，就像共产主义——它的事业——只有作为'世界历史性的'存在才有可能实现一样。"② "共产主义只有作为占统治地位的各民族'一下子'同时发生的行动，在经验上才是可能的，而这是以生产力的普遍发展和与此相联系的世界交往为前提的。"③ 马克思之所以强调共产主义的世界性，主要是因为共产主义社会是物质极大丰富的社会，是人的自由个性得以充分发展的社会。到那时作为统治机器的国家，尤其是具有资产阶级性质的国家已经被消灭，如果共产主义不是在世界意义上的存在，也就是说如果还存在着前共产主义的国家，那么共产主义就很难抵抗这种国家的攻击。如果生产力的发展存在着较大的差异，那么如何在社会中实现按需分配？唯一的办法就是建立严格的壁垒，避免外部人员享受先进社会的分配原则的"搭便车"行为。在全球化的今天，这点尚且很难控制，更何况未来？

　　这里涉及共产主义将是"在全球取得胜利"还是可能最先"在一国取得胜利"的问题。过去一些理论著述认为列宁把马克思、恩格斯预期共产主义将是在主要先进国家同时取得胜利发展为可能在一国首先取得胜利，是一项重大的理论贡献。现在看来，列宁所讲的"一国胜利"恐怕只能是指取得初级阶段的社会主义革命和建设的胜利的可能性，不大可能指马克思所说的那种作为"自由人联合体"的人类社会进化第三大形态的共产主义的胜利。当代全球化的进程已经越来越显示

---

① 《马克思恩格斯文集》第 3 卷，人民出版社 2009 年版，第 226 页。
② 《马克思恩格斯文集》第 1 卷，人民出版社 2009 年版，第 539 页。
③ 《马克思恩格斯文集》第 1 卷，人民出版社 2009 年版，第 538—539 页。

真正的共产主义"在一国取得胜利"的不可能性。

马克思的世界历史理论关于全球化的一系列预断已经为两百年的历史发展所证实。它为后人剖析、认识全球化提供了体系性的理论框架。当然，马克思生活的时代，正处于资本主义自由竞争阶段。那时，资本的全球扩张、全球化进程的显现，只是反映资本主义自由竞争时期的特点。自那以后，资本主义进入了垄断阶段，稍后又进入国家垄断阶段，资本的全球扩张和全球化的演进随之具有不同时代的新特点。马克思当时就全球化进行的论述，自然不可能十分具体地论及以后时代变迁赋予全球化的种种新特征。但是，通过以上所述，我们可以肯定，马克思对全球化进行分析的总体框架是极富有历史洞察力的，比对马克思的论述与现实的发展，我们不能不对马克思理论的当代生命力由衷地信服。

三　全球化对发展中国家实现赶超型发展的意义

（一）全球化为发展中国家提供了巨大发展机遇：理论剖析

当代以经济全球化为前导的全方位全球化的新发展，是垄断资本在第三次科学技术和产业革命的促动下，以跨国公司为载体，在全球范围配置生产要素，组织生产经营，以实现利润最大化，达到资本升值的目的。但它直接涉及发达资本主义国家和后发国家之间的经济关系，从而成为后发国家必须面对并做出应对的一个重大问题。应该说，全球化为后发国家实现赶超性发展提供了千载难逢的机遇。发展中国家如果回避或拒绝进入这个全球经济体系，代价将是巨大的，将只会是越来越贫穷与落后，而不会是越来越发展。但同时，加入全球化进程，吸纳和接受发达国家提供的资本、技术、管理技巧等有利于自身发展的东西，必然也会冒很大的风险。天下没有免费的午餐，发达国家提供一些有利于后发国家发展的东西，同时也要获取相应的甚至更多的报偿，像赚取超额利润、占领当地市场、控制当地生产，甚至控制当地的政治、文化等。也就是说，全球化对后发国家乃是一柄双刃剑，既带来了机遇，也带来了挑战，这对于后发国家而言的确是一个两难的抉择。大多数国家从经验教训中逐步确立了以积极态度应对全球化的立场，抓住机遇，创造条件，趋利避害，跻身于全球经济体系，以推进民族经济较快发展。

首先，从利用全球化提供的机遇促进后发国家民族经济的发展看，可以有四个方面的有利条件。一是可以充分利用后发优势加速自身的发展。在当今信息时代，后发优势越来越明显，其中最为突出的就是后发国家可以省去科学技术的研究与开发费用，直接从发达国家获取所需的较为先进的科学技术，使从只能生产原材料和初级产品到能够生产制造品，以及从生产劳动密集型制造品向生产资本密集型制造品甚至科技密集型制造品的升级转换在较短时期内完成。二是可以较充分地吸收和利用境外资本，解决现代化进程中存在的资本短缺问题。吸收、利用境外资本的渠道和方式很多，有直接和间接两大类，诸如向世界银行申请贷款、国家间的借贷和企业集团的举债、在境外发行国债和融资债券，乃至招商兴办合资或外商独资企业等。三是吸引跨国公司到本国建立生产基地，以促进本国产业结构的改造和升级，缩小同发达国家在经济、科技、管理水平上的差距。从后发国家出口商品结构的改善已经可以看出在这方面取得的成就。在 20 世纪 80 年代初期，后发国家出口的一般制成品还只占产品出口比重的 56%；而到 90 年代中期，这一比重已经占 77.7% 多，提高了 21.7 个百分点。四是后发国家一旦跻身于经济全球化行列，它就同发达国家的经济联系在一起，并能在不同程度上影响到发达国家的经济发展。这种趋势无疑会有利于后发国家在同发达国家的交往中提升自身的博弈筹码，在债务清偿、区域经济一体化的推进等问题上迫使发达国家考虑后发国家的权益，以一定程度的让步来维护其根本利益。目前，跨国资本已经将世界市场作为其经营对象，作为世界市场主要组成部分的后发国家如果仍然处于贫困状态，缺乏购买力，那对发达国家绝不是什么好事。像中国这样一个已经取得巨大发展的后发国家，在一些问题上已经能够迫使发达国家不得不做出让步。在申请加入 WTO 的谈判过程中，以美国为首的一些西方国家坚持中国必须以发达国家身份加入；而中国据理力争，最终以发展中国家身份加入，获得了宝贵的 15 年缓冲期，可以在制度接轨层面有逐渐适应的空间。中国之所以能赢得这场谈判，正是因为它是世界公认的有着巨大开发潜力的大市场，并且人力、物质资源丰富。西方有学者甚至断言，如果不能搭上争夺中国市场的末班车，将会输掉 21 世纪的竞争。

应该说，尽管目前全球经济秩序主要是由以美国为首的发达国家建构的，主要反映着发达国家的利益，但是相比殖民统治时期发达国家同落后国家的交往，目前交往方式的文明程度毕竟有了质的提高，留给发展中国家的和平发展空间也有了质的扩大。发展中国家抓住全球化提供的机遇，还是有发展自身的空间的，东亚、南亚和拉美等地区发展中国家取得较好的发展，缩短了同发达国家的差距，就是例证。而且，随着发展中国家自身实力的不断增强、博弈能力的提高，必然会要求游戏规则向着对自身有利的方向改变，也就会使游戏规则变得更公平和合理，如此无疑会加快大多数发展中国家的经济发展，缩小同发达国家的整体差距。

其次，全球生产的层级水平分工体系的建立，毕竟是以发达国家为中心，以发达国家为主宰。发达国家作为资本的输出国，作为本国跨国公司利益的护卫者，必然要对后发国家进行牵制，乃至控制，以保护垄断资本的利益，维护它们在全球的中心地位。因此，对进入这一体系的后发国家而言，面对的又是严峻的挑战。

挑战之一：全球生产的层级水平分工体系是发达国家构建的现代资本主义国际经济与贸易模式。发达国家位于该体系的中心地位，参与这一体系的后发国家则处于被动、边缘地位，这种模式，自然是从垄断资本的利益出发构建的。加之现行的国际经济秩序和规则都是出自发达国家，首先是美国的意愿，它维护的是发达资本主义国家的利益，却给后发国家的发展造成诸多阻滞。在这种国际大环境下，后发国家的权利往往得不到应有的尊重，对发达国家的意旨稍有抵触，往往就会遭受经济甚至政治的制裁。所以说，后发国家在同发达国家的交往与贸易中必须把握主权原则，把握于己有益、有利，或起码是无害的原则，这样，才能实现以我为主、引进有利于自身发展的资本、技术和管理经验。可以毫不夸张地说，强权政治和经济霸权的阴影时时笼罩着全球劳动分工，后发国家的现代化道路上荆棘密布。必须保持清醒的头脑，提升自身的实力和能力，才能在同发达国家的交往中提高自身的地位。

挑战之二：全球化进程在当代发展的一个新特征是金融全球化，它成为诱发世界经济不稳定的一个重要因素，极易引起经济动荡。自20世纪80年代中期以来，伴随国际金融自由化的发展，跨国投资大多已游离于实体经济之外，甚至转向非生产性项目，造就了一个"自由放任、高速运转、充满投机因素"的国际金融市场，为垄断资本的兴风作浪提供了广阔空间。而在后发国家的工业化或工业现代化进程中，资本匮乏往往成为瓶颈，于是利用境外资本成为通常的解决办法。但这种举债一旦处理不当，形成泡沫投资，就有引发金融危机的风险。不仅如此，后发国家如果在时机不成熟的情况下过早开放本国金融市场，允许金融垄断资本的自由进出，会给后者带来可乘之机，危害到这些国家的经济发展。它可以人为制造资本价格的大幅波动，通过炒买炒卖获取巨额利润，而后抽逃，使后发国家面临经济危机的威胁。20世纪90年代以来，先后爆发的墨西哥金融危机、亚洲金融危机、巴西金融危机和阿根廷金融危机，都是这种金融资本作祟的事实铁证。人们已经日益清醒地认识到，国际资本是一柄双刃剑，使用它必须慎之又慎。

挑战之三：经济全球化在后发国家内部会在一定程度上拉大贫富差距，孕育社会危机。在后发国家，随着跨国公司的进入，会产生一个高薪收入阶层，使收入差距拉大，产生许多消极影响。一是，收入严重向少数人倾斜使贫富差距拉大，而低收入人口较差的生活条件会伤害他们勤奋工作的意愿和能力，使他们对国事逐渐淡漠，导致国家凝聚力下降。二是，低收入阶层的处境一旦恶化，伴生的是严重的社会问题，易于使暴力犯罪、吸毒贩毒等社会丑恶现象滋生、蔓延，危及社会稳定。三是，高收入群体的高消费会误导消费市场，形成超前消费的非正常社会氛围，进而误导生产决策。而大众购买力并未达到这种高水平，社会整体将显现有效需求不足，最终形成生产相对过剩，国民经济发展受挫。

综上分析，我们可以看到，目前的全球化进程仍然是由发达资本主义国家在主导，作为资本本性的对利润和超额利润的无休止追求仍然是推进全球化的主要动力，在资本主义一国内部产生的各种不公正和不合理现象都会在全球重现。因此，后发国家跻身于全球化进程，参与全球生产的层级水平分工体系，必须保持清醒的认识，坚持国家主权原则，调整并强化政府监管职能，趋利避害，推进民族产业的结构升级，提高自身同发达国家"讨价还价"的能力，最终实现赶超性发展。经济全球化进程给后发国家带来的是发展与繁荣，抑或是灾难与冲突，将取决于后发国家正确的政策导向和应对举措。

（二）全球化为发展中国家提供的巨大发展机遇：实证考察

在全球化进程中，后发国家面对种种机遇与挑战，到头来其经济发展水平同发达国家相比，差距到底是拉大了，抑或是缩小了，还必须通过实证研究做出考察。

西方新左派对资本主义制度以及由发达资本主义国家主导的全球化进程持批判态度。在全球化对发展中国家的影响上，新左派所持的一般观点是认为，全球化给发展中国家带来的挑战大于机遇，由此不是缩小，而是拉大了同发达国家的差距。他们举出许多实证来支持他们的观点，最具代表性的是美国新左派学者保罗·斯威齐。他对 1965—1990 年不同类型国家收入占世界总收入的比例做出计算，得出了发达国家同后发国家贫富差距拉大的结论（见表 2-3）。新左派所要揭示的就是全球化给后发国家带来的不是发展和富裕，而是停滞和贫困，因此后发国家的出路应该是拒绝全球化，实行激进的政治改革，才能实现自身的发展。

表 2-3　1965—1990 年世界总收入的比例

单位：%

	1965 年	1970 年	1980 年	1990 年
20%的最富国家	69.5	70.0	75.5	83.4
20%的第二等级国家	21.2	21.3	18.3	11.3
20%的第三等级国家	4.2	3.9	3.5	2.1
20%的第四等级国家	2.9	2.8	2.2	1.8
20%的最穷国家	2.3	2.2	1.7	1.4

　　资料来源：〔加〕罗伯特·阿尔布里坦等主编《资本主义的发展阶段：繁荣、危机和全球化》，张余文等译，经济科学出版社 2003 年版，第 16 页。

　　从表 2-3 中，我们的确可以看到全球化造成富国愈富、穷国愈穷的状况。但是，就斯威齐的计算，也有几点疑问：一是斯威齐使用的国民收入计算单位是按美元汇率换算的，而不是按购买力平价换算的。用美元汇率计算国民收入存在着比较大的缺陷，主要表现在：第一，美元汇率主要反映一国货币在国际市场上的购买力，也就是说只代表进出口商品和劳务的价格水平，不能真实地反映该国货币在国内市场上的购买力，因此也就不能真实地反映该国的国民收入水平；第二，美元汇率已经成为各国进行宏观经济调控的重要政策工具，易被低估或高估，往往不能真实反映一国经济活动的状况；第三，影响美元汇率的因素很多，诸如它会受各国通货膨胀率变动的影响，受外汇市场供需关系的影响，受各国的国际收支状况、利率、经济增长，甚至投机炒作、资本流动等诸因素的影响而产生波动，缺乏作为度量工具所应有的稳定性。因此，越来越多的经济学家倾向于使用购买力平价计算方法代替美元汇率计算法，这也反映在主要国际组织的出版物上，像世界银行的《发展报告》和《世界发展指数》等都采用了美元汇率和购买力平价并用的方法来应对研究主体的不同需要。购买力平价（Purchasing Power Parity，简称 PPP）的概念出自瑞典经济学家 G. 卡塞尔在 1922 年出版的《1914 年以后货币和外汇》一书。从 20 世纪 60 年代后半期开始，联合国统计司、世界银行、美国宾夕法尼亚大学研究组吸纳了多年的相关研究成果，提出以购买力平价计算国际社会生产、收入和支出总量。所谓购买力平价计算法是一种根据各国不同的价格水平计算出货币之间的等值系数，使我们能够对各国的国内生产总值进行合理比较，这种计算同按美元汇率计算的结果相比可能出现较大的差距。一般来讲，这个指标要根据相对于经济的重要性考察许多货物才能得出。一个测量购买力平价的简单而幽默的例子是"巨无霸"指标，它对麦当劳在各国分店出售的"巨无霸"汉堡包的价格进行比较。如一个巨无霸在美国的价格是4美元，而在英国是3英镑，那么美元与英镑按购买力平价计算的换算比率就是3英镑＝4美元，也就是1英镑＝1.33美元。当然在实际计算中，需要比较上百种产品的国内价格，然后进行加权平均得出两国购买力平价的换算比率。尽管购买力平价法还存在一些需要进一步完善的地方，但其理论框架和具体计算方法的科学性已经获得国际统计学界和经济学界的认可。表2-4就是采用购买力平价法计算的不同等级国家的收入占世界总收入比例的情况。从表中我们可以看到，全球化所带来的并非富者愈富、贫者愈贫的后果，而是会产生缩小贫富差距的效应。

表2-4　按购买力平价法计算的1975—2000年世界总收入的比例

单位：%

	1975年	1980年	1990年	2000年
20%的最富国家	62.1	61.2	59.1	55.8
20%的第二等级国家	17.5	20.2	15.5	12.8
20%的第三等级国家	8.3	6.0	9.1	19.1
20%的第四等级国家	6.6	2.2	8.2	10.5
20%的最穷国家	5.4	10.4	8.1	1.8

　　资料来源：表中数据是根据世界银行发布的《2003年世界发展指标》（中国财政经济出版社2005年版）提供相关数据计算而得。

二是斯威齐对发达国家与后发国家之间差距的计量忽略了人口因素。目前列在最贫穷行列的几十个国家主要来自撒哈拉以南的非洲地区，这些国家由于自身内部矛盾重重，争战不断，未能把主要精力放在发展经济上；同时也由于国内的政治不稳定影响到同外部的经济交往，所以被排除在经济全球化进程之外，付出了经济停滞甚至倒退的惨重代价。如果以这些国家的数据来衡量同发达国家的差距，那差距的确是在拉大。但是非洲 23 个最穷的国家，其人口总量非常有限。表 2-5 和表 2-6 是分别按美元汇率和购买力平价计算的不同地区的发展中国家国民生产总值占发达国家比例的情况。

表 2-5　1962—2001 年发展中国家和地区 GNP 占发达国家的比例
（按汇率美元计算）

单位：%

	发展中国家	东亚和太平洋地区	南亚	拉美和加勒比地区	中东和北非	撒哈拉以南非洲	欧洲和中亚
1962—1966	32.69	6.39	4.52	7.92	1.69	3.06	—
1967—1971	30.58	5.93	3.86	7.58	1.71	2.59	—
1972—1976	31.98	5.72	3.19	8.33	2.72	2.77	—
1977—1981	33.93	5.12	2.85	8.81	4.03	2.95	—
1982—1986	34.48	5.47	3.18	8.20	4.53	2.57	—
1987—1991	27.62	4.25	2.60	6.01	2.74	1.75	—
1992—1996	27.86	5.09	2.08	7.15	2.24	1.43	4.71
1997—2001	30.44	6.42	2.44	8.08	2.60	1.36	4.17

资料来源：表中数据是根据 World Development Indicators 2003 提供的数据计算而得。

表 2-6　1975—2001 年发展中国家和地区 GNP 占发达国家的比例
（按购买力平价计算）

单位：%

	发展中国家	东亚和太平洋地区	南亚	拉美和加勒比地区	中东和北非	撒哈拉以南非洲	欧洲和中亚
1975—1979	68.21	8.95	8.26	15.26	6.49	5.63	—
1980—1984	73.15	11.25	9.03	15.85	6.53	5.62	—
1985—1989	75.74	14.27	10.05	14.95	6.15	5.16	—
1990—1994	77.79	18.70	11.43	14.76	6.49	4.87	16.23
1995—1999	83.94	25.27	13.46	15.42	6.64	4.88	12.34
2000—2001	88.10	28.19	14.52	15.17	6.76	4.88	12.43

资料来源：表中数据是根据 World Development Indicators 2003 提供的数据计算而得。

从这两个表的比较中可以很明显地看到，使用美元汇率和购买力平价计算所产生的结果截然不同。按美元汇率进行计量，波动性很强，而且除了东亚和太平洋地区的发展中国家占发达国家的份额在增加外，其他地区的发展中国家同发达国家的差距几乎都在拉大。但用购买力平价计算，差距缩小的趋势很明显，除了撒哈拉以南非洲地区的发展中国家占发达国家比例在下降外，大多地区的发展中国家占发达国家的比例都在增加。应该说按购买力平价计算更真实地反映了后发国家经济快速发展的状况。而发展中国家同发达国家差距不断缩小的事实之所以值得重视，是因为其中蕴含着一个世界历史发展的必然趋势。

四 走向世界大同的必然发展趋势

21 世纪初，美国经济学家多米尼克·威尔森和鲁帕·普鲁肖特曼发表了题为《与巴西、俄罗斯、印度和中国一道憧憬未来：通向 2050 年之路》[①] 的研究报告，对这四个发展中大国——巴西、俄罗斯、印度、中国（文章中称其为 BRICs）——到 2050 年的经济发展做出预测，并同当前六个经济最发达的国家——美国、日本、德国、英国、法国、意大利（文章中称其为 G6）做了比较。

表 2-7　BRICs 与 G6 在 2000—2050 年间人均 GDP 比较

单位：美元

	2000 年	2010 年	2020 年	2030 年	2040 年	2050 年
巴西	4338	3417	6302	9823	16370	26592
中国	854	2233	4965	9809	18209	31357
印度	468	804	1622	3473	8124	17366
俄罗斯	2675	5948	12527	22427	35314	49646
法国	22078	26314	30723	35876	42601	51594
德国	22814	26877	31000	33898	40966	48952

---

① Dominic Wilson, *Dreaming with BRICs*：*The Path to 2050*, http：//www.gs.com/insight/research/reports/99.pdf.

续表

	2000	2010	2020	2030	2040	2050
意大利	18677	23018	27239	30177	33583	40901
日本	32960	36172	42359	49944	55721	66805
英国	24142	30611	36234	41194	49658	59122
美国	34797	42926	48849	57263	69431	83710

注：按 2003 年美元不变价格计算。

值得注意的是，这里的四个发展中大国，在 21 世纪初其总人口达到了 26.15 亿人，占世界总人口的 42.9%。[①] 由这个数字不难想象，当它们的经济发展水平达到同发达国家旗鼓相当的程度时可能会使世界历史面貌发生怎么样的变化。威尔森和普鲁肖特曼指出："预测结果是令人惊讶的。如果按预计的发展，那么在不到 40 年间，四国经济总量按美元价格计算都可能超过六国的总量。到 2025 年，它们可能占到六国经济总量的一半以上。目前，它们不到六国总量的 15%。就目前的六国而言，按美元价格计算只有美国和日本也许还能在 2050 位居六个最大的经济体之列。"

庞卓恒教授在 2003 年的一次学术报告中也做出预测："我们可以选定几个时点，例如 2020 年、2025 年和 2030 年作为预测时点，运用'复利公式'——$A = P(1+r)^n$——对中、美两国 GDP 总值在未来 20、30 年内可能的增长水平作粗略推算。式中的 P，为比较起始年 2000 年的 GDP 总值，取其概数，中国为 1 万亿美元，按照购买力平价换算，大致换算为 3.5 万亿 PPP 美元。同年美国的 GDP 总值，取其概数为 10 万亿美元。再假定未来 20、30 年内中国 GDP 年均增长率 r 为 7%，美国为 3%，而 n 分别为 20、25 和 30。由此可以得出 2020 年、2025 年、2030 年三个时段中美两国 GDP 增长的预测数字，其中中国的 GDP 以万

[①] 这是 2001 年的数据，该年中国人口 12.7 亿、印度 10.3 亿、俄罗斯 1.45 亿、巴西 1.7 亿，而世界总人口为 61 亿。数据来自世界银行《2003 年世界发展报告》，中国财政经济出版社 2005 年版。

亿 PPP 美元为单位，分别为 13.54、18.99、26.64，美国的 GDP 以万亿美元为单位，分别为 18.06、20.94、24.24。这个预测表明，如果我们假定的年均增长率与实际增长率相符，中国的 GDP 总量到 2030 年左右可能与美国大体相当。不过那时中国的人均 GDP 还要比美国低 4 倍，因为中国人口比美国多 4 倍。而且那时还要看人民币在国内和国际市场的购买力差距缩小到什么程度，也就是在技术密集型和高新科技领域的生产力水平的差距缩小到什么程度。"

庞卓恒教授还对发展中大国赶超发达国家的前景及其将引起的世界面貌的改变做了展望。他从人类社会历史发展规律和对历史发展趋势预测的视角做出解析："当世界上大多数发展中国家，特别是中国和印度这样的巨大的发展中国家人均 GDP 达到同发达国家大体相等的水平，而且他们的货币购买力在国内和国际市场不再有差距的时候，全球的经济统一和政治统一的时刻可能就临近了。因为到那时，任何国家或国家集团都不再可能拥有能对别国施加压力的经济和技术的霸权，因此也不再可能拥有政治和军事的霸权，一切问题都只能通过平等协商解决。而且，由于经济全球化的推进和经济规模越来越大，任何一个地区或经济部门的问题都可能是'牵一发而动全身'的全球问题，都需要从全球整体上解决。于是，大家都会觉得，沃勒斯坦预言的那种世界政府确实有必要建立了。这样的时刻会在何时到来呢？只有当我们能够预测到大多数国家或全球大多数人口都达到大体相等的高水平的生产力的时刻，我们才能预测世界统一来临的时刻。"[1]

质言之，发展中国家抓住全球化所提供的良好机遇促成自身的赶超型发展，对世界向一种更为公正、更为和谐的秩序演进具有非常重要的意义；它是实现世界大同理想所必需的步骤。当世界上大多数国家都处于大体相当的发展水平，尤其是像中国、印度、俄罗斯和巴西这些发展

---

[1]　庞卓恒：《从世界历史看文明兴衰规律》，国家图书馆编《部级领导干部历史文化讲座》，北京图书馆出版社 2003 年版，第 306—307 页。

中大国和西方发达国家处于同一发展水平时，世界大同，也即马克思的世界历史性存在将可能变为现实。当然，这将是一个漫长的历史过程。但我们坚信，大同社会终究会降临人间。

第三节　马克思的文明理论

文明，是人类社会历史演进进程中特有的一种现象。伴随着人们认识和改造自然能力的提高，以及人际交往、族群交流的密切，人类社会在不断进步，而它所表现的文明程度也在不断进步，日益远离初始的野蛮状态。西方学者在研究人类社会的文明进步时，大都着眼于人与社会的精神层面，人为地将人类社会的物质文明与精神文明亦步亦趋的进化过程割裂开来，使人类文明的进化成为无源之水、无本之木，最终只有求助于神正论来给予解释。而马克思、恩格斯则是以全方位的开阔的视野，审视人们在生存竞争中的物质生产活动与精神活动的演化，从人类社会历史演进的宏观高度，本源性地揭示出人类文明进步的奥秘。本节将对马克思的文明理论做出梳理与解读。

一　马克思的文明观与方法论

（一）唯物史观的文明观

马克思对人类社会历史演进的规律做出过深入的思考与探析，并科学地进行了阐释，这就是他所创立的唯物史观。他同恩格斯一道，运用唯物史观的科学方法来认知人类社会所发生的一切演化，其中自然也包括对文明的认知。他们摒弃资产阶级学者将人的思维、意识与精神视为文明的本质内涵和根本发展动力的错误认识，从人类在远古时期脱离动物界那一刻切入，剖析人是以什么手段和方式来维持自身生存的，从而不仅揭示出人类生产自身生活资料的演进过程，同时也揭示出人的思维意识的演进过程，由此揭示出人类社会文明演进的真谛所在。

综观唯物史观的文明观，大体可以归纳为两个方面。

一是追根溯源地看，文明的产生与发展有其物质根源。正如恩格斯在《自然辩证法》中所描述的："由于手、说话器官和脑不仅在每个人身上，而且在社会中发生共同作用，人才有能力完成越来越复杂的动作，提出并达到越来越高的目的。劳动本身经过一代又一代变得更加不同、更加完善和更加多方面了。除打猎和畜牧外，又有了农业，农业之后又有了纺纱、织布、冶金、制陶和航海。伴随着商业和手工业，最后出现了艺术和科学；从部落发展成了民族和国家。法和政治发展起来了，而且和它们一起，人间事物在人的头脑中的虚幻的反映——宗教，也发展起来了。在所有这些起初表现为头脑的产物并且似乎支配着人类社会的创造物面前，劳动的手的较为简陋的产品退到了次要地位；何况能作出劳动计划的头脑在社会发展的很早的阶段上（例如，在简单的家庭中），就已经能不通过自己的手而是通过别人的手来完成计划好的劳动了。迅速前进的文明完全被归功于头脑，归功于脑的发展和活动。"① 在唯心主义者那里，把文明的演进完全归功于人的头脑的活动和发展；而马克思、恩格斯则坚持追根溯源，阐明文明是有着实实在在的物质基础的，文明反映着它赖以生存的物质层面的内涵，并伴随着社会物质生产的演进而发生演变。所以，在马克思与恩格斯合著的、标志着唯物史观形成的经典著作《德意志意识形态》中，他们明确地指出："这种历史观和唯心主义历史观不同，它不是在每个时代中寻找某种范畴，而是始终站在现实历史的**基础**上，不是从观念出发来解释实践，而是从物质实践出发来解释各种观念形态。"②

二是人类文明演进的历史表明，文明的内涵具有不断提升、进步的特质。这是基于人类文明的产生与发展，无不同人们赖以生存的物质生活资料的生产紧密联系的认识。既然人们物质生活的生产是一个不断进步的历史过程，那么，人们的精神生活和社会的文明形态也就必然存在

---

① 《马克思恩格斯文集》第9卷，人民出版社2009年版，第557页。
② 《马克思恩格斯文集》第1卷，人民出版社2009年版，第544页。

着一个不断提升、演进的过程。马克思、恩格斯指出："人们的观念、观点和概念，一句话，人们的意识，随着人们的生活条件、人们的社会关系、人们的社会存在的改变而改变。"① 这种改变、演进，自然是一个进步的过程。他们曾以不容置疑的论证驳斥了资产阶级及其学者所叫嚣的资本主义文明将永恒存在的谬断。他们一方面肯定资本主义生产方式及其创建的资产阶级文明具有的历史进步性："资产阶级，由于一切生产工具的迅速改进，由于交通的极其便利，把一切民族甚至最野蛮的民族都卷到文明中来了。……它迫使一切民族——如果它们不想灭亡的话——采用资产阶级的生产方式；它迫使它们在自己那里推行所谓的文明，即变成资产者。一句话，它按照自己的面貌为自己创造出一个世界。"② 另一方面，他们也明确无误地指出了资本主义文明的历史性："现在，我们眼前又进行着类似的运动。资产阶级的生产关系和交换关系，资产阶级的所有制关系，这个曾经仿佛用法术创造了如此庞大的生产资料和交换手段的现代资产阶级社会，现在像一个魔法师一样不能再支配自己用法术呼唤出来的魔鬼了。……因为社会上文明过度，生活资料太多，工业和商业太发达。社会所拥有的生产力已经不能再促进资产阶级文明和资产阶级所有制关系的发展。"③ 将要取代资本主义文明的崭新社会文明就是马克思和恩格斯在多种著述中所论述的未来社会——共产主义文明，它相比资本主义文明所具有的进步性与优越性是不言而喻的。

（二）对文明的科学研究方法

以唯物史观为指导，马克思、恩格斯有关文明的研究方法有着如下一些鲜明特点。一是以一种进步史观来看待文明的演进。马克思认为，文明的演进是一个从低级向高级逐步发展的过程，它的最终归宿是自由人的联合体，即共产主义社会。这在非马克思主义学者中受到较为普遍

① 《马克思恩格斯文集》第 2 卷，人民出版社 2009 年版，第 50—51 页。
② 《马克思恩格斯文集》第 2 卷，人民出版社 2009 年版，第 35—36 页。
③ 《马克思恩格斯文集》第 2 卷，人民出版社 2009 年版，第 37 页。

的质疑。他们或公开反对文明会沿着进步路径演进，或支持文明发展的循环论，有的干脆反对文明发展有任何规律可循。二是马克思是从唯物史观所揭示的历史发展终极动因的视角来看待文明的演进。唯物史观认为，生产能力的提高是推动历史发展的根本动力，自然也就是推动文明发展的根本因素。无论从上古、中古的历史观察，还是从近现代历史看，最终都是生产能力的发展状况决定着一个文明的兴盛或衰落。而非马克思主义学者却往往单纯地从精神方面的因素，有些甚至用宿命论来解释文明的盛衰。三是马克思是从唯物史观所揭示的"生产力决定生产关系、经济基础决定上层建筑"的分层视角来看待单个文明内部构成要素之间的关系。而非马克思主义学者往往不承认，甚至反对做层次划分的必要，他们直接将文明作为一种精神现象来加以研究，并以观念的转变来解释文明的演变，根本忽略了观念转变本身又是由什么决定的命题。四是马克思从唯物史观对社会形态划分的视角对文明的演进做出阶段性划分。而非马克思主义者要么回避阶段划分问题，要么简单地用先进与落后、中心与边缘等两分法来进行划分，对具体的实证研究并不具有理论指导意义。

总之，马克思的文明理论，是一个博大精深的理论体系。它涵盖了文明发展的本质、文明演进的动力、文明体的构成要素及其层次关系、文明演进的阶段划分，以及不同文明体的交会走向大同的趋势等。我们将围绕这些方面做进一步的解读。

二 文明发展的本质：人类自身能力的发展

唯物史观是马克思创建的社会发展理论，它揭示了人类社会历史演进的基本规律，实质上同时也揭示了人类文明演化的基本规律。因为，一个不争的事实是，人类社会的历史发展囊括了人类文明的演进。而对人类社会历史发展本质的揭示，自然也是对人类文明演化本质的揭示。

在《德意志意识形态》中，马克思与恩格斯开宗明义地阐述道："全部人类历史的第一个前提无疑是有生命的个人的存在。……个人怎样表现自己的生命，他们自己就是怎样。因此，他们是什么样的，这同他们的生产是一致的——既和他们生产**什么**一致，又和他们**怎样**生产一致。"① 至于"思想、观念、意识的生产最初是直接与人们的物质活动，与人们的物质交往，与现实生活的语言交织在一起的。人们的想象、思维、精神交往在这里还是人们物质行动的直接产物。……不是意识决定生活，而是生活决定意识"。② 马克思进一步阐释道："人们不能自由选择**自己的生产力**——这是他们的全部历史的基础，因为任何生产力都是一种既得的力量，是以往的活动的产物。可见，生产力是人们应用能力的结果，但是这种能力本身决定于人们所处的条件，决定于先前已经获得的生产力，决定于在他们以前已经存在、不是由他们创立而是由前一代人创立的社会形式。后来的每一代人都得到前一代人已经取得的生产力并当做原料来为自己新的生产服务，由于这一简单的事实，就形成人们的历史中的联系，就形成人类的历史，这个历史随着人们的生产力以及人们的社会关系的愈益发展而愈益成为人类的历史。由此就必然得出一个结论：人们的社会历史始终只是他们的个体发展的历史"，③ 即"个人本身力量发展的历史"。④ 由此，马克思明确无误地指出："适应自己的物质生产水平而生产出社会关系的人，也生产出**各种观念、范畴**，即恰恰是这些社会关系的抽象的、观念的表现。所以，范畴也和它们所表现的关系一样不是永恒的。它们是历史的和暂时的产物。"⑤ 可见，人类文明的形态是处于持续发展和演进中的，而这种发展、演进的历史规律就是：随着人们物质生产活动的不断累积，人们的物质生产和精神生产能力也逐步地从低级向高级演进，逐渐地由"地域性的个人为**世界历史性的**、经验上普遍的个人所代替"，⑥ 逐步地转变成消除了

① 《马克思恩格斯文集》第 1 卷，人民出版社 2009 年版，第 519—520 页。
② 《马克思恩格斯文集》第 1 卷，人民出版社 2009 年版，第 524—525 页。
③ 《马克思恩格斯文集》第 10 卷，人民出版社 2009 年版，第 43 页。
④ 《马克思恩格斯文集》第 1 卷，人民出版社 2009 年版，第 576 页。
⑤ 《马克思恩格斯文集》第 10 卷，人民出版社 2009 年版，第 49—50 页。
⑥ 《马克思恩格斯文集》第 1 卷，人民出版社 2009 年版，第 538 页。

"一切自发性"的"完全的个人的发展"。① 即人类日益脱离动物性或兽性，而不断增强人性，直到完全脱离动物性而进入完全人性的社会。

通过上述对马克思、恩格斯论述的解读，我们可以清晰地认识到，文明发展的本质乃是人自身能力的不断累积与提高。

三　文明演进的动力：物质生产实践活动和物质生产实践能力

人类如何摆脱初始的野蛮状态而走向文明，并不断地推进文明形态向更高层次演进，是有关文明的动力学研究。从前文的论述可知，马克思、恩格斯是将现实的人作为人类文明演进研究的基点与切入点的。那么，人们又是怎样促动自身与文明的发展呢？恩格斯在《在马克思墓前的讲话》中曾经概括了关于人们生存和发展的层次关系："人们首先必须吃、喝、住、穿，然后才能从事政治、科学、艺术、宗教等等。"② 这就是说，人要生存首先必须进行维持其生存的物质生产活动。这种物质生产活动是人类生存和发展的基础性活动，没有这种基础性活动，人无法生存，更无从奢谈人类社会的发展、人类文明的演进。而作为能动的个体，人在生产中改造着自然，获取满足自身生存和发展所需的物质资料；这种活动又并非孤立地进行，人们在生产中结成了社会交往关系，分工协作实现着对自然的改造。同时，随着物质生产活动的展开和推进，人们的精神生产活动也同时在进行和发展。正如马克思所描述的那样："在再生产的行为本身中，不但客观条件改变着，例如乡村变为城市，荒野变为开垦地等等，而且生产者也改变着，他炼出新的品质，通过生产而发展和改造着自身，造成新的力量和新的观念，造成新的交往方式，新的需要和新的语言。"③ 这就是说，人们的物质生产活动与精神生产活动绝非简单的重复，而会通过"吃一堑、长一智"的积累不断地得到提高；而且是伴随物质生产能力的提高，相应地提高精神生

① 《马克思恩格斯文集》第 1 卷，人民出版社 2009 年版，第 582 页。
② 《马克思恩格斯文集》第 3 卷，人民出版社 2009 年版，第 601 页。
③ 《马克思恩格斯文集》第 8 卷，人民出版社 2009 年版，第 145 页。

产能力，即面对自然和社会中出现的难题进行理性思考和找出解决办法的能力，逐步地产生出被称为上层建筑的政治、法律和行政机构，以及相应的哲学、宗教、科学、艺术等精神产品，从而促使人类文明从低级向高级发展。

由此可见，马克思与恩格斯是从人类生存最基本的活动中解析出文明的发展动力，其中包括两个紧密关联的因素，即人的物质生产实践活动和人的物质生产实践能力。就物质生产实践活动而言，是人们作用于生产对象从而生产出满足人们需要的产品，其中包括生产什么、怎样生产以及各个群体在生产中的作用等。就物质生产实践能力而言，由于人具有相较动物而言高度发达的头脑，能够从长期的生产活动中不断学习、累积经验，从而不断提高物质生产实践能力。生产的变化过程是不断地用机械力替代人力，它促使劳动过程中体力劳动所占比重不断下降，脑力劳动所占比重不断增加，亦即脑力劳动逐渐取代体力劳动。人的生产能力的提高，不仅表现为人们应用于生产过程中的物质生产实践能力的提高，同时也表现为人们精神生活内涵的不断丰富、层次和品格的不断提升。这就是为什么马克思将物质生产实践活动及在其中形成的物质生产实践能力作为社会和文明发展终极动力的缘由所在。

四　文明体内部的结构层次关系：生产力、生产关系（经济基础）和上层建筑

生产力、生产关系（经济基础）和上层建筑，是每一个文明体内部的结构层次，其中生产力决定生产关系，经济基础决定上层建筑。

其一，我们来看生产力决定生产关系这一命题。从前文的论述可知，物质生产活动是人类文明存在的前提。而人们在从事物质生产活动时必然会形成一定的社会关系，这种关系就是生产关系。马克思指出："人们在生产中不仅仅影响自然界，而且也互相影响。他们只有以一定的方式共同活动和互相交换其活动，才能进行生产。为了进行生产，人们相互之间便发生一定的联系和关系；只有在这些社会联系和社会关系

的范围内，才会有他们对自然界的影响，才会有生产。"① 不仅如此，随着人们物质生产能力的提高，人们在物质生产过程中形成的这种生产关系也会发生相应的变化。"人们在发展其生产力时，即在生活时，也发展着一定的相互关系；这些关系的形式必然随着这些生产力的改变和发展而改变。"② 也就是说，生产关系的性质是由生产力的发展水平决定的。这是文明结构层次中第一层的决定关系。

更具体地讲，生产关系应该是包括生产过程中的各种人际间的交往关系，像劳动分工、产品分配与交换关系、消费关系，乃至生产资料所有权关系等。在《德意志意识形态》中，马克思、恩格斯曾使用"交往方式"一词来描述生产关系，后来改用"生产关系"一词。这也反映出"生产关系"就是指在生产中发生的人与人之间的诸种交往与联系，尽管这种交往与联系都是以实际生产过程或物质产品作为媒介的，但究其本质则是人与人之间有目的的交往活动。

仔细阅读马克思、恩格斯有关生产关系的论述可以领悟到，他们明确地论述了构成生产关系的诸种关系并非彼此独立、相互并列，而是蕴含着决定与被决定的因果链条。如他们指出："分工起初只是性行为方面的分工，后来是由于天赋（例如体力）、需要、偶然性等等才自发地或'自然地'形成的分工。分工只是从物质劳动和精神劳动分离的时候起才真正成为分工"；③ "**分工**使精神活动和物质活动、享受和劳动、生产和消费由不同的个人来分担这种情况不仅成为可能，而且成为现实"；④ "与这种分工同时出现的还有**分配**，而且是劳动及其产品的**不平等**的分配（无论在数量上或质量上）；因而产生了所有制"；⑤ "分工的各个不同发展阶段，同时也就是所有制的各种不同形式。这就是说，分工的每一个阶段还决定个人在劳动材料、劳动工具和劳动产品方面的相

① 《马克思恩格斯文集》第 1 卷，人民出版社 2009 年版，第 724 页。
② 《马克思恩格斯文集》第 10 卷，人民出版社 2009 年版，第 47 页。
③ 《马克思恩格斯文集》第 1 卷，人民出版社 2009 年版，第 534 页。
④ 《马克思恩格斯文集》第 1 卷，人民出版社 2009 年版，第 535 页。
⑤ 《马克思恩格斯文集》第 1 卷，人民出版社 2009 年版，第 536 页。

互关系"，① 而这种"分工的阶段依赖于当时生产力的发展水平"，②
"任何新的生产力，只要它不是迄今已知的生产力单纯的量的扩大（例
如，开垦土地），都会引起分工的进一步发展"。③ 这些论述明确揭示了
生产力和生产关系与生产关系组成部分之间的因果关系：生产力的发展
制约着生产关系的演变；在诸种生产关系中，生产过程中的劳动分工关
系决定着生产资料和产品的分配与占有关系。这些因果关系的揭示，乃
是马克思、恩格斯对人类社会历史演进规律做出剖析的基础性认识。

　　在以上论述的基础上，我们进一步尝试对诸种生产关系之间蕴含的
因果关系做出分层解析，以把握其中的规律。首先是生产关系的第一个
层面或称基础性层面，处于这个层面的是人们在生产过程中形成的分工
与协作关系。最初它是由于人们自然禀赋的差异自发形成的，这种分工
十分简单，尚未形成以脑体分工为基础的真正意义上的分工或称社会分
工。伴随着生产力水平的提高和剩余产品的增多，人们的知识积淀、劳
动技能不断提升，与此同时人们之间能力的差异也在不断扩大，于是以
脑体分工为基础的社会分工出现，生产分工日益走向专业化，生产协作
也日趋紧密。到了现代，高度发达的生产力已促使社会形成一个复杂而
多样的分工与协作体系。所以不难看出，自人类以社会群居形态生活的
那一刻起，在最简单的生产（狩猎和采集）中就萌生了分工关系。而
日趋复杂多样的分工与协作，促使人们的交往活动（产品的分配与交
换、生产资料的拥有或占用等）亦步亦趋地复杂化、多样化。但究其
本源，则出自生产分工关系的促动。这也是我们将其列为生产关系第一
或基础层面的根据，它对于生产关系包括的其他交往关系具有决定作
用。其次，生产关系的第二层面包括由于生产的分工、协作而必然产生
的生产资料与产品的分配、交换关系，乃至生产资料的拥有或占用关系
等。表面看，这些似乎都是生产过程中发生的人与物之间的关系，但联

---

① 《马克思恩格斯文集》第1卷，人民出版社2009年版，第521页。
② 《马克思恩格斯文集》第1卷，人民出版社2009年版，第587页。
③ 《马克思恩格斯文集》第1卷，人民出版社2009年版，第520页。

系生产过程中的分工关系不难识别，在物的背后有着权力之手在操控，所以仍然是人与人之间的交往关系。马克思、恩格斯的论述形象地揭示了这一切，如他们指出："与这种分工同时出现的还有**分配**，而且是劳动及其产品的**不平等**的分配（无论在数量上或质量上）；因而产生了所有制。……所有制是对他人劳动力的支配。其实，分工和私有制是相等的表达方式。对同一件事情，一个是就活动而言，另一个是就活动的产品而言。"① 马克思还指出："分配的结构完全决定于生产的结构。分配本身是生产的产物，不仅就对象说是如此，而且就形式说也是如此。就对象说，能分配的只是生产的成果，就形式说，参与生产的一定方式决定分配的特殊形式，决定参与分配的形式。"② 这就是说，人们在生产过程中的地位、作用和表现相应地决定着在生产资料和产品分配上的权益。由于人们在生产中发挥的作用和在劳动分工中所处的地位不同，必然导致的是生产资料和产品的不平等分配，而这种不平等的分配则导致阶级差别的出现。在劳动分工中居于主导地位的、因而在生产资料和产品分配中居于优势地位的集团，构成社会的统治阶级；而在劳动分工中处于从属地位的、因而在生产资料和产品分配中居于劣势地位的集团，构成社会的被统治阶级。而当这种分配权益经上层建筑予以确认时，就转化为法律上的所有权。

就生产力与生产关系之间的关系，马克思、恩格斯曾做过明确论述，他们指出："……已成为桎梏的旧交往形式被适应于比较发达的生产力，因而也适应于进步的个人自主活动方式的新交往形式所代替；新的交往形式又会成为桎梏，然后又为另一种交往形式所代替。由于这些条件在历史发展的每一阶段都是与同一时期的生产力的发展相适应的，所以它们的历史同时也是发展着的、由每一个新的一代承受下来的生产力的历史。"③ 马克思还指出："无论哪一个社会形态，在它所能容纳的

---

① 《马克思恩格斯文集》第1卷，人民出版社2009年版，第536页。
② 《马克思恩格斯文集》第8卷，人民出版社2009年版，第19页。
③ 《马克思恩格斯文集》第1卷，人民出版社2009年版，第575—576页。

全部生产力发挥出来以前，是决不会灭亡的；而新的更高的生产关系，在它的物质存在条件在旧社会的胎胞里成熟以前，是决不会出现的。"①这些论述向我们揭示了两个自然历史进程：一是，生产关系总是伴随生产力的进步或迟或早发生演变，也就是说，生产力的进步会促使生产关系做出适应性变革。那么，它是通过什么样的"机制"或者说"路径"促使生产关系发生变革呢？二是，原有的生产关系为新的更高级的生产关系所替代是有条件的，即在新的生产力还有允许其发挥作用的空间时，亦即新的生产关系的产生条件尚不成熟时，原有的生产关系是不会轻易退出历史舞台的。那么，又是什么力量在阻滞生产关系的变革呢？

先看前者。前文已经论述，某种生产力发展水平会产生同其相适应的劳动分工，这种劳动分工决定着"个人在劳动材料、劳动工具和劳动产品方面的相互关系"。所以说，生产力决定生产关系这一因果链条中的关键环节在于"劳动分工"。新的生产力必然会造成新的劳动分工，而在生产关系基础层面的"劳动分工"的演化，必然要牵动整个生产关系的演化。这是生产力对生产关系的正向决定作用，它无疑是一种自然历史进程。再看后者，生产关系伴随生产力的发展而演化，表现出一种双向的滞后性，即旧的生产关系不会立即退出历史舞台，而新的生产关系也不会立即就取得社会主导地位，其中同样蕴含一种自然历史进程。因为，分配关系、交换关系，乃至所有权关系等诸种生产关系的演变，都会牵涉社会不同阶级或不同利益集团的利益调整，而这种利益调整乃是一种"此消彼长"的过程。新的生产力在原有的生产关系架构下发育、成长是一个漫长的进程；而新的生产关系的孕育，同样需要假以时日。所以，原有的生产关系只要尚未束缚、排斥新的生产力的发展，也就是说还未变成"桎梏"，就不会完全被取代。至于新的生产关系伴随新的生产力的孕育、成长，也需有一个过程。当新的生产力发展成为社会的主导性生产力，而新的生产关系也为社会所认同和接受时，

---

① 《马克思恩格斯文集》第2卷，人民出版社2009年版，第592页。

新的生产关系才会成为在全社会起主导作用的交往方式。这是生产力与生产关系之间所蕴含的反作用层面。但生产关系最终必须适应生产力发展的要求，否则就会由于利益分配不当而抑制生产者发挥积极性和创造性，由此阻碍生产力的持续发展。社会一旦发生这种矛盾而又久拖不决，终将引发变革生产关系的强烈要求。

其二，关于经济基础与上层建筑的矛盾运动。马克思在《〈政治经济学批判〉序言》中明确指出："这些生产关系的总和构成社会的经济结构，即有法律的和政治的上层建筑竖立其上并有一定的社会意识与之相适应的现实基础。"① 人类的社会历史演进表明，当处于社会主导地位的分配关系、生产资料占有关系同生产力发展水平、劳动分工关系相一致时，掌控上层建筑的社会统治阶级会通过对现存经济结构的维护与完善来促进生产力的发展；而当生产关系已经不适应生产力的发展时，既有的社会统治阶级则会利用上层建筑作为原有生产关系的卫护者，为维护这种有利于自身利益的分配关系，利用它所能动用的政治的、法律的、观念意识的各种手段，来阻挠生产关系的变革，从而阻滞生产力的发展与劳动分工的演化。这种情势下，在劳动分工中处于劣势地位，并由此在分配关系中处于不利地位的集团或阶级就将试图改变现有的经济结构。但这种变革的意图和行动能否成功，将取决于他们在劳动分工中的地位是否已经有了实质性的改变，而这又取决于社会生产力是否有了实质性的提高。如果没有生产力和劳动分工的实质性进步，即使被压迫阶级通过革命斗争夺取了统治权，也只会重复旧的生产方式。

其三，关于物质文明与精神文明。当今世界，人们对于文明的发展给予高度关注。这种关注，涵盖着从生产方式的变革到个人道德品质的提升等诸多领域和范畴。与之相应，文明研究也成为学术界包括史学界的热点论题。其中物质文明和精神文明的关系问题已不仅局限于学界的探讨，而且成为现实政策制定的着力点。那么，两种文明的关系究竟如

---

① 《马克思恩格斯文集》第 2 卷，人民出版社 2009 年版，第 591 页。

何呢？其实马克思早已给出过明确的论述。在《剩余价值理论》中，马克思指出："要研究精神生产和物质生产之间的联系，首先必须把这种物质生产本身不是当作一般范畴来考察，而是从**一定的历史的**形式来考察。例如，与资本主义生产方式相适应的精神生产，就和与中世纪生产方式相适应的精神生产不同。如果物质生产本身不从它**特殊的历史的**形式来看，那就不可能理解与它相适应的精神生产的特征以及这两种生产的相互作用。从而也就不能超出庸俗的见解。这一切都是由于'文明'的空话而说的。其次，从物质生产的一定形式产生：第一，一定的社会结构；第二，人对自然的一定关系。人们的国家制度和人们的精神方式由这两者决定，因而人们的精神生产的性质也由这两者决定。"① 马克思、恩格斯在《共产党宣言》中更明确指出："人们的观念、观点和概念，一句话，人们的意识，随着人们的生活条件、人们的社会关系、人们的社会存在的改变而改变，这难道需要经过深思才能了解吗？思想的历史除了证明精神生产随着物质生产的改造而改造，还证明了什么呢？任何一个时代的统治思想始终都不过是统治阶级的思想。当人们谈到使整个社会革命化的思想时，他们只是表明了一个事实：在旧社会内部已经形成了新社会的因素，旧思想的瓦解是同旧生活条件的瓦解步调一致的。"② 这些论述实质上向我们传达了两层意思。一是物质文明与精神文明的内涵：前者是指人们的社会生产方式，即生产力和生产关系的方方面面；后者则是指人们的社会上层建筑。尽管马克思、恩格斯这里讲的是物质生产与精神生产，但"文明"正是通过生产而使社会取得进步的标志，所以两者是一致的。二是两者之间的关系，也就是我们前面论及的生产力与生产关系和经济基础与上层建筑之间的关系，即生产力与劳动分工的进步推动生产关系发生变革，而社会经济结构和上层建筑的矛盾运动决定了这种变革将或迟或早发生，由此推动着

① 《马克思恩格斯全集》第 26 卷第 1 分册，人民出版社 1972 年版，第 296 页。
② 《马克思恩格斯文集》第 2 卷，人民出版社 2009 年版，第 50—51 页。

人类社会由低级向高一级的演进。这就是物质文明和精神文明之间的辩证关系。

五　马克思的"三形态"理论：文明发展的阶段划分

马克思在探究人类社会历史演进及文明进化的本质动力、文明体结构层次关系的基础上，对人类文明演进的历史轨迹做出辨识与概括。他是这样做出描述的："人的依赖关系（起初完全是自然发生的），是最初的社会形式，在这种形式下，人的生产能力只是在狭小的范围内和孤立的地点上发展着。以**物的**依赖性为基础的人的独立性，是第二大形式，在这种形式下，才形成普遍的社会物质变换、全面的关系、多方面的需要以及全面的能力的体系。建立在个人全面发展和他们共同的、社会的生产能力成为从属于他们的社会财富这一基础上的自由个性，是第三个阶段。"① 在这三个阶段的文明演进中，实质上包括三次大的社会转型：一是从无阶级社会向阶级社会的过渡，二是从前资本主义社会向资本主义社会的过渡，三是从资本主义社会向共产主义社会的过渡。

第一，从无阶级社会向阶级社会的过渡。这是文明演化进程中实现的第一次飞跃。恩格斯在《家庭、私有制和国家的起源》中将阶级和国家的出现视为人类社会从野蛮进入文明阶段的标志。而阶级的出现则取决于物质生产力的发展。在原始社会，人们群居生活、从事狩猎和采集等集体生产活动，平均分配生产成果，没有导致贫富分化的剩余产品。单个人的生产能力是非常低下的，所以必须依赖群体的力量以保证生存。随着人们生产能力的逐渐提高，生产成果在满足了人们的基本物质需求之后开始出现少量剩余，使少数人能够从直接生产过程中游离出来从事社会公共事务的管理，由此而产生了阶级。正如恩格斯所指出的："社会分裂为剥削阶级和被剥削阶级、统治阶级和被压迫阶级，是以前生产不大发展的必然结果。只要社会总劳动所提供的产品除了满足

---

① 《马克思恩格斯文集》第 8 卷，人民出版社 2009 年版，第 52 页。

社会全体成员最起码的生活需要以外只有少量剩余，就是说，只要劳动还占去社会大多数成员的全部或几乎全部时间，这个社会就必然划分为阶级。在这被迫专门从事劳动的大多数人之旁，形成了一个脱离直接生产劳动的阶级，它掌管社会的共同事务：劳动管理、国家事务、司法、科学、艺术等等。因此，分工的规律就是阶级划分的基础。"① 恩格斯还较为详尽地描述了阶级产生的两种不同路径：一条路径是由于公社中公共事务管理的需要，像解决争端、制止个别人越权、监督用水、宗教职能等，少数人从直接生产过程中游离出来履行这些职能，但他们逐渐由社会的公仆变为社会的主人，成为社会的统治阶级；另一条路径是随着生产的发展，人们劳动所能生产的产品超出了单纯维持劳动力所需要的数量，维持更多劳动力的生活资料已经具备，使用这些劳动力的资料也已经具备，劳动力获得了某种价值，而战争提供了这种劳动力，人们就让战俘活下来，并且使用他们的劳动，奴隶制被发现了。② 随着阶级的产生，人类社会由此迈入文明社会的门槛。

第二，从前资本主义社会向资本主义社会的过渡。从以农业生产为主、实行自给自足的自然经济的前资本主义社会向以工业生产为主、实行市场交换的商品经济的资本主义社会过渡，其前提条件是农业劳动生产率的提高。因为，只有农业劳动生产率提高了，农业部门的部分劳动力才能够从农业部门中转移出来，在工业部门从事生产活动；只有农业劳动生产率提高了，才可能有更多的剩余农产品提供给工业部门作为原材料来进行加工；也只有农业劳动生产率提高了，剩余产品才会增多，相应地用来交换工业品的农产品才会增多，市场的繁荣发展才有了坚实的基础。马克思精辟地概括道："重农学派的正确之点在于，剩余价值的全部生产，从而资本的全部发展，按自然基础来说，实际上都是建立在农业劳动生产率的基础上的。……超过劳动者个人需要的农业劳动生

① 《马克思恩格斯文集》第3卷，人民出版社2009年版，第562页。
② 《马克思恩格斯文集》第9卷，人民出版社2009年版，第186—188页。

产率，是全部社会的基础，并且首先是资本主义生产的基础。"① 这是因为："社会上的一部分人用在农业上的全部劳动——必要劳动和剩余劳动——必须足以为整个社会，从而也为非农业劳动者生产必要的食物；也就是使从事农业的人和从事工业的人有实行这种巨大分工的可能；并且也使生产食物的农民和生产原料的农民有实行分工的可能。"② 向资本主义社会的过渡固然还有工业生产力的发展、资本原始积累的野蛮掠夺、世界市场的开辟等条件，但是，如果没有农业劳动生产率的提高这个根本条件，资本主义的胚胎是无法发育成形的。资本主义生产方式一旦确立并走向成熟，正如马克思所指出的："资产阶级在它的不到一百年的阶级统治中所创造的生产力，比过去一切世代创造的全部生产力还要多，还要大。"③ 同时它也创造了较之农业生产时代进步得多的社会文明形态。

第三，从资本主义社会向共产主义社会的过渡。马克思曾在《哥达纲领批判》中对共产主义社会的本质特征做出论述："在共产主义社会高级阶段，在迫使个人奴隶般地服从分工的情形已经消失，从而脑力劳动和体力劳动的对立也随之消失之后；在劳动已经不仅仅是谋生的手段，而且本身成了生活的第一需要之后；在随着个人的全面发展，他们的生产力也增长起来，而集体财富的一切源泉都充分涌流之后，——只有在那个时候，才能完全超出资产阶级权利的狭隘眼界，社会才能在自己的旗帜上写上：各尽所能，按需分配！"④ 这就是说，随着生产能力普遍而巨大的提高，人们的能力获得全面发展，消除脑体分工的条件已经具备，由于分工而产生的不平等分配的合理性也就随之消失。到那时，人类将创建符合广大人民群众理想的高层次的文明形态。

当前，人类文明正处于第二大阶段向第三大阶段过渡的漫长进程

① 《马克思恩格斯文集》第7卷，人民出版社2009年版，第888页。
② 《马克思恩格斯文集》第7卷，人民出版社2009年版，第716页。
③ 《马克思恩格斯文集》第2卷，人民出版社2009年版，第36页。
④ 《马克思恩格斯文集》第3卷，人民出版社2009年版，第435—436页。

中。发达资本主义国家在工作日的缩短和从事脑力劳动者的人数上都有了重大提升，因此可以说，客观上是在为向共产主义社会过渡的自然历史进程创造着必备的条件，尽管它是同资产阶级的意旨相违逆的。中国作为后发国家，充分发挥中国特色社会主义制度的优越性，促使生产力高速而持续地增长，同时推动着具有中国特色的社会主义文明的演进。

六　文明体的交会及走向世界大同的趋势：马克思的世界历史理论

马克思的文明理论不仅论述了文明体内部的发展规律，而且论述了文明体之间的交会与诸文明体走向世界大同的趋势——这就是马克思的世界历史理论。

人类是一种社会性存在。从脱离动物的那一刻起，人们就形成了相互依存的生活方式，在分工与合作中获取生存所必需的物质生活资料。如前所述，在人类社会发展的第一大阶段，受生产能力和交往能力的限制，人们所能形成的社会共同体范围很小，交往的范围主要集中于文明体内部。到第二大阶段，伴随着生产能力的发展和交往能力的提高，人们所能形成的社会共同体范围在不断扩大，人们的交往范围也就由近及远、由浅入深，超出文明体的范围，最终形成在全球范围的相互依存。这可以说是人类文明演进的一种必然趋势。新航路的开辟，使人们相互依存的空间范围迅速扩及全球；资本的贪婪与无限扩张，不断加强全球相互依存的程度；经济全球化的飞速发展逐渐将地球变为地球村，成为人类文明走向世界大同的阶梯。马克思的世界历史理论描述了文明体之间的交会，预测了诸文明体走向世界大同的趋势。

马克思在他的著述中多次论及诸文明体之间的交往、并逐渐走向世界大同的问题，只不过他是用"世界历史"这个特定术语来表述的。

其一，马克思有关世界历史的论述，首先指出，人类社会的历史演进由最初文明体孤立存在的历史向世界历史的转变是具有历史必然性的规律，无从逆转。如马克思论述道："各民族之间的相互关系取决于每个民族的生产力、分工和内部交往的发展程度。"① "人们彼此间的世界主义的关系最初不过是他们作为商品所有者的关系。商品就其本身来说是超越一切宗教、政治、民族和语言的限制的。它们的共同语言是价格，它们的共性是货币。"② 这就是说，文明体孤立发展的历史向世界历史的转变是"生产力"、"分工"和"交往"发展的需要与结果，是受着商品交换促动的。因此，这种转变具有必然性与不可逆转性；同时，表现为由低层次向高层次、更高层次的动态演进过程。

其二，促进文明体交会走向全球层面的推动力是什么呢？马克思深刻地指出："资本一方面要力求摧毁交往即交换的一切地方限制，征服整个地球作为它的市场，另一方面，它又力求用时间去消灭空间，就是说，把商品从一个地方转移到另一个地方所花费的时间缩减到最低限度。资本越发展，从而资本借以流通的市场，构成资本流通空间道路的市场越扩大，资本同时也就越是力求在空间上更加扩大市场，力求用时间去更多地消灭空间。"③ 我们从这一论述可以领悟到，"资本"乃是推动文明体交会的直接动力，它不仅在空间上要占领整个地球，而且在时间上要尽量缩短来往于全球各个角落的时间。当然，终极的动力还是生产能力的巨大提高。这些预见在科学技术高速发展的今天已经变为现实，远距离的交流已经实现了瞬间化。

其三，文明体的交会是一个多维度的过程，以经济交往为基础。马克思论述道："过去那种地方的和民族的自给自足和闭关自守状态，被各民族的各方面的互相往来和各方面的互相依赖所代替了。物质的生产是如此，精神的生产也是如此。各民族的精神产品成了公共的财产。民族的片面性和局限性日益成为不可能。"④ 也就是说，在文明体的交会中，经济交往固然是先显的，表现为一切交往的基础性交往；但伴随着

---

① 《马克思恩格斯文集》第 1 卷，人民出版社 2009 年版，第 520 页。
② 《马克思恩格斯全集》第 13 卷，人民出版社 1962 年版，第 142 页。
③ 《马克思恩格斯文集》第 8 卷，人民出版社 2009 年版，第 169 页。
④ 《马克思恩格斯文集》第 2 卷，人民出版社 2009 年版，第 35 页。

经济交往而来的，必然是全方位的或说全面的交往。附着于经济交往之上的文化、文明交流也就成为必然。到目前为止，不同民族的本土文化，都已经不再是自身纯粹的原文化，而是各民族文化相互交流、相互影响的结晶，都具有不同程度的融合性。

其四，文明交会是一柄"双刃剑"，它打破闭关自守，推动不同文明的交流与共生；但同时又把市场"弱肉强食"的残酷机制传播开来，造成全球范围的两极分化。马克思指出："大工业创造了交通工具和现代的世界市场，控制了商业，把所有的资本都变为工业资本，从而使流通加速（货币制度得到发展）、资本集中。……它首次开创了世界历史，因为它使每个文明国家以及这些国家中的每个人的需要的满足都依赖于整个世界，因为它消灭了各国以往自然地形成的闭关自守的状态。"① 毫无疑问，打破闭关自守状态是社会的进步，而这种进步是在文明交会的进程中实现的。但马克思同时指出："自由竞争在一个国家内部所引起的一切破坏现象，都会在世界市场以更大的规模再现出来。……如果说自由贸易的信徒并不懂一国如何牺牲别国而致富，那么我们对此不应该感到意外；因为这些先生们同样不想懂得，在每一个国家内，一个阶级是如何牺牲另一个阶级而致富的。"②

其五，文明体交会而形成的世界历史是自然历史进程演进的必然结果，而它的历史意义则在于为向共产主义的过渡准备必要条件。文明体交会的历史意义，在马克思有关世界历史理论的论述中占有极其重要的地位。他主要阐发了两重意思。一是，"资产阶级历史时期负有为新世界创造物质基础的使命：一方面要造成以全人类互相依赖为基础的普遍交往，以及进行这种交往的工具；另一方面要发展人的生产力，把物质生产变成对自然力的科学支配"。③ 在马克思心目中，只有共产主义才能使社会进步的成果为人们共同享有；而资本主义所取得的一切进步成

---

① 《马克思恩格斯文集》第 1 卷，人民出版社 2009 年版，第 566 页。

② 《马克思恩格斯文集》第 1 卷，人民出版社 2009 年版，第 757—758 页。

③ 《马克思恩格斯文集》第 2 卷，人民出版社 2009 年版，第 691 页。

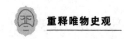

果都是在为共产主义的来临准备条件。二是，马克思提出了世界共产主义的思想，指出劳动的解放、共产主义的实现，不是一个地方、一个国家的事业。既然文明体的交会已经使世界连成一体，因此，马克思认为："劳动的解放既不是一个地方的问题，也不是一个国家的问题，而是涉及存在现代社会的一切国家的社会问题，它的解决有赖于最先进的国家在实践上和理论上的合作。"① 尽管马克思所设想的世界共产主义的实现将是一个漫长的历史过程，但历史发展的方向无疑是沿着这个目标一步一步地在前进，世界大同的美好文明前景将可能逐渐变为现实。

---

① 《马克思恩格斯文集》第3卷，人民出版社2009年版，第226页。

第三章

马克思的社会主义理论：理论与实践

第一节　什么是社会主义的本质特征

建设具有中国特色社会主义的伟大事业需要有强大的理论支持。在当前理论界和普通百姓对中国特色社会主义有着各种不同认识的大背景下，结合经典作家的论述，澄清社会主义的本质特征是什么，在此基础上对中国特色社会主义的本质特征予以界定，对澄清认识、促进中国特色社会主义事业的发展无疑大有裨益。

一　对几种观点的简单评述

流行的几种观点分别是从不同视角来对社会主义的本质特征加以界定的。第一种观点是从生产力视角界定社会主义本质特征的。邓小平同志1992年在南方谈话中曾就社会主义的本质做出界定："社会主义本质是解放生产力，发展生产力，消灭剥削，消除两极分化，最终实现共同富裕。"有学者以此为依据，将社会主义的本质界定为"解放生产力和发展生产力"。相比以前我们主要从无产阶级专政这一上层建筑视角来定义社会主义，这种界定当然是一种进步。但是，从唯物史观的理论体系看，社会主义首先是一种社会经济形态或生产方式，而社会经济形态或生产方式主要是依据生产关系界定的；而且生产力的发展只是生产关系变革的前提条件，并不等同于生产关系的变革。第二种观点是从生产关系视角界定社会主义本质特征的。依据唯物史观有关社会经济形态或生产方式是由生产关系界定的原理，参照邓小平同志有关社会主义本质的界定中所包含的生产关系因素，有学者从分配关系（消灭剥削、消除两极分化、共同富裕），或从所有制关系（公有制为主体）等视角对社会主义做出界定。这种观点虽然是从生产关系视角界定社会经济形态或生产方式的，但是并未涵盖生产关系的主要内容，尤其是未涉及作为生产关系基础层面的劳动分工关系，未能在生产关系诸要素之间的因果关系链条上向更深层次追溯；而且这种界定同中国现实社会主义建设中出现的种种事实不相符合，因而引起人们的质疑。例如，中国现实社会主义并没有消灭私有制，并没有消灭剥削和两极分化（当然，可以回应说，我们目前处于社会主义发展的初级阶段）。但如果进一步追问，究竟如何才能消灭私有制，如何才能消灭剥削，如何才能实现共同富裕呢？单纯从所有制和分配关系的视角无法做出回答，很可能会归诸政治制度和政府政策等上层建筑因素。但是，上层建筑作用的着力点，或解决分配和所有制问题的努力方向究竟是什么？这种界定显然未予以明示。第三种观点是从人的发展的视角界定社会主义本质特征的。江泽民同志 2001 年在庆祝中国共产党成立八十周年大会上的讲话中指出，"促进人的全面发展"是"马克思主义关于建设社会主义新社会的本质要求"。[①] 有学者以此为依据将社会主义的本质特征界定为"人的全面发展"。相比强调物的因素或制度因素的界定，这种观点强调从人的因素来定义社会主义，无疑又是一种进步。但是，这种界定的缺陷在于过于抽象和模糊。到底什么是"人的全面发展"，如何才能真正实现"人的全面发展"？这种界定都未予以明确的回答。

---

① 《在庆祝中国共产党成立八十周年大会上的讲话》，《江泽民文选》第 3 卷，人民出版社 2006 年版，第 294 页。

二　马克思有关社会主义本质特征的界定

建设中国特色社会主义的伟大事业是以马克思主义为理论指导的，因此在重大理论问题的界定上，我们应该回到经典作家的论述，厘清他们对这些问题的认识，然后结合中国现实社会主义建设的实践予以检验和发展。

首先，从唯物史观的理论体系看，构成生产关系的诸种关系并非彼此独立、相互并列，它们之间蕴含着决定与被决定的因果关系，其中分工关系是生产关系的基础性层面，它决定着其他层面的生产关系，也就是说它决定着由于生产的分工、协作而必然形成的生产资料和产品的分配关系、交换关系乃至生产资料的所有或占有关系。对这种决定关系，马克思和恩格斯在《德意志意识形态》中有明确论述。"分工起初只是性行为方面的分工，后来是由于天赋（例如体力）、需要、偶然性等等才自发地或'自然地'形成的分工。分工只是从物质劳动和精神劳动分离的时候起才真正成为分工"；"**分工**使精神活动和物质活动、享受和劳动、生产和消费由不同的个人来分担这种情况不仅成为可能，而且成为现实"；"与这种分工同时出现的还有**分配**，而且是劳动及其产品的**不平等**的分配（无论在数量上或质量上）；因而产生了私有制……所有制是对他人劳动力的支配。其时，分工和私有制是相等的表达方式。对同一件事情，一个是就活动而言，另一个是就活动的产品而言"；"分工的各个不同发展阶段，同时也就是所有制的各种不同形式。这就是说，分工的每一个阶段还决定个人在劳动资料、劳动工具和劳动产品方面的相互关系"。至于分工的演进则取决于生产力的进步："任何新的生产力，只要它不是迄今已知的生产力的单纯的量的扩大（例如，开垦土地），都会引起分工的进一步发展。"由此，马克思在《1857—1858年经济学手稿》中指出："分配的结构完全决定于生产的结构，分配本身是生产的产物，不仅就对象说是如此，而且就形式说也是如此。就对象说，能分配的只是生产的成果，就形式说，参与生产的一定方式决定分配的特殊形式，决定参与分配的形式。"这就是说，人们在劳动分工中的地位、作用和表现相应地决定着生产资料和产品的分配权益。在劳动分工中居于主导地位的、因而在生产资料和产品分配中居于优势地位的集团，构成社会的统治阶级；而在劳动分工中处于附属地位的、因而在生产资料和产品分配中居于劣势地位的集团，构成社会的被统治阶级。而当这种权益分配经上层建筑确认，就转化为法律上的所有权。

对生产关系做出进一步的层次划分，在一些西方研究唯物史观的学者中也有相似的认识。例如，科恩就将生产关系区分为"物质关系和社会关系"，认为"新生产力会要求新的生产的物质关系，后者会接着要求生产的社会关系，新的权力形式和对权利的分配"；[①] 同样是分析的马克思主义学派的代表人物，威廉姆·肖将生产关系区分为"劳动关系和所有权关系"，认为"虽然这两种关系——劳动和所有权关系是紧密地联系在一起的，但是它们之间的区别却是马克思的中心思想"。[②]

由此可见，马克思认为，劳动分工是生产关系中的基础性关系，它决定着分配、所有权等其他方面的关系。

其次，从经典作家对共产主义社会的界定看，消灭脑体劳动分工是未来社会形态的本质特征。将未来社会形态的本质属性界定为消灭劳动分工是马克思一以贯之的思想。在标志着唯物史观诞生的早期著作《德意志意识形态》中，马克思和恩格斯就表述了这种思想："当分工一出现之后，任何人都有自己一定的特殊的活动范围，这个范围是强加于他的，他不能超出这个范围：他是一个猎人、渔夫或牧人，或者是一个批判的批判者，只要他不想失去生活资料，他就始终应该是这样的人。而在共产主义社会里，任何人都没有特殊的活动范围，而是都可以在任何部门内发展，社会调节着整个生产，因而使我有可能随自己的兴

---

① 〔英〕G. A. 科恩：《卡尔·马克思的历史理论———种辩护》，段忠桥译，高等教育出版社 2008 年版，第 196 页。

② 〔美〕威廉姆·肖：《马克思的历史理论》，阮仁慧等译，重庆出版社 2007 年版，第 34 页。

趣今天干这事，明天干那事，上午打猎，下午捕鱼，傍晚从事畜牧，晚饭后从事批判，这样就不会使我老是一个猎人、渔夫、牧人或批判者。社会活动的这种固定化，我们本身的产物聚合为一种统治我们、不受我们控制、使我们的愿望不能实现并使我们的打算落空的物质力量，这是迄今为止历史发展中的主要因素之一。"在公认的马克思为数不多的对未来社会做出设想的晚期著作《哥达纲领批判》中，马克思表述了同样的思想："在共产主义社会的高级阶段，在迫使个人奴隶般地服从分工的情形已经消失，从而脑力劳动和体力劳动的对立也随之消失之后；在劳动已经不仅仅是谋生的手段，而且本身成了生活的第一需要之后；在随着个人的全面发展，他们的生产力也增长起来，而集体财富的一切源泉都充分涌流之后，——只有在那个时候，才能完全超出资产阶级权利的狭隘眼界，社会才能在自己的旗帜上写上：各尽所能，按需分配！"在提出社会形态发展的三阶段划分的著作《1857—1858年经济学手稿》中，马克思指出："人的依赖关系（起初完全是自然发生的），是最初的社会形式，在这种形式下，人的生产能力只是在狭小的范围内和孤立的地点上发展着。以**物**的依赖性为基础的人的独立性，是第二大形式，在这种形式下，才形成普遍的社会物质变换、全面的关系、多方面的需要以及全面的能力的体系。建立在个人全面发展和他们共同的、社会的生产能力成为从属于他们的社会财富这一基础上的自由个性，是第三个阶段。"

从马克思有关未来社会的论述中，我们可以得出如下结论：第一，共产主义的本质特征是消灭脑体劳动分工；第二，消灭脑体劳动分工是最终实现消灭私有制、消灭剥削、实现真正共同富裕的前提条件；第三，实现人的全面发展的条件就是消灭脑体劳动分工。

三　对社会主义本质特征界定的现实意义

对社会主义的本质特征重新做出界定的现实意义表现在以下几个方面。第一，有助于澄清对现实中国特色社会主义建设的一些混乱认识。

首先，我们现在所处的社会历史发展阶段，实际上是同发达资本主义国家一样，处于社会发展的第二大形态上，从生产力的发展水平看我们还要低于它们，因此发展生产力在较长时间内还是我们的第一要务。第二大形态的基本内涵包括：在生产层面摆脱手工劳动和小生产的局限，代之以社会化的大生产，并一步步地向机械化、自动化、智能化和高度人性化、个性化的生产迈进；在经济交换关系层面突破自然经济的局限，代之以普遍的社会物质交换，直至全球化的地球村交换；在人际交往关系和个性发展层面摆脱人身依附关系的束缚，代之以物的依赖性基础上人的独立性的发展，为个人的全面发展创造条件。这三个层面的推进，都为进入第三大形态的共产主义准备着条件。从这个角度看，我们正在建设的有中国特色的社会主义，应该属于马克思所说的第二大形态；而且相比当代西方社会先进的生产力水平，我们仍处于第二大形态的较低阶段，因此发展生产力是我们的第一要务。

其次，在社会主义的初级发展阶段不可能真正消灭私有制，因此实行多种所有制以调动最大多数人的生产积极性是我们在较长时间内必须实行的政策。从经典作家的相关论述看，要消灭私有制，必须消灭脑体劳动分工。而从中国目前的发展状况看，离消灭脑体劳动分工恐怕还有很大的距离，所以我们目前实施的允许多种所有制共同发展的政策是有其合理性的，它能够调动私营、民办、个体、外资经营者的积极性，由此调动最大多数人的生产积极性以促进生产力的发展，为消灭脑体劳动分工准备物质条件。

再次，处于初级阶段的社会主义必须以发展生产力为第一要务，而市场经济通过竞争、奖优罚劣、优胜劣汰等手段能够激发个体创造力，优化资源配置，因此市场经济将是我们在较长时间内发展生产力的有力手段。马克思所描述的第二大社会形态的特征包含了这方面的内容，即"以物的依赖性为基础的人的独立性"中的"物"就是指对货币、对市场交换的依赖性。当然，我们的市场经济是社会主义的市场经济，它是以货币为普遍交换手段的经济，但它也是进行社会主义调控的市场经济，是要努力避免出现严重两极分化的市场经济。如何把握调动最大多数人的积极性和满足人民群众的物质需求之间的度，对政府调控作用提出了很高的要求。

最后，有中国特色的社会主义实际上是马克思所说的跨越"资本主义制度的卡夫丁峡谷"式的社会主义，它是由党和政府发挥主导作用，在一个后发国家推动的现代化建设事业。它是通过上层建筑的反作用，建立社会主义制度，力争以避免付出资本主义社会所遭受的惨重代价而实现社会主义建设事业的伟大胜利。但中国是在生产力极其落后的状况下完成这种制度变革的，由于生产力的落后和脑体劳动分工的长期存在，就使得消灭剥削、消除两极分化和实现共同富裕的难度变得非常大。这就要求我们的党和政府时刻警醒，在政策制定和制度建设上以最大多数人民群众的利益为旨归，科学地把握尺度。既要以民生为目标，调动广大人民群众的生产积极性，发挥他们的创造性和主动精神，又要以经济发展为目标，调动经营者、管理者、创业者的生产积极性，使他们的创业积极性得到充分发挥；既要在收入分配上保证大多数人的利益，又要不损害少数企业家的创业积极性；既要提高全民族的科学文化素质和思想道德水平，又要激励民族精英带动社会群体发展的积极性。建设具有中国特色的社会主义是前无古人的伟大事业，任务如此艰巨，保持党和政府的廉洁为民，是这项事业成败的前提条件。

第二，有助于明确现实中国特色社会主义建设的努力方向。首先，消灭脑体劳动分工是一个以生产力巨大发展为前提的自然历史过程。从当代西方社会的演进看，向着消灭脑体分工的巨大迈进是以两个条件为前提的。一是劳动生产率的巨大提高。每个部门的劳动生产率决定着该部门的剩余劳动量，也就决定着该部门能够转移出多少劳动力到新的生产部门，同时决定了有多少人可以从直接的生产过程中游离出来从事生产的组织管理和技术工作，以及有多少人能够从物质生产过程中游离出来从事社会公共事务的管理工作。二是现代化大生产对脑力劳动力的巨大需求。西方社会在第二次世界大战后实现的产业结构升级使对脑力劳动力有着巨大需求的服务产业有了大的发展，但它的前提条件在于：一方面，随着人们收入的不断提高，人们的需求层次不断从物质产品转向非物质产品，即转向对服务产品的需求，这促使满足个人需求的服务产品的生产迅速发展起来，例如教育、医疗、旅游、餐饮、体育等；另一方面，随着生产的发展和企业规模的扩大，相应地，服务于生产的服务行业也迅速发展起来，例如金融、保险、营销、会计、研发、物流等。随着服务产业的大发展，其在各国的产值比重和就业比重均超过制造业，这就为脑力劳动就业数量的扩大提供了契机，因为服务产业是以脑力劳动为主的。由此可见，在一个相当长的时间内稳步地发展生产力和现代化大生产，逐渐创造更多的脑力劳动就业机会，就会为消灭脑体劳动分工、消灭剥削、真正实现共同富裕创造物质基础。

其次，消灭脑体劳动分工是以劳动者的科学文化素质和劳动生产能力的巨大提高为前提的自然历史过程，逐步提高国民的科学文化素质与物质和精神生产能力将是较长时间内应当着力的一个关键点。从现代西方社会的演进过程看，劳动人口所受正规教育的年限在几十年间有了一个质的提高，这就为西方社会进入知识经济时代打下了牢固的基础。例如，从 1913 年到 1992 年，英国劳动人口受正规教育的平均年限从 8.82 年增加到 14.09 年，德国从 8.37 年增加到 12.17 年，美国从 7.56 年增加到 18.04 年，日本从 5.36 年增加到 14.87 年。而且随着劳动者科学文化素质的不断提高，劳动生产率也会不断提高，人们用于工作的时间会越来越短。例如，从 1913 年到 1992 年，英国每个就业人员平均每年的工作时间从 2624 小时减少到 1491 小时，德国从 2584 小时减少到 1563 小时，美国从 2605 小时减少到 1589 小时，日本从 2588 小时减少到 1876 小时。随着劳动时间的缩短，劳动者就会有更多的剩余时间进行多方面能力的培养，为消灭脑体劳动分工和实现人的全面发展创造条件。马克思曾经强调劳动日的缩短是向未来社会过渡的根本条件："这个自由王国只有建立在必然王国的基础上，才能繁荣起来。工作日的缩短是根本条件。"① 因此，在一个相当长的时间内稳步地发展教育，逐渐提高国民的科学文化素质，培养越来越多拥有脑力劳动能力的劳动者，会为消灭脑体劳动分工创造坚实的人力基础。

中国的社会主义制度是中国共产党通过变革上层建筑建立的，它以服务于广大人民群众的根本利益为宗旨，因此赢得了广泛的群众基础。目前，党和政府正带领着全国人民在建设有中国特色的社会主义道路上高歌猛进。它已经成功地为经济建设保驾护航，使 GDP 保持了长期高速增长，使中国的国家实力和国际地位都有了显著提高。但是，消灭脑体劳动分工、消灭剥削、消除两极分化、实现共同富裕，由社会主义的初级阶段向真正的社会主义过渡，是一个自然历史过程，尽管党和人民群众主体能动性的发挥能够缩短这一历史进程，但很长一个时期的埋头发展仍然是不可或缺的过程。这就需要中国共产党保持自己的先进性、廉洁性，真正成为人民拥戴的执政党，那么，中国特色的社会主义建设事业就是大有希望的。

第二节　对马克思有关发达资本主义国家向社会主义过渡理论的再解读

伴随当代西方资本主义国家生产力的巨大发展，其内部结构也显现出新的演化，它自我扬弃的趋势已日益明显。具有讽刺意味的是，冷战结束后，西方学者已然凯歌高奏，鼓吹"自由民主制度"，欢呼资本主义在全球范围取得胜利。殊不知，共产主义"幽灵"并不会轻易地从历史舞台消失，它借助资本主义的"自我扬弃"过程正在"侵入"其肌体，潜移默化地将共产主义理念演化成资本主义变革的实践。本节将从理论与实践两个方面对此做出解析。

---

① 《马克思恩格斯文集》第 7 卷，人民出版社 2009 年版，第 929 页。

一　马克思有关发达资本主义社会向社会主义过渡的两条路径的论述

马克思在对资本主义历史演进做出深刻剖析的基础上，准确地把握了资本主义内在的基本矛盾，即社会化大生产和生产资料私人占有之间的矛盾。既然生产关系必须适应生产力发展的需要，那么随着社会化大生产的不断演进，生产资料私人占有制对它的束缚必然会越来越严重，从而要求生产关系必须进行相应的变革。至于这种变革是渐进的自我扬弃还是突发的革命，马克思则在不同的著作中提出了两种可能性。

马克思和恩格斯合著的《共产党宣言》作为一个政党的纲领性文件，号召无产阶级为了自身的利益进行斗争，提出了以暴力革命方式推翻资产阶级政权的论述：“无产阶级，现今社会的最下层，如果不炸毁构成官方社会的整个上层，就不能抬起头来，挺起胸来。……我们循序探讨了现存社会内部或多或少隐蔽着的国内战争，直到这个战争爆发为公开的革命，无产阶级用暴力推翻资产阶级而建立自己的统治。”① 而当马克思对政治经济学做出深入研究，特别是在对他那个时代资本主义的一些演变进行了异常敏锐的观察后，他在《资本论》第 3 卷中提出了资本主义演变的另一种可能性，即“自我扬弃”式的演化路径。他在剖析股份公司发展对资本主义演变的意义时指出：“那种本身建立在社会生产方式的基础上并以生产资料和劳动力的社会集中为前提的资本，在这里直接取得了社会资本（即那些直接联合起来的个人的资本）的形式，而与私人资本相对立，并且它的企业也表现为社会企业，而与私人企业相对立。这是作为私人财产的资本在资本主义生产方式本身范围内的扬弃。”② 他接着指出，这是资本主义生产“极度发展”的“结果”；资本主义的这种“自行扬弃的矛盾”，构成“通向一种新的生产

①　《马克思恩格斯文集》第 2 卷，人民出版社 2009 年版，第 42—43 页。
②　《马克思恩格斯文集》第 7 卷，人民出版社 2009 年版，第 494—495 页。

方式的单纯过渡点"，"随着它（指股份制度——引者注）的扩大和侵入新的生产部门，它也在同样的程度上消灭着私人产业"。① 在论述员工持股的合作工厂时，马克思提出了同样的理论构想。他认为，这些合作工厂的发展表明："在物质生产力和与之相适应的社会生产形式的一定的发展阶段上，一种新的生产方式怎样会自然而然地从一种生产方式中发展并形成起来。"② 由此可见，马克思实际是向我们展示了资本主义在自我扬弃中走向社会主义的另一种演变路径。

从上述引文可知，马克思向我们揭示的资本主义向社会主义、共产主义的转化存在两种不同途径：一种是，由于无产阶级和资产阶级的矛盾与斗争走向尖锐化，无产阶级以暴力革命推翻资产阶级旧政权，建立无产阶级新政权，实现向社会主义的变革；另一种是，随着资本主义生产力的高度发展，引发资本主义的自我扬弃，自发地变革不适应新的生产力发展要求的生产关系和上层建筑，逐渐地向社会主义转化。对于后一种自然历史进程，统治阶级的行为乃是处于一种非自觉的状态。马克思提出的这两种过渡观点，深刻体现着从实际出发，因时、因地、因条件而异的辩证法则，但也成为后来者在理论与实践中相互对立、争辩不休的一个重大问题。

二　马克思之后有关发达资本主义社会向社会主义过渡问题的诸种观点

马克思和恩格斯辞世后，对马克思理论的继承与阐释发生了分歧，分化为以列宁为代表的革命派和以伯恩施坦为代表的改良派。列宁主张以暴力革命推翻资产阶级政权，并且身体力行地领导俄国工人阶级发动十月革命推翻了资产阶级临时政府，建立起世界上第一个社会主义政权。在俄国十月革命的影响下，陆续有东欧一些国家、中国、朝鲜、越

① 《马克思恩格斯文集》第 7 卷，人民出版社 2009 年版，第 497 页。
② 《马克思恩格斯文集》第 7 卷，人民出版社 2009 年版，第 499 页。

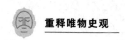

南、古巴等通过武装革命建立起社会主义政权。但是，列宁当时所在的俄国充其量不过是刚刚从农奴制向资本主义过渡。至于中国的革命，从性质上讲，是在半殖民地半封建社会，由无产阶级政党领导农民革命建立社会主义政权。而在发达资本主义国家以暴力革命方式推翻资产阶级统治、向社会主义过渡的实例，并未出现。可以认为，革命道路更多地适用于后发国家，它们力图通过革命选择一条不同于资本主义的发展道路，以期将发展的代价减少到最小。

同列宁观点相左的伯恩施坦认为，由于资本主义社会的阶级结构出现新的变化，职业经理在股份制企业中替代资本家从事企业的经营和管理，这种新中间阶级的出现反映出工人阶级队伍发生了分化。他写道："相比较早时期，社会远未由于分化而变得简单化，从收入和经济活动两方面看，它都进一步的分级化和多样化。……如果现代社会的崩溃依赖于在社会等级中的上层和下层间的中间阶层的消失，如果它依赖于极上层和极下层对这些中间阶层的吸纳，那么，它的实现在今天要比在19世纪的任何较早时期都更不现实。"[①] 在他看来，在所有的先进国家里，资产阶级的特权正在逐步地向各种民主制度让步，因此，"现代民族国家的政治制度愈是民主化，巨大政治灾变的必然性和机会就愈减少"。[②] 他认为，在现代无产阶级高度成熟的情况下，普选权"就成为使人民代表从人民的主人转变成人民的真正仆人的工具"，[③] 而议会制度则成为实现无产阶级要求的最有效手段。所以说，伯恩施坦是主张通过议会斗争这一社会改良的渐进主义道路，来实现资本主义向社会主义的转变。但他并没有真正把握马克思关于资本主义通过"自我扬弃"

---

① 〔德〕爱德华·伯恩施坦：《社会主义的前提和社会民主党的任务》，殷叙彝译，生活·读书·新知三联书店1965年版，第123页。这段译文译得比较模糊，笔者根据英文版做了重译。

② 〔德〕爱德华·伯恩施坦：《社会主义的前提和社会民主党的任务》，殷叙彝译，生活·读书·新知三联书店1965年版，第3页。

③ 〔德〕爱德华·伯恩施坦：《社会主义的前提和社会民主党的任务》，殷叙彝译，生活·读书·新知三联书店1965年版，第193页。

的自然历史进程向社会主义过渡的理论思想的真谛。

第二次世界大战以来，随着科技革命对发达资本主义国家生产力发展的巨大促进作用，以及国家干预对经济发展的促进作用，一些具有社会主义特征的经济和社会现象在资本主义的"自我扬弃"中日益显现，引起了国际学术界的关注。一些学者不仅对资本主义向社会主义过渡的问题做出现实的解析，而且必然地联系到在马克思著述中曾经阐发过的有关理论思想，提出了他们的认识和评价。奥地利裔美国著名经济学家约瑟夫·熊彼特 1949 年 12 月 30 日在纽约美国经济学会上发表了演讲，题目竟然是"大步进入社会主义"。[①] 熊彼特的理论体系是所谓的"创新理论"。这种理论认为，资本主义经济在本质上是一种动态的发展进程。这种动态发展的动力是"创新"，创新包括引进新产品、引用新技术、开辟新市场、控制原材料的新供应来源，以及实现企业的新组织；资本家（或企业家）是实现这些创新的主要力量。[②] 熊彼特从这一理论体系出发，认为资本主义经济发展自身破坏着作为资本主义基本特征的创业或创新机能，因为大企业的技术进步和官僚式经营往往使创新成为日常例行的事情，并以专家委员会和专家小组的活动代替个人的创造性；而且，现代股份公司的发展支持了那种较分散的所有制，从而侵蚀了其自身的制度基础。熊彼特将"社会化界定为在大企业标出的道路上迈出超越大企业的一大步"，认为资本主义发展越成熟，向社会主义转化的困难就越少，并能够在保持法律连续性的基础上实现和平转化。[③] 熊彼特还断言，马克思所预言的资本主义必然为社会主义所取代是对的，但他所预言的取代方式是错误的，因为"资本主义将被它的

---

① 〔美〕约瑟夫·熊彼特：《资本主义、社会主义与民主》，吴良健译，商务印书馆 1999 年版，第 25 页。

② 关于"创新理论"可参见〔美〕约瑟夫·熊彼特《经济发展理论》，何畏、易家详等译，商务印书馆 1990 年版，这里参阅了张培刚先生为该书所写的"中译本序言"。

③ 〔美〕约瑟夫·熊彼特：《资本主义、社会主义与民主》，吴良健译，商务印书馆 1999 年版，第 297、331 页。

经济成功而不是被它的经济失败杀死"。① 他的这种对马克思的批驳显然是全无道理的，因为正是马克思最先预言，资本主义向社会主义的过渡是一种自我扬弃的自然历史过程。而对于这一点，美国社会学家丹尼尔·贝尔却是准确地把握住了。

贝尔认为，马克思对未来的看法并不是只有一种图式，而是存在两种图式。在《资本论》第 1 卷第三十三章"论资本主义积累的历史趋势"中，马克思勾画了他关于社会发展的第一种图式：新社会的结构，即生产的社会化组织，在旧社会的母胎中已得到充分发育。这种新结构反映了生产的社会化性质同"资本的垄断"所产生的"生产方式的桎梏"之间越来越大的矛盾。社会分化为两个阶级：一个数量日益缩小的资本大王以及一个稳步增长的工人阶级。新社会的性质同旧社会的资本主义形式到了不能相容的地步，最后"外壳就炸毁了"，社会主义世界来临了。但马克思在《资本论》第 3 卷中敏锐地观察到资本主义演化的一些新迹象，由此提出了第二种图式。贝尔归纳出马克思所发现的那个时期资本主义社会结构发生的三个重大变化：第一个变化是，随着一个新的银行制度的出现，资本积累不再依靠企业家个人的节俭、储蓄来自我筹集资金，而是依靠全社会的储蓄；第二个变化是股份公司造成的革命，其结果是所有权同管理权的分离，并产生了一个新类型的职业（如果不说是一个新阶级的话），马克思把它称为社会的"指挥劳动"；第三个变化是，银行制度和信用制度的扩大以及股份公司的发展必然意味着办公室人员和白领工作的扩大。② 正是由于资本社会化和新中间阶级兴起这两大结构性的变化，显现出资本主义在向更高的社会形态演化的迹象。贝尔认为，马克思的第二种图式实际是指出了资本主义向社会主义自然过渡的可能性。

---

① 〔美〕约瑟夫·熊彼特：《资本主义、社会主义与民主》，吴良健译，商务印书馆 1999 年版，第 2 页。

② 〔美〕丹尼尔·贝尔：《后工业社会的来临——对社会预测的一项探索》，高铦等译，商务印书馆 1984 年版，第 66—72 页。

随着苏联的解体，原苏联地区的学者也对像资本主义向社会主义过渡道路这类问题展开讨论。俄罗斯学者普列特尼科夫就指出，明显显现出来的历史趋势是资本主义辩证的自我否定，它是通过辩证的"扬弃"实现的，即将先前的成果加以改造，使其处于次要地位，而后将其融入新的社会体系。资本的社会化正意味着一个新事物通过资本主义的自我否定而诞生，而这一新事物在当代已不断获得明显的社会主义特征。他列举出在发达资本主义国家的经济运行中体现着资本走向社会化的四种基本形式：（1）从社会主义那里借用来的对宏观经济实行有目的的计划（规划）管理和国家调节；（2）国民收入的再分配在一定程度上考虑了劳动者居民阶层的切身利益；（3）建立在部分经济职能合作化基础上的个人企业活动；（4）建立在不同形式的劳动集体所有制基础上的集体企业活动。其中，普列特尼科夫尤其强调劳动集体所有制经济形式的意义，因为这导致了资本主义"神圣的东西"——私有制关系本身——正在发生变化。可以说，劳动集体所有制经济成分的形成在资本主义的自我否定中起着特殊作用。在当代，新的劳动集体所有制已经产生并得到发展，它有两种形式。第一种形式的劳动集体所有制的范例是闻名世界的西班牙联合会"蒙德拉贡"（蒙德拉贡合作社集团），现已有 200 个企业和组织，其中包括由劳动者集体自我管理的工业、农业和贸易公司（合作社），投资银行（劳动人民银行），科学研究、技术和教学中心。第二种形式的劳动集体所有制的范例是采用劳动者所有制方案创建的商行和公司。数据显示，美国在 20 世纪 90 年代初已有一万家公司实施这种方案，这些企业包括 1150 万名职工，约占全部劳动力总数的 12%。普列特尼科夫认为，随着实行劳动集体所有制的社会经济成分在发达资本主义国家的发展，混合经济正在形成。他认为，混合经济的存在证明了社会的过渡状态。普列特尼科夫还强调在发达资本主义国家劳动集体所有制的发展，必然会引发雇佣劳动的危机。因为，对那些基本上不使用雇佣劳动的新劳动集体所有制企业的经济活动的分析证明，这些新企业同在技术上可以相提并论的私人资本主义企业比较，除工人的工资更高、劳动生产率和利润的增长速度更快外，还可以提供更多的工作岗位。雇佣劳动没有前途，因为雇佣劳动首先失去了实现创造性工作的动因，即主人翁感觉。普列特尼科夫引用马克思的话作为结论："（劳动集体所有制）表明，在物质生产力和与之相适应的社会生产形式的一定的发展阶段上，一种新的生产方式怎样会自然而然地从一种生产方式中发展并形成起来。"①

庞卓恒教授也就此问题提出过自己的认识。如他在《西方资本主义社会正在发生自我扬弃》一文中认为，一百多年以后的今天，我们看到资本主义自我扬弃的进程比马克思在世的时代推进得更加深远了。这表现在以下几个方面。第一，合作企业和股份制企业在当今西方国家已有更大发展。西欧各国 1400 多万家合作社为其成员提供了 55% 的生产资料，帮助他们销售了 60% 的产品；美国有近一半的人口受惠于合作经济组织。在美国，40% 以上的家庭持有股票；在西欧国家，直接间接持股的人数也普遍占成年居民总数的四五成以上；除个人持股外，二战后还兴起了机构投资（如养老保险基金、失业保险基金、医疗健康保险基金），这些机构投资者手里的股金实际上具有千百万投保者的合作资金的性质。这些都大大增强了"资本社会化"的趋势，削弱了资产阶级对资本所有权的垄断。第二，新中间阶级的兴起。随着新科技革命和新经济的迅猛发展，知识正在替代资本成为主要的生产要素，传统资本家阶级正在成为"多余的社会阶级"，而由从事技术和管理工作的专业人员组成的新中间阶级（即马克思所说的"脑力劳动工人阶级"和美国社会学家米尔斯所说的"白领"）成为生产过程中的组织、管理者。第三，随着新中间阶级的兴起，西方社会结构和阶级关系发生重大变化，表现之一就是贫富差距在缩小。第四，新中间阶级的兴起引发政治上的变化，使政府左转，实施高额累进所得税，增加社会保障和相

---

① 见普列特尼科夫《资本主义自我否定的历史趋势》和《所有制关系和社会主义》，引自李惠斌主编《全球化与现代性批判》，广西师范大学出版社 2003 年版，第 143—147、237—238 页。

应的政府支出。第五，西方的价值观念也在相应地发生变化，从只顾个人利益的"粗俗的个人主义"转向在顾及个人利益的同时兼顾社会责任。总之，上述一系列变化显示西方社会正在沿着马克思所说的资本主义的"自我扬弃"的道路前进。[1]

上述学术界的探讨可以使我们认识到，马克思在一个多世纪以前建构的理论设想——资本主义将在"自我扬弃"的过程中完成对自身的否定，正在日益同发达资本主义国家演化的现实相吻合。在"物质生产力和与之相适应的社会生产形式的一定发展阶段上，一种新的生产方式会自然而然地从一种生产方式中发展形成起来"。这种发展构成了对原有生产方式的否定，以及对新的生产方式的构建。

三　当代发达资本主义国家"自我扬弃"的趋势

需要强调的是，我们解析发达资本主义国家自我扬弃的现实表现，并非想要论证发达资本主义国家向社会主义过渡的条件已经成熟，和平长入社会主义已是指日可待，缺少的只是一种合适的契机。我们所要揭示的是，西方发达资本主义国家"自我扬弃"的现实表现所具有的潜在意义是拉近了同社会主义的距离，而不是相反。企业资本所有制的性质、社会的经济结构与阶级构成、民众的普遍生活水准与整体素质，乃至政府扮演的角色与发挥的职能作用，都在潜移默化地演进。而且，这种自发的演进，其趋向是更多地显现社会主义的特征。因此，我们所要探讨的问题在于，那种显示出以铁定的必然性发生作用并且正在实现的趋势，其历史意义到底是什么，而不在于剖析发达资本主义国家的经济已经具有几分之几的社会主义性质。以下，我们就对资本主义社会变迁的几个关键性因素做出剖析。

第一，关于资本属性的变化及其走向。资本主义生产方式是资本主导一切、资本统治一切的生产方式。马克思给予"资本"以特殊的关

---

[1]　庞卓恒：《西方资本主义社会正在发生自我扬弃》，《中国党政干部论坛》2002 年第 5 期。

注，他的最著名的经济著作就是论述资本的《资本论》。他指出："资本不是物，而是一定的、社会的、属于一定历史社会形态的生产关系，后者体现在一个物上，并赋予这个物以独特的社会性质。"[①] 至于资本的本性，就是增殖自身，获取剩余价值："作为资本家，他只是人格化的资本。他的灵魂就是资本的灵魂。而资本只有一种生活本能，这就是增殖自身，创造剩余价值。"[②] 由此可见资本在资本主义经济中的本质重要性。我们对资本主义演化的剖析自然应从资本所有权的变化切入。

在资本主义发展的早期，资本家凭借着对资本的所有权榨取工人劳动生产的剩余价值。这种私人资本所有制，是资本主义早期较普遍的资本所有制形式，它在当时具有存在的合理性，即适应了当时不太高的社会生产力发展水平的要求。对于所有者而言，他对企业的资产拥有着完全的控制权，对激励他尽心经营比较有利。但由于这种资本占有形式具有封闭性，限制了生产规模，不利于取得规模效益，因而也就不利于扩大资本的增殖力度；加之它的经营风险集中，也限制了投资规模的扩大。因此，随着资本主义进入垄断时期，股份制企业与合作工厂获得了大的发展，私人资本所有制逐渐退居次要位置。私人股份资本所有制是以资本入股形式结合起来的部分资本家联合占有的形式，合作工厂则是员工股东联合占有，它们适应了需要巨大资本投入的机器化大工业的资本主义生产。由于其有利于积聚资本，推动技术进步，提高企业经济效益，所以继私人资本所有制后成为资本所有制的主要形式。在私人股份所有制企业中，股东作为财产的占有主体具有多元性特征，而企业则成为股东共有的集体财产。股东的权利仅限于在股东大会上参与公司决策和分享利润（股息、红利），以及一旦企业解散参加剩余财产分配，并拥有股票的转让权。这种私人股份所有制企业促动了企业管理上的所有权与管理权的分离，从而使企业的经营管理走上专业化、职业化道路，

① 《马克思恩格斯文集》第 7 卷，人民出版社 2009 年版，第 922 页。
② 《马克思恩格斯文集》第 5 卷，人民出版社 2009 年版，第 269 页。

有效地提高了企业的经营管理水平。但它在筹资能力上毕竟还是有限的，而股份持有的个人化也容易引发企业经营短期化的弊端。由此，资本的所有制形式进一步演化。自第二次世界大战结束以来，法人资本所有制成为新的资本所有制形式，适应并推进了第三次工业革命的发展。这种法人资本所有制，顾名思义，其典型特征是财产占有主体的非个人化。法人实体包括多种性质组合的基金、证券投资公司等，它把社会上的闲散资金集中起来投向生产经营企业，从而拓宽了企业筹资的渠道，促使生产与资本的进一步高度集中取得更有效的规模经济效应，并加大研发投入。在传统产业部门，当今世界最大的跨国公司占有了飞机制造、汽车汽配、农用机械、软饮料、烟草、制药、农产品等传统产业50%以上的全球市场份额；在新技术产业部门，以移动通信、数码相机、电脑为例，世界前三大公司占有了全球移动通信设备市场的 70%以上和全球移动终端电话的 65%以上，世界前四大公司占有了全球数码相机市场的 80%以上，同时占有了全球电脑市场的 55%左右。[①] 尽管这些数据随着时间的推移会有一定起伏变化，却足以说明资本的社会化走势强劲。而今在西方发达资本主义国家，法人资本所有制这种联合资本已成为资本占有走向社会化的主导形式。

通过对发达资本主义国家资本属性演化的剖析，我们认为有三点启示意义。一是，联合资本投向生产经营企业构建股份公司，而对于股份公司的形成，马克思认为，它使私人资本"在这里取得了社会资本（即那些直接联合起来的个人的资本）的形式，而与私人资本相对立"；这种企业，"也表现为社会企业，而与私人企业相对立"。因此，它是"作为私人财产的资本在资本主义生产方式本身范围内的扬弃"。[②] 我们认为，就股份公司这种企业模式而言，它构成了资本主义生产方式向联合生产方式的过渡。但就资本占有而言，虽然由私人资本转化成为社会

---

① 周建军：《积极应对全球范围的产业集中和资本垄断》，《学习与探索》2017 年第 1 期。
② 《马克思恩格斯文集》第 7 卷，人民出版社 2009 年版，第 494—495 页。

资本，但它的最终所有权还不是全社会共有，仍然是私人所有，只是经由法人单位将它集中起来联合使用；在它的运行过程中，资本的所有者已无权直接操控。因此，股份公司还不会直接触动资本主义制度本身，它还"没有克服财富作为社会财富的性质和作为私人财富的性质之间的对立"。这种资本主义的自我扬弃发挥着双重作用，既促使资本主义生产有大的发展，又约束着私人资本的无限扩张。

二是，员工合作工厂的建立是在没有资本家参与的情况下，由员工入股筹措资本开办的工厂。马克思指出，这是"在旧形式内对旧形式打开的第一个缺口"，"资本和劳动之间的对立在这种工厂内已经被扬弃"，"工人作为联合体是他们自己的资本家"。① 我们认为，它已经构成了对资本主义制度本身的一种否定因素；同时，它已经显示出员工驾驭现代生产的能力和作为社会主人的信心。

三是，资本的社会化、股份制企业的发展，造成了所有权与管理权的根本分离。这种分离对资本家的影响，首先就是他们在资本主义生产过程中变成了多余的人。其次是，他们由此将失去继续从企业获取利润的合法性。对此，马克思一针见血地指出："这全部利润仍然只是在利息的形式上，即作为资本所有权的报酬获得的。而这个资本所有权这样一来现在就同现实再生产过程中的职能完全分离，正像这种职能在经理身上同资本所有权完全分离一样。因此，利润（……）表现为对他人的剩余劳动的单纯占有，这种占有之所以产生，是因为生产资料已经转化为资本，也就是生产资料已经和实际的生产者相异化，生产资料已经作为他人的财产，而与一切在生产中实际进行活动的个人（从经理一直到最后一个短工）相对立。在股份公司内，职能已经同资本所有权相分离，因而劳动也已经完全同生产资料的所有权和剩余劳动的所有权相分离。资本主义生产极度发展的这个结果，是资本再转化为生产者的财产所必需的过渡点，不过这种财产不再是各个互相分离的生产者的私

---

① 《马克思恩格斯文集》第 7 卷，人民出版社 2009 年版，第 499 页。

有财产，而是联合起来的生产者的财产，即直接的社会财产。"① 在股份公司中，既然生产管理的职能已经由雇佣经理承担，已经同资本的所有权相分离，那么，劳动和剩余价值的所有权自然也就同资本的所有权相分离。资本所有权获取利润的合法性自然不复存在。于是，这些脱离生产领域的资本家往往转向金融领域进行投机活动，由于金融资本并不能创造新的财富，只是对现有的财富进行再分配，所以马克思将之称为"寄生资本"。这些金融资本家为数不多，但破坏性极强，20 世纪 70 年代以来，在经济全球化的背景下，在全球范围屡屡掀起金融危机的狂潮，对不同国家和地区甚至全球经济造成巨大破坏。

　　总而言之，资本的社会化与所有权和管理权的分离是对生产资料私有制的一定程度的扬弃，这种扬弃的发生具有其必然性。因为，随着生产和交换规模的不断扩大，企业融资的巨大需求逐渐超出私人或家族的融资能力，所以由私人或家族资本主义向股份制企业的过渡具有必然性。这种股份制企业，通过向企业内部员工或向社会融资以满足对资金的巨大需求；随着劳动者收入的不断提高，社会剩余资金会不断增加，供、需两方面的因素使得资本的社会化成为必然的发展趋势。而资本的社会化、企业规模的扩大，为更多有能力的人从事生产的管理和技术工作提供了条件，也为调动劳动者的积极性提供了制度上的激励，尤其对通过企业内部融资建立的股份合作制企业就更是如此。这些无疑对生产力的发展具有巨大的促进作用，而生产力的发展又为更多的人从事脑力劳动创造条件。最终的结果无疑就是脑体分工差别的消失，也就是阶级的真正消灭与人们能力全面发展的实现。

　　第二，关于社会阶级结构发生的重大变迁及其历史意义。第二次世界大战以来，西方发达资本主义国家的社会阶级结构发生了重大演变，新中间阶级即"白领阶层"崛起。对于新中间阶级的崛起，联系西方资本主义的转型问题，有两点需要强调。

---

① 《马克思恩格斯文集》第 7 卷，人民出版社 2009 年版，第 495 页。

一是，新中间阶级的兴起需要以一定的社会历史条件为前提，因此它表现为一种自然历史进程。其前提条件主要包括三个方面。首先是要以大众的物质生产能力的提高为前提。我们将新中间阶级界定为从事脑力劳动的社会阶层，而由从事体力劳动转变为从事脑力劳动无疑需要能力的巨大提升。其次是要有产业结构的升级。新中间阶级的崛起发生在产业结构以第二产业为主向以第三产业为主转型的进程中，在这一转型过程中产生对管理层、技术层、专业知识层等脑力劳动者不断增加的需求，由此导致新中间阶级的数量迅速增加。最后，它要求大学教育，甚至研究生教育的迅速发展。因为新中间阶级乃是具有各类专业知识技能、综合素质比较高的从事脑力劳动的社会群体，这些专业知识往往需要通过大学和研究生教育才能获得。以下几组数据能够帮助我们获得一些具体的认识。

随着科技密集型产业的迅速发展，自动化生产使原本在机器化生产过程中从事操作工作的劳动力转化为从事监督和服务工作，由此，在实物经济领域的就业比重明显下降。以 1950 年与 1990 年比较，美国从 46.5% 下降到 26.1%，法国从 63.2% 下降到 33.2%，德国从 65.2% 下降到 40.9%，英国从 50% 下降到 28.4%，日本从 70.9% 下降到 41%。同实物经济领域就业比重下降相伴随的是制造业就业比重的下降，以 1970 年与 1990 年比较，美国从 26% 下降到 18%，法国从 28% 下降到 21%，德国从 39% 下降到 32%，英国从 35% 下降到 23%，日本从 26% 下降到 24%。[①] 关于教育所取得的发展，1992 年，以 15 岁到 64 岁劳动人口受教育的平均年限统计：美国为 18.4 年，英国为 14.9 年，德国为 12.7 年，日本为 14.8 年。[②]

由此不难看出，新中间阶级的崛起是社会历史发展自然进程的产

---

① Manuel Castells, Yuko Aoyama, "Paths towards the Information Society," *International Labor Review*, Vol. 133, No. 1, 1995, pp. 12-13.

② 〔美〕托马斯·K. 麦格劳：《现代资本主义：三次工业革命中的成功者》，赵文书、肖锁章译，江苏人民出版社 2000 年版，第 603 页。

物，他们成长为社会的中坚力量正是生产力的发展所致。产业结构和就业结构从以第二产业为主向以第三产业为主的转化，正是生产力高度发展的结果；高质量的、能够满足社会对多种人才需要的大学的不断增加，同样反映了经济与社会对人才的需求。

二是，新中间阶级的崛起，其重大历史意义在于它是在为社会转型提供着阶级力量的准备；更长远地看，它是在为消灭脑体分工、迈向共产主义社会做准备。我们做出这样的判断，其依据如下。首先，正在西方发达资本主义国家发展的第四次科技革命，以科学技术为先导，进入科学、技术与生产力大融合的时代，科学技术成为第一生产力。于是，企业的盛衰取决于科技创新能力的高低，国民经济的发展取决于人力资源的质量。新中间阶级作为科技创新能力和人力资源的主要承载者，必然会由于在企业和经济发展中的贡献而相应地要求在企业和国家的管理中居于主导地位。西方学术界关于科技治国、专家治国的呼声很早就已经出现，这在一定程度上可以被视为阶级结构变迁带动社会转型的先兆。其次，新中间阶级的阶级特性表明，他们能够成长为支持社会转型的先进阶级力量。教条式的阶级理论往往不把中间阶级视为一个稳定的阶级存在，而是视为一种不稳定的阶级状态，认为它会不断发生分化，上层被资产阶级吸纳，中下层则会经历无产阶级化过程被无产阶级吸纳。但事实证明，新中间阶级乃是社会阶级结构中一个稳定的群体，它的规模在第二次世界大战后一直在不断扩大，已经占到劳动力的半数以上。他们之所以能够发展壮大，正是因为他们是先进生产力的代表，生产力的继续发展需要这个阶级群体的支撑；而且，随着其阶级意识的增强，他们的组织化程度也在不断提高，白领工会已经获得不小的发展。新中间阶级已经在潜移默化地影响着西方发达资本主义国家的社会发展进程，致使各国政府在政策制定上都不得不考虑中间阶级的利益诉求。最后，我们认为，马克思所设想的共产主义的本质特征就是消灭脑体分工，实现人们能力的全面发展。他在《德意志意识形态》、《1857—1858 年经济学手稿》和《哥达纲领批判》等著作中都表述了这种思想。

例如他提出："只要分工还不是出于自愿，而是自然形成的，那么人本身的活动对人来说就成为一种异己的、同他对立的力量，这种力量压迫着人，而不是人驾驭着这种力量。原来，当分工一出现之后，任何人都有自己一定的特殊的活动范围，这个范围是强加于他的，他不能超出这个范围：他是一个猎人、渔夫或牧人，或者是一个批判的批判者，只要他不想失去生活资料，他就始终应该是这样的人。而在共产主义社会里，任何人都没有特殊的活动范围，而是都可以在任何部门内发展，社会调节着整个生产，因而使我有可能随自己的兴趣今天干这事，明天干那事，上午打猎，下午捕鱼，傍晚从事畜牧，晚饭后从事批判，这样就不会使我老是一个猎人、渔夫、牧人或批判者。"① 他对历史发展阶段进行划分的著名的三大社会形态理论也表达了同样的意思："人的依赖关系（起初完全是自然发生的），是最初的社会形式，在这种形式下，人的生产能力只是在狭小的范围内和孤立的地点上发展着。以**物**的依赖性为基础的人的独立性，是第二大形式，在这种形式下，才形成普遍的社会物质变换、全面的关系、多方面的需要以及全面的能力的体系。建立在个人全面发展和他们共同的、社会的生产能力成为从属于他们的社会财富这一基础上的自由个性，是第三个阶段。第二个阶段为第三个阶段创造条件。"② 新中间阶级兴起并在西方发达社会中成为劳动力的主要组成部分，正是社会沿着消灭脑体分工方向演化的标志。导致私有制和阶级产生的劳动分工是脑体分工，只有消灭脑体分工才能真正消灭私有制、消灭阶级，才能真正实现人们能力的全面发展，也才能实现马克思意义上的共产主义。③ 这就是新中间阶级崛起的重大历史意义所在。

　　第三，关于"福利国家"制度及西方政府在"自我扬弃"中的作用和影响。西方发达资本主义国家从正、反两方面的经验教训（20世纪30年代的大萧条、第二次世界大战和战后持续近30年的繁荣）中认

---

① 《马克思恩格斯文集》第1卷，人民出版社2009年版，第537页。
② 《马克思恩格斯文集》第8卷，人民出版社2009年版，第52页。
③ 吴英：《论中国特色社会主义的本质特征》，《理论与评论》2018年第4期。

识到，必须根据生产力的变化调整生产关系以适应生产力发展的需要。而资本主义的自我扬弃恰恰融于其中，变为政府的行政行为。实行福利国家制度是调整生产关系的一项重大举措，它以立法形式使公民享有一定的社会福利，以保障广大民众的基本生活，起到缓和社会阶级矛盾的作用，从而有效地减少人们生活的不确定性，维护社会的稳定。政府通过社会福利政策调节国民收入的再分配，以刺激社会需求，发展国民教育，既促进社会再生产的顺畅进行，又可以为现代化大生产提供高素质的劳动后备力量。民众的生活状况得到一定的改善，减少了不同社会阶层之间的收入差距，也有利于增进社会的公平氛围。因此，有学者提出，这是"按资本主义方式生产，按社会主义方式分配"。[①]

再从政府履行公共职能的范围不断扩大的角度观察，在当今生产力高度发展的高新科技时代，对劳动者劳动能力的要求在不断提高，劳动者受教育的年限在不断增加，劳动者对健康、医疗、生态、社会保障等方面的需求也在不断增加。私人资本无力承担这些巨大的支出，不得不由国家来负担，因此国家职能的不断扩大是有其历史必然性的。尽管自20世纪70年代以来新自由主义思潮在主要西方资本主义国家得势，并扬言要大大削弱政府职能，但最终不仅没有能够真正削弱，在一些国家反而增加了政府财政支出。这说明政府职能的不断扩大是具有历史必然性的，并且随着普通民众劳动能力的持续提高，他们约束政府为民众利益服务的需求在不断增强，促使政府职能逐渐转向为普通民众服务。

从历史的角度看，西方发达资本主义国家在第二次世界大战后半个多世纪中创造的生产力，较之它在以往几个世纪中创造的全部生产力的总和还要多；那里民众的生活水平远远高于其他国家，尤其是第三世界国家。这一切变化，不能认为同适应生产力发展需要的对生产关系的调整没有关系。因此，我们会观察到，资本主义政府正在做的某些事情恰

---

① 〔苏〕普列特尼科夫：《资本主义自我否定的历史趋势》，李惠斌主编《全球化与现代性批判》，广西师范大学出版社2003年版，第143页。

恰是马克思在《共产党宣言》中提出的改造资本主义应该做的事情。马克思在《共产党宣言》中提出了10条对资本主义进行改造的措施，我们惊奇地发现，在170多年后的今天，有超过半数已在当代西方资本主义国家中有不同程度的实践。例如，征收高额累进所得税；通过拥有国家资本和独享垄断权的国家银行，把信贷集中在国家手中；按照共同的计划增加国家工厂和生产工具；把农业和工业结合起来，促使城乡对立逐步消灭；对所有儿童实行公共的和免费的教育。① 由此可见，资本主义的自我扬弃、自我改造正在逐渐地实现。一些美国学者也承认了这一点。詹姆斯·格拉斯曼在1998年《共产党宣言》发表150周年时，在《华盛顿邮报》发表题为《卡尔·马克思无形的手》的文章，指出："不错，马克思主义——在苏联、阿尔巴尼亚和一些东方国家实行的那种马克思主义——确已不复存在了，但是，马克思的影响力依旧相当大。事实上，包括我们自己的政治制度在内的世界各国的政治制度都是极其恭维马克思的。像《共产党宣言》中提出的征收高额累进所得税就是美国今天实行的这种所得税。马克思的思想在集体主义和国家控制这方面的影响最大，也最不为人们所注意。一个证据是，直到不久前，人们还确信由政府管理的养老金制度——称为'社会保障'制度——应该为所有美国人提供退休金。"②

当然，这并不是说资本主义向社会主义的过渡指日可待。应该看到，自20世纪70年代新自由主义在西方发达资本主义国家成为主导性意识形态以来，资本主义自我扬弃的步伐在逐渐放慢，尤其是2008年国际金融危机以来更是如此。一方面，西方主要发达资本主义国家放慢了全球化步伐，尤其是特朗普担任总统后叫嚣"美国优先"，开以多边自由贸易为基础的全球化进程的倒车；另一方面，西方发达资本主义国家中间阶级

---

① 《马克思恩格斯文集》第2卷，人民出版社2009年版，第52—53页。其中第4条没收一切流亡分子和叛乱分子的财产，这应该是每个国家都毋庸置疑要做的；第3条废除继承权，西方各国在通过高遗产税来逐渐施加对继承权的限制。

② 庞卓恒：《西方资本主义社会正在发生自我扬弃》，《中国党政干部论坛》2002年第5期。

的收入增长处于停滞状态，收入分配差距在拉大。但我们认为，西方发达资本主义国家的自我扬弃过程是一种长时段的进程，其中必然会有停滞、挫折，甚至倒退。应该看到，西方发达资本主义国家自我扬弃进程的停滞甚至倒退已经在加剧各种矛盾。它一方面表现在西方有代表性的政客公开表示"现代资本主义模式已经无法运转"，像法国总统马克龙在2021年达沃斯论坛上的讲话中就明确地指出："上述四种现象引发了社会不平等危机、民主危机、民主制度的可持续危机、气候危机。同开放市场经济连在一起的现代资本主义模式已经无法在这种环境下运转了。"[①]另一方面表现在西方民众，尤其是年轻人对社会主义的好感在增强，像盖洛普民调显示："43%的受访者说，某种形式的社会主义将对美国有好处。在18岁至34岁的受访者中，58%的人持有这种观点。"[②] 更为重要的是，作为一种发展模式的中国特色社会主义制度在面对各种严峻挑战中表现出的生命力、效率和韧性，已经作为一种替代资本主义的模式而逐渐为世界所承认。虽然我们遭受到以美国为首的西方资本主义国家的围堵，但这恰恰是因为他们认识到我们的制度对他们的威胁。不难设想，当中国的社会主义持续强劲发展，人均GDP达到西方发达资本主义国家的水平时，中国将会成为一种强有力的外部榜样加速资本主义的自我扬弃。在此，我们不由得想起美国著名历史学家沃勒斯坦的话："资本主义是一个不平等的体系。……当21世纪中叶资本主义世界体系让位于后继的体系（一个或多个）时，我们将看看这后继体系是否会更平等。我们不能预测它会是一个什么样的体系，但能通过我们目前政治的和道德的活动来影响其结果。占人类四分之一的中国人民，将会在决定人类共同命运中起重大作用。"[③]

---

① 《马克龙：现代资本主义模式已经无法运转》，《参考消息》2021年2月8日。

② 《社会主义日益受美国年轻人追捧》，《参考消息》2019年8月27日。

③ 〔美〕伊曼纽尔·沃勒斯坦：《现代世界体系》第1卷，尤来寅等译，罗荣渠审校，高等教育出版社1998年版，中文版序。

第三节　新中间阶级兴起的社会和政治影响

20世纪在发达资本主义国家社会阶级结构方面发生的最大变化，是旧中间阶级，即小资产阶级的逐渐衰落与新中间阶级①的兴起和壮大。这种变化在学术界引起巨大关注和争论，各种学术流派都按照自身的范式来解读这一现象。例如，信奉马克思主义的学者多是将新中间阶级的兴起同对资本主义生产方式的替代联系在一起；而非马克思主义学者更多是将新中间阶级的兴起同资本主义的稳定长存联系在一起。在马克思主义学术界内部，也存在认识上的分歧。正统马克思主义学者认定新中间阶级注定会发生分化，不会改变资本主义社会阶级结构两极化的状况，因而也就不会改变有关"无产阶级通过革命方式推翻资产阶级统治、建立社会主义"的传统论断；而所谓"修正主义"的马克思主义学者则肯定新中间阶级的独立性，并认为无产阶级正在中间阶级化，由此实行无产阶级革命的阶级基础正在消失，向社会主义的过渡将有可能通过改良和渐进的方式实现。无怪乎美国社会学家巴里斯评论道："在政治社会学中没有哪个题目能获得像对新中间阶级的性质及关于它的政治学这一题目那么多的关注。"② 那么，我们应该如何认识西方发达资本主义社会新中间阶级崛起这一社会历史现象？本节将从该阶级兴起原因的探寻、有关它的阶级地位的考察、它对当代西方

---

① "新中间阶级"是由英语"new middle class"翻译过来的，其中加"新"字主要是区别于"旧"中间阶级（即小资产阶级）。国内的一些译者将"new middle class"译成"新中产阶级"，笔者觉得有值得商榷的地方。因为新中间阶级是凭借其在劳动分工中所从事的管理、技术等专业工作，而非凭借其物质性资产相应地获得较高报酬和地位，是明显处于资产阶级与体力工人阶级之间的中间地位的社会群体。据此，我们统一采用"新中间阶级"一词来描述这一由于在劳动分工中的地位变化而新崛起的阶级。西方社会学家将该阶级定名为"白领阶层""服务阶级""新工人阶级""新小资产阶级"等，我们不采用这些用语，并将在下文中剖析这些立论的得失。

② Arthur J. Vidich ed. , *The New Middle Class*：*Life Styles*，*Status Claims and Political Orientation*，Macmillan Press Ltd. , 1995, p. 15.

发达资本主义国家产生的社会政治影响，以及它蕴含的历史意义诸方面做出论述。

一　新中间阶级兴起的原因考察

在西方发达国家，"新中间阶级"即人们通常讲的"白领"阶层，主要是指那些从事管理、技术、服务等专业性工作的劳动者。他们是一些同体力劳动者相对应的脑力劳动者，凭借他们掌握的经营管理、金融贸易等现代化的知识技能为社会生产和生活提供服务。就其社会职业分工观察，大体包括：企业内从事管理和技术工作的脑力劳动人员、伴随产业结构升级而不断发展的第三产业中从事服务性工作的非体力劳动人员，以及政府机构中从事脑力劳动管理工作的行政人员等。在客观历史条件的驱动下，这些白领职业群体的产生与崛起，表现为一种自然历史进程。其中既有诸多因素在直接发挥促动作用，也有深层的终极原因在发挥决定性作用。

（一）新中间阶级兴起的直接原因解析

唯物史观揭示："分工的规律就是阶级划分的基础。"[①] 而现代社会劳动分工的演化趋势，一是脑体分工向脑力劳动倾斜，二是分工日益细化和复杂化，却只有从生产力的发展与生产力和生产关系的矛盾运动中去探求根由。循着这一思路，我们对新中间阶级的兴起，首先进行直接原因的剖析。

其一，"经理革命"。"经理革命"是指资本主义企业出现的资本所有权与管理权分离的现象，是资本主义从自由竞争转向垄断发展阶段的产物。伴随资本的积聚和集中，企业规模不断扩大，那种完全由资本所有者即资本家个人承担企业管理工作的状况难以维系。这或者是由于资本家的个人素质已经不适应管理大企业的要求，或者是由于资本家不愿过度劳神费心去承担复杂性、专业性不断增强的管理工作，也更在于资本所有权已日益

---

① 《马克思恩格斯文集》第 3 卷，人民出版社 2009 年版，第 562 页。

被股份制化，股东很难再独享经营管理权。这一切，加剧了所有权和管理权的分离，在大中型企业中迅速形成等级管理制度，[①] 创造了比此前更多的管理职位，为吸纳更多具有脑力劳动能力的人从事脑力管理工作提供了现实基础。最早对这一群体的兴起及影响做出考察的是德国的学者，他们将这个群体的成员称为领薪雇员（salaried employee）。

相比英国等第一批向现代社会转型的先发国家而言，当时的德国是后发国家，它是在先发国家影响下自上而下实施变革，启动了向现代社会的转型。在政治体制层面，它建立强力政府来推动现代化进程。在经济发展模式上，为了能够同当时在工业品国际贸易中占据绝对优势地位的英国进行竞争，德国的企业在19世纪末就形成了较大的规模。美国社会学家拉什和厄里注意到了这种现象，他们曾指出："工业化较晚的国家需要在较高的资本积累和集中层次上与那些已经实现工业化的国家进行竞争。"[②] 因此，德国资本主义企业的组织化程度是很高的，造成了德国在从事管理工作的领薪雇员人数上的领先地位（见表3-1）。

表3-1　一战前后部分欧洲国家在产业中每1000名工人中领薪就业者的近似数量

单位：名

国家	一战前		一战后	
	年份	数量	年份	数量
德国	1907	82	1925	154
丹麦	1911	77	1921	117
英国	1907	74	1924	108
挪威	1910	73	1920	72
法国	1906	66	1921	107
比利时	1910	45	1920	39

资料来源：Bob Carter, *Capitalism, Class Conflict and the New Middle Class*, Routledge, 1985, p. 45。

---

① 生活在这一时期的韦伯曾将企业的等级官僚化管理总结为资本主义的本质性特征，主要就是针对这一现象而言的。Anthony Giddens, *The Class Structure of Advanced Societies*, Harper & Row Publishers, 1973, p. 46。

② 〔美〕斯科特·拉什、约翰·厄里：《组织化资本主义的终结》，征庚圣等译，江苏人民出版社2001年版，第6页。

正是出于这种理由，在德国最早出现了关于新中间阶级兴起及其意义的研究和争论，其中最具代表性的是社会学家莱德勒（Laideler）的研究，1912 年他出版了《现代领薪雇员问题》一书。他认为，产业集中过程会减少雇主的数量、增加工人的数量，同时带来另一个后果："首先将出现一个技工阶层，从社会的观点看，它既不能在范畴上被归类为雇主，也不能被归类为工人。这一阶层的重要性又由于在商业和公共服务部门中一个社会地位相似阶层的形成而提高。"① 莱德勒认为，他们无论是在数量上，还是在对其特殊利益的认识上都在不断增加和强化。"作为一个利益集团，领薪雇员会努力阻止他们物质和社会地位的下降，他们的目标在于维持作为中间阶级的生活水平和社会声誉。"② 他由此肯定了新中间阶级作为一个新兴社会阶级群体的存在与兴起。

第二次世界大战结束后，随着生产力的迅猛发展，19 世纪后期出现的股份制企业得到了更大规模的扩展，资本所有权与管理权的分离以更快的速度推进，经营管理人员的数量进一步增加。据估计，到 20 世纪 80 年代末 90 年代初，在英国、美国、加拿大、法国和德国，企业经理占总就业人口的比例已经分别达到 11%、12.8%、13%、7.5% 和 4.1%。③

其二，产业结构的升级。随着资本主义向垄断阶段的过渡，企业规模不断扩张，大企业成为经济生产领域的主导性力量。充分发展的大企业不仅为采用最先进的机械设备创造了条件，而且纷纷设立或资助研发机构以求通过技术革新提高自身的生产能力。其结果是劳动生产率有了巨大提高，"节省"出大量剩余劳动力供其他产业尤其是新兴的第三产业使用，从而为服务产业的大发展提供了劳动力基础。从服务产业发展的需求看，一方面，随着人们收入的不断提高，人们的需求层次不断转向非物质产品即服务产品的需求，促使服务产品的生产得到迅速发展；另一方面，

---

① Bob Carter, *Capitalism*, *Class Conflict and The New Middle Class*, Routledge, 1985, p. 20.

② Bob Carter, *Capitalism*, *Class Conflict and The New Middle Class*, Routledge, 1985, p. 23.

③ Manuel Castells and Yuko Aoyama, "Paths towards the Informational Society," *International Labor Review*, Vol. 133, No. 1, 1995.

随着生产的发展和企业规模的扩大，服务于生产的服务行业也有了大的发展。服务产业的大规模发展始于两次世界大战之间，又在第二次世界大战后获得更为普遍的发展，各国服务产业的产值和就业所占比重纷纷超过制造业的相应数据。这就为新中间阶级的大发展提供了一个契机。因为，服务产业，不论是为社会化大生产提供的服务，抑或是为人们生活提供的服务，大多是以脑力劳动为主，兼有体力劳动。美国是最先实现这一转化的国家，因此，美国学者对这一时期新中间阶级的发展做出了经典性研究。著名社会学家米尔斯就是其中的代表，其著作名中的"白领"① 成为继"领薪雇员"后赋予新中间阶级的第二个称谓，在学术界被广泛使用。

其三，政府"角色"的转换。新中间阶级兴起的再一个原因是政府公职人员的增加。在自由资本主义阶段，由于笃信市场能够合理配置资源而政府干预经济会损害资源配置效率的经济学居于主流地位，政府更多的是充当亚当·斯密为其设定的"守夜人"角色，由此也大大限制了政府公职人员的数量。随着 20 世纪 30 年代经济大危机的爆发，主张市场自主发挥作用的新古典经济学被证伪，而主张政府积极干预的凯恩斯经济学的重要性明显提升。美国罗斯福新政应对危机的成功，更为凯恩斯经济学成为主流经济学奠定了坚实基础。第二次世界大战后，凯恩斯经济学为西方主要发达资本主义国家所接受。在这种理论的指导下，政府不断扩充其在经济和社会方面的职能，公职人员的数量不断增加。新增的政府公职人员大体可分为两部分：一部分是由于政府发挥干预经济的职能而产生的，他们是那些在中央和地方政府中发挥计划、管理、仲裁、服务等职能的行政管理人员；另一部分是政府发挥社会保障职能而产生的，他们是那些从事社会福利保障、医疗保健、教育培训等工作的社会工作人员。在国有企业中工作的公职人员的数量也有较大的增长，但他们一般被包括在制造业和服务业范畴中。政府公职人员的增

① Wright Mills, *White Collar: The American Middle Class*, Oxford University Press, 1951.

加为新中间阶级的发展提供了第三个契机，也进一步强化了新中间阶级作为社会多数阶级的地位。

美国社会学家贝尔发现："自 1947 年以来政府部门一直是就业最重要的增长领域。今天（指 20 世纪 60 年代末——引者注），每 6 个美国工人中，就有 1 个受雇于构成今日美国政府 80000 多个机构中的一个。美国在 1929 年，有 300 万人为政府工作，大约是劳动力的 6.4%。今天有 1200 万人为政府工作，大约是劳动力的 16%。"[1] 这种趋势一直延续，在 2000 年为政府工作的人已接近 2100 万，占总劳动力的 16% 左右。[2]

其四，第三次科技革命的影响。在第二次世界大战后兴起的信息科技革命，从根本上改变着人们的生产和生活方式。以计算机操作的自动化、机械化生产已经不仅是人手功能的延伸，而且是人脑功能的延伸。许多原本需要付出体力的劳动生产，已经变成操作计算机的脑力劳动。人类社会步入知识经济时代的一个重大变化在于职业类型的演化。例如，在美国，1974—1977 年电话与电报业由于广泛使用计算机操作，传统操作工人的数量从 100 万减少到 90 万；但同时，分析员、程序设计员、键盘操作员以及其他直接参与数据处理的雇员，却从 10 万增加到 250 万。[3] 到 20 世纪 80 年代末 90 年代初，随着"互联网与电子商务的发展，使得对'核心'信息技术工人（计算机科学家、工程师、程序设计师和系统分析师）的需求增加，同时也创造了新的信息技术职业。1998 年从业于信息技术及其他行业网络岗位的技术劳动者约为 740 万人，占劳动力总数的 6.1%"。[4] 这些从事信息技术工作的人员当然是脑力劳动者，即新中间阶级。

---

① 〔美〕丹尼尔·贝尔：《后工业社会的来临——对社会预测的一项探索》，高铦等译，商务印书馆 1984 年版，第 148—149 页。

② The US Department of Commerce, *Statistical Abstract of the United States*, 2001, p. 607.

③ Dale Johnson, *Class and Social Development: A New Theory of Middle Class*, Sage Pub, 1982, p. 234.

④ 胡延平等编译《第二次现代化——信息技术与美国经济新秩序》，社会科学文献出版社 2002 年版，第 113 页。

从以上种种直接原因的解析不难看出，新中间阶级的兴起是生产力高度发展、生产力与生产关系矛盾运动演化的自然历史进程的产物。

（二）新中间阶级兴起的终极原因解析

从对新中间阶级兴起的诸种直接原因的解析不难认识到，它是同人们对自然和社会的认知与驾驭能力不断提高密切关联的。如果没有科学技术与人文知识的普遍发展，没有生产技能的提高、管理方式的变革，是不会发生社会职业分工的演进的，而新的社会阶级群体也将无从产生。

我们先来看西方主要发达国家高等教育普及的情况。表3-2的数据反映出两点：一是20世纪70年代到21世纪初，各国高等教育的普及率都有很大的提高；二是到20世纪末，高等教育普及率最低的国家也已经接近50%，即有一半的适龄人口接受了大学教育。可见其社会整体的知识与智能素质已经达到很高的水准。

表3-2　1970—2000年主要发达国家高等教育的普及率

单位：%

年份	美国	英国	法国	德国	意大利
1970	47	14	19	—	17
1990	75	30	40	34	32
2000	73	60	54	48 *	50

说明：＊代表1997年的数据。

资料来源：表中数据是根据 World Development Indicators 2003 提供的数据计算而得。

再看各国劳动生产能力提高的情况。若以劳动者每小时创造的GDP作为衡量劳动者个人生产能力的量化指标，那么，在从1950年到1998年的近50年里，主要发达国家劳动者的个人生产能力都有着惊人的增长。其中，美国增长2.73倍、英国3.46倍、德国6.66倍、法国5.79倍、意大利6.37倍（参见表3-3）。

表3-3 主要发达国家的劳动生产率

单位：1990年国际元/小时

年份	美国	英国	德国	法国	意大利
1950	12.65	7.93	3.99	5.82	4.38
1973	23.72	15.97	14.76	18.02	15.92
1990	30.10	21.42	21.94	29.47	24.08
1998	34.55	27.45	26.56	33.72	27.90

说明：本表的劳动生产率指每工作小时创造的GDP。

资料来源：〔英〕安格斯·麦迪森：《世界经济千年史》，伍晓鹰等译，北京大学出版社2003年版，第348页表E-7。

一个民族、一个国家，生产力的发展直接取决于人们物质生产能力的提升，上述两组数据清楚地显现出二者之间的因果关系。它们共同构成了新中间阶级崛起的根本缘由。

二 新中间阶级的阶级属性辨析

根据唯物史观的观点，"分工的规律就是阶级划分的基础"。[①] 这不仅是因为人们在劳动分工中的地位决定着他们的经济、政治地位，同时也由此决定着他们特定的利益诉求，形成了不同社会群体的特定阶级属性。目前，对于新中间阶级的阶级属性的认识存在不同观点。是以，我们先对新中间阶级的收入水平、就业状况、享有福利等社会经济状况做简要列举，以便依此对其阶级属性做出辨析。下面主要列举的是美国的数据。

首先看收入水平。从表3-4所列数据可以看出，被划入白领范畴（表中前五类）的人员的周薪一般都高于蓝领（表中后四类）。

表3-4 1983—2000年美国男性全时工人平均周薪

单位：美元

职业类型	1983年	1987年	1990年	1994年	1997年	2000年
行政/管理/经理	530	647	740	797	868	1014
专业职业人员	506	625	719	809	883	977

---

① 《马克思恩格斯文集》第3卷，人民出版社2009年版，第562页。

续表

职业类型	1983 年	1987 年	1990 年	1994 年	1997 年	2000 年
技术/相关辅助人员	424	500	567	622	667	761
销售人员	389	479	502	575	603	684
行政辅助人员、公司职员	362	402	436	482	514	563
服务人员	255	296	317	350	372	414
精密操作、手工艺/修理	387	431	486	515	569	628
操作工人	308	344	375	406	436	487
农业/林业/渔业	200	219	261	290	302	347

资料来源：The US Department of Commerce, *Statistical Abstract of the United States*, 2001, p. 607。

其次看就业状况。相比从事蓝领工作的人员，从事白领工作人员的就业状况一般较为稳定。20 世纪 70 年代以来，随着高等教育的普及，劳动者科学文化素质提高，脑力劳动者的数量有了迅速增长。但新的信息技术和办公技术的普及又使许多以前需要脑力劳动的白领工作消失。在这种背景下，白领的失业率有所增加，但仍远低于蓝领人员的失业率（见表 3-5）。而且，白领人员的失业大多是短期性的。由于他们拥有知识与技术优势，"在短短几个月里，绝大多数人找到了新的工作岗位，把他们的知识用于工作"。[1]

表 3-5　1983—2000 年美国各类职业失业率一览

单位：%

职业类型	1983 年	1990 年	1995 年	1998 年	2000 年
行政/管理/经理	3.5	3.3	2.4	1.8	1.8
专业职业人员	3.0	2.6	2.5	1.9	1.7
技术/相关辅助人员	4.7	3.9	2.8	2.2	2.2
销售人员	6.7	6.1	5.0	4.5	4.0

---

[1] 〔美〕彼得·德鲁克：《后资本主义社会》，张星岩译，上海译文出版社 1998 年版，第 69 页。

续表

职业类型	1983 年	1990 年	1995 年	1998 年	2000 年
行政辅助人员	6.4	5.2	4.3	3.7	3.5
服务人员	10.9	7.7	7.5	6.4	5.3
精密操作、手工艺/修理	10.6	7.9	6.0	4.2	3.6
操作工人	15.5	8.7	8.2	6.7	6.3
农业/林业/渔业	9.9	6.4	7.9	6.5	6.0

资料来源：The US Department of Commerce, *Statistical Abstract of the United States*, 2001, p. 621。

　　最后看享有的社会福利。第二次世界大战以来，福利国家制度在西方发达国家得到普遍推广与完善。从相关数据看，白领人员显然比蓝领人员享受到更多数量和更高质量的福利，作为一个占总劳动力一半以上的职业群体，他们显然是西方社会福利制度的主要受益者。

表 3-6　1997 年美国大中型机构雇员的部分福利

单位：%

福利种类		专业技术人员和相关人员	职员和销售人员	蓝领
带薪休假	假日	89	91	88
	丧葬休假	84	85	76
	病假	73	73	38
伤残救济	短期伤残救济	54	52	58
	长期伤残救济	62	52	28
保险	医疗保险	79	78	74
	人寿保险	94	91	81
养老金	固定福利	89	81	72
税收延期的收入	雇主缴纳	56	51	38
收入维持计划	解雇费用	44	36	32
	附加失业救济	75	63	52
家庭福利	儿童保育	14	10	7
	抚养补助	16	12	6
	弹性工作场所	5	3	Z
健康促进方案	健康方案	44	36	32

福利种类		专业技术人员和相关人员	职员和销售人员	蓝领
教育补贴	与工作相关的教育补贴	81	68	58
	与工作不相关的教育补贴	25	18	18

说明：大中型机构是指那些雇工超过100人的机构。Z代表小于0.5%。

资料来源：The US Department of Commerce, *Statistical Abstract of the United States*, 2001, pp. 628-629。

由表3-6可见：第一，白领人员由于在劳动分工中的地位不同、从事劳动的方式不同（脑力劳动），享受着较高的收入和社会福利待遇，已经形成不同于传统蓝领工人的新的社会阶级群体；第二，这一新兴的社会阶级群体虽然仍是雇佣劳动者，但他们都是拥有技术专长的专业工作者、职业比较稳定、享有特定的经济利益，由此产生的利益诉求必然不同于传统的蓝领工人阶级。可以预见，随着社会物质生产能力的不断提高，新中间阶级必将成长为社会的多数和强势群体，发挥主导社会走向的作用。

三　新中间阶级兴起对当代西方发达国家产生的社会政治影响

（一）西方学术界诸种观点简析

新中间阶级的兴起显著改变着西方主要发达资本主义国家的阶级结构。随着新中间阶级成长为社会的多数群体，他们特定的经济地位会带来特定的利益诉求和政治倾向，日益成为影响西方社会政治格局演变的重要因素。

综观西方学术界有关新中间阶级兴起对西方社会产生的政治影响的研究，大致有五种观点。（1）"精英论"，认为新中间阶级将逐渐成长为社会的新统治阶级，他们将以更开明和有效的方式进行统治。（2）"稳定论"，认为新中间阶级的成长、壮大改变着社会贫富分化的不良状况，他们不会要求激进地变革现状，因而会增加社会的稳定性。（3）"新工人阶级论"，认为新中间阶级的经济、社会地位极不稳定，经济不景气会导致新中间阶级的地位急剧下降，这会促生他们的革命意识，或者左转同蓝领工人阶级联合，或者替代蓝领工人阶级而成为在危机不断加剧的资本主义社会中实现激进社会变革的主要力量。（4）"第三种力量论"，认为新中间阶级作为资产阶级和蓝领工人阶级以外的第三种力量，将会引导社会向着中间道路，即民主社会主义方向发展。（5）"矛盾定位论"，认为新中间阶级的不同组成部分处于不同的阶级地位，因此新中间阶级并不构成一个单一的阶级，而是一个不断变化、并处于矛盾中的各组成部分的复合体，因此也就不可能有统一的政治倾向和社会价值取向。[①]

我们认为，以上五种关于新中间阶级政治影响的理论观点，均在一定程度上具有其合理性，但又都失之片面。"精英论"正确指出了新中间阶级成为社会新领导阶级的潜质；但对为什么新中间阶级会成为社会的新领导力量，以及新中间阶级如何才能成长为社会的新领导力量，该理论并未做出进一步的解析。我们认为，新中间阶级的兴起源于生产过程中劳动分工的变化；也正是由于在劳动分工中履行管理和技术职能，新中间阶级才获得了相对较高的经济和社会地位，逐渐区别于蓝领体力工人。他们也将随着劳动分工的进一步演进而扩大自身的规模，提升自身的地位。正是由于这种不可逆转的发展趋势，他们有可能逐渐取代在劳动分工中变得多余的资本家阶级。对于这一点，马克思已经有过预示："随着信用而发展起来的股份企业，一般地说也有一种趋势，就是使这种管理劳动作为一种职能越来越同自有资本或借入资本的占有权相分离……又因为那些不能在任何名义下，既不能以借贷也不能以别的方式占有资本的单纯的经理，执行着一切应由执行职能的资本家自己担任的现实职能，所以，留下来的只有执行职能的人员，资本家则作为多余的人从生产过程中消失了。"[②]　恩格斯在《必要的和多余的社会阶级》

① Martin Oppenheimer, *White Collar Politics*, Monthly Review Press, 1985, p. 45.
② 《马克思恩格斯文集》第 7 卷，人民出版社 2009 年版，第 436 页。

一文中也表达了同样的意思。① 当然，作为多余的人而将在生产过程中消失的资本家阶级，并不会自动让渡出他们在政治领域的统治地位；同样，新中间阶级作为必要的阶级在生产过程中的出现，也不会自动取得在政治领域中的主导地位。因此，新中间阶级有一个从没有意识到自己的利益诉求、没有系统的政治纲领的"自在的阶级"向着有明确的利益要求、有自觉的行动纲领的"自为的阶级"转化的过程。而这一转化过程，将是新中间阶级成长为社会新领导力量的过程。"稳定论"和"第三种力量论"都正确指出了一个事实，那就是新中间阶级与传统的从事体力劳动的蓝领工人间存在着很大差异，这些差异的存在阻止了两者在利益诉求上的认同。因此，那些坚持蓝领工人阶级传统斗争方式（例如发展工会、进行罢工，甚至号召革命推翻资产阶级统治）的政党、工会组织都遭遇到成员大量流失的现实；而在一定程度上提出适应新中间阶级要求的"第三条道路"政纲的一些工党和社会民主党却获得较大发展，不断取得执政地位。但是，这两种理论忽略了在经济不景气时期新中间阶级的中下层的经济与社会地位会急剧下降，亦即西方学者所称的"无产阶级化"趋势。因此，白领工会呈现发展的趋势，白领罢工也不断发生。这就是说，新中间阶级的利益诉求和政治追求远未得到满足，他们也有着不满，试图通过有组织的斗争来加以改善。"新工人阶级论"过分夸大了新中间阶级的无产阶级化过程，没有看到新中间阶级的兴起是劳动分工发展的必然产物，是劳动复杂化、高级化和知识化的结果。那些受教育程度较高，并拥有管理和技术能力的人，由于韦伯所谓的"市场能力"而从蓝领体力工人社会群体中分离出来，形成从事脑力劳动的新中间阶级。尽管在经济萧条时期，会出现一些新中间阶级的无产阶级化过程，但遭受无产阶级化打击的主要是那些白领中的较低层，即那些工作中专业技术含量不高的办公室职员和商业领域中的销售人员。而那些专业技术含量高的工作人员，即由中高层管理人员和专业技术人员组成

① 《马克思恩格斯全集》第 19 卷，人民出版社 1963 年版，第 315—318 页。

的白领中上层则不易遭受无产阶级化的打击。即使有一些工作职位消失，但生产的发展和产业结构的升级也会创造出新的职位提供给这些人。由于他们受过良好的高等教育，有较强的学习和适应能力，因此可以较快地实现能力的转换，去承担起新的工作。索贝尔的研究证明无产阶级化过程主要发生在白领的较低层，而且权衡新中间阶级的无产阶级化和无产阶级的新中间阶级化，他认为不存在净变化。[①] 至于"矛盾定位论"之所以不能成立，乃是因为新中间阶级作为在劳动分工中从事管理和技术工作的脑力劳动者，尽管他们内部存在某些差别，但作为具有本质上相同特征的脑力劳动者，作为新劳动分工中的管理和专业技术精英，他们必然是具有相似的利益诉求和政治倾向的社会阶级群体。

（二）新中间阶级兴起的政治影响

一个阶级、阶层或集团的政治倾向（选择支持的政党和政府政策，以及选择参加的社会政治运动）是由其利益诉求决定的，而那些尚未形成自身明确的、系统的政治诉求的阶级、阶层或集团，追求眼前利益会成为他们的主要政治倾向。新中间阶级目前就是处于这样的发展阶段上，所以，在政治倾向上，新中间阶级有时会表现出一些摇摆性；但它毕竟在崛起、壮大，政治上的利益诉求会愈益明确，孕育着他们特有的政治倾向。我们可以将新中间阶级兴起所产生的社会政治影响大致归纳为以下几点。

1. 新中间阶级的兴起使蓝领工人的传统斗争方式受到挑战

随着新中间阶级成长为社会的多数群体，传统上那种由蓝领体力劳动者为维护自身利益、争取新的权益所采用的主要斗争方式（像加入蓝领工会和进行罢工等）在逐渐减少（见表3-7），发生这种变化的主要原因在于新中间阶级的利益诉求和实现手段不同于蓝领体力工人。蓝领体力工人的利益诉求大体是在物质或经济方面的，像提高工资、缩短工时、失业救济、老年生活保障等。这些诉求的特点是具有普遍性，通

---

① Richard Sobel, *The White Collar Working Class*, Praeger Publishers, 1989, Chapter 4.

过地方、行业，甚至全国范围的有组织的斗争迫使政府制定最低工资标准、周工作时间标准、统一的失业救济和老年保障标准等就可以解决。加之蓝领体力工作的技术含量低、排他性差，易于被替代，个体或较小范围的斗争很难实现其要求，往往需要在较大范围组织大规模行动才能取得成效。所以参加工会、进行大规模罢工就成为蓝领体力工人主要的斗争手段。新中间阶级则不同，他们的主要利益诉求是非物质或政治社会方面的，像在企业微观层面，他们要求自主掌握工作时间和工作方式，参与企业的管理，对工作有更大自主权。这些要求的特点是个性化强、不具有普遍性。在国家宏观层面上，他们关心政治，参政积极性高，要求实现真正的民主；对社会面临的一些问题，如发展教育、环境保护、反核问题、民权和女权问题等，多是积极参与和支持变革。由于新中间阶级工作的专业性强、技术含量高、排他性强，不易被替代，所以在企业层面通过个人或小范围的抗争即可实现其要求。而在宏观国家层面，由于新中间阶级相比蓝领体力工人具有较高的综合能力，能够明确意识到自身的要求并清楚地予以表达，特别是他们意识到现存制度为他们提供了实现自身要求的途径，因此，他们更多是通过媒体、民意测验和选票来对政府施加压力，使政府满足他们的要求。由此，有学者在总结当代社会运动的变化时，认为新社会运动正在取代旧社会运动成为社会运动的主导形式。新社会运动更易于得到全社会的支持，也更易于迫使政府针对相关问题采取措施并予以解决。

表 3-7　参加工会的工人在工人总数中的占比

单位：%

年份	英国	德国	美国	日本
1970	48.5	37.0	27.2	35.4
1980	52.6	39.4	22.6	30.8
1990	43.1	42.2	15.8	24.2

资料来源：〔美〕托马斯·K.麦格劳：《现代资本主义：三次工业革命中的成功者》，赵文书、肖锁章译，江苏人民出版社 2000 年版，第 607 页附表 13。

2. 新中间阶级的兴起促使左翼政党必须进行政纲改革来吸引这一新兴的社会多数群体

由于传统工人阶级发生分化，从中成长起新中间阶级这一社会多数群体，导致以蓝领体力工人为社会基础的传统左翼政党面临转型的巨大压力。它必须改变过去那种适应蓝领工人偏好的政治取向，进行政纲的改革，来适应阶级结构演变形成的新社会多数群体的偏好，以求通过大选执政。20世纪90年代以来，在左翼政党中流行的"第三条道路"政纲就是这种背景的产物。表3-8表明了社会不同阶层对左翼政党支持的变化情况。

表3-8　社会民主党选民的社会分层变化

单位：%

国别	工人		低级职员		高级职员		其他	
	1975	1990	1975	1990	1975	1990	1975	1990
德国	52.7	34.4	35.9	34.0	4.4	24.1	13.5	24.7
法国	32.9	27.1	44.8	41.9	8.0	22.5	23.0	29.2
英国	70.8	44.0	23.0	30.4	2.5	14.6	8.8	15.5
意大利	27.5	23.8	44.3	42.0	6.5	7.4	35.6	36.2
荷兰	58.0	30.9	20.5	42.1	15.9	21.6	7.9	21.4

资料来源：〔德〕托马斯·迈尔：《社会民主主义的转型——走向21世纪的社会民主党》，殷叙彝译，北京大学出版社2001年版，第62页。

在欧洲工人运动内部，存在着左翼政党（包括社会民主党、工党）和共产党两种政治力量，但两者在基本理念与行动纲领上存在根本分歧。其中，左翼政党居于主导地位，经常能够在大选中获胜并执政，或至少能够在议会中获得相当数量的议席来影响政策的走向。左翼政党主张，在不触动资本主义制度的前提下，通过议会斗争，在多党民主制度下参政议政，达到维护工人阶级利益的目的。这就是被称为"社会民主主义"的政纲。而要在资本主义制度下维护工人阶级的利益，左翼政党必须推动国家普遍、深入地干预社会和经济生活，限制市场的作用，由政府来主持社会正义，推进带有平均主义色彩的社会平等。它主张的社会政策是强调社会包容、社会团结，倡导集体主义，使社会弱势群体得到关怀，以使公民能够获得"从摇篮到坟墓"的社会保障。左翼政党的这种社会政策主张，曾在第二次世界大战后受到西欧各国广大民众的拥护，并由此导致各国社会民主党或工党纷纷上台执政，一直延续到20世纪60年代末70年代初。但是，战后持续近30年的经济增长，在大众物质生活水平普遍提高的同时，工人阶级也发生了分化。随着新中间阶级逐渐成长为社会的多数群体，由于其利益诉求、政治倾向和社会价值取向不同于蓝领体力工人，那些继续坚持传统政纲的左翼政党无法吸引新中间阶级的普遍支持，选民大量流失，由此在20世纪七八十年代相继失去执政地位。这种严峻的挑战促使左翼政党纷纷改弦更张，调整自己的政纲，以期能够吸引到更广泛的社会支持，尤其是吸引大部分新中间阶级选民的支持，扩大自身的选民基础。于是，有了"第三条道路"政纲的出笼。可以说，第三条道路是社会民主主义的现代化，是对老派社会民主主义理念的变革。一方面，维护社会正义与社会平等作为社会民主主义的核心价值观，依然是贯穿第三条道路的主线；另一方面，它明显摒弃了老派社会民主主义的平均主义，以及过分依赖国家的消极态度。正如我们前面所分析的，新中间阶级的经济地位和物质生活水平已经有了实质性的提高，他们的利益诉求更多是非物质性的，是政治和社会地位的提高，是最大限度地实现自我价值。他们要求国家为他们的继续发展创造有利条件，而不是像过去那样依靠政府实行社会基本物质生活的保障。所以，第三条道路倡导公民在享受权利的同时必须履行某种义务；明确在国家、政府乃至家庭中权威要通过民主去培植；在机会均等的前提下人人都具有选择的权利、创新的权利和参与的权利。显然，左翼政党改革的迫切性主要是源自当代西方社会阶级结构的变迁。

3. 新中间阶级的兴起迫使政府必须调整政策以适应其要求

以福利国家政策为例，对于西方福利国家制度的起源追溯，比较公认的起点是英国政府对《贝弗里奇报告》政策建议的接受。1941年6月，英国政府委托牛津大学教授威廉·贝弗里奇负责调查现有的社会保险计划及有关服务状况，并提出建议。1942年11月，贝弗里奇向政府提交了题为《社会保险及有关服务》的报告（即《贝弗里奇报告》）。该报告认为，英国社会政策应以消灭贫困、疾病、肮脏、无知和懒惰五大祸害为目标，主张通过建立一个社会性的国民保障制度，对每个公民提供七个方面的社会保障。报告提出了实行社会保障的三个原则：一是普遍性原则，社会保障的实施范围不限于社会的贫困阶层，应包括所有公民，并且不分贫富按统一标准缴纳保险金；二是政府统一管理原则，政府通过国民收入再分配组织实施各种社会保障措施；三是全面保障原则或公民需要原则。报告建议的社会保障计划包括三种保障方法：社会保险、社会救济和自愿保险。社会保险用于满足居民的基本需求，社会救济用于满足特殊情况的需要，而自愿保险则用于满足收入较多居民的较高需要。它的意义在于把社会福利作为一项社会责任确定下来，把救济贫困的概念由原来的救济贫民改变为保障国民的最低生活标准。《贝弗里奇报告》得到战时保守党和工党联合内阁，以及战后工党政府的原则性批准。在第二次世界大战后的三年中，英国政府通过了一系列社会保障法案，成为当时西方世界拥有最先进社会保障制度的国家。随后，各国纷纷仿照英国的做法建立自己的福利国家体制。

第二次世界大战后到20世纪70年代中期是福利国家制度发展的黄金时期。它大致包含四重内涵：一是世界上推行福利国家政策的国家急剧增加，社会福利项目成为国家社会经济政策的重要组成部分，福利国家政策得到社会各阶级的认可；二是福利国家政策的覆盖面和受益范围进一步扩大，各种福利项目成为公民享受的权利；三是社会保障项目构成趋于系统化，而且更加合理化和全面化；四是"福利国家"中用于社会保障支出的绝对值及其占国民生产总值的比重显著增加，转移性收入的数量进一步提高。就新中间阶级的发展壮大而言，虽然企业规模的扩大和产业结构的转型起到了重大推动作用，但福利国家制度的作用不容忽视，因为该制度在提高劳动者素质上发挥了至关重要的作用。实行中小学义务教育和对大学生提供赠款和贷款逐渐成为"福利国家"体系的组成部分，这对提高国家的人力资本，增加社会的流动性，使越来越多的工人阶级成员通过接受教育跃进到新中间阶级行列发挥了重大作用。随着新中间阶级逐渐成为社会的多数群体，尽管福利国家制度的最大受益者逐渐向他们转移，但新中间阶级却越来越不满足于旧的以救济和社会保障为主要目标的福利国家制度。这是因为他们需要的已不仅是救济和保障，而是服务。他们对自己所缴纳的税收更多地用于并非自己所期望的领域越来越无法容忍。而这种情况，同 20 世纪 70 年代由两次石油危机引发的政府巨额财政赤字相结合，导致福利国家制度陷入前所未有的危机。由此可见，福利国家制度陷入危机的最主要原因是它已经不适应阶级结构变迁的状况，新中间阶级这个社会的多数群体对国家的要求和期望已经不同于过去的蓝领体力劳动者。他们一是要求扩大高质量教育。新中间阶级的兴起和壮大乃是基于高等教育的普及和发展，他们对教育的普及和质量的提高有着更高的期望，以适应现代经济生产对知识和智能不断提高的要求。此外，夫妇双方都在工作，很少有时间教育孩子，而学前教育又被证明对孩子的成长非常重要，这又对建立学前教育体系、提高学前教育质量提出要求。这种对教育实行双向扩展的要求，相应地要求教育支出在福利支出中的比重不断增加。二是要求高质量的医疗保健服务。新中间阶级在满足基本物质需求的基础上，对获得更健康身心和延长寿命的需求相应增加，这就要求医疗保健服务的发展与之相适应。但随着现代医疗技术的发展和药品技术含量的提高，以及医疗服务和心理健康服务的日益专业化，医疗保健费用愈益昂贵。加之人的寿命在不断延长，老人需要更多的医疗服务，医疗保健服务逐渐成为稀缺资源。于是，福利国家制度的支出越来越多地用于教育和健康领域。这也是有些国家右翼政党上台后，虽然打出压缩福利国家支出的口号，但政府的税收和支出水平反而超过以建设福利国家为己任的前任左翼政党的重要原因。三是解决已婚妇女就业带来的问题。妇女在白领群体中占有相当大的比例，这就对过去形成的男主外、女主内的家庭分工模式提出挑战。夫妇都参加工作，谁来照顾孩子，谁来操持家务？这也是造成西方发达国家高离婚率的原因之一。①总之，伴随新中间阶级的兴起，福利国家制度承担的职能在变化。在满足物质生活需要占据主导地位的时代，福利国家制度主要是应对生活保障问题；而在满足非物质生活需要占据主导地位的时代，福利国家制度更多的是要应对满足公民更高层次生活需要的问题。这进一步表明，福利国家制度现时在西方出现的难以为继的危机，并非仅由于它给政府带来了沉重的财政负担，更为重要的是，它未能及时对福利供给方向做出调整，未能满足新中间阶级这个新兴社会多数群体对政府为纳税人提供服务的需求。它反映的实质问题是，政府必须适时调整其政策，以满足新中间阶级的利益诉求，这样才能更好地履行管理公共事务的重大职责，并由此获得统治的合法性。

四　新中间阶级兴起的潜在历史意义

马克思将真正劳动分工（指脑体分工）的产生视为阶级产生的缘由和标志。相应地，他也将真正劳动分工的消灭视为进入未来无阶级社会的基本条件，这种无阶级社会即马克思为我们揭示的人类理想社会，亦即共产主义社会。而新中间阶级的兴起是在向着消灭脑体分工发展的道路上迈出的关键一步。当代西方发达资本主义国家的演化包含着两个层面的提升：一是伴随科学技术的高度发展带来的产业革命，使劳动生产方式朝向以知识化劳动、脑力劳动为主的方向提升；二是人们生产能力的提高使蓝领体力工人发生分化，不断扩大能够从事脑力劳动的新中间阶级的规模。两者呈现相辅相成的演进态势。在这种互为促动的关系中，由生产能力提高促动的生产力的高度发展无疑是先决条件，只有生

---

① Ronald Glassman, *Caring Capitalism: A New Middle Class Base for the Welfare State*, St. Martin Press, 2000, Chapter 2.

产力高度发展了，生产效率有了空前提高，才能有效地使劳动时间大大缩短，让人们能够有充裕的时间来学习和提高自身各方面的能力。诚然，新中间阶级的兴起和壮大只是向着消灭脑体分工方向演化的重要一步。人类社会的历史发展经过了如此漫长的进程，才使我们看到消灭脑体劳动分工的现实可能性，而距离真正消灭脑体劳动分工仍有漫漫长路等待人们去开拓。

第四节　对马克思有关后发国家向社会主义过渡理论的再解读

一　马克思有关后发国家向社会主义过渡的可能性及相关条件的论述

马克思在其理论建构的中前期主要将精力集中于对西欧先发资本主义国家的研究上，从历史发展规律的视角论证了资本主义向更高级社会过渡的历史必然性。随着作为后发国家的俄国如何发展问题的提出，马克思将研究视野拓展到非西方社会即后发国家的发展上。19 世纪中后期的俄国正处于社会转型的十字路口：一方面，农奴制出现普遍危机，资本主义获得一定程度的发展；另一方面，广大农村地区仍然存在土地共有的农村公社，呈现出非资本主义发展的可能性。在这种状况下，俄国知识阶层就俄国社会的发展道路问题产生了激烈争论：以米海洛夫斯基为代表的"资本主义制度的崇拜者"（马克思语）极力主张摧毁农村公社，发展资本主义；以查苏利奇为代表的激进改革派则主张避免走资本主义道路，在保存农村公社的基础上走社会主义道路。资本主义道路的拥护者为了证明自己的观点，曲解马克思关于人类社会发展规律的论述，硬说连马克思本人都认为必须先发展资本主义社会，而后才能向社会主义过渡。面对现实，马克思开始研究俄国问题。他 50 岁时自学了俄语，并达到熟练阅读的水平。经过研究，他写作了一系列重要文献，探讨像俄国这样保存着农村公社的后发国家向社会主义过渡的道路问题，其中包括研读柯瓦列夫斯基关于公社土地所有制的著作所做的长篇笔记，还有《给〈祖国纪事〉杂志编辑部的信》、《给维·伊·查苏利奇的复信》（包括初稿和复信），以及马克思、恩格斯1882年为《共产党宣言》俄文版写的序言。

　　马克思首先肯定作为后发国家的俄国有可能不经过资本主义制度而直接向社会主义过渡。他在《给〈祖国纪事〉杂志编辑部的信》中明确指出，他同意车尔尼雪夫斯基所主张的俄国走一条"发展它所特有的历史条件（指农村公社的广泛存在——引者注）的同时取得资本主义制度的全部成果，而又可以不经受资本主义制度的苦难"[1]的道路的观点；同时坚决反对米海洛夫斯基对他关于西欧资本主义起源的历史概述的看法："他一定要把我关于西欧资本主义起源的历史概述彻底变成一般发展道路的历史哲学理论，一切民族，不管它们所处的历史环境如何，都注定要走这条道路，——以便最后都达到在保证社会劳动生产力极高度发展的同时又保证每个生产者个人最全面的发展的这样一种经济形态。但是我要请他原谅。（他这样做，会给我过多的荣誉，同时也会给我过多的侮辱。）"[2] 这一观点在他后来《给维·伊·查苏利奇的复信》（初稿）中做了类似的表述："（农业公社）和控制着世界市场的西方生产**同时存在**，就使俄国可以不通过资本主义制度的卡夫丁峡谷，而把资本主义制度所创造的一切积极的成果用到公社中来。"[3] 而且，马克思强调了俄国选择自己发展道路的重要性。他指出："如果俄国继续走它在1861年所开始走的道路，那它将会失去当时历史所能提供给一个民族的最好的机会，而遭受资本主义制度所带来的一切灾难性的波折。"[4]

---

[1]《马克思恩格斯文集》第3卷，人民出版社2009年版，第464页。
[2]《马克思恩格斯文集》第3卷，人民出版社2009年版，第466页。
[3]《马克思恩格斯文集》第3卷，人民出版社2009年版，第575页。
[4]《马克思恩格斯文集》第3卷，人民出版社2009年版，第464页。

其次，马克思关于后发国家有可能跨越"资本主义制度的卡夫丁峡谷"而直接向社会主义过渡的理论设想，并没有停留在仅仅指出存在这样一种可能性，而是对实现成功跨越的条件都一一做了分析。因此，马克思关于后发国家向社会主义直接过渡的观点绝非乌托邦式的空想，而是具有可操作性和实现的可能性。

其一，需要汲取先发资本主义国家在发展生产力方面所取得的一切积极成果。后发国家在生产力的发展水平上大大落后于先发国家，因此，后发国家通过革命夺取政权、建立社会主义制度后的首要任务就是要发展生产力。而且，由于同生产力发展水平较高的先发国家同时存在，因此，后发国家在发展生产力时可以便捷地借鉴和吸纳先发国家已经取得的一切积极成果。正如马克思所指出的："正因为它和资本主义生产是同时存在的东西，所以它能够不经受资本主义生产的可怕的波折而占有它的一切**积极的成果**。俄国不是脱离现代世界孤立生存的。"①这个条件是马克思设想的成功"跨越资本主义制度的卡夫丁峡谷"诸条件中最重要的一个。之所以这样讲，一是因为快速发展落后的生产力，是后发国家建设社会主义的第一要务；二是因为这是一个高度浓缩性的概括，其具体内涵需要在社会主义建设的实践中予以确定；三是因为正是在这一问题认识上的失误给现实社会主义的实践带来了惨痛的教训。

其二，需要对农村公社进行民主化改造。由于农村公社和农民长期委身于沙皇专制制度之下，发展自身、掌握自身政治和经济命运的自觉性不强，需要通过民主化改造以提高其觉悟。正如马克思所指出的："俄国的'农业公社'有一个特征，这个特征造成它的软弱性，从各方面来看对它都是不利的。这就是它的孤立性，公社与公社之间的生活缺乏联系……这种与世隔绝的小天地就使一种或多或少集权的专制制度凌驾于公社之上。"而进行民主化改造的具体措施就是："也许只要用各

---

① 《马克思恩格斯文集》第3卷，人民出版社2009年版，第571页。

公社自己选出的农民代表会议代替乡这一政府机关就行了，这种会议将成为维护它们利益的经济机关和行政机关。"① 但这里需要强调的是，公社之间交往的加强与农民能够真正选出代表自己利益的机关，都是以农民物质生产能力和道德修养水平的极大提高为前提的，而这无疑需要一个长期的发展过程。

其三，需要有俄国革命，以免农村公社遭受资本主义扩张的破坏。正如马克思所指出的："这种农村公社是俄国社会新生的支点；可是要使它能发挥这种作用，首先必须排除从各方面向它袭来的破坏性影响，然后保证它具备自然发展的正常条件。"② "如果革命在适当的时刻发生，如果它能把自己的一切力量集中起来以保证农村公社的自由发展，那么，农村公社就会很快地变为俄国社会新生的因素，变为优于其他还处在资本主义制度奴役下的国家的因素。"③

从以上的论述可知，马克思不仅肯定作为后发国家的俄国有可能跨越"资本主义制度的卡夫丁峡谷"，而且对这种跨越所必须具备的条件进行了分析。但需要清醒地认识到，这些条件都是马克思所做的原则性预想，至于如何具体实现这些预想，则需要后发国家在自身的过渡实践中进行探索。而且，因为这是一种无前例可循的伟大实践，它往往会经历在实践中付出代价、在经验中学习、逐步找到正确路径的过程。

二　苏联和中国在探索直接向社会主义过渡实践中的经验与教训

在将马克思的理论观点运用于俄国社会实践的过程中，首先需要解决的问题就是俄国是否有可能跨越"资本主义制度的卡夫丁峡谷"而直接向社会主义过渡的理论认识问题。列宁在这个理论问题的认识上有过一个演变过程，这可以从他同俄国著名马克思主义理论家普列汉诺夫

---

① 《马克思恩格斯文集》第3卷，人民出版社2009年版，第575页。
② 《马克思恩格斯文集》第3卷，人民出版社2009年版，第590页。
③ 《马克思恩格斯文集》第3卷，人民出版社2009年版，第582页。

由观点一致到产生分歧和争论的改变中体现出来。最初受马克思有关先发国家资本主义经历充分发展而向社会主义过渡思想的影响，他和普列汉诺夫都反对激进民粹派有关俄国非资本主义发展道路的设想，而且都是以资本主义发展阶段的普遍必然性存在和不可跨越性作为主要的理论依据。列宁批判激进民粹派的由农村公社直接向社会主义过渡观点的理论依据就是："在俄国，像在任何资本主义国家一样……只有雇佣工人同资产阶级进行阶级斗争才是实现社会主义的途径"，①而且，"只有资本主义发展的高级阶段，即大机器工业，才能造成进行这场斗争所必需的物质条件和社会力量。在其余一切地方，在资本主义发展的较低级的形式下，这种物质条件是没有的"。②但是，到十月革命前夕，他们之间却产生了根本性的分歧。普列汉诺夫仍然坚持原来的理论观点，认为俄国既然只有充分发展资本主义才能进入社会主义，就不应该在资本主义尚未充分发展之前去发动社会主义革命。他曾形象地写道："俄国历史还没有磨好将来要用它烤成社会主义馅饼的那种面粉。"③而此时，列宁已经不再强调他和普列汉诺夫一致反对激进民粹派时所坚持的那种理论观点，而是认为既然广大工农大众已经再也不能容忍沙皇统治，就应当当机立断领导工农大众推翻沙皇统治，建立社会主义制度。对此，列宁是从普遍性和特殊性关系的角度予以论证的："世界历史发展的一般规律，不仅丝毫不排斥个别发展阶段在发展的形式或顺序上表现出特殊性，反而是以此为前提的。……俄国能够表现出而且势必表现出某些特殊性，这些特殊性当然符合世界发展的总的路线，但却使俄国革命有别于以前西欧各国的革命，而且这些特殊性到了东方国家又会产生某些局部的新东西。……既然建立社会主义需要有一定的文化水平（虽然谁也说不出这个一定的'文化水平'究竟是什么样的，因为这在各个西欧国家都是不同的），我们为什么不能首先用革命手段取得达到这个

---

① 《列宁全集》第24卷，人民出版社2017年版，第351页。
② 《列宁全集》第1卷，人民出版社2013年版，第264页。
③ 〔俄〕普列汉诺夫：《在祖国的一年》，生活·读书·新知三联书店1980年版，第207页。

一定水平的前提，**然后**在工农政权和苏维埃制度的基础上赶上别国人民呢？"① 这样，列宁就从理论上论证了在后发国家发动革命、建立社会主义政权的合理性。

在实践中通过十月革命建立了世界上第一个社会主义国家之后，列宁领导的社会主义政权面临的最重要的任务就是如何建设社会主义的问题。列宁将共产主义和社会主义都界定为苏维埃政权加上先进的生产技术和管理制度，像他将共产主义界定为"共产主义就是苏维埃政权加全国电气化"，② 将社会主义界定为"乐于吸取外国的好东西：苏维埃政权+普鲁士的铁路秩序+美国的技术和托拉斯组织+美国的国民教育等等等等……＝社会主义。"③ 从列宁对社会主义的界定看，他对"汲取资本主义发展的一切积极成果"主要是从物质技术层面予以理解的。虽然在迫不得已的情况下实施了新经济政策，允许市场交换获得一定程度的发展，像在农村允许农民将余粮拿到市场上自由出售，在城市允许私人开办中小企业等，使经济得到恢复和一定发展，但由于将市场经济的发展视为资本主义的特征，列宁将实施新经济政策视为利用资本主义来发展经济，"同社会主义比较，资本主义是祸害。但同中世纪制度、同小生产、同小生产者涣散性引起的官僚主义比较，资本主义则是幸福。既然我们还不能实现从小生产到社会主义的直接过渡，所以作为小生产和交换的自发产物的资本主义，在一定程度上是不可避免的，所以我们应该利用资本主义（特别是要把它纳入国家资本主义的轨道）作为小生产和社会主义之间的中间环节，作为提高生产力的手段、途径、方法和方式"。④ 这就导致列宁以一种矛盾的心理来看待新经济政策，一方面将其视为一种权宜之计和暂时的退却，"我们已经退了一年。我们现在应当代表党宣告：够了！退却所要达到的目的已经达到了。这个

---

① 《列宁全集》第43卷，人民出版社2017年版，第374—375页。
② 《列宁全集》第40卷，人民出版社2017年版，第30页。
③ 《列宁全集》第34卷，人民出版社2017年版，第520页。
④ 《列宁全集》第41卷，人民出版社2017年版，第217页。

时期就要结束或者已经结束。现在提出的是另一个目标，就是重新部署力量"；① 另一方面却又将其视为建设社会主义的唯一办法，像在上引宣布要结束退却的同一篇报告中所指出的："我们还没有找到建设社会主义经济、建立社会主义经济基础的真正途径，但我们有找到这种途径的唯一办法，这就是实行新经济政策。"② 无疑，列宁需要时间来检验新经济政策的效果，需要时间来对如何在后发国家建设社会主义进行新的理论思考和实践。但从 1921 年 5 月实行新经济政策到 1924 年 1 月列宁病逝，仅仅不到三年时间，尽管列宁留下了一些重要文献，对如何在后发国家建设社会主义进行了思考，但并未能形成一套成熟的理论思想和方针政策。几年后，新经济政策就被斯大林于 1929 年底发起的"全线进攻"的"大转变"所终止。斯大林抛弃列宁的新经济政策，发起对资本主义的"全线进攻"，开始向"社会主义的大转变"，从而建立起一种工业全面国有化、农业全面集体化、管理高度集中化的社会主义经济模式。斯大林要将市场机制作为资本主义的要素从社会主义经济中排除出去。此外，他还提出两个平行市场理论，认为社会主义国家已经在经济上结合起来，建立了合作和互助，不再需要从资本主义国家输入商品。在实践中，斯大林将苏联封闭起来，尽量减少同资本主义世界的交往，甚至连在物质技术层面向资本主义积极成果借鉴都予以阻止。斯大林之后的国家领导人虽然不断进行经济改革，试图赋予经济以活力，但由于基本沿袭了斯大林的观念，将市场机制视为资本主义的要素，因此将改革的重点放在了企业放权、物质刺激等治标不治本的措施上，最终未能扭转苏联经济发展的颓势。到了戈尔巴乔夫时期又实行"休克疗法"，用 500 天向市场经济过渡，最终导致经济混乱，苏联解体。可以说，苏联社会主义 70 年的建设未能从根本上解决马克思所提出的"汲取资本主义的一切积极成果"问题，未能在市场机制同资本主义关

---

① 《列宁全集》第 43 卷，人民出版社 2017 年版，第 89 页。
② 《列宁全集》第 43 卷，人民出版社 1987 年版，第 77 页。

系的问题上取得突破性认识与实践。

中国在改革开放前基本沿袭了苏联的经济发展模式，同样排斥市场机制，将它作为"资本主义的尾巴"竭力加以消除。整个经济的资源配置和产品分配完全由中央政府控制。由于缺乏市场体制下的竞争机制和激励机制，形成了"企业干好干坏一个样，工人干多干少一个样"的局面。加之各种政治运动，使得中国经济一度走向崩溃的边缘。所幸的是，在紧要关头，中国共产党显示出比苏联共产党更强的自我纠错能力。在邓小平领导下，20世纪70年代末中国实行了改革开放政策，在保留社会主义制度的前提下启动向市场经济体制的转型。在惨痛的教训面前，邓小平同志对将"资本主义的一切积极成果"仅仅做物质技术层面的理解进行反思、做出修正。他曾发表有关"计划和市场都是发展生产力的方法"的谈话，指出："为什么一谈市场就说是资本主义，只有计划才是社会主义呢？计划和市场都是方法嘛。只要对发展生产力有好处，就可以用。它为社会主义服务，就是社会主义的；为资本主义服务，就是资本主义的。"① 后来又专门强调："计划经济不等于社会主义，资本主义也有计划；市场经济不等于资本主义，社会主义也有市场。计划和市场都是经济手段。"②

正是因为从理论层面解决了社会主义国家运用市场机制的难题，所以中国的改革开放就解除了思想上的紧箍咒，大胆先行先试，将市场机制引入经济运行，将竞争机制引入企业经营，将竞争机制引入个人工作绩效考核，将多种所有制引入经济体制，并且实行对外开放，参与世界经济分工体系，从而促成了中国经济的腾飞。历经40余年的发展，中国已跃居世界第二大经济体，中国的国际地位大幅提升，走近世界舞台中央，中国特色社会主义建设由此进入了新时代。

追根溯源，在苏联和中国社会主义建设实践中之所以连续出现对

---

① 《邓小平文选》第3卷，人民出版社1993年版，第203页。
② 《邓小平文选》第3卷，人民出版社1993年版，第373页。

"汲取资本主义一切积极成果"的错误理解，根本原因在于没有认识到在马克思的理论体系中存在关于先发国家和后发国家两类不同国家建设社会主义的两种不同理论设想。《哥达纲领批判》这一纲领性文献显然是否定市场经济在社会主义中存在的，但它是针对市场经济已经获得长期发展的先发国家而言的。在该文献中，马克思尽管强调共产主义发展的第一阶段，即社会主义阶段会保留资产阶级权利，实行按劳分配的原则，但这种分配已经不再是在市场上通过货币的交换，而是"他从社会领得一张凭证，证明他提供了多少劳动（扣除他为公共基金而进行的劳动），他根据这张凭证从社会储存中领得一份耗费同等劳动量的消费资料。他以一种形式给予社会的劳动量，又以另一种形式领回来"。[①]尽管《哥达纲领批判》是针对先发资本主义国家而言的，但是排斥或限制市场机制的作用，此后几乎成为社会主义国家必须信守的基本准则。而马克思有关作为后发国家的俄国直接向社会主义过渡的可能性和条件的文献却为人们所忽视。在这些文献中，尽管没有明确说明市场机制是后发国家发展经济应当借助的手段，但我们还是能够体察到马克思有关这方面的提示。像他对比了引入先进机器等物质技术层面的内容同引入银行、信用等一整套交换机构之间的差别，"俄国为了采用机器、轮船、铁路等等，是不是一定要像西方那样先经过一段很长的机器工业的孕育期呢？同时也请他们给我说明：他们怎么能够把西方需要几个世纪才建立起来的一整套交换机构（银行、信用公司等等）一下子就引进到自己这里来呢？"[②]由此可见，"资本主义的一切积极成果"不仅包括物质技术层面，还包括交换机构和交换机制层面，而后者则是需要在市场经济的长期发展中逐渐孕育成熟的。

从苏联和中国等后发国家进行社会主义建设的实践观察，苏联失败的原因恰恰是在如何理解"资本主义的一切积极成果"的问题上未能

---

① 《马克思恩格斯文集》第 3 卷，人民出版社 2009 年版，第 434 页。
② 《马克思恩格斯文集》第 3 卷，人民出版社 2009 年版，第 571 页。

得出科学的认识，未能认识到市场机制作为发展生产力的手段是能够为社会主义所使用的。而中国实行改革开放政策，引入市场机制，发展市场经济，真正解决了"资本主义的一切积极成果"乃是应该包括市场机制、包括市场经济的问题。

三　中国特色社会主义在科学社会主义发展史上具有划时代意义

从马克思创立科学社会主义理论以来，科学社会主义的发展大致经历了三个阶段。第一个阶段是理论创建阶段。该阶段的主要任务是建构一套科学的社会主义理论。它要从人类社会历史发展规律的视角揭示社会主义产生的必然性。马克思通过创建唯物史观揭示了人类社会历史的发展规律，通过创建剩余价值理论揭示了无产阶级同资产阶级矛盾的内在机制，由此揭示出社会主义作为这种矛盾的解决方案，其建立具有历史必然性的规律。至于不同类型的国家如何向社会主义过渡，马克思提出了不同的论述，这就成为这些国家向社会主义过渡的理论指导，它们在实践中检验和发展着马克思的相关理论思想。就先发资本主义国家向社会主义过渡的问题，在本章第二节已有专门论述。就后发国家向社会主义过渡的问题，马克思通过研究不仅肯定后发国家有可能直接向社会主义过渡，而且具体提出了完成这种过渡所需要具备的条件。当然，在领会马克思有关"汲取资本主义一切积极成果"的真正内涵上，现实的社会主义国家经历了一个较长期的探索过程，从挫折和教训中逐渐找到解决这个问题的路径，由此推动社会主义建设实践获得了较大发展。

第二个阶段是社会主义国家创建阶段。该阶段的主要任务是将马克思的科学社会主义理论付诸实践，建立社会主义国家。它需要具体国家的革命领袖从本国具体国情出发，确定向社会主义过渡的策略。列宁根据俄国当时的国情，灵活运用马克思的科学社会主义理论，主张俄国应当抓住当时资产阶级临时政府统治孱弱，工人和农民强烈要求改变现状的重大历史机遇。他先从理论上论证在后发国家可以发动革命建立社会主义政权，并利用社会主义政权来更快地发展生产力的合理性；然后领导布尔什维克这一无产阶级的先锋队发动十月革命，建立了世界上第一个社会主义国家，将科学社会主义从理论变为现实。正是在苏联的示范和指导下，生产力发展水平更为落后的后发国家中国在以毛泽东为核心的中国共产党第一代领导集体的领导下，通过艰苦卓绝的革命斗争，建立了社会主义政权。此后陆续还有其他一些后发国家建立了社会主义政权。在社会主义政权建立后，紧接着就是要进行社会主义建设。虽然苏联和改革开放前的中国在社会主义建设中都取得了巨大的成就，但始终没有解决是否应该运用市场机制和是否应该发展市场经济这一问题。面对内外交困的紧迫形势，列宁果断实施新经济政策，一定程度上借助市场手段来刺激经济，由此使经济得到恢复和发展。但在如何看待市场机制同社会主义的关系的问题上，列宁处于矛盾状态，一方面肯定新经济政策是建立社会主义真正基础的唯一途径，另一方面又认为新经济政策是向资本主义的暂时退却。这反映出列宁主张将市场经济等同于资本主义的观点。遗憾的是，列宁没有更多时间来思考和解决这一事关社会主义建设未来发展的重大理论问题。列宁逝世后，斯大林很快就宣布结束新经济政策，实行排斥市场机制的计划经济，创建发展社会主义的斯大林模式。斯大林模式成为后发国家进行社会主义建设的标准模式。中国社会主义政权建立后，在 1978 年以前的社会主义建设中仿效斯大林模式，排斥市场机制的作用，虽然也取得巨大发展，但在推动经济持续发展的活力，以及调动人民群众的积极性方面存在不足。

第三个阶段是运用市场机制建设具有中国特色的社会主义阶段。该阶段的主要任务是将马克思有关"汲取发达资本主义国家的一切积极成果"的思想付诸实践，在吸收借鉴西方发达资本主义国家在物质技术层面取得的积极成果的同时，大胆引入市场机制，发展市场经济，为社会主义经济建设注入活力，使社会主义市场经济成为后发国家建设社会主义新的路径，由此中国特色社会主义建设在科学社会主义发展史上具有了划时代的意义。面对较低的生产力水平和计划经济缺乏活力的紧迫局面，以邓小平为核心的党的第二代领导集体灵活运用马克思的科学社会主义理论，实行改革开放，引入市场机制，探索建设有中国特色的社会主义市场经济，引进技术，引入外资，借鉴发达国家先进的管理经验。经过 40 余年的发展，中国的社会主义建设取得巨大成就，经济总量已跃居世界第二，按购买力平价计算已跃居世界第一；综合国力大幅提升，迎来了实现中华民族伟大复兴的光明前景。中国特色社会主义市场经济已经成为科学社会主义新发展阶段的标准模式，成为仍然坚持社会主义制度的国家和其他后发国家争相学习借鉴的标准模式。

中国特色社会主义建设的新时代正在展现出若干新的趋势，有可能引领科学社会主义发展进入新的阶段。随着中国综合国力，尤其是经济实力的大幅提升，创建更公平的国际政治经济新秩序的进程已经开启。习近平总书记在这方面阐发了一系列思想并推动其逐步落实。如国家不分大小，通过"共商共建共享"来实现共同发展；不同文明之间并不必然要产生冲突，而是可以通过"文明交流互鉴"实现取长补短式的发展；坚持"人类命运共同体"的价值观，反对零和博弈，坚持合作共赢；提出"一带一路"倡议，帮助发展中国家发展基础设施，为他们的经济发展创造条件；等等。这些思想和倡议的背后当然有中华民族所主张的"天下大同""尚和"等优秀传统文化的影响，但更多的是在践行社会主义的价值观。

第二次世界大战结束以来，出现过两种国际秩序，一种是以美国为首的资本主义国家建立的现行的国际秩序，它实际上是一种"霸权者通吃"的极端不平等的国际秩序；另一种是苏联打着社会主义国际主义的旗号建立的霸权式的国际秩序。后者已经走向解体，前者同样因为不得人心而成为有识之士呼吁变革的对象。而中国则成为被寄予厚望去改变旧国际秩序的国家，从汤因比到保罗·肯尼迪再到沃勒斯坦均有相关论述。这一方面是因为他们对中国历史文化有着较深刻的了解，另一方面则是因为他们对中国真正践行了社会主义价值观有所体认。

当然，中国目前仍然是发展中国家，国内发展还有诸多有待克服的

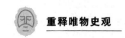

重大难题，像如何通过科技创新推动产业结构升级，由此跨越"中等收入陷阱"，国际环境给中国的内外发展带来的障碍，等等。但我们坚信，越坚持中国特色社会主义的发展道路和合作共赢的全球交往模式，更加公平的国际新秩序就会越早到来。

第五节 驳中国非社会主义论

历史虚无主义者不仅在理论上谬指唯物史观是历史虚无主义，而且在对人类社会历史演进的研究中也采取历史虚无主义态度。他们否定中国共产党领导中国人民进行社会主义革命和社会主义建设的合理性，更在对当前中国社会性质的确认上采取历史虚无主义态度，竟然诬称当前中国的社会性质是资本主义或国家资本主义。对于此种谬说必须予以驳斥，不能任其扰乱视听。

一 现实中国社会的性质是中国特色社会主义

中国特色社会主义，顾名思义，是在中国特有的历史文化传统与现实的政治、经济和社会基础上建设的社会主义。它以马克思创立的社会主义与共产主义理论为治国的基本指导思想。在如何贯彻这些基本指导思想的施政过程中，要从中国的客观现实出发，既不能一步到位，又不能无所事事地坐等条件成熟，而是不断在实践中探索符合国情的发展道路。

（一）在中国进行社会主义建设的理论指导思想

在中国建设社会主义，其指导理论自然是马克思的社会主义与共产主义理论。简析之，有三大要点。

其一，共产主义的本质特征是消灭脑体分工。脑体分工的消灭，既标志着社会物质财富的极大丰富，又标志着社会阶级与阶层的根本消失。由此，人类步入大同社会。马克思首次表述这种思想是在标志唯物史观诞生的著作《德意志意识形态》中，但它却被一些研究者讥讽为马克思的浪漫主义空想。然而，只要对马克思的思想发展做一些考察，即可观察到这乃是其一以贯之的观点。像马克思在他的晚期著作中就表达了同样的思想。①

其二，社会主义是共产主义的第一个阶段。马克思认为，共产主义社会将分为两个不同的阶段，社会主义是它的第一个阶段。② 马克思指明在这个阶段是要在"经济、道德和精神方面"去除资本主义社会的痕迹，为向共产主义社会过渡准备条件。而如何为向共产主义社会过渡准备条件，则因不同社会的差异而有所不同。

其三，后发国家向社会主义过渡需要经历一个长期的发展阶段。马克思面对俄国在 1861 年农奴制改革后是走资本主义道路还是走社会主义道路的现实问题，通过认真研究，写出了一系列文献。③ 他首先肯定像俄国这样的后发国家是可以跨越"资本主义制度的卡夫丁峡谷"而直接向社会主义过渡的。他指出："和控制着世界市场的西方生产**同时存在**，就使俄国可以不通过资本主义制度的卡夫丁峡谷，而把资本主义制度所创造的一切积极的成果用到公社中来。"④ 他具体说明了俄国向社会主义过渡的条件，即汲取资本主义的一切积极成果，⑤ 对农村公社进行民主化改造，⑥

---

① 这里指的是马克思为数不多的对未来社会做出描绘的著作《哥达纲领批判》。

② 马克思的原话是："我们这里所说的是这样的共产主义社会，它不是在它自身基础上已经**发展了的**，恰好相反，是刚刚从**资本主义社会中产生出来的**，因此它在各方面，在经济、道德和精神方面都还带着它脱胎出来的那个旧社会的痕迹。……但是这些弊病，在经过长久阵痛刚刚从资本主义社会产生出来的共产主义社会第一阶段，是不可避免的。"（《马克思恩格斯文集》第 3 卷，人民出版社 2009 年版，第 434—435 页）

③ 这些文献包括：研读柯瓦列夫斯基关于公社土地所有制的著作所做的长篇笔记、《给〈祖国纪事〉编辑部的信》、《给维·伊·查苏利奇的复信》（包括初稿和复信），以及同恩格斯合作为《共产党宣言》俄文版写的序言。

④ 《马克思恩格斯文集》第 3 卷，人民出版社 2009 年版，第 575 页。

⑤ 马克思的原话是："正因为它和资本主义生产是同时存在的东西，所以它能够不经受资本主义生产的可怕的波折而占有它的一切**积极的成果**。"（《马克思恩格斯文集》第 3 卷，人民出版社 2009 年版，第 571 页）

⑥ 马克思的原话是："也许只要用各公社自己选出的农民代表会议代替乡这一政府机关就行了，这种会议将成为维护它们利益的经济机关和行政机关。"（《马克思恩格斯文集》第 3 卷，人民出版社 2009 年版，第 575 页）

以及需要有挽救农村公社的革命。① 由此可见，对后发国家而言，向共产主义社会第一个阶段社会主义的过渡还需要有一个同资本主义国家长期共处的过程，并需要把资本主义国家在社会生产与社会管理等方面所创造的积极成果引入进来。

（二）中国进行社会主义建设的实际

从上述对指导中国社会主义建设的理论的考察中，我们知道，作为后发国家的中国首先需要有一个向社会主义过渡的阶段，然后才能迈向共产主义。中国特色社会主义中的"特色"就在于以下几点。

首先，中国特色社会主义的定位是社会主义的初级阶段。中国特色社会主义建设基于"国家大、人口多、底子薄"的不利基础。邓小平同志对此有清醒的认识。② 他不厌其烦地警示我们：贫穷不是社会主义，更不是共产主义。而以经济建设为中心，坚持发展生产力，则是解决中国贫困落后问题的根本所在，这被视为长时期适用的重大战略判断。

其次，中国特色社会主义的根本是坚持社会主义的发展方向。坚持社会主义发展方向是几代中国共产党领导人坚持的基本原则。像中国特色社会主义的总设计师邓小平曾多次强调要坚持走社会主义道路。③ 习近平总书记也一再重申：中国"既不走封闭僵化的老路，也不走改旗易帜的邪路"，而是要坚定地走中国特色社会主义道路。

---

① 马克思的原话是："要挽救俄国公社，就必须有俄国革命。……如果革命在适当的时刻发生，如果它能把自己的一切力量集中起来以保证农村公社的自由发展，那么，农村公社就会很快地变为俄国社会新生的因素，变为优于其他还处在资本主义制度奴役下的国家的因素。"（《马克思恩格斯文集》第 3 卷，人民出版社 2009 年版，第 582 页）

② 邓小平的原话是："社会主义本身是共产主义的初级阶段，而我们中国又处在社会主义的初级阶段，就是不发达的阶段。一切都要从这个实际出发，根据这个实际来制订规划。"（《邓小平文选》第 3 卷，人民出版社 1993 年版，第 252 页）

③ 邓小平的原话是："中国自鸦片战争以来的一个多世纪内，处于被侵略、受屈辱的状态，是中国人民接受了马克思主义，并且坚持走从新民主主义到社会主义的道路，才使中国的革命取得了胜利。……如果不搞社会主义，而走资本主义道路，中国的混乱状态就不能结束，贫困落后的状态就不能改变。所以，我们多次重申，要坚持马克思主义，坚持走社会主义道路。但是，马克思主义必须是同中国实际相结合的马克思主义，社会主义必须是切合中国实际的有中国特色的社会主义。"（《邓小平文选》第 3 卷，人民出版社 1993 年版，第 62—63 页）

再次，在同资本主义国家的长期共处中借鉴其所取得的优秀成果，实现赶超型发展。一是坚持对外开放的政策。在总结中国发展历史经验的基础上，[①] 邓小平同志强调："对内经济搞活，对外经济开放，这不是短期的政策，是个长期的政策，最少五十年到七十年不会变。"[②] 二是坚持实行市场经济。为了破除人们有关"计划等于社会主义，市场等于资本主义"这一僵化的错误认识，邓小平同志不厌其烦地讲："计划和市场都是经济手段"；[③] "资本主义与社会主义的区分不在于是计划还是市场这样的问题。……不要以为搞点市场经济就是资本主义道路，没有那么回事。计划和市场都得要"。[④] 当然，中国的市场经济不是西方那种自由主义市场经济，而是将政府调控与市场配置资源有机地结合在一起的市场经济。政府以政策规范企业的市场行为，摆正国有企业与民营企业的关系，为各级各类企业提供公平的竞争环境。

最后，以"壮士断腕"的精神来推进中国特色社会主义的建设。中国特色社会主义建设是在持续改革中推进的。而每一项改革举措，都会触动固有的权力结构、触及现存的利益分配格局。因此，在推进、落实改革的进程中必然会遇到阻力。特别是经过改革开放 40 余年的发展后，改革进入攻坚期和深水区。因此，党的十八届三中全会通过的《中共中央关于全面深化改革若干重大问题的决定》郑重宣示：必须以强烈的历史使命感，"敢于啃硬骨头，敢于涉险滩，以更大决心冲破思想观念的束缚、突破利益固化的藩篱，推动中国特色社会主义制度自我完善和发展"。[⑤] 正是预见到改革的深化会更深地触及权力结构、触动既得利益集团，预见到深化改革不可避免地会遇到多重阻力，因此，习

---

① 邓小平的原话是："总结历史经验，中国长期处于停滞和落后状态的一个重要原因是闭关自守。经验证明，关起门来搞建设是不能成功的，中国的发展离不开世界。……在坚持自力更生的基础上，还需要对外开放，吸收外国的资金和技术来帮助我们发展。"（《邓小平文选》第 3 卷，人民出版社 1993 年版，第 78—79 页）

② 《邓小平文选》第 3 卷，人民出版社 1993 年版，第 79 页。

③ 《邓小平文选》第 3 卷，人民出版社 1993 年版，第 373 页。

④ 《邓小平文选》第 3 卷，人民出版社 1993 年版，第 364 页。

⑤ 《中共中央关于全面深化改革若干重大问题的决定》，人民出版社 2013 年版，第 7 页。

近平总书记提出要以"壮士断腕"的精神来推动改革举措的贯彻落实。

正是由于有科学的理论指导与正确的实践推进，中国特色社会主义建设取得了前所未有的成就。处于贫穷状态的中国一跃成长为世界第二大经济体，占全球人口总量六分之一的 14 亿多人口的生活水平有了很大提升。这一奇迹的创造令世界叹服！

二 驳中国现实的社会性质非社会主义谬论

历史虚无主义者在虚无化中国共产党与中华人民共和国历史的同时，将攻击的矛头指向中国特色社会主义，谬称中国特色社会主义实质是资本主义。他们提出这种谬论的理由是：中国特色社会主义在马克思的社会主义与共产主义理论中找不到依据，市场经济是资本主义制度的专利；存在多种所有制，尤其是私有制，不是社会主义的特征。以下，就让我们一一予以驳斥。

（一）中国特色社会主义是马克思论证过的跨越"资本主义制度的卡夫丁峡谷"式的社会主义

历史虚无主义者以马克思论述的向社会主义过渡的理论是针对当时发达资本主义国家而言的，作为后发国家的中国实行社会主义在马克思那里找不到依据为由，否认中国现实社会是社会主义性质。如前文所述，马克思有关社会主义与共产主义社会的理论有三层含义：第一层是对共产主义社会本质的界定；第二层是共产主义社会包括两个阶段，第一个阶段为向第二个阶段过渡准备物质和精神条件，被称为社会主义社会；第三层是承认后发国家能够跨越"资本主义制度的卡夫丁峡谷"向社会主义过渡，但这种过渡是有条件的。由此可见，中国特色社会主义乃是马克思论述的第三层含义，即在中国共产党领导下，在一个后发国家推动的社会主义革命和建设事业。由此可见，那种认为中国特色社会主义在马克思的社会主义与共产主义理论那里找不到依据的观点是不能成立的。

对照马克思划分人类社会历史发展阶段的"三形态"理论，可以明确地得知，我们现在所处的社会历史发展阶段实质上是社会发展的第二大形态，发达资本主义国家同样也处于这个发展阶段上。而且，从生产力的发展水平衡量，我们还要低于它们。因此，发展生产力在较长时间内都是我们的第一要务。

（二）中国现行的经济制度是实行政府调控的市场经济的社会主义经济制度

历史虚无主义者以中国实行市场经济为借口，诬称中国目前实行的是资本主义制度，而不是社会主义制度。这种谬论当然不能成立。第一，他们做出这种谬断的前提是认定市场经济是资本主义的专利，只要实行市场经济就是搞资本主义。他们甚至忘记了，资本主义自 1929 年经济大危机以来，受凯恩斯经济学影响，政府通过干预经济走出了危机，并得到了第二次世界大战后长达 30 年的经济繁荣。由此，政府干预和计划成为资本主义市场经济不可或缺的组成部分。而同样，社会主义国家根据推进经济发展的需要，不同程度地实施引入市场机制的改革，取得的重大经济成就，使人们认识到社会主义也需要引入市场机制。哈佛大学的发展经济学教科书指出："资本主义和社会主义……这两种经济制度都不是纯而又纯的，所有的市场经济都被政府加以管理，而且由于这个原因，这些市场经济有时也被称为混合经济。"[①] 其实，马克思在他有关后发国家向社会主义过渡所需具备的条件中已经暗示了发展市场经济的必要性。如他在提到俄国可以直接引进先进技术等时，指出像银行、信用公司等一套交换机构是西方在几个世纪的市场经济发展中形成的，不可能一蹴而就地予以引入。而且，就目前中国和西方资本主义国家所处的第二大社会形态而言，马克思将其特征概括为"物的依赖性基础上的人的独立性"，而对物的依赖就是对市场和货币的依赖。第二，中国特色社会主义作为社会主义的初级阶段，必须以发展生产力为第一要务，而市场经济通过竞争、奖优罚劣、优胜劣汰等手段可以激发个体的创造力，优化资源的配置。所以，市场经济将是我们在较

---

① 〔美〕吉利斯等：《发展经济学（第四版）》，彭刚译，中国人民大学出版社 1998 年版，第 95 页。

长时期发展生产力的有力推手。当然，我们实行的市场经济是社会主义的市场经济，它既是在市场上进行普遍交换的经济，又是由社会主义政府进行调控的市场经济，是要最大限度地避免出现严重两极分化的市场经济。当然这也对政府调控市场的能力提出了更高的要求。

由此可见，以中国特色社会主义实行市场经济为由而否定现代中国的社会主义性质，是毫无依据、根本不能成立的。

（三）中国从经济发展的现实需要出发，实行多种所有制并存的社会主义经济制度

历史虚无主义者以中国目前在经济上实行多种所有制（包括私有制）为由，否定中国是社会主义性质的国家。这种谬论是不能成立的。第一，马克思认为，所有制是由劳动分工决定的，产生私有制和阶级的是脑体分工，因此只有到了共产主义社会的第二阶段才能真正消灭脑体分工，由此消灭私有制和阶级。而目前中国所处的发展阶段还不可能消灭脑体分工，也就尚无条件去消灭私有制。第二，前面已经提到，发展生产力仍将是中国在一个很长时期内的首要任务，而要发展生产力就必须调动最大多数人的积极性，实行多种所有制并存正是为了这一目的，尤其是调动私营、民办、个体、外资经营者的积极性，以此促进生产力的快速发展，为消灭脑体分工准备物质条件。

当然在这个过程中需要把握好"度"的问题。在中国特色社会主义建设过程中，一方面要以维护最大多数人民群众的根本利益为目标，逐步提高他们的生活水平；另一方面要着眼于促进经济快速发展的要求制定政策，调动经营者、管理者、创业者的积极性。这就要求党和政府既要保持廉洁为民的根本宗旨，又要具有"大智慧"，实施积极、创新的决策与具体政策，从而推进中国特色社会主义建设这一前无古人的伟大事业从胜利走向新的更大的胜利。

伴随中国的改革建设事业进入深水区和攻坚期，全面深化改革迎来的将是又一轮社会的深度转型。一些迷信西方"普适价值"的历史虚无主义者，企图阻挠中国特色社会主义事业的推进，使中国倒退实行他

们所向往的资本主义制度。他们惯用的一个手段就是抹黑中国特色社会主义，谬称中国现在实行的是资本主义制度。而从理论的高度厘清中国特色社会主义道路的实质与内涵，以驳斥那些别有用心者的叫嚣，同时解答民众心中存在的各种疑问，既是明辨是非的需要，也是进一步坚定广大人民群众的信念，使他们积极投身于中国特色社会主义建设事业的需要。

第四章

对诸种有关唯物史观研究的述评

第一节　科恩为唯物史观所做辩护的述评

任教于英国的加拿大哲学家杰拉德·科恩（Gerald Cohen）系西方分析的马克思主义学派（Analytical Marxism）[①] 的创始人与领军人物。分析的马克思主义学派是 20 世纪 70 年代末在英语地区，主要是英国和美国兴起的一个研究马克思主义理论的学派，科恩的代表作《卡尔·马克思的历史理论》[②] 于 1978 年的问世为这个学派形成的标志。后来，科恩和挪威政治学家乔恩·埃尔斯特（Jon Elster）于 1979 年 9 月在伦敦召集有相同或相近旨趣的 12 位从事马克思主义理论研究的学者围绕"当代马克思主义理论的问题"进行研讨，并由此形成惯例，每年 9 月

[①]　在国内学术界，该学派又被称为"分析学派的马克思主义""分析马克思主义"等，从英语直译应该是"分析的马克思主义"，是一个从 20 世纪 70 年代末以来在国际学术界颇具影响力的学派。本书以"分析的马克思主义学派"指称该学派。

[②]　*Karl Marx's Theory of History：A Defence*，Oxford University Press，1978. 该书的第一个中译本《卡尔·马克思的历史理论：一个辩护》是岳长龄翻译，由重庆出版社于 1989 年出版，是徐崇温主编的"国外马克思主义和社会主义研究丛书"中的一册。2000 年，该书由科恩本人修订和增补，出了第二版。段忠桥对新版进行了重新翻译，由高等教育出版社于 2008 年出版，书名为《卡尔·马克思的历史理论———一种辩护》，收入段忠桥主编的"当代英美马克思主义研究译丛"。同一本书在中国由两位译者翻译，并由两个出版社出版，也从侧面反映出分析的马克思主义学派在中国学术界的影响。

他们都要会聚于某地进行学术交流，所以又被人们称为"九月小组"。①
可以说，科恩对分析的马克思主义学派的建立从理论上、组织上都做出
了贡献。

作为分析的马克思主义学派的领军人物，科恩早期主要以马克思的
历史理论为研究对象，运用分析哲学的方法对马克思的历史理论予以厘
清，并为之辩护。他的研究曾产生巨大的影响，使一向对马克思主义冷
漠的英语地区开始承认马克思主义理论研究的合理性。在这个学派全体
成员的共同努力下，分析的马克思主义学派很快成了西方学界，尤其是
英语地区最具影响力的从事马克思主义理论研究的学派。历经苏联解体
和东欧剧变的严重冲击后，分析的马克思主义学派存活下来继续自己的
研究，而成为当代西方学界研究马克思主义理论的两大流派之一。②

本节我们仅尝试就科恩对马克思历史理论（即唯物史观）的厘清
与辩护做出简介与评析。

一 科恩对唯物史观的厘清与辩护

马克思的历史理论被恩格斯誉为马克思一生的两个重大发现之
一。③ 该理论从创立之日起就伴随着对它的不同解读。恩格斯晚年有关
唯物史观的通信④曾针对当时对唯物史观的错误理解反复强调，不要将

---

① 自1981年以来，"九月小组"的成员一直很稳定。这一小组的成员包括：P. 巴德汉（美国
加利福尼亚大学伯克利分校）、S. 鲍尔斯（美国马萨诸塞大学）、R. 布伦纳（美国加利福
尼亚大学洛杉矶分校）、J. 罗默（美国加利福尼亚大学戴维斯分校）、J. 埃尔斯特（美国芝
加哥大学）、普泽沃斯基（美国芝加哥大学）、G. A. 科恩（英国牛津大学）、J. 柯亨（英国
剑桥大学）、P. 范帕里斯（比利时鲁汶大学）、T. 派克提（法国巴黎大学）、H. 斯坦纳
（英国曼彻斯特大学）、R. 范德维尔（荷兰阿姆斯特丹大学）和 E. 赖特（美国威斯康星大
学麦迪逊分校）。其中，埃尔斯特和普泽沃斯基于1993年退出小组，他们自述退出的理由
是小组形成的思想不能令他们满意，但其他成员则将他们退出的理由归结为苏联解体和东
欧剧变；鲍尔斯（1987）、柯亨和派克提（1996）则是相对后期加入的。
② 另一大流派是以解构马克思主义理论为主的"后马克思主义学派"（Post-Marxism）。
③ 《马克思恩格斯文集》第3卷，人民出版社2009年版，第601页。
④ 这些通信分别是：《恩格斯致约·布洛赫》、《恩格斯致康·施密特》和《恩格斯致瓦·
博尔吉乌斯》（《马克思恩格斯文集》第10卷，人民出版社2009年版，第591—594、
594—601、667—670页）。

唯物史观理解为经济决定论而忽略上层建筑诸要素的作用，还归纳出上层建筑对经济基础反作用可能产生的三种结果，并提出"合力论"，强调影响社会发展诸要素的相互作用。之后在对马克思主义理论进行研究的第二国际时期，以伯恩施坦为代表的"修正派"强调社会历史发展的自然进程，为他们的改良主义道路寻找理论根据；而以列宁为代表的"革命派"则强调主体能动性推动社会历史发展的作用，为他们的革命道路寻找理论基础。在马克思主义理论研究的"西方马克思主义"时期，各学派沉迷于对哲学和美学的反思，很少涉及对马克思历史理论的研究，忘却了恩格斯在马克思墓前讲话中对马克思一生重大贡献的概括。所以，马克思历史理论的内涵，以及它对社会历史发展提供的解释，并不像人们想象的那样清晰。有鉴于此，科恩试图对马克思的历史理论给出明确的阐述。他陈述自己研究的合理性在于：马克思是一个永不满足的、具有创造性的思想家，他在不少方面提出了许多思想，但他没有时间或没有意愿，又或没有宁静的书斋，把这些思想全部整理出来。科恩宣称将对马克思的一些主要思想提出比他本人更有条理的表述，并且强调他对马克思历史理论的阐述受到两个方面的制约：一是马克思所写的内容，二是分析哲学所要求的概念明晰和推理严密。他研究的目的是建构一种能够站得住脚的历史理论，而这一理论要同马克思对这一问题的论述明显一致。[①]

科恩明确指出，他为之辩护的马克思的历史理论在《〈政治经济学批判〉序言》中得到经典表述。他因此将马克思那一段对唯物史观的著名表述置于其著作的首页，[②] 意在表明他的整部著作都是在为这里表述的思想辩护。

科恩首先要做的是对唯物史观基本概念的厘清。

---

① 〔英〕G. A. 科恩：《卡尔·马克思的历史理论——一种辩护》，段忠桥译，高等教育出版社 2008 年版，第一版"序言"。

② 〔英〕G. A. 科恩：《卡尔·马克思的历史理论——一种辩护》，段忠桥译，高等教育出版社 2008 年版，扉页。

生产力。在苏联解释模式的影响下，中国学术界长期是以"要素说"来界定生产力概念的，并将生产工具作为衡量生产力发展水平的主要标准。但这种界定，从文本依据到运用这种界定对中外历史做出解释的说服力上都存在诸种疑难。而科恩对生产力概念的解析可以说对其起到了一定的厘清作用。

首先，科恩对"生产力"这个概念的译法进行了知识考古。他指出："马克思的通常被译为'生产力'（productive forces）的用语是produkivkräffe。这一英文的译法是如此根深蒂固，以至我们一般情况下都将使用它。但值得指出的是，它是不确切的。生产能力（productive powers）才是更确切的。"他还引证瑟波恩的考证，后者认为"'produkivkräffe'是马克思对斯密和李嘉图的'productive powers'的最初的译法"，而这种译法源于"马克思本人在用法语写作时使用了'forces productives'，因而，不确切的译法就有了一个权威的起源"。①

其次，尽管并不认同生产力的"要素说"解释，但科恩还是保留了"要素说"。他将生产力析分为劳动能力与生产资料两大类，并将后者再析分为生产工具（工具、机器、房屋及附属物、起工具作用的材料）、原料和空间。②科恩明确指出："无论一件生产工具还是一定数量的原料，严格说来都不是生产能力。更确切地讲，它们各自都具有生产能力，即那种制造产品或被制造成产品的能力。劳动力确切地讲是生产能力，但刚刚说的另外两种则不是。"他着重强调："生产力必须包括劳动能力，因为其发展的核心是劳动能力的发展。"③科恩的解析明白

---

① 〔英〕G.A.科恩：《卡尔·马克思的历史理论——一种辩护》，段忠桥译，高等教育出版社2008年版，第54页。

② 〔英〕G.A.科恩：《卡尔·马克思的历史理论——一种辩护》，段忠桥译，高等教育出版社2008年版，第73页。在这一点上科恩未能从文本上厘清马克思所谓的要素是指劳动过程的要素，而不是生产力的要素。因为马克思明确指出："劳动过程的简单要素是：有目的的活动或劳动本身，劳动对象和劳动资料。"（《马克思恩格斯文集》第5卷，人民出版社2009年版，第208页）我们知道"过程"不是"力"。

③ 〔英〕G.A.科恩：《卡尔·马克思的历史理论——一种辩护》，段忠桥译，高等教育出版社2008年版，第54—55、59页。

无误地揭示出，生产工具或原料只有在具备一定生产能力的人的操控下，才能发挥制造产品或被制造成产品的"能力"。此外，他在评论生产工具对生产关系的解释作用时还指出它无法量化的缺陷："所获得的各种类型的生产工具可以决定生产关系，尽管它们的量的发展水平不能决定。"①

最后，基于深入而具体的解析，科恩明确指出："生产力发展的水平是它们的生产能力的程度"，并引用马克思关于"劳动生产力的增长无非是使用较少的直接劳动创造较多的产品"②的论述作为文本依据。他在明确了生产力的主要内涵的基础上，给出了计算生产力的标准公式：生产力＝产品的规模÷生产它所需要的直接劳动的总量。也就是用劳动生产率作为衡量生产力的标准。科恩在用生产力发展的不同水平来解释社会经济形态的演进时还使用了"剩余产品"这个概念，剩余产品乃是人均劳动生产的产品减去人均消费的产品之后的净余产品。

科恩对生产力概念的厘清，揭示了用要素来界定生产力概念的缺陷，提出用生产能力来界定生产力是更为确切的和更具说服力的。但科恩仍然保留了用要素来界定生产力的做法，只是特别强调了生产能力的提高对生产关系和社会经济形态演化的解释作用。这是科恩在对生产力概念界定上的不彻底之处。

经济基础（生产关系）与上层建筑。科恩依据《〈政治经济学批判〉序言》的界定，将经济基础（或说经济结构）视为生产关系的总和。至于生产关系，科恩将之解释为人们对生产力拥有的权力。他认为，马克思对上层建筑没有给出明确的界定。他将上层建筑视为一组非经济的制度，主要是国家与法律制度。由此引出他在界定经济基础和上层建筑时最为关注的问题，即如果经济基础是由财产（或所有权）关

---

① 〔英〕G. A. 科恩：《卡尔·马克思的历史理论——一种辩护》，段忠桥译，高等教育出版社 2008 年版，第 233 页。

② 〔英〕G. A. 科恩：《卡尔·马克思的历史理论——一种辩护》，段忠桥译，高等教育出版社 2008 年版，第 74 页。马克思的这段引文出自《马克思恩格斯全集》第 46 卷下册，人民出版社 1980 年版，第 360 页。

系构成，那么它应该如何同假定由它解释的法律的上层建筑相区别？科恩的解决思路是：用具有马克思的特征的生产关系提出对法律术语的非法律的解释，由此可以在逻辑上前后一致地把财产关系描述为与生产关系不同，并由生产关系来解释的一种特定的关系。于是，他用"权力"来描述人们在生产关系中的所有权关系，用"权利"来描述人们在法律这一上层建筑层面的所有权关系。其中"权利"来源于"权力"，或引用马克思的话来表述："对那些和土地不同的劳动条件，即对农具和其他动产的所有权，在先前的各种形式下就已经先是在事实上，然后又在法律上，转化为直接生产者的所有权。"① 也就是说，生产关系在事实上转化为上层建筑的法律权利。科恩进一步解析了"权力"与"权利"之间的关系存在着两种情况。一是，拥有权力不必须拥有同其对应的权利，即有时生产关系无须得到法律的认可，只是后来才有此需要。例如，一支得胜的军队可以通过实施没有立法机关或其他法规支持的决定，使战败的农民服从新的生产关系，而在这种新的生产关系持续存在一段时间后，可能会需要法律权威的支持。二是，拥有权利也不一定就需要拥有对应的权力。例如，统治阶级发挥主体能动性主动改革上层建筑，制定一些新的法律条款，但这些由法律变化引起的权利变化可能并不与生产关系层面的权力相对应。它可能产生对生产者积极性的激励效应，也可能产生对生产者积极性的抑制效应，并由此导致对生产力发展的促进或阻滞。而这也说明了为什么有些法律权利的变革会得到维系，而另一些则因为不适应生产关系的特性和生产力的发展而很快被废弃。这里需要指出，科恩对"上层建筑"的界定中只包括了政治与法律制度，而将经典作家明确阐述的、作为上层建筑重要组成部分的"意识形态"排除在外，不管其用意如何，都大大限制了唯物史观的解释范围。统治阶级在物质层面控制国家和法律机器的同时也将掌控思想意识领域服务于其统治，意识形态也应该被纳入上层建筑范畴，它们都

---

① 《马克思恩格斯文集》第 7 卷，人民出版社 2009 年版，第 901 页。

是服务于在生产关系中居于优势地位的统治阶级的利益的。

针对一种比较普遍的对"经济基础决定上层建筑"原理的质疑，即人们可以通过改变上层建筑来改变生产关系，由此否定生产关系对上层建筑的决定关系的论断，科恩做出反驳。他指出，当忽视对法律做溯源性解释时，法律可能看上去比经济更为根本。暴力在历史中的作用也会受到同样的误解。科恩引用经典作家有关《拿破仑法典》的解释来说明经济基础对上层建筑的决定作用："社会不是以法律为基础的。那是法学家们的幻想。相反地，法律应该以社会为基础。法律应该是社会共同的、由一定物质生产方式所产生的利益和需要的表现，而不是单个的个人恣意横行。现在我手里拿着的这本《拿破仑法典》并没有创立现代的资产阶级社会。相反地，产生于十八世纪并在十九世纪继续发展的资产阶级社会，只是在这本法典中找到了它的法律的表现。这一法典一旦不再适应社会关系，它就会变成一叠不值钱的废纸。你们不能使旧法律成为新社会发展的基础，正像这些旧法律不能创立旧社会关系一样。"① 他还引述了恩格斯对"暴力论"的批评，恩格斯指出，暴力论错误地把暴力对维护经济结构的作用这一事实当成了暴力比经济更为基础的证明，但"暴力仅仅是手段，相反地，经济利益才是目的"。② "暴力仅仅保护剥削，但是并不造成剥削；资本和雇佣劳动的关系才是他受剥削的基础，这种关系是通过纯经济的途径而决不是通过暴力的途径产生的。"③

发展命题。科恩认为唯物史观提出了两个命题：一个是发展命题，另一个是首要性命题。发展命题是指生产力在整个历史进程中一直具有发展的趋势。他似乎认为这个"发展命题"是不言而喻的，所以并未对它做过多的解释与论证，只是将发展命题解释为人类理性面对经济稀缺发挥作用的结果。生产力的发展减少经济稀缺，而人类又是理性的创

① 《马克思恩格斯全集》第 6 卷，人民出版社 1961 年版，第 291—292 页。
② 《马克思恩格斯文集》第 9 卷，人民出版社 2009 年版，第 167 页。
③ 《马克思恩格斯文集》第 9 卷，人民出版社 2009 年版，第 160 页。

造物，有着克服稀缺的强烈动机，因此，社会的生产力趋向发展。这里需要指出的是，生产能力为什么会增长的问题并不像科恩想象的那么简单，而且"理性"和"稀缺"也不是马克思所使用的话语。

我们知道，马克思创建唯物史观正是从人类要生存就必须吃喝住穿，而要吃喝住穿就必须进行物质生活资料的生产这一明白无误的事实出发的。在物质生活资料生产的过程中，人们发挥主体的能动性，不断地通过"吃一堑、长一智"的过程实现他们物质生产能力的积累和提高。而人们不断改善自身生存状况、提高生活水平的愿望，促使他们不断努力以提高自身和群体的物质生产能力。这就是人的主体能动性所在。人们在生产过程中必然会结成一定的生产关系，以及为维护这种生产关系而建构的上层建筑。这两者自然会对人们主体能动性的发挥，尤其是人们生产积极性的发挥产生作用。但关键要弄清，前者乃是自变量，后两者是因变量。即人们改变自身生存状况的愿望和所付诸的行动是不断产生的；生产关系与上层建筑则是在人们将改变自身生存状况的愿望付诸行动时作用于它们。这种作用可能是促进人们生产积极性的发挥，也可能是阻碍它的发挥，还可能是制约它向某个方向发展。但有一点是无法否定的，即只要有一点发挥的空间，人们就会一点一滴地积累和提高他们的生产能力。所以，不能说生产关系或上层建筑决定生产能力的发展，只能说生产关系或上层建筑能够促进或抑制生产能力的发展。这也说明生产力决定生产关系与生产关系或上层建筑反作用于生产力，两者不是同等的作用力。

我们赞同科恩有关"发展命题"的判断，但他对这个命题的证明显得过于草率。

首要性命题。科恩的首要性命题实际包括两个命题：一个是生产力相对于生产关系而言的首要性命题；另一个是经济基础（生产关系的总和）相对于上层建筑而言的首要性命题。他将生产力相对于生产关系而言的首要性命题界定为：生产力的发展水平解释了生产关系的特性，或生产关系适应于生产力的发展水平。将经济基础相对于上层建筑而言的首要性命题界定为：经济基础的特性解释了上层建筑中非经济制度的特性或上层建筑中的非经济制度适应于经济基础的特性。如果把发展命题和首要性命题结合在一起，那就是：在生产力发展的不同水平上（或经济基础的不同特性上），有不同的生产关系（或上层建筑）与之相适应，并促进生产力（或经济基础）的进一步发展；生产关系作为形式服务于作为生产内容的生产力的发展，当生产力发展到一定程度就会冲破这些形式并用新的生产关系形式来代替旧的生产关系形式；上层建筑作为形式服务于经济基础的维系和发展，当经济基础的性质随着生产力的发展而改变时就需要新的上层建筑来替代旧的上层建筑。

科恩认为，这些是传统的马克思主义对生产力决定生产关系的描述。而这种传统解释，在他看来是非常模糊的，未能阐明生产力如何决定生产关系和经济基础如何决定上层建筑，也未阐明生产关系如何反作用于生产力和上层建筑如何反作用于经济基础。他认为，这种传统解释不再为人们所信服的主要原因在于，生产力决定生产关系和经济基础决定上层建筑，同生产关系促进生产力的发展和上层建筑维系并促进经济基础的发展这两个命题似乎存在着矛盾。科恩由此认定，马克思的历史理论是建立在功能解释之上的，即马克思是用一定社会的生产关系（或上层建筑）能够促进物质生产力（或经济基础）的发展来解释社会生产关系（或上层建筑）的性质的。也就是说，正是生产关系（或上层建筑）的特性具有支持生产力（或经济基础）发展的作用或功能，生产关系（或上层建筑）才具有这种特性。

科恩这种援引功能解释来阐释唯物史观基本原理的做法，引起分析的马克思主义学派内部一场大的争论。埃尔斯特在一系列文章中指出，如果马克思主义依靠功能性解释，那么对马克思主义而言情况会更加糟糕。埃尔斯特宣称他接受三种解释模式：原因解释是物理学的解释模式；目的解释涉及人类个体的信念和欲望，是社会科学常用的解释模式；功能解释是在生物学中经常使用的解释模式。而为了用功能解释来说明人类社会，功能解释必须用更多的规则和要素组成的"馈环"

（feedback loop）来说明。这种"馈环"可以由生物学中达尔文的自然选择理论来提供，但在历史唯物主义中没有发现类似的说明，因此必须放弃功能解释。[①] 作为回应，科恩坚持功能解释是合理的，尽管还没有人理解其内在的原因或目的机制，比如理性地相信生物的趋利性就补充了功能解释的结构。[②] 其他分析的马克思主义学派的学者设法通过勾画一个程序为科恩辩护，这个程序对社会现象所起的作用近似于自然选择对生物现象所起的作用。例如，博特拉姆（Bertram）和卡林（Carling）都认为，历史上生产关系同物质生产力的发展水平相适应可以通过经济压力和军事竞争来解释。[③]

我们赞同首要性命题，因为这是唯物史观基本原理"生产力决定生产关系与经济基础决定上层建筑"的题中之义。但为了克服传统解释未能充分阐明生产力（或经济基础）决定生产关系（或上层建筑）与生产关系（或上层建筑）对生产力（或经济基础）的反作用两者之间关系的缺陷，而将唯物史观理解为一种功能解释，或借助功能解释来解释唯物史观，这是我们绝对不能赞同的。科恩与他的批评者和支持者的最大缺陷在于他们陷入了仅仅考察概念之间关系的陷阱，以致在"你决定我，我决定你"的怪圈中无法自拔。他们忘记了恩格斯所告诫的唯物史观是"关于现实的人及其历史发展的科学"[④] 的论断，忘记了从现实的人及其物质生产实践活动这个唯物史观的出发点来考察和解释人类的历史运动。

在此，我们简要地解析一下人们物质生产能力的发展水平是如何决定人们在生产过程中形成的生产关系的特征的。一个社会整体生产力的发展水平决定着这个社会有多少人能够从直接的物质生产中游离出来，

---

① Jon Elster, "Cohen on Marx's Theory of History," *Political Studies*, Vol. 28, No. 1, 1980.

② G. A. Cohen, "Functional Explanation: Reply to Elster," *Political Studies*, Vol. 28, No. 1, 1980.

③ Christopher Bertram, "International Competition in Historical Materialism," *New Left Review*, Vol. 183, No. 1, 1990; Carling Alan, *Social Division*, Verso, 1992, Section One.

④ 《马克思恩格斯文集》第4卷，人民出版社2009年版，第295页。

专门从事社会公共事务的管理和文化意识形态的创造等脑力劳动。而一个产业部门的生产力发展水平，则决定着有多少人能够从该部门的劳动生产中游离出来到新的、更高层次的产业部门中从事专业技术性更强的工作。一个人的生产能力则决定着他是从事直接物质生产的体力劳动还是从事管理、技术等脑力劳动。这种分工关系决定着相应的分配关系，并由此形成不同的利益集团，乃至形成不同的阶级。于是，在分配中居于优势地位的利益集团或阶级会凭借自身控制的经济力量确立各种政治、法律制度和意识形态，以维护自身在利益分配中的优势地位；而居于劣势地位的集团或阶级也会通过各种方式来争取改变自身在生产关系中的不利地位。当统治集团或阶级对经济利益的攫取超出被统治集团或阶级所能承受的限度时，被统治集团或阶级会起而反抗乃至推翻旧的统治集团或阶级，取而代之，并由此改变现有的利益分配格局。这种改变能否形成生产方式或社会形态的更替，则要看生产力的发展水平是否有了实质性的提高，足以形成新的劳动分工和利益分配格局。否则，就只会是重新回到原有的分配格局，改变的仅仅是具体的统治者而已。考察人类社会历史的演化不难发现，一些尚能约束自身利益要求的统治集团或阶级往往能够实施一些调动被统治集团或阶级生产积极性的制度和政策，进而促进生产力的积累和提高，从中分享更多的生产剩余，他们也就成为历史前进的推动者；而那些贪婪成性的统治集团或阶级为了攫取最大利益采取近乎残暴的压制制度和政策，阻碍生产力的积累和提高，他们的统治也就由此失去合法性，终将被推翻。这就是生产力对生产关系、生产关系对上层建筑的决定作用，以及上层建筑对生产关系、生产关系对生产力的反作用。由此可见，生产力决定生产关系和经济基础决定上层建筑乃是人类历史发展的自然进程。随着生产力的提高必然有劳动分工的改变，由此改变原来的分配格局；随着分工和分配这些生产关系的改变，又必然要求上层建筑的诸要素也相应地发生改变。原有的统治集团或阶级有可能顺应历史演进的要求，依据生产力发展的需要主动改变分配关系和维系这种分配关系的上层建筑诸要素，这样，他们就会成为历史发展的推动者；但也有可能囿于自身的既得利益，迟滞甚至阻碍这种演化，成为逆历史潮流而动的"罪人"，最终被人民大众推翻、被历史抛弃。这一切复杂的历史演变，最终都是以能否推进生产力的发展作为评价标准的。

　　历史分期。在对唯物史观的基本概念和基本命题做出解析后，科恩运用它们对历史发展阶段做出划分。科恩进行历史分期的依据是生产力的发展水平，以及由此决定的经济结构类型。其中，生产力的发展水平是由剩余产品的数量来衡量的，如前所述，即由劳动生产率决定的净余量来衡量；而经济结构则是由阶级形态来代表的。由此他得出有关历史分期的结论。

表 4-1　社会经济形态的渐进时代

生产发展阶段	经济结构形态
没有剩余产品	前阶级社会
有些剩余，但少于后阶段	前资本主义阶级社会
有相当多的剩余产品，但少于后阶段	资本主义社会
有大量剩余产品	后阶级社会

　　资料来源：〔英〕G.A.科恩：《卡尔·马克思的历史理论——一种辩护》，段忠桥译，高等教育出版社 2008 年版，第 229 页。

　　就他所做的历史分期，科恩具体解释道，在第一个阶段，生产力水平是如此低下，以致无剩余产品可供分配，也就无法使一个非生产者阶级依靠生产者的劳动来维持生活。与此相应的社会（或经济）形式是原始的无阶级社会（前阶级社会）。在第二个阶段，出现了剩余产品，其数量足够供养一个剥削阶级，但还没有达到维持资本主义积累过程的水平，与此相应的社会形式是前资本主义阶级社会。在这种社会中，生产者不像他们在资本主义社会中那样通过订立契约来提供劳动力，而是在没有契约约束的状况下强制性地被迫用他们的劳动力为奴隶主、封建领主及其他非资本家的上等人提供服务。在第三个阶段，剩余产品已经丰富到使资本主义积累成为可能，于是，在资本主义竞争的刺激下持续

地发展，直到它的规模变得如此巨大，以致资本主义的经济结构也无法驾驭它的持续扩张。接下来是第四个也是最后阶段的社会形式，即非原始的共产主义社会（后阶级社会）。

相比以往有关唯物史观社会分期理论的解释，即"五种生产方式"说，科恩的历史分期方法有可借鉴之处。首先，科恩是将划分历史时期的标准建立在生产力决定生产关系这一唯物史观的基本原理之上的。科恩明确指出："前资本主义阶段的历史的'无数的色差'不能推论为种种相继反映一系列生产力水平出现的生产关系。"① 他考证了马克思有关农奴制下的生产力并不比奴隶制下的生产力更发达的论述，② 并依据经济结构的本质特征将它们放在同一种社会形式内，即它们都是直接的生产者受到超经济强制剥夺的社会形式。③ 其次，尽管他将《〈政治经济学批判〉序言》视为对唯物史观的经典表述，但科恩划分历史时期所依据的经典论述却并非来自《序言》，而主要是来自《1857—1858年经济学手稿》中的"三形态"说，即："人的依赖关系（起初完全是自然发生的），是最初的社会形式，在这种形式下，人的生产能力只是在狭小的范围内和孤立的地点上发展着。以**物**的依赖性为基础的人的独立性，是第二大形式，在这种形式下，才形成普遍的社会物质变换、全面的关系、多方面的需要以及全面的能力的体系。建立在个人全面发展和他们共同的、社会的生产能力成为从属于他们的社会财富这一基础上的自由个性，是第三个阶段。第二个阶段为第三个阶段创造条件。因此，家长制的，古代的（以及封建的）状态随着商业、奢侈、**货币、交换价值**的发展而没落下去，现代社会则随着这些东西同步发展起来。"④ 应该

---

① 〔英〕G. A. 科恩：《卡尔·马克思的历史理论——一种辩护》，段忠桥译，高等教育出版社2008年版，第232页。

② 〔英〕G. A. 科恩：《卡尔·马克思的历史理论——一种辩护》，段忠桥译，高等教育出版社2008年版，第231页。马克思的论述见《马克思恩格斯文集》第1卷，人民出版社2009年版，第522、578页。

③ 〔英〕G. A. 科恩：《卡尔·马克思的历史理论——一种辩护》，段忠桥译，高等教育出版社2008年版，第231—232页。

④ 《马克思恩格斯文集》第8卷，人民出版社2009年版，第52页。

说，科恩有关唯物史观历史分期的这些认识值得我们借鉴。

科恩所主张的"功能解释"评析。就解释模式而言，科恩对"功能解释"情有独钟。他坚持认为功能解释是一种合理的解释。他将功能解释界定为："如果某一类型的一个事件发生，它将会有某一结果，这一结果解释了所说的那类事件中的一个事件的发生。"[①] 他经常举的例子就是对印第安霍皮族人跳雨舞所做的功能解释：每当跳雨舞的表演在其后不久将带来社会团结的加强，跳雨舞就表演。

从科恩的界定来看，功能解释本质上是一种后果解释，而不是因果解释。因为，它是用事件发生的作用、后果或影响来解释事件发生的原因，而不是运用导致该事件或现象发生的诸原因来解释其发生的缘由。就拿跳雨舞的例子来说，它并未真正解释跳雨舞为什么会增进团结。而我们知道，真正导致团结的是利益的一致性或促进团结的具体措施，而不是作为仪式的跳雨舞；它有可能是一种促进团结的因素，但绝不会是导致团结的根本原因所在。而且，要进行解释，解释的前提必须为真。但科恩所做的功能解释的前提是一种归纳，而归纳很难做到完全囊括所有情况，所以它只具有或然性，而不具有必然性，由它推导的结论并不一定为真。还看跳雨舞的例子，它的前提是跳雨舞会增进团结，那跳雨舞是不是一定会增进团结？有没有跳雨舞并未增进团结的例子？科恩对此也有所认识，他承认功能解释的前提乃是一种倾向性判断，即跳雨舞倾向于增进团结，这也就是承认它不是一种必然性推论，有可能存在例外情况。既然无法说明跳雨舞为什么会增进团结，我们就无法回答是不是在任何情况下跳雨舞都一定会增进团结，或在什么情况下跳雨舞会增进团结，又在什么情况下跳雨舞未能增进团结。由此可见，只有当功能解释以因果解释为依据时才是一种完整的解释；不然，就只是一种由归纳产生的或然性解释。著名科学哲学家亨普尔对功能解释曾提出批评，

① 〔英〕G. A. 科恩：《卡尔·马克思的历史理论———一种辩护》，段忠桥译，高等教育出版社 2008 年版，第 299 页。

他否认功能解释的合理性，认为一切真正的解释都是在回答"为什么"的问题。科恩则回答，不是所有的科学解释都是在解释"为什么"，也不是所有解释"为什么"的解释都是科学解释。科恩的这种回答其实是一种狡辩，堵塞了对解释方法研究的推进与改进功能解释的途径。这也是他坚持的功能解释引发巨大争议的原因所在。

尽管争论激烈，但科恩仍然坚持功能解释的合理性，并认为唯物史观给出的就是一种功能解释。他指出："功能解释是本书详述的历史唯物主义的不可缺少的思想方法。……《〈政治经济学批判〉序言》使用了很多解释性的表达方式：生产关系适合生产力；法律的和政治的上层建筑竖立在现实基础之上；社会生活、政治生活和精神生活的过程受物质生活的生产方式制约；意识被社会存在决定。在每一种情况中，马克思都区分了两个项目，他断言其中的第二项以某种方式解释第一项。……我们说过，马克思的主要解释是功能解释，这意指，极为粗略地讲，被解释的东西的特性是由它对解释它的东西的影响决定的。这样解释马克思的一个理由是：如果解释性关系的方向就像他规定的那样，那对这种关系性质的最好的说明就是它是一种功能解释。因为生产关系极大地影响着生产力，上层建筑有力地制约着基础。马克思要求解释的东西，对他所说的解释它的东西具有重大影响。把他的解释建构为功能解释有利于被解释现象的构成原因的能力与它们在解释顺序中的第二位的地位之间的和谐共存。"①

我们不能同意科恩将唯物史观的解释模式归结为功能解释的论断。其一，马克思在《〈政治经济学批判〉序言》中有关唯物史观基本原理的表述首先强调的是解释项对被解释项在解释上的优先地位，或者说是解释项决定被解释项。例如，"是人们的社会存在决定人们的意识。社会的物质生产力发展到一定阶段，便同它们一直在其中运动的现存生产

---

① 〔英〕G. A. 科恩：《卡尔·马克思的历史理论——一种辩护》，段忠桥译，高等教育出版社 2008 年版，第 316—317 页。

关系或财产关系（这只是生产关系的法律用语）发生矛盾。……随着经济基础的变更，全部庞大的上层建筑也或慢或快地发生变革"。① 这并不像科恩所说的那样是用被解释项对解释项的影响来解释被解释项的存在。而且，唯物史观的基本原理是生产力决定生产关系、经济基础决定上层建筑，以及社会存在决定社会意识，这明确显示唯物史观提出的是一种因果解释模式，即用原因来解释结果，而不是用结果来解释原因的功能解释。其二，科恩将唯物史观的解释模式界定为功能解释，强调的是被解释项对解释项的作用和影响的一面，这虽然是确定无疑的，在唯物史观的基本原理中被解释项确实对解释项具有反作用；但这只是事物的一个方面，另一个更重要的方面是解释项对被解释项的决定作用。解释项对被解释项的决定作用乃是第一位的，被解释项对解释项的反作用或影响是第二位的，而且这种反作用能够发挥多大影响，关键还要看解释项自身的发展状况。科恩的错误在于片面强调被解释项的作用和影响，而忽略解释项对被解释项的因果决定作用。科恩虽然也讲到被解释项在解释顺序中发挥的第二位的作用，但他仍然认为它可以被视作原因，这实际就陷入了"你决定我，我决定你"的多元折中论的泥淖。其三，功能解释只是一种归纳解释，即只能回答"是什么"的问题，而无法回答"为什么"的问题，尤其无法回答"为什么产生"的起源问题。说被解释项对解释项发挥作用和影响，那是观察归纳的结果，并未回答被解释项为什么能够对解释项发挥作用和影响，尤其没有回答解释项为什么产生和如何产生的问题。

二 科恩对唯物史观所做辩护的简评

科恩对唯物史观的重新解读，特别是他对唯物史观基本概念和基本命题的解析的成就应该被肯定，这也为他赢得了荣誉，并推进了马克思主义研究在英语地区的发展。但科恩在他的研读中纠结于概念之

---

① 《马克思恩格斯文集》第 2 卷，人民出版社 2009 年版，第 591—592 页。

间的相互关系，致使他未能真正把握住唯物史观乃是关于现实的人及其历史发展的科学这一真谛。科恩运用的解释方法是功能解释，而这又同马克思探索人类社会历史发展终极原因的因果解释相悖。他在做出解释时很少探析"为什么"的问题，这无疑影响着他认识的深刻性。例如，马克思在探究生产力与生产关系、经济基础与上层建筑的矛盾运动时，直击"生产能力"这个本源，指出了社会历史发展的终极原因之所在，从而使其立论形成了一个完整的体系而无懈可击。再者，马克思的因果规律观乃是条件决定论，即马克思要解析事物在什么条件下表现出这种特性或这种发展趋势，又在什么条件下表现出那种特性或那种发展趋势，例如他在分析资本主义向社会主义过渡时就提出了两种不同的路径以及各自需要具备的条件。而在科恩的研读中并没有做这样细致的区分。由此可见，科恩对唯物史观的解读尽管有独到之处，而且也超出了同代学者的水平，但在一些重大理论问题上存在认识上的错误。

正是由于科恩对唯物史观的解读存在一些认识上的错误，所以他为唯物史观做辩护的态度后来出现了动摇。他坦白地承认："近来我开始怀疑这本书所辩护的理论是否正确。我现在并不认为历史唯物主义是错误的，但对如何知道它是否正确却没有把握。……我对历史唯物主义的迟迟未去的保留没有削弱我的这一信念，即消灭现存的资本主义社会关系并在正义和人道的基础上重组社会不但是合乎需要的，而且也是可能的。从历史唯物主义的退却的政治意义不应被夸大，对资本主义的主要弊病，即它的不公正、它对个人才能发展的敌视、它对自然和人为环境的贪婪掠夺的正确评价，并不依靠那些雄心勃勃的关于整个人类历史的论点。"[①] 这也许可以解释为什么科恩后来逐渐将注意力转向政治哲学的研究，而没有再回到对唯物史

---

① 〔英〕G. A. 科恩：《卡尔·马克思的历史理论———一种辩护》，段忠桥译，高等教育出版社 2008 年版，第 382—383 页。

观的研究上来。[①]

　　科恩曾经列举出一些他认为的唯物史观存在的具体"缺陷"，例如他讲："马克思在唯物主义的方向走得太远了。……他开始忽略主体与自身的关系……他反对得过头了，他没能适当地对待在自身规定中的自我的不能缩小的利益，以及这种利益的社会表现形式。……宗教团体、民族，它们如此强大和持久，显然部分因为它们提供了个人自我认同的满足的需要。……这种联结的力量被马克思主义者并非偶然地低估了，因为他们忽略了被它们所满足的自我同一感的需要。……马克思错误地判断了宗教和民族主义的重要性。他看到并揭露了阶级对这些意识形态的利用。但他没有探寻他有时承认的那些推断，即它们具有与阶级斗争完全无关的起源。"[②] 科恩认为马克思忽略了民族和宗教等因素的作用，这些因素是人民满足自我认同需要的产物，而不是阶级斗争的产物。我们对科恩的这种批判也需提出反批判：首先，马克思是否真的像科恩所说的那样忽略了民族和宗教等因素；其次，民族和宗教因素是否真的像科恩所说的那样能够从人的自我认同需要来加以解释。稍微有点历史知识的人都知道，民族和宗教都是历史的产物，人的自我认同的需要也是历史的产物而非人生而具有的。民族的产生是经济发展与经济交往突破狭小的血缘共同体而形成大的地域共同体的产物，宗教的产生则同人们由于现世生活的艰辛而幻想在天国的美好生活相联系。它们怎么能仅仅从模糊的人的自我认同需要来解释?! 此外，武断地断言马克思忽略人的主观需要则更无根据，因为马克思从事研究的出发点就是为工人阶级争取自身解放、争取生存需要得到满足提供理论指导。马克思与空想社会主义者的不同之处就在于，他是通过科学地解析人类社会历史发展规

① 科恩此后的三本著作都是关于社会正义和平等研究的，包括：*History, Labor, and Freedom*, Oxford University Press, 1988; *Self-Ownership, Freedom, and Equality*, Cambridge University Press, 1995; *If You're an Egalitarian, How Come You're So Rich?*, Harvard University Press, 2000。

② 〔英〕G. A. 科恩：《卡尔·马克思的历史理论———一种辩护》，段忠桥译，高等教育出版社 2008 年版，第 388—396 页。

律，从而揭示人类社会的解放必须以人们物质生产能力的提高为前提，否则就只能是一种空想。

科恩也曾针对他认为的唯物史观不能解释的现象提出所谓的补救办法，就是将唯物史观区分为包括一切的历史唯物主义和受到限制的历史唯物主义，并且认为受到限制的历史唯物主义是可以坚持的。在他的包括一切的历史唯物主义范畴中，那些展现于生产和经济之外的活动，其主要方面的发展大体是由物质的、经济的变化来解释的。而受到限制的历史唯物主义在其所企及的解释范围上更为有限。这主要是一种关于物质发展过程本身的理论，而不是关于这种发展和其他发展之间关系的理论。受到限制的历史唯物主义没有讲到精神存在的主要特征是由物质或社会方面解释的。① 由此可见，他所做的"挽救"就是从唯物史观的基本原理中削减掉"经济基础决定上层建筑"和"社会存在决定社会意识"，而仅仅保留了生产力决定生产关系。我们很难理解，唯物史观在被削去大半以后还有什么解释力？科恩这样做是在为唯物史观辩护吗？在这种受到限制的历史唯物主义下，文化不再受物质和经济条件的约束。而这正同中外马克思主义研究中强调文化自主性的文化马克思主义思潮相一致。可以说，科恩是从对唯物史观的坚持与辩护退回到任意解释马克思的"西方马克思主义"的老路上去了。

从对科恩为唯物史观辩护的剖析中，我们不难看出，他研究的根本缺陷在于没能把握住经典作家关于"唯物史观是关于现实的人及其历史发展的科学"的告诫。科恩将生产力理解为生产能力和他对生产力首要性命题的强调是最接近唯物史观的原旨的，但他却未能坚持人们的物质生产活动和物质生产能力是人类社会历史发展的终极原因这一唯物史观的科学因果观，反而将唯物史观曲解为一种用后果解释原因的功能解释。如此，科恩在苏联解体、东欧剧变后的反思中对唯物史观产生怀

---

① 〔英〕G. A. 科恩：《卡尔·马克思的历史理论——一种辩护》，段忠桥译，高等教育出版社 2008 年版，第 412—413 页。

疑，也就不足为怪了。这也使我们清醒地认识到，加强对唯物史观基本概念和基本原理的研究，努力做到对马克思理论体系全面而深刻的把握，并结合当代社会出现的新形势、新问题和新现象对唯物史观做出与时俱进的发展，乃是中国马克思主义理论工作者所面临的紧迫任务。

第二节　评英国历史学家里格比对唯物史观的解读

《马克思主义与历史学：一种批判性的研究》[①] 是由西方历史学家从评估一种历史研究指导理论的视角对马克思的历史理论所做的评述。[②] 作者斯蒂芬·亨利·里格比（Stephen Henry Rigby）是英国曼彻斯特大学艺术、历史与文化学院历史学教授，他的主攻领域是英国中世纪史，是一位享有国际声誉的知名学者。在历史哲学与历史学和社会理论之间的关系等领域，他也有很深的研究，尤其对历史唯物主义和马克思主义历史学做了相当深入的探索，在该领域出版的著作包括《马克思主义与历史学》和《恩格斯与马克思主义的形成：历史、辩证法和革命》[③]，还发表了《论历史解释中的因果关系》等理论文章。里格比集中研究唯物史观的这本书 1987 年由曼彻斯特大学出版社出版，十余年后由同一出版社再版，说明该书的学术价值并未随着岁月的流逝而消退。

一　里格比对唯物史观重新解读的出发点

里格比在该书再版序言中指出："我分析的出发点是认为在下述两

---

① 〔英〕S. H. 里格比：《马克思主义与历史学：一种批判性的研究》，吴英译，译林出版社 2012 年版。本节中所引该书仅注出页码。

② 西方学者往往将马克思有关历史所建构的理论体系称为"马克思的历史理论"，像科恩代表作的主书名就是"卡尔·马克思的历史理论"；我们习惯于将它称为"历史唯物主义"或"唯物史观"。

③ S. H. Rigby, *Engels and the Formation of Marxism*: *History, Dialectics and Revolution*, Manchester University Press, 1992.

者之间存在着明显分歧：一方是由诸如科恩、肖和麦克默特里等马克思主义哲学家所界定的历史唯物主义，另一方是由马克思主义历史学家在解释过去时实际运用的那种形式的马克思主义，诸如我所敬佩的罗德尼·希尔顿和罗伯特·布伦纳。"（第16页）他归纳了上述两种研究在观点上的差别："首先，哲学家强调社会的阶级关系（或生产关系）是由它的生产力（用通俗的话说，是由它的技术和社会生产率水平）决定的；而马克思主义历史学家却强调阶级关系在决定生产力发展的形式和速度上所具有的重要性。其次，马克思主义哲学家倾向于将马克思主义视为一种总体性的、普遍性的人类历史哲学，它以生产力的增长为前提；而马克思主义历史学家却倾向于强调特定社会所走的不同历史道路，以及阶级斗争在决定选择何种道路中的作用。再次，哲学家认为，马克思主义提供给我们一种主张历史是进步的理论；而马克思主义历史学家却将马克思主义视为启发我们提出假设并形成概念的灵感源泉。简而言之，马克思主义哲学家用表述'统一性'的术语，将历史唯物主义视为对一揽子问题的答案；而马克思主义历史学家却用表述'特殊性'的术语，将历史唯物主义视为启发人们提出问题的灵感源泉。"（第16页）应该说，里格比较为准确地概括了由学科分野所产生的两种不同研究路径的特点，而且这两种不同研究路径也成为其全书论述的一条主线。他论证的目的就是要证明历史学家所做的理解更具合理性，更适合指导历史研究的需要。相应地，该书的逻辑体系即为：首先较为详尽地介绍马克思主义哲学家所主张的"持生产力决定论的马克思"，其次逐条对生产力决定论的解释做出反驳，并展示出历史学家所主张的"持生产关系决定论的马克思主义"，最后对经济基础和上层建筑概念以及两者之间的关系做出重新诠释。可以说，里格比的研究涵盖了唯物史观基本原理的全部内容，即生产力和生产关系、经济基础和上层建筑、存在和意识，以及它们之间的相互关系。

综观全书的内容，我们可以看到，里格比对唯物史观的几乎所有基本概念和原理都按照他自己的理解做了阐释，对其是非得失做了评说。

尽管其中许多评说我们并不认同，但它们都是作者经年累月地在浩瀚无边、纷繁交错的历史万象中苦心寻求其内在机理和因果链条的潜心之论；即使他给疑似谬说的种种批判本身又留下了重重迷雾，但那也不是肤浅的闲言碎语，其中也含有深厚的义理底蕴，驱使人们鼓起勇气去拨开那些迷雾，求索真谛所在。

二　里格比对唯物史观的重新解读

首先，里格比认为，唯物史观的价值在于它能促进历史学家更深刻地洞悉历史的真相和奥秘。他说："不管社会理论处于什么样的发展状态，但绝大多数历史编纂仍然处于一种前马克思主义的发展阶段上。尤其是，尽管绝大多数最能引发人们兴趣的马克思主义历史研究都是关注前工业社会的，但恰恰是在历史编纂的这个领域，强调社会对政治和意识形态制约性的马克思主义却并未产生什么影响。对马克思多样的，甚至矛盾的论断进行辨析，会使历史学家提出的问题、概念和对解释形式的认识更为深刻，这将体现在他们的历史著作中。站在马克思的肩膀上，我们也许能够脱颖而出。马克思的深刻洞察力使我们能够看得更清和更远。"（第357页）作为一位非马克思主义的西方历史学家，里格比对唯物史观的学术价值如此看重，其中的缘由值得我们认真探究。

观察当前中国史学界的研究现状，以唯物史观为指导很多时候只是一种形式化的套语，各种西方史学思潮和方法正在取而代之成为史学研究的指导理论，即出现所谓的史学研究指导理论多元化倾向。诸如现代化史观、后现代史观、全球史观、文明史观，乃至多元论史观都可以成为史学研究的指导理论，这可谓典型的"围城效应"。在以马克思主义为意识形态指导理论的国家中，一些史学研究者脱离了唯物史观的指导，而在西方，一些史学研究者却在深入研究马克思的历史理论，从中汲取有营养的成分。这种怪现象足以引起我们深刻的反思。

其次，《马克思主义与历史学》展示出对马克思历史理论研究的长期性、复杂性和开放性。观察国内学术界对马克思理论研究的演化，大体已经历三个阶段。改革开放以前的学术界，大都将它视为"放之四海而皆准"的真理，致力于解读和应用，很少有学者从事真正的研究工作。从改革开放到 20 世纪 90 年代末，这一时期学术界逐渐将马克思的理论视为能够加以研究的对象，在这个过程中对西方学者研究马克思理论的著作的译介起到了促进作用，其中最突出的成果之一是由徐崇温主编、重庆出版社出版的"国外马克思主义和社会主义研究丛书"。随着改革开放的不断推进，中西方学术交流愈加深入，我们对国外马克思主义理论研究的认识也逐步加深，西方学者激烈的内部争论给了中国学者很多的启示；加之批判马克思理论的西方思潮大量传入，促使我们开始正视对马克思理论进行研究的问题，反思我们已有的解读能不能经得住攻击和挑战，能不能解释新涌现的理论和现实问题。世纪之交现实世界发生的重大转型也对马克思的理论体系提出了一系列需要解释的新问题。东欧剧变，欧美资本主义国家在资本主义和社会主义制度进行的较量中取得暂时的胜利，以及中国进行的中国特色社会主义建设三大课题迫切需要运用马克思理论做出科学的解释。因此，在 21 世纪来临之际，学者提出了"回到马克思"的口号，指出要对马克思的理论进行"正本清源和与时俱进"的研究，建构适应新时代需要的马克思理论的解释体系。马克思理论研究的复杂性和开放性逐渐得到学术界的公认。

史学界大体也经历了同样的过程，不过囿于学科特点，这种认识上的变化要来得迟一些。改革开放以前，唯物史观作为历史研究的指导理论，很少有学者对它现有的解释模式提出质疑。20 世纪 80 年代中后期的理论研究热潮促使史学工作者开始反思唯物史观的现有解释模式。此后，随着 90 年代理论研究陷入低潮，以及大量西方史学思潮的引入，马克思主义史学理论开始在一些理论探讨上"失语"，它的学术指导地位逐渐被边缘化。可以说，史学界目前仅有少数学者还在坚持对唯物史观的解释体系进行研究，以使其获得"与时俱进"的发展。里格比在该书中从历史学的视角、结合历史研究实践撰写的对唯物史观基本理论论争的解析应该引起史学界，尤其是史学理论界的关注，这对史学界关于唯物史观的研究也会起到推进作用。

再次，史学界对唯物史观理论体系进行"正本清源和与时俱进"的研究，可以说是不能有须臾耽搁的大事。但这种研究又不是那么轻而易举的，而是有一定的门槛。一是要对经典作家的论著，特别是一些重要的论著比较熟悉。某些研究者自己不读经典著作，只是一味地转引别人引用的经典论述，往往发生一些令人啼笑皆非的错误。在这方面，西方的一些学者对马恩原著的熟悉程度值得我们学习，像科恩、麦克莱兰，乃至里格比。二是应该基本掌握唯物史观研究的学术发展史和目前的研究现状，以确定自己的研究起点，如此也能明确研究要解决的问题，并突出研究的合理性和创新性所在。从马克思和恩格斯写作《德意志意识形态》正式创立唯物史观以来，已历经170多年，大体经历四代人的研究，所涉及的基本问题大都有名家的研究成果。第一代是马克思和恩格斯，他们对唯物史观的阐发经历了准备、提出和完善的过程。马克思晚年放下代表作《资本论》后两卷的整理工作，专注于对俄国和印度等地农村公社的研究，就是要在更广的范围内验证唯物史观的科学性。恩格斯晚年有关唯物史观的通信也告诫人们在理解唯物史观上要有科学的态度，并对将唯物史观理解为经济决定论的倾向予以批评，强调在历史进程中起作用的诸要素之间相互作用的重要性。第二代是第二国际时期的诸理论家，考茨基、梅林、伯恩施坦、普列汉诺夫、列宁等人是其中的代表，他们都有研究唯物史观的专门著作或文章。第三代是西方马克思主义的诸学者，卢卡奇、葛兰西、科尔施、哈贝马斯、阿尔都塞等人是其中的代表。尽管他们更多关注对资本主义制度的批判性研究，但都提出了各自对唯物史观全面的或部分的解释。第四代是西方分析的马克思主义学派，科恩、埃尔斯特、威廉姆·肖等是其代表。唯物史观是分析的马克思主义学派的主要研究对象，作为学派创立标志的代表作，科恩的《卡尔·马克思的历史理论》对唯物史观进行了全面阐释，威廉姆·肖的《马克思的历史理论》也试图系统研究唯物史观的解释体系。可见，我们要对唯物史观的理论体系进行全面或部分的研究，就有必要先了解一下这几代人在相关研究上的观点、他们各自的进展和仍存在的问题，否则的话，很难保证不会出现简单、重复性的研究。对于唯物史观基本概念和基本原理的研究，既需要对前人研究的成果做出辨析，更需要结合新时代提出的新问题，做出唯物史观的解析。若非如此，很难说所进行的研究有什么创新意义。

最后，里格比在方法论上对唯物史观的研究值得借鉴。像对唯物史观的检验问题，一些学者往往就个别观点断言唯物史观已经过时，但里格比提出："对马克思历史理论的真正检验并不是检验他有关各种历史社会的零散论述是否准确，而是检验他提供的方法和一般概念能够在多大程度上使我们实现对过去社会的理解。"（第 259 页）里格比强调马克思研究的目的是揭示历史表象下蕴含的因果关系，"历史研究是对因果关系的研究，在解释一个时代的意识形态时，我们不可能仅仅接受那个时代对它自己的看法。至少在这种假设中，马克思的历史方法已经成为现代社会科学的一个组成部分"（第 354 页）。里格比也非常强调经验历史研究的重要性。他援引了马克思的相关论述："一切生产阶段所共有的、被思维当作一般规定而确定下来的规定，是存在的，但是所谓一切生产的一般条件，不过是这些抽象要素，用这些要素不可能理解任何一个现实的历史的生产阶段。"（第 181 页）可以说，这抓住了马克思和恩格斯强调经验研究的精神实质，"政治经济学本质上是一门**历史的科学**。它所涉及的是历史性的即经常变化的材料；它首先研究生产和交换的每个个别发展阶段的特殊规律，而且只有在完成这种研究以后，它才能确立为数不多的、适用于生产一般和交换一般的、完全普遍的规律"。① 里格比对中世纪欧洲历史的研究亦使他很容易对一些理论观点做出反驳，比如他非常不赞同将人口变化作为对社会变迁根本原因的解释，认为其缺陷很明显地表现在 16 世纪英格兰、法国的朗格多克和波兰所走的不同经济发展道路上。"在朗格多克，正如马尔萨斯所预见

---

① 《马克思恩格斯文集》第 9 卷，人民出版社 2009 年版，第 153—154 页。

的，人口增长导致对土地需求的不断增长、地租的不断上涨、土地占有权的碎化、生活水平的不断下降、收入的不断减少，最终由于人口增长超出资源的承载力而导致人口危机。但是，在英格兰，人口增长并未导致农场规模的不断变小和生产率的不断下降。恰恰相反，对食物需求的不断增加导致产出的不断增长，这是通过更有效的农业生产来实现的，它以较大规模的生产单位为基础。在波兰，16 世纪是人口不断增长的时期。土地对劳动力的比率赋予地主以相对于农民而言的优势，地主不断增加对农民的控制，强迫他们接受更高的地租和更多的劳役。换句话说，人口的不断增长分别对朗格多克由自由农民耕作的较小规模的农场、英格兰的较大规模的资本主义农业企业，以及波兰由农奴从事生产，做出了解释。"（第 199—200 页）可见从因果链条的追溯上将人口作为对社会变迁的解释是非终极性的。

另外，里格比也提出了一些唯物史观需要进一步研究的问题，像马克思强调生产力对历史发展的决定作用，那么，生产力发展到什么程度才会引发生产关系的变革（例如导致社会主义的产生）呢？里格比指出："想必是，如果一场社会主义革命将资本主义推翻了，那么这就是生产力已得到充分发展的标志。问题是，我们只能在革命发生后才知道这一点。在此之前，理论并不能对行动提供任何指导。马克思本人从未意识到这个问题的存在。"（第 67 页）的确，这是为了保持唯物史观的解释力必须给出合理回答，但过去尚未被关注的问题。

三　对里格比有关唯物史观的重新解读的评价

里格比是出于在浩瀚无边、纷繁交错的历史万象中寻求其内在机理和因果链条的实际需要，而进入历史哲学，特别是唯物史观的研究之中的。因此，他对唯物史观的理论指导价值的探索，总是有意无意地以是否适应他自己的实证历史研究的需要为依归。这使他的理论思辨多有实证研究作为支撑而不流于虚玄，但同时也难免使他的理论探索视野受到其实证历史研究领域的局限。这是我们在评估他的研究结论的是非得失

时需要注意的。

里格比的《马克思主义与历史学》介绍了两种有关唯物史观的解释体系：一种是以科恩为代表的传统解释模式，这种解释模式以"生产力在整个历史解释中居于首要地位"为核心命题，建构起唯物史观的解释体系；另一种是里格比在该书中提出的替代性解释模式，这种替代性解释模式以"生产关系在整个历史解释中居于首要地位"为核心命题，建构起唯物史观的解释体系。并且他认为后一种解释模式对指导历史研究最有价值。我们认为，这两种解释模式都存在着各自的问题。里格比分 7 个小标题介绍了"生产力首要性"解释模式的立论基础，并分别给予了批驳。我们是同意"生产力首要性"解释模式的基本观点的，像"生产力-生产关系或经济基础-上层建筑"构成因果解释链条的三个层次，其中生产力是历史发展的终极原因，生产关系的变化需要从生产力的变化中寻求解释；同意这种解释模式在对唯物史观基本概念上所做的更为细致的分析，像在生产关系概念中区分出"物质的"和"社会的"两个不同层面。但我们不能同意这种解释模式对唯物史观基本概念和本质属性的界定。比如科恩虽然指出"生产力"最好界定为"生产能力"，但最终仍然用"要素说"来界定生产力。再比如，他将唯物史观界定为一种功能解释，而不是因果解释。正是因为这种解释模式存在缺陷，所以科恩为唯物史观做辩护的态度最后也出现动摇，"近来我开始怀疑这本书（《卡尔·马克思的历史理论》）所辩护的理论是否正确。我现在并不认为历史唯物主义是错误的，但对如何知道它是否正确却没有把握"。①

对于里格比提出的替代性解释模式，我们是从基本观点上就对其持有异议。说"生产关系在历史解释中居于首要地位"，那么，我们不禁要问："生产关系又是由什么决定的，生产关系又是如何发生变化的？"

---

① 〔英〕G. A. 科恩：《卡尔·马克思的历史理论———一种辩护》，段忠桥译，高等教育出版社 2008 年版，第 341 页。

生产关系绝非历史演进的因果链条上的终极一环，其本身是有着复杂的内部构成的，其构成要素之间也不是平等并列的，而是存在着决定与被决定的关系。比如马克思和恩格斯在《德意志意识形态》中明确指出："与这种分工同时出现的还有**分配**，而且是劳动及其产品的**不平等**的分配（无论在数量上或质量上）；因而产生了所有制。"① 由此可见，笼统地说"生产关系在历史解释中具有首要性"，这个命题是很难成立的。如果仔细加以辨析，我们将会看到，里格比的替代性解释模式存在着以下一些问题。

其一是作者立论的出发点值得商榷。里格比明确表示，他所关注的不是哪种对马克思的理解最正确，而是哪种理解对指导历史研究最有用。他甚至认为将马克思解读为"生产力决定论者"或"生产关系决定论者"都可以找到文本支持，因而也都是合理的。所以问哪种解读"最符合马克思的原意"是没有意义的（第17页）。按照他的这种认识，岂不可以任意地从唯物史观中各取所需地拿出立论的根据?! 如此，对唯物史观做正本清源的研究也就成为多余的课题。诚然，马克思生前没有来得及对他的历史理论进行系统的整理和概括，后人所能阅读到的常常是针对对立的理论、观点所做的论战性的表述。因此，阅读他们的著作一定要弄清每个论断提出的历史背景和所针对的对象，并努力把他们针对不同历史背景和对象所做的论说联系起来做出比较完整、准确的理解。在《德意志意识形态》《〈政治经济学批判〉序言》中，马克思明确表述了生产力在历史解释中具有首要地位。他的历史理论的逻辑推理是，人们要生存必须先解决吃喝住穿问题，即进行生产活动。于是，才有了在生产中的交往，形成生产关系，并形成同生产关系相适应的政治和法律制度，或曰上层建筑。所以马克思反复强调："人们在发展其生产力时，即在生活时，也发展着一定的相互关系；这些关系的形式必

---

① 《马克思恩格斯文集》第1卷，人民出版社2009年版，第536页。

然随着这些生产力的改变和发展而改变。"① 尽管包括里格比在内的论者拿出通过上层建筑改变生产关系的事例来反对生产力决定生产关系的命题,② 但马克思其实早已论及:"各代所遇到的这些生活条件还决定着这样的情况:历史上周期性地重演的革命动荡是否强大到足以摧毁现存一切的基础;如果还没有具备这些实行全面变革的物质因素,就是说,一方面还没有一定的生产力,另一方面还没有形成不仅反抗旧社会的个别条件,而且反抗旧的'生活生产'本身、反抗旧社会所依据的'总和活动'的革命群众,那么,正如共产主义的历史所证明的,尽管这种变革的**观念**已经表述过千百次,但这对于实际发展没有任何意义。"③ 也就是说,如果没有生产力的实质性发展,要想实现生产关系的根本性变革是不可能的。所以,以实用主义的态度对待马克思的历史理论是很危险的,最终将会导致"多元化的马克思",从而抹杀马克思的历史理论同其他历史理论的区别,抹杀马克思的理论相比其他理论的优越性。

其二,作者在对唯物史观基本概念的界定上存在缺陷。对唯物史观的基本概念做出科学的界定,是对唯物史观的解释体系进行合理阐释的基本前提。但恰恰是在基本概念的界定上,无论是以科恩为代表的"生产力首要性"解释模式,还是里格比所主张的"生产关系首要性"解释模式,都存在值得商榷的地方。尽管科恩论及从语义学考察将"生产力"译为"生产能力"更为确切,并且指出"无论一件生产工具还是一定数量的原料,严格说来都不是生产能力",但他还是保留了生产力的"要素构成说",认为生产力包括劳动能力和生产资料两大类。④里格比则全盘接受生产力的要素说,指出"生产力的性质也许可以在

---

① 《马克思恩格斯文集》第 10 卷,人民出版社 2009 年版,第 47 页。

② Harry Ratner, "Historical Materialism: A Critical Look at Some of Its Concepts," *New Interventions*, Vol. 10, No. 2, 2000.

③ 《马克思恩格斯文集》第 1 卷,人民出版社 2009 年版,第 545 页。

④ 〔英〕G. A. 科恩:《卡尔·马克思的历史理论——一种辩护》,段忠桥译,高等教育出版社 2008 年版,第 54—55、73 页。

劳动过程的三要素中予以明确地考察"（第 23 页）。对"生产力"概念的这种界定源于对马克思有关劳动过程三要素论述的误用。[①] 但是，一个常识是，"过程"不是"力"。"力"是能力，是主体自身在生产过程中形成、积累起来的经验、技巧、诀窍等；它的衡量标准是劳动生产率。[②]

在对"生产关系"的界定上，里格比注意到了他之前的学者在"物质的关系"和"社会的关系"之间所做的区分，而其中"物质的关系"被解释为劳动的分工关系，他主张将劳动分工归入生产力范畴。但这种将劳动分工置于生产力范畴的做法值得商榷。首先，劳动分工是一种关系，不是力；其次，马克思在《德意志意识形态》中明确指出："任何新的生产力，只要它不是迄今已知的生产力单纯的量的扩大（例如，开垦土地），都会引起分工的进一步发展。"[③] "**分工**，分工的阶段依赖于当时生产力的发展水平。"[④] 由此可见，劳动分工关系同生产力并不在同一层面，而是受生产力发展水平制约的。里格比既将劳动分工归入生产力范畴，又不承认生产力相比生产关系具有解释上的首要性，彻底打破了唯物史观所主张的基本因果链条，从而也就为他提出生产关系决定论开了方便之门。

对"上层建筑"的界定，里格比同样提出独特的见解。他认为无法预先将某些因素归入经济基础或上层建筑范畴，而要看这些因素具体在发挥什么样的作用。如果是发挥经济基础的作用，那就归入经济基础范畴；如果是发挥上层建筑的作用，就归入上层建筑范畴。这样界定就抹杀了在经济基础和上层建筑之间真正做出区分的可能性，但马克思是明确在两者之间做出区分的。在《〈政治经济学批判〉序言》中，马克

---

① 《马克思恩格斯文集》第 5 卷，人民出版社 2009 年版，第 208 页。马克思在《资本论》第 1 卷论及劳动过程时指出："劳动过程的简单要素是：有目的的活动或劳动本身，劳动对象和劳动资料。"

② 吴英：《对唯物史观几个基本概念的再认识》，《史学理论研究》2007 年第 4 期。

③ 《马克思恩格斯文集》第 1 卷，人民出版社 2009 年版，第 520 页。

④ 《马克思恩格斯文集》第 1 卷，人民出版社 2009 年版，第 587 页。

思明确指出："生产关系的总和构成社会的经济结构，即有法律的和政治的上层建筑竖立其上并有一定的社会意识形式与之相适应的现实基础。"① 由此可见，经济基础明确是指分工、分配、交换、消费等关系，而上层建筑则是指维系现存生产关系的政治、法律和意识形态。于是，我们可以观察到，当现存的分配关系、生产资料占有关系同生产力的发展、劳动分工关系相一致时，上层建筑会通过对这种生产关系的卫护与稳定，促进生产力的发展；而当生产关系已经不适应生产力发展时，上层建筑作为这种生产关系的卫护者，会通过政治、法律和意识形态等手段来阻碍生产关系的变革，从而阻滞生产力的发展。

从以上介绍不难看出，里格比在对唯物史观基本概念的界定上提出了自己的见解，而这种界定的目的则在于支持他所提出的"生产关系决定论"式的解释，并且他认为这是最适合指导历史研究的。其实这在本质上乃是一种过于强调人的能动性的对唯物史观的"唯意志论式"的解释。

其三，我们不难看出，里格比所持的是一种多元论的解释模式。他毫不隐讳地讲："不管我们明确表述的理论是什么样的，但事实上我们都不可能不是多元论者。正是这一事实，使我们能够很容易地将马克思主义历史学所揭示的各种历史真相纳入到正统历史学的轨道中。"（第29页）正是因为他持一种多元论的解释模式，所以他否定生产力对生产关系的决定关系，认为在许多情况下生产关系决定生产力的发展；否定经济基础对上层建筑的决定关系，认为只要发挥了经济基础的作用，上层建筑也能够被纳入经济基础范畴。由此，过去被纳入上层建筑范畴的因素可以被归入经济基础，甚至生产力范畴。就像他所指出的："技术知识属于思想范畴的事实并不意味着它是上层建筑的组成部分。在'基础'和'上层建筑'之间的区分既不等同于在物质和精神之间的区分、也不等同于在不同机构之间的区分。两者之间的区分只能依据它们

---

① 《马克思恩格斯文集》第2卷，人民出版社2009年版，第591页。

所发挥的作用做出。就作为生产过程组成部分的科学知识而言，它可以被视为生产力的组成部分，而不是社会上层建筑的组成部分。"（第24页）我们无法想象，在抛弃了马克思的历史理论所包含的层次分析方法或因果链条追溯方法之后，马克思的历史理论还能留下什么。

其四，里格比对马克思主义理论体系的评价更需要我们郑重地予以辨析。他在书中写道："在马克思和恩格斯的学术遗产中，他们的政治学——基于无产阶级作为革命阶级的观念——目前看来似乎有些一厢情愿；他们的经济学——以劳动价值论为前提——目前已被除少数原教旨主义者外的所有人摒弃；他们的辩证唯物主义哲学已经成为一种学术古董。在马克思和恩格斯的研究中，仍然令人感兴趣的就是他们的社会和历史理论：历史唯物主义。马克思也许想改造世界、而不是仅仅以一种新的方法来解释它。但事实上，马克思主义毋宁说是在理解世界上、而不是在改造世界上更为成功。马克思和恩格斯更值得为人们所记忆的是他们的社会科学。"（第15—16页）我们知道，马克思的政治学并不仅仅包括无产阶级革命学说，国家理论、阶级分析理论等学说都是马克思政治理论的组成部分；马克思的经济学说也并不仅仅是劳动价值论，剩余价值理论、经济危机理论等都是马克思经济理论的组成部分。每当资本主义世界发生重大经济危机时，马克思的著作，像《资本论》和《共产党宣言》等都会畅销。而且作为指导马克思研究社会科学诸领域的方法论的历史唯物主义既然是有价值的，那么以它为指导所从事的研究必定有其合理性。所以，尽管他的政敌和论敌一次次宣称马克思的理论和方法已经过时，但其仍然一次次地重新被人们所重视和运用。科学的理论和方法不是某些学者或学派想抹杀就可以抹杀的。它总是会在后续的研究中得到发展，并在历史演进的长河中得到反复验证。

不过，在这里，我们还是要感谢里格比。他的《马克思与历史学》为我们展示了当今学术界围绕马克思主义历史学诸命题产生的争论和诸家的观点。即使里格比在书中直陈他对唯物史观某些基本观点的批评，也会从反面给我们警示，促使我们进一步做出多层次、多侧面的思考。

而面对如此众多的理论问题，我们理当以无私无畏的科学的批判精神，通过坦率而真诚的学术争鸣，让唯物史观科学真理的光芒驱散一切误导人们心灵的迷雾，指引大家奋勇直前去建设新世界。

第三节　驳当前反对唯物史观的几种主要观点

历史虚无主义的本质是反对以唯物史观为指导进行历史研究和历史解释。他们以自己的历史虚无主义观诬称唯物史观主张阶级斗争推动历史前进是阶级斗争决定论，诬称唯物史观主张从经济地位和经济利益分析阶级和阶级关系是宿命论式的经济决定论，诬称唯物史观否定精英人物的历史作用，诬称唯物史观揭示的历史发展规律是抽象的社会学公式、是历史终结论，等等，由此将"历史虚无主义"的罪名反加在唯物史观头上。这种对真理的攻讦的发起者自以为提出了否定唯物史观的新论据，其实只不过是在重复一百多年前那些唯物史观反对者的陈词滥调。下面我们将会看到，那些陈词滥调其实早已被马克思和恩格斯驳斥得无立身之地！

一　唯物史观不是"阶级斗争决定论"

唯物史观认为阶级斗争的作用是通过改变生产关系为生产力的发展创造条件，它是为作为"产婆"的生产力服务的"助产婆"。

在唯物史观的逻辑体系中，阶级斗争的历史作用隶属于历史发展动力的范畴。马克思和恩格斯把历史发展的"动力"区分为两种类型：一类是"终极动力"，即原动力；另一类是"直接动力"，即对原动力发生反作用的动力。他们所谓的"终极动力"或"原动力"是指生产力的发展，"直接动力"是指包括阶级斗争在内的上层建筑的反作用力。他们把"直接动力"比喻为"杠杆"或"助产婆"，而把"终极动力"比喻为"产婆"。像马克思曾明确指出："所有这些方法都利用国家权力，也就是利用集中的、有组织的社会暴力，来大力促进从封建生产方式向资本主义生产方式的转化过程，缩短过渡时间。暴力是每一个孕育着新社会的旧社会的助产婆。"① 马克思和恩格斯曾共同指出："将近40年来，我们一贯强调阶级斗争，认为它是历史的直接动力，特别是一贯强调资产阶级和无产阶级之间的阶级斗争，认为它是现代社会变革的巨大杠杆；所以我们决不能和那些想把这个阶级斗争从运动中勾销的人们一道走。"② 唯物史观认为，生产力水平的实质提高才是社会形态从低级向高级演进的终极动力，而阶级斗争则是在生产力的发展受到生产关系的严重束缚时，通过改变生产关系来为生产力的发展创造条件。

唯物史观有关人类社会历史演进的终极动力和直接动力之间辩证关系的原理，可以从世界历史演进的具体过程中得到清楚的说明。比如，生产力作为人类社会发展终极动力的作用可以从中西封建社会发展的不同状况中得到印证。中国封建社会每个王朝都会爆发多次农民战争，但结果却是封建社会的长期延续。而西欧封建社会大规模的农民战争并不多见，但"当居于统治地位的封建贵族的疯狂争斗的喧嚣充塞着中世纪的时候，被压迫阶级的静悄悄的劳动却在破坏着整个西欧的封建制度，造成封建主的地位日益削弱的局面"。③ 由此可见，当生产力的水平还没有实质性提高时，生产关系是无法发生根本性变革的。即使爆发激烈的阶级斗争，其结果也仅仅是改朝换代而已，无法实现社会性质的根本变革。马克思在谈到旧社会向共产主义社会的过渡时明确指出，"如果还没有具备这些实行全面变革的物质因素，就是说，一方面还没有一定的生产力，另一方面还没有形成不仅反抗旧社会的个别条件，而且反抗旧的'生活生产'本身、反抗旧社会所依据的'总和活动'的革命群众，那么，正如共产主义的历史所证明的，尽管这种变革的**观念**

---

① 《马克思恩格斯文集》第5卷，人民出版社2009年版，第861页。
② 《马克思恩格斯文集》第3卷，人民出版社2009年版，第484页。
③ 《马克思恩格斯文集》第4卷，人民出版社2009年版，第215页。

已经表述过千百次，但这对于实际发展没有任何意义"。① 那么，请问持历史虚无主义观的先生们，凭什么说马克思是阶级斗争决定论者，又凭什么将唯物史观说成是"主张阶级斗争的史观"呢？

当然，如果生产关系严重束缚着生产力的发展，那就必须通过阶级斗争的直接动力作用来为解放生产力创造条件，否则社会的发展就会长期处于停滞状态。马克思提出的著名的"跨越卡夫丁峡谷"理论认为，当具备一定物质条件时，发挥阶级斗争的直接动力作用能够缩短历史进程，跨越某个历史发展阶段而直接向更高一级的社会形态过渡。我们知道，马克思在学术研究的中前期主要关注发达资本主义国家向社会主义过渡的问题，而在他学术研究的后期，由于现实的需要，特别是俄国作为后发国家向社会主义过渡问题的提出，使马克思转向了对非西方的后发国家，尤其是俄国的研究，提出了后发国家向社会主义过渡的理论命题。在 19 世纪中期，农奴制已经严重抑制了俄国农民的生产积极性，束缚了俄国经济的发展。俄国历史走到了一个十字路口。是通过自上而下的"和平"改革进入资本主义社会，还是通过自下而上的革命直接建立社会主义政权，为向社会主义过渡创造物质条件，一度成为俄国革命志士必须做出的选择。当他们向马克思求教时，马克思肯定了俄国跨越"资本主义制度的卡夫丁峡谷"而直接向社会主义过渡的可能性，他指出，俄国不是脱离现代世界孤立生存的，"正因为它和资本主义生产是同时存在的东西，所以它能够不经受资本主义生产的可怕的波折而占有它的一切**积极的成果**"。② 也就是说，俄国可以借鉴资本主义的一切积极成果。只要善于借鉴，跨越资本主义的发展阶段，直接建立社会主义政权，完全可以为向社会主义的过渡创造物质条件。在马克思主义科学理论的指导下，在以列宁为领袖的布尔什维克的正确领导下，在人民群众的坚定支持下，俄国取得了十月革命的胜利。一些不甘受制于本

---

① 《马克思恩格斯文集》第 1 卷，人民出版社 2009 年版，第 545 页。
② 《马克思恩格斯文集》第 3 卷，人民出版社 2009 年版，第 571 页。

国和帝国主义反动政治统治和经济剥削的落后国家以俄国为榜样，同样选择了通过革命向社会主义过渡的发展道路。虽然苏联社会主义建设经过 70 年的曲折探索，未臻成功，却为其他社会主义国家提供了正、反两方面的经验教训。中国特色社会主义建设由于更注重将不断扩大的生产力发展成果让最大多数的人民共同分享，不仅避免了重蹈苏联社会主义建设失败的覆辙，而且不断取得令世人瞩目的成就，这无疑证明了马克思理论的科学性。

总而言之，阶级斗争乃至最为激烈的暴力革命，可以推翻一个旧政权，但无法使生产力立即跃上新的发展阶段。它的作用仅在于变革政权的性质，却无法自动地推进生产力的持续发展。社会主义经济建设，有赖于新政权积极、正确地发挥社会上层建筑的促动机制予以推进。由此可见，尽管唯物史观强调阶级斗争的直接动力作用，但绝非"阶级斗争决定论"。

二　所谓的"经济决定论"是一个概念模糊的伪命题，唯物史观绝非宿命论式的"经济决定论"

历史虚无主义诬称唯物史观是所谓的宿命论式的"经济决定论"。对此，需要首先明确，这个"经济"概念到底是指什么？我们都知道，"经济"概念可以指生产力，也可以指生产关系，还可以指生产力与生产关系的结合体，那么，这个所谓的"经济决定论"到底是"生产力决定论"还是"生产关系决定论"，抑或是"生产力和生产关系共同决定论"？显然，根据唯物史观的基本原理，它是生产力决定论。其次，唯物史观所主张的生产力决定论并不否定生产力以外因素的作用，尤其不否定意识和上层建筑的作用。也正是根据这一点，恩格斯曾经对有关唯物史观是经济决定论的指责做出过直接的驳斥，他指出："根据唯物史观，历史过程中的决定性因素**归根到底**是现实生活的生产和再生产。无论马克思或我都从来没有肯定过比这更多的东西。如果有人在这里加以歪曲，说经济因素是**唯一**决定性的因素，那么他就是把这个命题变成毫无内容的、抽象的、荒诞无稽的空话。经济状况是基础，但是对历史斗争的进程发生影响并且在许多情况下主要是决定着这一斗争的**形式**的，还有上层建筑的各种因素：阶级斗争的各种政治形式及其成果——由胜利了的阶级在获胜以后确立的宪法等等，各种法的形式以及所有这些实际斗争在参加者头脑中的反映，政治的、法律的和哲学的理论，宗教的观点以及它们向教义体系的进一步发展。"① 由此可见，唯物史观将人们的物质生产活动及其在生产活动中形成的生产能力而不是将模糊的"经济"作为历史发展的最终动力。也只有这样，才能对意识和上层建筑的作用做出恰如其分的评价，即看这种作用能否调动广大生产者的积极性，能否实现生产能力的提高。

此外，唯物史观所主张的决定论绝非什么宿命论，而是不同条件必然导致不同结果的条件决定论。宿命论主张不管人们如何行动和努力，都不可能改变历史的最终结果。唯物史观当然不是这样的理论，它视为历史发展终极原因的生产力发展水平本身就是生产者发挥主体能动性的结果，而且它主要是从人的主体能动性发挥与否的视角来解释为什么自然和人文条件大体相当的社会却会出现截然不同的生产力发展水平，这里哪里有宿命论可谈?! 由此，我们不禁要问，反复强调"历史**不过是**追求着自己目的的人的活动而已"② 的唯物史观怎么就成了宿命论式的"经济决定论"呢?

三　唯物史观对精英人物的历史作用做出了客观公正的评价

有关唯物史观否定精英人物历史作用的指责并不是什么新的发明，早在 20 世纪 80 年代，中国史学界有关历史创造者问题的争论中就有这种质疑，但当时提得非常隐晦，现在则是明确将之归结为"唯物史观是历史虚无主义"的表现。

---

① 《马克思恩格斯文集》第 10 卷，人民出版社 2009 年版，第 591 页。
② 《马克思恩格斯文集》第 1 卷，人民出版社 2009 年版，第 295 页。

首先需要强调的是，唯物史观坚持人民群众是历史创造者的命题。马克思指出：“**整个所谓世界历史**不外是人通过人的劳动而诞生的过程。”① 恩格斯进一步指出，唯物史观是“在劳动发展史中找到了理解全部社会史的锁钥的新派别”。② 因此，劳动人民物质和精神力量的发展是推动人类社会从低级向高级发展的根本动力，是历史的主干，构成社会历史进步的坚实基础。没有这种坚实的基础，少数精英人物是不可能推动社会历史前进的。例如，在论述阶级的产生时，唯物史观认为，作为统治阶级的少数精英能够从物质生产领域游离出来专门从事公共事务的管理工作，这必须是以生产能力的提高为前提的，即共同体成员在满足自身的需要以外已经能够生产少量剩余来供养在非生产领域工作的成员。正如恩格斯所指出的：“只要社会总劳动所提供的产品除了满足社会全体成员最起码的生活需要以外只有少量剩余，就是说，只要劳动还占去社会大多数成员的全部或几乎全部时间，这个社会就必然划分为阶级。”③ 又如，在论述从前资本主义社会向资本主义社会过渡时，唯物史观认为，农业劳动生产率的提高是这种过渡的坚实基础。正如马克思所指出的：“重农学派的正确之点在于，剩余价值的全部生产，从而资本的全部发展，按自然基础来说，实际上都是建立在农业劳动生产率的基础上的。……超过劳动者个人需要的农业劳动生产率，是全部社会的基础，并且首先是资本主义生产的基础。资本主义生产，使社会中一个越来越增大的部分，脱离直接生活资料的生产……转化为自由人手，使他们可以在别的部门任人剥削。”④ 我们知道，向资本主义社会过渡的过程其实就是工业化的过程，即从以农业生产为主转向以工业生产为主，而这必须以农业劳动生产率的极大提高为前提，因为没有农业劳动生产率的极大提高，就不可能有大量农业劳动力转移到工业部门就业，

---

① 《马克思恩格斯文集》第 1 卷，人民出版社 2009 年版，第 196 页。
② 《马克思恩格斯文集》第 4 卷，人民出版社 2009 年版，第 313 页。
③ 《马克思恩格斯文集》第 3 卷，人民出版社 2009 年版，第 562 页。
④ 《马克思恩格斯文集》第 7 卷，人民出版社 2009 年版，第 888 页。

也不可能有大量农产品作为原料供应给工业部门，同样也不会有工业品的销售市场。由此可见，向更高级产业的转型是以较低级产业的劳动生产率的极大提高为前提的，从以农业为主向以工业为主的转型升级是如此，从以工业为主向以服务业为主的转型升级也是如此。没有工业部门劳动生产率的极大提高，就不可能有大量工人转移到服务业部门就业，不可能产生个人和生产部门对服务业的大量需求，也就不会有广大的服务产品销售市场。再如，在论述未来共产主义社会产生的条件时，唯物史观认为劳动生产率的巨大提高起着决定性作用。正如马克思所指出的："事实上，自由王国只是在必要性和外在目的规定要做的劳动终止的地方才开始；因而按照事物的本性来说，它存在于真正物质生产领域的彼岸。……但是，这个自由王国只有建立在必然王国的基础上，才能繁荣起来。工作日的缩短是根本条件。"① 我们知道，共产主义社会的本质特征是人的全面发展或脑体分工的消灭，而要获得全面的发展，人们必须拥有更多的闲暇时间来进行各种能力的培养，这当然是以工作日的缩短为前提，而工作日的缩短又是以劳动生产率的巨大提高为前提。

由此可见，人民群众是创造历史的决定性力量。一旦缺失了这个前提与基础，就像马克思批评蒲鲁东的那样，历史演进就成了他头脑中的奇妙运动："蒲鲁东先生用自己头脑中奇妙的运动，代替了由于人们既得的生产力和他们的不再与此种生产力相适应的社会关系相互冲突而产生的伟大历史运动，代替了在一个民族内各个阶级间以及各个民族彼此间酝酿着的可怕的战争，代替了唯一能解决这种冲突的群众的实践和暴力的行动，总之，代替了这一广阔的、持久的和复杂的运动。可见，历史是由学者，即由有本事从上帝那里窃取隐秘思想的人们创造的。平凡的人只需应用他们所泄露的天机。"②

其次，在上述前提的基础上，马克思肯定地指出："如爱尔维修所

---

① 《马克思恩格斯文集》第 7 卷，人民出版社 2009 年版，第 928—929 页。
② 《马克思恩格斯文集》第 10 卷，人民出版社 2009 年版，第 51 页。

说的，每一个社会时代都需要有自己的大人物，如果没有这样的人物，它就要把他们创造出来。"① 但是，也正如马克思和恩格斯所讲的："像拉斐尔这样的个人是否能顺利地发展他的天才，这就完全取决于需要，而这种需要又取决于分工以及由分工产生的人们所受教育的条件。"②

总之，马克思和恩格斯在论述社会历史进步的根本原因或终极动力时，总是从生产力着手，也就是说，他们强调生产力的发展是推动社会从低级向高级发展的决定性因素。这也就是为什么唯物史观强调劳动大众（人民群众）是历史的创造者。从这样的视角就可以解释伟大人物的历史地位和历史作用，看他们的作为在哪些方面或在何种程度上推动或阻碍了劳动大众物质和精神力量的发展。因此，唯物史观绝不是完全地、不分青红皂白地否定或抹杀伟大人物，特别是他们当中的一些正面人物的历史进步作用，只是无论肯定还是否定，都要看他们的作为在哪些方面或在何种程度上推动或阻碍劳动大众物质和精神力量的发展，并以此为标准评定其是非功过。

与之相反，主张历史唯心论的历史虚无主义者根本否定劳动大众是创造历史的根本动力和主体力量，特别反对以在哪些方面或在何种程度上推动或阻碍劳动大众物质和精神力量的发展为标准来判定伟大人物的是非功过。他们历来主张帝王将相或资本大王、精神领袖之类的人创造历史，并且反过来诬蔑唯物史观忽视精英人物的作用，是历史虚无主义者。真可谓欲加之罪，何患无辞！

四　唯物史观不是历史终结论

历史虚无主义强加于唯物史观的又一罪名是把它做出的资本主义必然被共产主义取代的科学论断诬称为所谓的"历史终结论"。这也是无稽之谈，恩格斯在回答法国《费加罗报》记者的提问时指出："我们没

---

① 《马克思恩格斯文集》第2卷，人民出版社2009年版，第137页。
② 《马克思恩格斯全集》第3卷，人民出版社1960年版，第459页。

有最终目标。我们**是不断发展论者**，我们不打算把什么最终规律强加给人类。关于未来社会组织方面的详细情况的预定看法吗？您在我们这里连它们的影子也找不到。"① 唯物史观所主张的辩证方法就是强调历史发展的永恒性，比如马克思明确指出："辩证法在对现存事物的肯定的理解中同时包含对现存事物的否定的理解，即对现存事物的必然灭亡的理解；辩证法对每一种既成的形式都是从不断的运动中，因而也是从它的暂时性方面去理解；辩证法不崇拜任何东西，按其本质来说，它是批判的和革命的。"② 他们正是在这种意义上肯定黑格尔哲学的，"黑格尔哲学（我们在这里只限于考察这种作为从康德以来的整个运动的完成的哲学）的真实意义和革命性质，正是在于它彻底否定了关于人的思维和行动的一切结果具有最终性质的看法"。③

既然不是历史终结论，自然不会认定共产主义社会是历史的终结。马克思是根据因果关系推导出资本主义社会必然灭亡、共产主义社会必然产生的，其中共产主义社会的本质特征是消灭脑体分工，是以每个人的自由发展为一切人的自由发展的前提的自由人联合体。马克思、恩格斯只是根据资本主义已经达到的生产力水平及其不可克服而且不断加剧的内在矛盾，预见资本主义必然会被共产主义所取代。至于共产主义社会到底是什么模样，他们只能从原则上说那将是没有阶级和剥削的、以每个人的自由发展为一切人的自由发展的前提的、各尽其能各取所需的社会。至于那样的社会中的人们的思维方式和行为方式是什么样子，社会组织是什么样子，会出现什么新的矛盾，以及那些新的矛盾是否会引起生产生活方式发生新的变化……这一切未来的图景，他们只字未提；而只能根据他们确认的历史唯物主义的发展观预言，在共产主义社会，人们的物质和精神生产能力以及他们的自由个性绝不会停止发展。事实上，坚持严谨科学态度的马克思只限于根据资本主义的生产力发展水平

---

① 《马克思恩格斯文集》第 4 卷，人民出版社 2009 年版，第 561—562 页。
② 《马克思恩格斯文集》第 5 卷，人民出版社 2009 年版，第 22 页。
③ 《马克思恩格斯文集》第 4 卷，人民出版社 2009 年版，第 269 页。

及其不可克服的内在矛盾的既定事实做出它必然要被共产主义取代的科学预断，而绝没有对共产主义社会具体情况妄加描绘。他还因此受到指责。马克思针对这样的指责幽默地回敬道："巴黎的《实证论者评论》一方面责备我形而上学地研究经济学，另一方面责备我——你们猜猜看！——只限于批判地分析既成的事实，而没有为未来的食堂开出调味单。"①

马克思和恩格斯承认每种社会形态存在的必然性，以及它相对于前一种社会形态的进步性。例如，原始社会是人类社会最原始的发展阶段，因为劳动生产率非常低下，几乎没有剩余，人们只能靠平均分配食物才能勉强维持生存。而对奴隶社会，恩格斯认为，"只有奴隶制才使农业和工业之间的更大规模的分工成为可能，从而使古代世界的繁荣，使希腊文化成为可能。没有奴隶制，就没有希腊国家，就没有希腊的艺术和科学；没有奴隶制，就没有罗马帝国。没有希腊文化和罗马帝国所奠定的基础，也就没有现代的欧洲。……我们的全部经济、政治和智力的发展，是以奴隶制既成为必要、又得到公认这种状况为前提的。在这个意义上，我们有理由说：没有古希腊罗马的奴隶制，就没有现代的社会主义"。② 所以，恩格斯讲："马克思了解古代奴隶主，中世纪封建主等等的历史必然性，因而了解他们的历史正当性，承认他们在一定限度的历史时期内是人类发展的杠杆；因而马克思也承认剥削，即占有他人劳动产品的暂时的历史正当性；但他同时证明，这种历史的正当性现在不仅消失了，而且剥削不论以什么形式继续保存下去，已经日益愈来愈妨碍而不是促进社会的发展，并使之卷入愈来愈激烈的冲突中。"③ 至于对资本主义社会的评价，连批判马克思是历史虚无主义者的人也认为马克思对资本主义给出了相当高的评价，"资产阶级在它的不到一百年的阶级统治中所创造的生产力，比过去一切世代创造的全部生产力还要

---

① 《马克思恩格斯文集》第 5 卷，人民出版社 2009 年版，第 19 页。
② 《马克思恩格斯文集》第 9 卷，人民出版社 2009 年版，第 188 页。
③ 《马克思恩格斯全集》第 21 卷，人民出版社 1965 年版，第 557—558 页。

多，还要大"。① 当然马克思也有很多对资本主义生产关系做出严厉谴责的论述。由此可见，马克思对每一种社会制度的评价都不是全盘肯定或全盘否定，而是既肯定它的进步性，同时也指出它的退步性，这也是一种社会制度必然被新的社会制度所取代的缘由所在。所以，必须从方法论的高度看待马克思做出相关评价的依据，如果不是这样的话，那就会得出马克思是以共产主义为标准来否定一切前共产主义社会的谬论。而马克思的方法就是继承发展或扬弃这样的辩证方法。

五　唯物史观不是提供给后人的抽象的社会学公式

对历史演进持虚无主义观点的人，从来不承认人类社会的历史演进从宏观上看是有其特定的演化规律可循的。因此，他们对马克思和恩格斯创建的唯物史观持根本否定的态度。这是古今中外概莫能外的。正因为如此，马克思、恩格斯还在世时，就曾饱受虚无主义的攻讦。而他们一次又一次地以犀利的语言予以回击。当下历史虚无主义对唯物史观的否定与攻讦与之对照，不过是老调重弹而已。

马克思和恩格斯都强调唯物史观是实证科学，他们对社会历史发展阶段的划分是对历史和现实社会中社会发展过程的经验概括，既不是先验的抽象规定，更不是宿命论式的公式。他们指出："在思辨终止的地方，在现实生活面前，正是描述人们实践活动和实际发展过程的真正的实证科学开始的地方。……它们绝不提供可以适用于各个历史时代的药方或公式。"② 正是因为意识到自身研究的经验基础需要不断扩展，马克思非常关注非西方社会发展的历史经验。为了研究俄国问题，他50岁自学俄语以便能够亲自阅读俄文材料，对俄国是否必须经历资本主义的发展然后再向社会主义过渡的问题做出回答。晚年，马克思更是放弃了《资本论》第2、3卷的整理工作，将注意力转向东方社会，目的就

---

① 《马克思恩格斯文集》第2卷，人民出版社2009年版，第36页。
② 《马克思恩格斯文集》第1卷，人民出版社2009年版，第526页。

是在更广泛的基础上检验和发展唯物史观，最终写出了其价值仍待发掘的《人类学笔记》和《历史学笔记》。

马克思有关俄国可能跨越"资本主义制度的卡夫丁峡谷"的论证突出表明他反对把他有关历史发展规律的观点变成抽象的公式的科学态度。如前所述，俄国在1861年农奴制改革后面临走资本主义道路还是社会主义道路的选择，主张走资本主义道路的米海洛夫斯基发表文章断言，根据马克思提出的发展图式，俄国应该走资本主义道路。马克思愤怒地回应道："他一定要把我关于西欧资本主义起源的历史概述彻底变成一般发展道路的历史哲学理论，一切民族，不管它们所处的历史环境如何，都注定要走这条道路，——以便最后都达到在保证社会劳动生产力极高度发展的同时又保证每个生产者个人最全面的发展的这样一种经济形态。但是我要请他原谅。（他这样做，会给我过多的荣誉，同时也会给我过多的侮辱。）"[1] 马克思是非常强调人的主体能动作用的，认为只有通过发挥人的主体能动性才能抓住历史机遇。以俄国发展道路的选择问题为例，马克思认为，俄国当时具备了跨越"资本主义制度的卡夫丁峡谷"的一些条件，但到底能否跨越则取决于俄国人民主体能动性的发挥。所以，马克思指出，"我得出了这样一个结论：如果俄国继续走它在1861年所开始走的道路，那它将会失去当时历史所能提供给一个民族的最好的机会，而遭受资本主义制度所带来的一切灾难性的波折"。[2]

马克思、恩格斯绝没有提供某种抽象的社会学公式，他们提供的乃是经验研究的结论，而且这种经验研究随着研究范围的扩展在不断发展和深化。不是对经典作家，而是对唯物史观做肆意歪曲的先生们硬将这样一种鲜活的理论诬蔑成僵化的教条。对此，恩格斯郑重地告诫："至于您用唯物主义方法处理问题的尝试，我首先必须说明：如果不把唯物

---

① 《马克思恩格斯文集》第3卷，人民出版社2009年版，第466页。
② 《马克思恩格斯文集》第3卷，人民出版社2009年版，第464页。

主义方法当做研究历史的指南，而把它当做现成的公式，按照它来剪裁各种历史事实，那它就会转变为自己的对立物。"①

以上的简短论述足以证明，唯物史观不但绝非历史虚无主义史观，恰恰相反，它的本质决定了它是历史虚无主义的克星。我们必须在新的历史条件下坚持和发展唯物史观，才能指导历史研究沿着正确的方向发展。

第四节　驳波普尔对唯物史观的攻击

改革开放以来，卡尔·波普尔在中国知识界蹿红，并产生较持久的影响。作为攻击马克思主义理论、攻击社会主义制度的急先锋，他在以马克思主义理论为指导、实行社会主义制度的中国受到如此热捧，警示我们马克思主义理论研究和建设工作的艰巨性和长期性。

一　驳波普尔对社会科学能够揭示人类社会发展规律的否定

凭借《历史决定论的贫困》，以研究自然科学哲学出道的英国科学哲学家卡尔·波普尔，蛮横地跨入社会科学研究领域，以似是而非的粗疏论证对历史决定论展开大肆攻击。他断言社会现象是独特的，没有重复性可言；断言人类社会只有趋势，没有规律；断言人类历史进程受知识增长的影响，而知识增长是无法预测的，所以人类社会的发展也是无法预测的；等等。尤其不能容忍的是，波普尔在未对马克思的唯物史观进行充分研究的情况下，就将它同宗教的神定论和法西斯主义的种族决定论相提并论，并斥之为"贫困的历史决定论"。但令人不解的是，就《历史决定论的贫困》这样一本缺乏严密论证，甚至可以说东拉西扯的十万字小册子，竟然在以马克思主义理论为指导、实行社会主义制度的中国产生了重大影响。1987 年中文版初次面世时就出版了两个译本，

---

① 《马克思恩格斯文集》第 10 卷，人民出版社 2009 年版，第 583 页。

印数近7万册，一时间掀起了一个"波普尔热"。如果是要作为反面材料加以批判，广泛传布，这尚能说得通。但事实却是，波普尔对唯物史观的庸俗批判竟然成为一些人质疑甚至否定唯物史观的依据。在"波普尔热"的背景下，波普尔的几乎所有著作，包括传记、访谈等都先后被译成中文出版。这种现象在当代西方学者中是很少见的。2004年，波普尔替"开放社会"（指西方民主社会）宣传的访谈录《二十世纪的教训：卡尔·波普尔访谈演讲录》出版，其核心观点是"民主是我们所知道的抵抗专制的最好方式"。这本十万字的小册子再次在中国知识界掀起一个小的阅读高潮。波普尔对马克思主义理论、对社会主义制度的攻击像幽灵般不时出来作祟，从反面提醒我们马克思主义理论研究和建设工作的迫切和缺失。

应该说，波普尔在自然科学哲学方面的研究还是有建树的。在前人研究的基础上，他对崇尚归纳方法的实证主义给予了致命一击。实证主义主张通过经验观察归纳出一般性的结论，然后在同类现象中继续观察以证实这个一般性结论。从归纳不可能完全的角度出发，波普尔主张再多的证实性观察也不可能证明一种结论一定为真，因为已观察到的现象是有限的，而未观察到的现象却是无限的。由此，波普尔提出了证伪理论。他认为，推进科学发展的不是证实，而是证伪。只有证伪才能促使研究者去思考原有结论不适用的原因，由此提出具有更大适用性的新结论。比如，通过初步观察乌鸦的羽色，我们得出"天下乌鸦一般黑"的结论。但这里有一个从"人们观察到的乌鸦羽色为黑"的判断，向"天下乌鸦一般黑"的判断转变的非理性过渡。而经过更广泛的观察，人们发现了羽色为白的乌鸦，从而证伪了原有的结论。人们通过解剖对比发现，决定乌鸦羽色的是染色体的排列，由此推进了科学的进步。波普尔的证伪理论激励很多自然科学家通过发现反例来推进科学的进步，一些获得诺贝尔奖的科学家也表达了对波普尔证伪方法的肯定。

波普尔的专业研究领域是自然科学哲学。自然科学研究对象的特点是具有高度的重复性，比如我们在巴黎观察自然现象得出的结论在北京或其他地方也可以适用。因此，波普尔认为在自然科学研究领域存在着规律性的认识，由此可以对自然现象的发生做出预测。但当他转到社会科学研究领域，发现一个个社会现象都是独特的、不重复的，他便将自然科学和社会科学截然区分开来。面对纷繁复杂的社会现象，波普尔的证伪方法已无用武之地，他只能用资本主义国家的一些流行认识去对那些已经过时的（像宗教的神定论），或已经被证明危害人类的（像法西斯主义的种族决定论），抑或公认对资本主义制度提出替代的（马克思主义理论）诸种历史理论发起攻击，以此为资本主义民主制度辩护。由于披着科学哲学代表人物的光环，将鲜明的观点与晦涩的论证相结合，他唬住了一些同样对马克思主义理论缺乏真正研究、对西方民主制度存在幻想的人。

我们认为，社会科学的研究对象是独特的、不重复的，因此不能运用自然科学的单纯归纳方法进行研究。这就要求社会科学研究直接使用因果关系探究法，探寻每个独特现象和独特行为发生的原因，尔后在这些原因的比较中寻找共性因素和个性因素。而其中共性的因素就是被比较现象的共有原因，乃至是共有的规律。随着研究对象的不断扩大，社会科学家能够在更大范围内通过对事物发生原因的比较找出适用范围更广的规律性认识。在深层次的因果关系层面，社会科学研究对象的重复性、规律性就会显现出来。这乃是马克思能够深入表象、揭示历史发展规律的原因所在。马克思强调他的研究是揭示人类社会的本质，"如果事物的表现形式和事物的本质会直接合而为一，一切科学就都成为多余的了"。①

波普尔以表象不具有重复性为由否定社会科学能够发现规律，而社会科学研究者恰恰是在深层次的因果层面来探寻共同规律性的。所以，波普尔得自自然科学的研究方法是不适用于社会科学研究领域的。没有科学的方法论，没有对社会科学研究对象特殊性的深刻了解，没有对所

---

① 《马克思恩格斯文集》第 7 卷，人民出版社 2009 年版，第 925 页。

批判对象的全面深入研究，波普尔竟然想用几条错误判断来否定社会科学发现规律的可能性，并斥责马克思主义理论是贫困的，这只能证明波普尔理论本身的贫困。

二　以唯物史观为指导揭示人类社会的发展规律

唯物史观是博大精深的理论体系。从马克思和恩格斯合作创建以来，经过几代马克思主义理论家的研究发展，唯物史观已经成为一种有着自身严密逻辑和方法的理论体系。几乎所有在社会科学领域取得巨大成就的现当代学者，都承认他们受惠于马克思理论和方法论的启示。但就是这样一种科学理论却被波普尔贬斥为"贫困的"，并将它同宗教神学的命定论和法西斯主义的种族决定论并列。像他在《历史决定论的贫困》的扉页写道："纪念各种信仰的或各个国家或各种族的无数男女，他们在历史命定论的无情规律下沦为法西斯主义和共产主义的受难者。"① 这种将唯物史观污蔑为命定论的理论，正是波普尔和他的《历史决定论的贫困》的理论贫困最明显的表现。

波普尔将唯物史观诬蔑为命定论，这是在缺乏对唯物史观基本认识的前提下做出的。首先，马克思认为，历史不是在人之外并支配着人的东西，历史就是人的活动，历史规律就是人们活动的规律。像他在与恩格斯合著的《神圣家族》中指出："**历史什么事情**也没有做，它'不拥有**任何**惊人的丰富性'，它'没有进行**任何**战斗'！其实，正是**人**，现实的、活生生的人在创造这一切，拥有这一切并且进行战斗。并不是'历史'把人当做手段来达到**自己**——仿佛历史是一个独具魅力的人——的目的。历史**不过是**追求着自己目的的人的活动而已。"② 所以，波普尔煞有介事地以"俄狄浦斯效应"为例论证人的预测会影响历史

---

① 〔英〕卡·波普尔：《历史主义的贫困》，何林、赵平译，社会科学文献出版社1987年版，第39页。也许是觉得过于敏感，比较流行的译本删除了这句话。参见波普尔《历史决定论的贫困》，杜汝楫、邱仁宗译，华夏出版社1987年版。本节主要参考后一个译本，并直接在引文后标注页码，不再另出注释。

② 《马克思恩格斯文集》第1卷，人民出版社2009年版，第295页。

进程，由此说明马克思历史理论无效的这种指责，纯属无稽之谈。在他的设想中，历史进程是存在于人之外的东西，所以才有人的意识能影响历史进程，并由此而使对历史进程的预测失效的谬论。这绝对不是马克思历史理论的观点。因为唯物史观所指的历史进程正是这些有目的、有意识的人的活动和互动，他们的意识和意志不仅不在历史进程之外，相反，恰恰还是构成历史进程的组成部分。其次，命定论主张，不管人们如何行动和努力都不可能改变历史的最终结果。从马克思诸多有关历史进程的论述中可以明确认识到，唯物史观是坚决反对这种命定式的规律的，并且承认人们完全有选择不同发展道路的可能性。例如，马克思有关俄国在农奴制改革后发展道路选择上的观点就突出表明，他反对把他有关历史发展规律的观点变成命定式的公式。马克思认为，俄国当时具备了跨越资本主义制度的一些条件，但成功与否则取决于俄国人民能否利用好这些有利条件。就此，他指出："我得出了这样一个结论：如果俄国继续走它在 1861 年所开始走的道路，那它将会失去当时历史所能提供给一个民族的最好的机会，而遭受资本主义制度所带来的一切灾难性的波折。"[1] 最后，应该说，波普尔对马恩经典著作的掌握是皮毛性的。他举出的唯一一段论证唯物史观是命定论的论述出自《资本论》第 1 卷第一版的序："一个社会即使探索到了本身运动的自然规律——本书的最终目的就是揭示现代社会的经济运动规律——它还是既不能跳过也不能用法令取消自然的发展阶段。但是它能缩短和减轻分娩的痛苦。"[2] 波普尔认为："马克思所提出的这个表述突出地代表了历史决定论的观点。虽然它既没有教导人们无所作为，也没有主张真正的宿命论，但历史决定论却教导人们，要改变行将到来的变化是徒劳的；这可以说是宿命论的特殊形式，可以说是关于历史趋势的宿命论。"（第39—40页）结合上文中提到的马克思有关俄国发展道路的论述，我们

---

[1] 《马克思恩格斯文集》第 3 卷，人民出版社 2009 年版，第 464 页。
[2] 《马克思恩格斯文集》第 5 卷，人民出版社 2009 年版，第 9—10 页。

认为这段话并不能支持波普尔对唯物史观的指责。从马克思有关俄国发展道路的论述中可知，马克思认为俄国有可能选择走跨越资本主义的道路，也有可能走资本主义的道路，这取决于当时当地的历史条件，尤其是俄国人民所发挥的主体能动性。在波普尔引用的那段马克思的话中，马克思论证的是，已经走上资本主义道路的国家，必然会遵循资本主义的发展规律，不能跳过或用法令取消这个规律。但即使如此，走资本主义道路的国家将采取较残酷还是较人道的形式，并不是命定的，马克思认为"那要看工人阶级自身的发展程度而定"。

在《历史决定论的贫困》中，波普尔这种缺乏有理有据和有说服力论证的攻击还很多。这样一本书却在中国知识界掀起了不小的阅读高潮，而且产生较为广泛和持久的影响，使一些人对唯物史观的科学性提出异议，甚至予以否定，这不能不引起我们的反思！同时，也使我们马克思主义理论工作者深感肩上担子的沉重。

第五章

以唯物史观为指导解析当代重要理论思潮

第一节　西方全球化理论述评

第二次世界大战以来，特别是 20 世纪六七十年代以来，随着全球化进程加深，研究全球化问题的各种理论逐渐在西方社会科学界出现，其中以罗马俱乐部的报告和沃勒斯坦的世界体系理论最为突出。到 20 世纪 80 年代，社会科学的几乎所有学科都根据各自学科研究的专业分工，将全球化问题作为本学科的重要议题，因而出现了全球化研究热潮，替代了此前出现的现代化研究热潮。由于学者的观察视角不同，理论思想流派各异，面对全球化给当代世界带来的新问题与新矛盾，其解析的观点呈现出多元态势，相互之间争论与交锋层出不穷，莫衷一是。

这里，我们将概略地对西方全球化理论进行梳理，然后选择三种有代表性、影响较大的理论给予必要的评析。

一　西方全球化理论的基本取向

综观西方学者对全球化问题所做的理论探索，一般是先从概念上予以界定，尔后沿两条主线展开，一是对全球化本身的剖析，另一是就全球化带来的影响进行分析和预测。

　　从全球化概念的界定看，由于视角不同，可谓是众说纷纭。大体上可以归纳出七种对全球化的不同定义。一是从信息技术进步的视角，把全球化界定为以先进通信技术实现信息的瞬间传递。代表人物是马歇尔·麦克卢汉（Marshall Mcluhan）。二是从经济的视角，把全球化视为世界大市场的形成，资本在全球自由流动，资源在全球范围配置。这是自由派经济学家的界定。三是从全球性问题的视角，将全球化视为在自然环境恶化等共同问题的压力下，人类已经达成共识。罗马俱乐部是这种界定的代表。四是从体制的视角，将全球化视为资本主义的全球扩张，最具代表性的是沃勒斯坦的世界体系理论。五是从制度的视角，将全球化视为现代性从社会向世界的扩展。英国著名社会学家吉登斯是这种界定的主要代表。六是从文化和文明的视角，将全球化视为人类文化、文明发展要达到的目标。这种界定的代表有美国学者埃利亚斯等。七是从社会过程的视角，认为全球化是一个过程，在这一过程中主权受到削弱，最终形成没有国家和政府的世界社会。德国学者贝克是这一界定的主要代表。①从这七种对全球化概念的界定中，我们不难看出，西方学者是从不同视角和不同学科出发对全球化问题做出研究的。

　　就对全球化本身的剖析以及对全球化造成影响的认识上看，可以粗略地把西方学术界划分成两大流派：一派可称为"主流派"，另一派可称为"新左派"。前者将全球化视为西方化，甚至美国化。他们以美国学者塞缪尔·亨廷顿与日裔美籍学者弗朗西斯·福山（Francis Fukuyama）为代表，将全球化进程视为以西方为主导的一体化过程，全球化标志着资本主义在全球范围的胜利，世界未来的模式是西方的模式。他们实际代表着官方的观点。而在主流派里还有可称为社会改良派的学者，他们的认识比较温和，提出所谓"第三条道路"，主张确立一种超越传统的"左"与"右"的政治立场及其相应的制度体系，在不触动资本主义制度

---

① 这里参考了杨雪冬先生的归纳，见杨雪冬《全球化：西方理论前沿》，社会科学文献出版社 2002 年版，第 9—12 页。

的基础上，进行社会改良，以求推进资本主义的持续发展。这种改良派的代表是英国社会学家吉登斯。后者新左派的主要代表是美国著名社会学家沃勒斯坦，他所创建的世界体系理论在中国乃至国际社会的影响颇深。他以"中心-半边缘-边缘"结构划分世界各国所处的现实经济地位，指出发达国家处于中心区的地位上，以其经济、政治、文化的强势剥削、压迫处于边缘区的落后国家。比较这两大流派的思想观点，其中有相近之处，但更多的是根本上的分歧。两大流派都视全球化为资本主义在全球范围的扩张。主流派认为这是资本主义在全球范围取得的胜利，而且后发国家要想获得持续的发展，必须对自身进行结构性改革以适应全球化的需要。说到底，也就是要适应发达资本主义国家对市场和原材料等的需要，按照西方发达国家的旨意进行改革，对全球化毫无保留地接受，甚至让渡自身主权。而新左派则认为，全球化造成三个层级的国家间的不平等交换和交往，充斥着剥削与掠夺，其结果就是富者愈富、贫者愈贫。因此，后发国家要想获得发展，必须强化国家对经济全球化影响的干预，同时积极谋求国际经济新秩序的建立，为自身的发展创造良好环境，绝不能像主流派所主张的那样毫无保留地接受全球化，否则只会导致贫困和停滞。从上述简单分析可知，主流派乐观地认为，资本主义模式（实际是指西方发达资本主义国家的发展模式）将成为全球统一的发展模式；而新左派则认为主导全球走势的发达资本主义国家已处于发展趋向不确定的状态，使整个体系进入了一个新的转型时期，其结果或延续固有的不平等状态，或可能构建一种较为平等、民主、和谐的新体系。

二　对三种代表性理论的述评

对西方学者关于全球化问题的各种理论构建仅仅做些概略性梳理是远远不够的，因此，我们选出两派理论中具有代表性的三种理论进行考察与评析。它们分别是新左派的主要代表沃勒斯坦的"世界体系论"、主流派的主要代表福山的"历史终结论"和亨廷顿的"文明冲突论"。

（一）沃勒斯坦与"世界体系论"

伊曼纽尔·沃勒斯坦（Immanuel Wallerstein）是美国著名的历史学家、社会学家和国际政治经济学家，他以提出世界体系理论而闻名于国际社会科学界。作为一种理论构建，世界体系论兴起于 20 世纪 70 年代的美国，其标志就是沃勒斯坦在 1974 年出版的《现代世界体系》第 1卷《16 世纪的资本主义农业与欧洲世界经济的起源》。[①] 其后又陆续出版了第 2 卷、第 3 卷、第 4 卷，最终形成了现代世界体系理论。这一分析人类社会历史变迁的新理论体系，影响遍及政治学、经济学、社会学、历史学等主要社会科学领域，引起学术界的极大关注，而今已经形成一个国际性学派。沃勒斯坦摒弃了传统的对单一"国家"和"社会"进行研究的方法，开创了以"世界体系"为框架、长时段地分析全球资本主义发展、演进的理论，从而为我们对现代资本主义做整体、动态的研究提供了新的视角和方法，并成为全球化理论中的一个重要流派。

综观世界体系理论的总体框架，有两个基本的前提性预设。一是，人类历史地形成的部族、种族、民族以及民族国家，总是在相互联系，而不是在孤立中演化和发展，总是形成一定的世界性体系。在 16 世纪以前，这种世界性体系表现为一些"世界性帝国"，如罗马帝国。它们不是在自然的经济互补中形成超国家的"世界性体系"，而是以政治扩张等手段整合而成，其覆盖的地理范围也是有限的。这些"世界性帝国"的一个重要特征是有一个居于统治地位的政治中心，却没有相应的"世界性经济"。自 16 世纪起，以西北欧为中心，逐渐形成了世界性经济体系，即资本主义的世界经济体系。因此说，资本主义从它诞生之时起就不是在单个国家孤立产生的，经济跨国界的紧密联系成为资本主义世界体系形成的基础。二是，由于全球范围的劳动分工，资本主义世界经济体系形成了层级式的三级结构，处在不同层级内的国家在劳动

---

① 〔美〕伊曼纽尔·沃勒斯坦：《现代世界体系》第 1 卷，尤来寅等译，罗荣渠审校，高等教育出版社 1998 年版。

分工中分别承担着不同的角色。处于中心区的国家利用边缘区提供的原材料和廉价劳动力生产加工制成品，并向边缘区销售，赚取剩余价值；同时，中心区国家还控制着世界体系的金融、贸易和市场的运转。边缘区国家除向中心区国家提供原材料、廉价劳动力外，还是中心区国家的产品销售市场。双方的这种经济交往是不平等的，存在着剥削与被剥削的关系。半边缘区国家则介于两者之间，"代表了从中心到边缘这个连续统一体中的一个中间点"，[①] 兼有中心与边缘的双重特征。对中心区，它充当着边缘区的角色，既为中心区提供一些原材料和经过粗加工的中间品，又是中心区制成品的销售市场；而对边缘区，它又充当着中心区的角色，从边缘区输入一些原材料，同时向边缘区输出一些经过简单加工的制成品。由于资本主义的世界经济体系是开放性的，边缘区可能上升为半边缘区，甚至中心区，反之中心区也可能降格为半边缘区，甚至边缘区，这就导致了它的结构的不稳定性，历史上已经几度发生中心区国家的变动与转换。但是，三种不同层级的国家、三类不同经济角色，不能缺少任何一个环节，否则，资本主义世界经济体系就无法持续地存在下去。这一体系运行的动力就在于"不平等交换"和"资本积累"。在资本积累过程中的不平等交换，既存在于一国内的资产阶级与无产阶级之间，又存在于中心区与边缘区不同层级的国家之间。所以说，在资本主义现代世界体系中，始终存在剥削、压迫和不平等，也总会经历由极度扩张引发的供过于求的过剩性危机，发生一次次周期性的震荡。但它本身具有很强的自我调节机制，以致能够在过去长达5个世纪之久的历史进程中，度过一次次危机而得以持续发展。

世界体系理论探讨的问题很多，沃勒斯坦归纳出十个方面，但可以总括为三大特征，即世界经济体系、多重国家体系和世界文明。

关于世界经济体系，单一的或说是一体的世界经济是世界体系赖以

---

① 〔美〕伊曼纽尔·沃勒斯坦：《现代世界体系》第1卷，尤来寅等译，罗荣渠审校，高等教育出版社1998年版，第109页。

形成的基础，是它首要的特征。除上面已经论及的部分外，世界体系还把"周期"和"趋向"作为另一个关注的重点。沃勒斯坦指出，在某种程度上我们关注长时段的社会变化，我们的兴趣主要是较长的周期，即那些平均时长为 50—60 年、通常被称为"康德拉季耶夫周期"的周期，以及更长一些（200—300 年）、有时也被称为"长周期"的周期。在他的视野里，国际劳动分工以及由此形成的三类国家划分是世界经济体系的空间表现，而周期和趋向则是它在时间方面的体现。他还认为，现代世界体系尽管在经济和政治上存在着"繁荣—平衡稳定—上升—衰退"这样周而复始的周期现象，但在三个方面一贯呈现增长的趋向：第一是加入这个体系经济劳动分工的国家占国家总数的比例，第二是主要依靠工资收入的劳动力占总劳动力的比例，第三是以机器形式出现的资本占总资本的比例。这三个呈持续增长的趋向，表明世界经济体系在不断巩固与扩张。

世界体系的第二个特征是"多重国家体系"，这是世界体系的政治层面。沃勒斯坦认为，国家和国家体系是资本主义世界经济独特的产物。它包括三方面的内容：一是国家体系在运行过程中也存在周期性变动，处于不同时期的中心区地位的强国总是会出现一个实力最强者，它拥有霸权，但这种霸权优势却总是短暂的，其会被实力更强的国家取代，形成一种周期性的变动，通常被称为"霸权周期"；二是资本主义的本质在于无休止地追逐资本积累，攫取霸权的国家可利用其实力超群的国家政治机器，为该国资本在世界市场获取最大利润提供垄断性的政治条件；三是追逐世界霸权地位是各资本主义国家都会为自身设立目标，这种对霸权的角逐，掀起一波又一波的征战，并在 20 世纪前半期引发两次世界大战。综观资本主义现代世界体系的演化轨迹，充斥着各国在经济上追求利润最大化、政治上追逐霸权地位的全球性角逐，因而推进体系的发展，呈现周期性的变化。从 20 世纪中叶起，美国已经取代英国成为霸权国家，但时下也正走向衰落。可以说，现代世界的格局，由于美国霸权地位的兴衰，引发了一系列的变化。

世界体系的第三个特征是建构了一种"具有普遍适用性"的"世界文明"。沃勒斯坦认为,当我们将文明看作是不同的世界观、习惯、结构和文化时,产生于 16 世纪欧洲的资本主义文明本身也可视为一种特殊的文明。它随着资本主义世界体系在全球扩张,通过社会科学和意识形态的传播与渗透,逐渐成为一种普遍性的文明。追求科学则是这种文明的基本特征。

基于以上的认识框架,沃勒斯坦在描述世界体系近半个世纪的演变时指出,资本主义在第二次世界大战后到 20 世纪 90 年代期间经历了最大规模的扩张,世界体系发生了大规模的非殖民化运动,而曾经影响到世界体系各个角落的冷战对峙,则以对峙一方实质性的瓦解而告终。但能保障社会进步、民众享有更大富裕与自由的新的世界秩序并未到来。显现在世人面前的是世界体系转型的某些特征:全球经济由扩张走向萎缩,美国霸权地位开始由盛转衰,整个体系处于极度的不确定状态,未来走向出现了多种可能性。一种可能性是,现存的世界体系继续发挥作用,美国将充分运用其在科技、经济和军事上的一定优势,不遗余力地在北方诸国中寻求新的联盟,以求继续左右世界体系的发展;另一种可能性是,发生体系的危机或分叉,出现一个混乱时期,结果或是重构同以前体系相类似的充满等级、不平等和压迫的体系,或是可能构建一种相对平等和民主的较为和谐的新体系。

沃勒斯坦以其广阔的理论视野和极强的历史责任感,为世人勾画出全球资本主义体系发育、成长、兴衰更迭的演进历程。他预测,资本主义世界体系由于存在自身无法克服的弊端而有走向解体的可能,届时将可能被更有效率和收入分配制度更趋合理的新的世界体系取代。沃勒斯坦的世界体系理论适应全球化的迅速发展,开创了在理论上系统地将世界作为一个整体进行研究的先河,其影响是深远的。但是,就世界体系进一步的演化而言,虽然沃勒斯坦肯定了一种演化的可能性是现存的世界体系将为新的更为平等、更为和谐的世界体系所取代,但他也同时肯定了其他的可能性,这表明他并不是从历史发展的因果必然性角度来分析这一问题的，只是从伦理道德角度感受到当前制度的不合理性，从"应该是"的角度推断会有一个更好的体系出现。与此紧密相关联的问题是，沃勒斯坦是以世界体系为考察对象的，忽视了对单个国家内部演化的研究，这就使他失去了对世界体系真正演进动力的把握，也就失去了立论的坚实基础。比如他将世界体系划分为三类国家，而将每一类国家都视为一个无差别的整体，这就忽视了同类国家间的内部差别。我们知道，在资本主义各国之间就存在着较大的差异，它们的发展水平、社会理念、体制模式、发展目标与路径选择等，都并非整齐划一；即使在主要西方发达国家之间也存在着市场体制上的差异，像所谓的美英自由市场模式、西欧各国的社会市场模式、日本模式等。边缘区国家和半边缘区国家内部同样存在着巨大的差别。面对一个如此繁杂的世界结构，仅仅从单一体系的视角去观察、剖析，难免会受到很大的局限，不能更全面地反映客观现实。正是由于他看到的只是国家之间的互动，而未能把握住单个国家的自然演进过程，也就无法真正从因果必然性角度来考察问题，而只能从归纳角度列举未来可能的趋势。后一点亦是许多批评世界体系理论的学者通常提出的论点。此外，在目前的全球范围内，虽然经历了苏联解体、东欧剧变所引发的社会主义发展的低潮，但毕竟仍然存在着一些社会主义国家，尤其是拥有世界近 1/5 人口的社会主义中国的存在。这些国家虽然也在积极参与资本主义世界体系的交往，但由于根本制度与体制的不同，有形无形、正面侧面施加于世界体系各个层面的影响和作用必然有别于体系内的资本主义国家。另外，沃勒斯坦虽然正确地看到了现存资本主义世界体系的不合理性和不公正性，但过于夸大这种不合理性和不公正性，这种倾向是新左派的通病。我们认为，相比殖民统治时代，当今的全球化毕竟给后发国家提供了更大和更多的发展空间，东亚、南亚和拉美地区获得不错的发展成果，缩短了与发达国家的差距就是例证。因此，必须辩证地看待全球化，既不能因其给发展中国家带来了一些发展机遇就一概肯定，也不能因其给发展中国家带来了一些挑战就一概否定，那不是马克思主义的认识方法。以上这些是

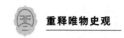

"世界体系论"存在的缺陷。但它毕竟是在全球化这个大背景下应运而生的理论体系，为我们认识与把握现代世界的演进提供了基本的理论框架。

（二）福山的"历史终结论"

弗朗西斯·福山是美国知名的社会学家，曾经担任过美国国务院政策规划办公室副主任。"历史终结论"是福山在 1989 年发表于《国家利益》杂志的《历史的终结？》一文中提出的。随后，他又在文章立论的基础上撰写了《历史的终结及最后之人》一书，除进一步阐释他的观点外，还论及"历史终结"后人类的状况。福山的"历史终结论"与亨廷顿的"文明冲突论"一同成为国际政治领域热门的话题。

福山的"历史终结论"表面上看似乎并非就"全球化"问题做出的理论阐释，但它实质讲的是，西方的，尤其是美国的自由民主制度已经取得了全球性的胜利，并将成为世界制度的唯一模式。换言之，全盘西化也就成了全球化的代名词。

福山的论点，引用他的话简要地说明就是："自由民主制度作为一个政体……战胜其他与之相竞争的各种意识形态，如世袭君主制、法西斯主义以及近代的共产主义。……自由民主制度也许是'人类意识形态发展的终点'和'人类最后一种统治形式'并因此构成'历史的终结'。"① 福山在论证他的论点时强调，"只有民主才能调节现代经济所产生的错综复杂的利益冲突……市场本身并不能确定公共基础投资的恰当水平和地点，也不能调节劳工纠纷或航空运输的次数……。这些问题都很重要，而且肯定会反映到政治制度中来。如果新制度要公正地调整这些相互冲突的利益，并且采用一种在国内主要阶层都取得共识的方法来调整，那么这种方法就必须是民主制度"。② 他把这种认识称为"着眼于从经济上来解释历史"。他认为，"经济发展和自由民主之间存在

---

① 〔美〕弗朗西斯·福山：《历史的终结及最后之人》，黄胜强、许铭原译，中国社会科学出版社 2003 年版，第 1 页。

② 〔美〕弗朗西斯·福山：《历史的终结及最后之人》，黄胜强、许铭原译，中国社会科学出版社 2003 年版，第 127—128 页。

着密切关系"，但却不能证明"二者之间有必然的因果关系"。① "它既能带来一个自由主义的未来，也会引出一个官僚专制的未来。"② 既然如此，又怎么能够证明自由民主制度具有必然性呢？福山求助于一种他认为的人类共有的精神追求，即所谓"获得认可的欲望"。在他的认知世界中，似乎只有"现代自由民主制度赋予并保护所有人的权利……（实现）对所有人的普遍认可"。③ 正是这种"获得认可的欲望"，促使人们去选择现代自由民主制度，推动历史前进。

福山从这种立论出发，将现实世界划分为两个部分：一个是"后历史"部分，即选择了自由民主制度的先进资本主义国家；另一个是历史部分，即处于不同发展阶段的国家。按照他的论述，"在后历史那部分世界中，国家之间相互作用的主轴是经济，过去的强权政治规则越来越没有市场"。它们虽然保留了各个民族国家，"但它们各自的民族主义已经与自由主义和平共处并且越来越局限于私人生活的范畴，而经济合理性将侵蚀主权的许多传统特征，把市场和生产在世界范围内统一起来"，但"在历史部分的世界中，各国处在不同的发展阶段，由此形成的不同宗教、民族和意识形态相互冲突……强权政治规则在其中依然盛行……民族国家将继续是政治认可的中心"。④ 不过，这毕竟只是对历史进程的一个时点、一个横断面的解剖，按福山的逻辑，"如果随着时间的推移，越来越多具有多种文化和历史的社会都显示出相似的长期发展的模式；如果最先进的社会政体模式继续趋同；而且如果经济发展将继续导致人类的同质化；……人类不是会盛开千姿百态美丽花朵的无

---

① 〔美〕弗朗西斯·福山：《历史的终结及最后之人》，黄胜强、许铭原译，中国社会科学出版社2003年版，第132页。

② 〔美〕弗朗西斯·福山：《历史的终结及最后之人》，黄胜强、许铭原译，中国社会科学出版社2003年版，第149页。

③ 〔美〕弗朗西斯·福山：《历史的终结及最后之人》，黄胜强、许铭原译，中国社会科学出版社2003年版，第230页。

④ 〔美〕弗朗西斯·福山：《历史的终结及最后之人》，黄胜强、许铭原译，中国社会科学出版社2003年版，第314—315页。

数蓓蕾，而是奔驰在同一条道路上的一辆辆马车。……任何有理性的人看到后都不得不承认路只有一条，终点只有一个。……即使大多数马车都到达同一城镇，我们也无法知道车上的人是否会环顾一下新的环境，当发现这个环境并不适合他们时，他们会再把目光投向一个新的、更遥远的征途"。① 不过，福山认为，"最后之人"已经是一些由自由民主创造的"一种欲望和理性组合而成但却没有抱负的人"，② 既然如此，这些人也就不会再有什么新的追求，以他们为历史发展动力的历史也就因此而终结。

福山的"历史终结论"本质上无非是在鼓噪西方资本主义取得彻底胜利，历史将因此而终结的"神话"。同历史上一切鼓吹历史将在某种制度、体制终结的人一样，福山缺乏起码的历史感，库明斯在为霍普金斯和沃勒斯坦等人撰写的《转型时代——世界体系的发展轨迹：1945—2025》一书的前言中是这样讽刺福山的："但与福山不同，霍普金斯和沃勒斯坦知道，我们可以忘记历史，但历史不会忘记我们。"③ 福山提出历史终结论的立论基础和逻辑起点，在于他认定人类有一种"获得认可的欲望"，并将它说成是整个人类历史的动力和普遍适用的规律，而自由民主制度恰恰是最能满足这种欲望的制度，因此历史必将终结于此。我们不禁要问，这种欲望是怎样产生的，又将如何变化？唯物史观认为，存在决定意识，而存在就是人们的实际生活过程；人们的实际生活过程首先是从满足吃喝住穿的劳动生产开始的，在获得这些满足后才会逐渐产生新的欲望和追求。根据马斯洛的需求层次递进理论，获得认可（即福山的获得认可的欲望）是在基本物质需求满足之后产生的新需求，而且并不是人们的最终需求，在满足认同和自尊层次的需

---

① 〔美〕弗朗西斯·福山：《历史的终结及最后之人》，黄胜强、许铭原译，中国社会科学出版社 2003 年版，第 381—382 页。

② 〔美〕弗朗西斯·福山：《历史的终结及最后之人》，黄胜强、许铭原译，中国社会科学出版社 2003 年版，第 13 页。

③ 〔美〕特伦斯·K. 霍普金斯、伊曼纽尔·沃勒斯坦等：《转型时代——世界体系的发展轨迹：1945—2025》，吴英译，庞卓恒审校，高等教育出版社 2002 年版，"前言"。

求后，还有更高层次的追求自我实现的需求。如此，怎么就能说人们在满足认可的欲望后就会产生惰性，因而失去追求更高目标的动机，并导致历史的终结呢？在目前的资本主义社会，广大普通民众的收入和生活水平远低于那些富裕的有产阶级。他们首要的欲求就是期盼能够获得同有产阶级一样的生活水平和一样的权利，能获得同样的各项生活保障，能使子女接受和有产阶级子女一样的良好教育。但这些目前还都只是一种奢望。在这种前提下，怎么能断言历史已经终结呢？福山在为自己的终结论提供合理性论证时，提到马克思也是历史终结论者。我们先不去探究这样的论述是否合理，单就他举出的马克思以共产主义社会为历史的终结点看，那起码也是比福山高明得多的历史终结点。毕竟在共产主义社会，由于人们的全面发展、脑体分工的消灭，人类社会已经消灭了阶级和剥削，这难道不是更值得期待的理想吗?!

福山明显忽略了两个事实。第一个事实是他将苏联解体、东欧剧变作为社会主义体制消亡的标志，而忽略了中国等社会主义国家的存在。社会主义力量虽然遭受重大挫折，但它只能证明苏联式计划经济体制的失败，并不等于证明通过反思而启动改革进程，并取得持续快速发展的中国特色社会主义建设模式也是失败的。目前，越来越多的人，包括那些因向资本主义转型而导致灾难性后果的东欧地区的人们，也包括那些对资本主义固有的顽疾越来越感到不满而寻求替代性模式的人们，更包括那些身负多重压迫仍处于水深火热之中并渴望改善自身状况的贫困落后国家的人们，都对中国寄予了很高的期望，希望中国能开辟出一条新的发展道路。

第二个事实是福山将资本主义制度作为实现发展的万应灵药，认为全球化将给那些后发国家带来终结历史的自由民主的资本主义制度，只要采用这种制度就能够获得像发达国家那样的巨大发展。诚然，全球化是为后发国家提供了一些机遇，而且大多数发展中国家也确实利用全球化所提供的机遇实现了不同程度的发展。但需要强调的是，天下没有免费的午餐，目前的经济全球化是由发达资本主义国家所主导的全球化，游戏规则主要是由它们来制定的，其同后发国家展开越来越密切的经济交往的唯一目的就是谋求最大利润。一旦后发国家的发展超出了发达国家所允许的程度，它们就会毫不犹豫地给予制裁和报复。而且随着金融全球化的发展，发达国家的一些投机分子利用金融手段，给发展中国家带来了巨大灾难，亚洲金融危机、墨西哥金融危机、巴西金融危机、阿根廷金融危机等就是他们的一个个"杰作"。因此，发展中国家必须对全球化有清醒的认识，加强政府干预，积极利用全球化所提供的发展机遇，同时又要规避、限制乃至抵制全球化的不良影响。当然，能够这样做的前提是发展中国家尽快实现自身的发展，从而提高在国际经济交往中"讨价还价"的能力。

（三）亨廷顿的"文明冲突论"

塞缪尔·亨廷顿是当代美国著名的政治学家，他长期供职于哈佛大学，担任哈佛大学国际和地区问题研究所所长、约翰·奥林战略研究所主任、美国政治学会会长，并曾担任卡特政府国家安全委员会安全计划顾问。

亨廷顿的文明冲突论最早是在发表于美国《外交》季刊 1993 年夏季号上的《文明的冲突？》一文中提出的。当时即引起国际学术界和舆论界的巨大反响，并引发激烈的批评。但亨廷顿却不以为然，在当年《外交》11/12 月号上又撰文针对各种批评做出反驳，文章的题目是《如果不是文明，那又是什么？——冷战后世界的范式》，继续阐释他的观点。由于他毫不隐讳地将中华文明列为西方文明的第一号敌手，因此在众多批评者中，中国学者占有相当数量。亨廷顿并未就此作罢，又在 1996 年底出版了名为《文明的冲突与世界秩序的重建》的著作，更系统地阐发他的"文明冲突论"。在该书中译本的序言中，亨廷顿特地向中国读者做了解释，指出他的真实用意并非要挑起中美之间的冲突，而是为促使中美两国的领导人"协调两国各自利益的能力，以及避免紧张状态和对抗升级为更为激烈的冲突甚至暴力冲突的能力"。①

---

① 〔美〕塞缪尔·亨廷顿：《文明的冲突与世界秩序的重建》，周琪等译，新华出版社 1998
　年版，第 2 页。

首先我们考察亨廷顿"文明冲突论"的立论基础。亨廷顿提出"文明冲突"理论，是立足于对冷战结束后国际政治形势演化趋势的认识。亨廷顿显然不同意福山的观点，对福山的如下断言"我们可能正在目睹……这样的历史终结，即人类意识形态的演进的终结点和作为人类政府最终形式的西方自由民主制的普及"，他批评道："冷战结束时的异常欢欣时刻产生了和谐的错觉，它很快就被证明是错觉。"[①] 他列举历史的经验来说明自己判断的正确性："20世纪的其他每一场重大冲突结束时都曾流行类似的和谐错觉。第一次世界大战……是创造一个能保障民主国家安全的世界的战争。……第二次世界大战……将有'一个所有热爱和平的国家'组成的'世界组织'和'永久的和平结构的开端'。然而，第一次世界大战产生了共产主义、法西斯主义，改变了持续了一个世纪之久的走向民主制的趋向。第二次世界大战产生了真正的全球冷战。"[②] 接着他举出冷战结束后国际冲突的实例，如"发生了大量的种族冲突""出现了国家之间联盟和冲突的新模式""宗教原教旨主义得到了加强"等，由此得出结论："一个和谐世界的范式显然距离现实太遥远，它并不能对后冷战世界做有用的指导。"[③] 正是在肯定世界仍然存在纷争的前提下，亨廷顿预测了今后国际冲突的性质和内涵，并提出了他构想的避免冲突爆发的应对策略。

我们认为，亨廷顿举出两次世界大战所引发的后果和冷战后国与国间存在纷争的事实，批驳福山粉饰太平的理论，并承认世界的和谐远未到来，全球化进程将是矛盾和冲突的过程，这些认识是非常客观的，在历史感上远胜福山一筹。

其次我们考察亨廷顿"文明冲突论"的主要内容。一是亨廷顿关

---

① 〔美〕塞缪尔·亨廷顿：《文明的冲突与世界秩序的重建》，周琪等译，新华出版社1998年版，第11—12页。

② 〔美〕塞缪尔·亨廷顿：《文明的冲突与世界秩序的重建》，周琪等译，新华出版社1998年版，第12页。

③ 〔美〕塞缪尔·亨廷顿：《文明的冲突与世界秩序的重建》，周琪等译，新华出版社1998年版，第12页。

于文明的定义，他认为："文明是人类最高的文化归类，它根据一些共同的客观因素来界定，如语言、历史、宗教、习俗、体制，也根据人们主观的自我认同来界定。"① "它是文化实体而不是政治实体，它们本身并不维持秩序，建立公正，征缴税收，进行战争，谈判条约，或者做政府所做的任何其他事情。……在现代世界，大多数文明包含两个或两个以上的国家。"② 根据这样的界定，亨廷顿列举了当代世界的八种主要文明。（1）中华文明。"儒教"是中华文明的重要组成部分，但却又不仅是"儒教"，而且它也超越了作为一个政治实体的中国，包容了东南亚以及其他地方华人群体的共同文化，还有越南和朝鲜的相关文化。（2）日本文明。（3）印度文明。它囊括南亚次大陆，以印度教为其文化的中心。（4）伊斯兰文明。伊斯兰教是伊斯兰文明的中心，它起源于阿拉伯半岛，迅速传播到北非和伊比利亚半岛，并向东延伸到中亚、南亚次大陆和东南亚一些地区。（5）东正教文明。它以俄罗斯为中心。（6）西方文明。它分布于欧洲、北美洲和拉丁美洲。（7）拉丁美洲文明。它同西方文明有紧密联系，却又构成一种独立存在的文明。（8）非洲文明（可能存在的）。亨廷顿认为，冷战后时代的全球政治已经变成了多极的和多文明的。"现代化有别于西方化，它既未产生任何有意义的普世文明，也未产生非西方社会的西方化。"③ 二是关于"文明冲突论"的论述。亨廷顿认为："文明间的冲突有两种形式。在地区或微观层面上，断层线冲突发生在属于不同文明的邻近国家之间、一个国家属于不同文明的集团之间。……在全球或宏观层面上，核心国家的冲突发生在不同文明的主要国家之间。""断层线战争在一个时期内可能完全停止，但很少永久终结。"而冲突的暂时停止，或"因主要参与者精力耗尽"，或"非第一

---

① 〔美〕塞缪尔·亨廷顿：《文明的冲突与世界秩序的重建》，周琪等译，新华出版社 1998 年版，第 26 页。

② 〔美〕塞缪尔·亨廷顿：《文明的冲突与世界秩序的重建》，周琪等译，新华出版社 1998 年版，第 28 页。

③ 〔美〕塞缪尔·亨廷顿：《文明的冲突与世界秩序的重建》，周琪等译，新华出版社 1998 年版，第 4 页。

层次的参与者出于自身利益的考虑，通过其影响将交战各方拉到一起"，而"导致核心国家的战争则是由于文明间全球均势发生变化"。^①基于以上论述，亨廷顿面对现代世界的现实不得不承认，"19世纪以欧洲殖民主义为表现形式的西方权力和20世纪美国的霸权把西方文化推广到了当代世界的大部分地区"。但是，"欧洲殖民主义已经结束，美国霸权正在衰落"，而"现代化所带来的非西方社会权力的日益增长，正导致非西方社会文化在全世界的复兴"。^②由此，他带有挑衅意味地指出，"伊斯兰的推动力，是造成许多相对较小的断层线战争的原因；中国的崛起则是核心国家大规模文明战争的潜在根源"。^③面对这种挑战，他指出存在的不确定性："21世纪的全球体制、权力分配以及各国的政治和经济，将主要反映西方价值和利益，还是这一切将主要由伊斯兰国家和中国的价值和利益来决定？"^④三是为维护西方文明的霸权地位而应采取的对策。亨廷顿同福山一样都持有浓厚的西方中心论思想。他毫不隐讳地讲："西方是唯一在其他各个文明或地区拥有实质利益的文明，也是唯一能够影响其他文明或地区的政治、经济和安全的文明。其他文明中的社会通常需要西方的帮助来达到其目的和保护其利益。"面对西方的衰落，他认为，"西方在反对非西方社会以保护自身利益时有三个领域特别重要，即通过不扩散和反对扩散高、新武器以保持军事优势；施加压力，推广西方的政治价值和体制；限制非西方国家的移民和难民入境"，^⑤从而使西方文明（在这里可以说是美国霸权的代名词）

---

① 〔美〕塞缪尔·亨廷顿：《文明的冲突与世界秩序的重建》，周琪等译，新华出版社1998年版，第229、230、334页。

② 〔美〕塞缪尔·亨廷顿：《文明的冲突与世界秩序的重建》，周琪等译，新华出版社1998年版，第88页。

③ 〔美〕塞缪尔·亨廷顿：《文明的冲突与世界秩序的重建》，周琪等译，新华出版社1998年版，第230页。

④ 〔美〕塞缪尔·亨廷顿：《文明的冲突与世界秩序的重建》，周琪等译，新华出版社1998年版，第201页。

⑤ 〔美〕塞缪尔·亨廷顿：《文明的冲突与世界秩序的重建》，周琪等译，新华出版社1998年版，第75、202页。

继续保持优势地位。纵观亨廷顿对文明冲突论和冷战后世界文明冲突的阐释，其中还是反映了国际纷争的表象，诸如美国的实力正在衰落、断层线战争的一般特征；但是，就其基本的逻辑思维看，仍然是代表美国霸权主义的利益在论述。他是戴着这样一种有色眼镜在观察世界，不仅时时流露出冷战思维的阴魂，而且把多方面的纷争与冲突纳入帝国争霸这样的框架，从而歪曲了当代国际交往演化的实质。

最后我们考察亨廷顿对文明未来走向的预断。亨廷顿认为："在正在显现的世界中，属于不同文明的国家和集团之间的关系不仅不会是紧密的，反而常常会是对抗性的。"并且预言："未来的危险冲突可能会在西方的傲慢、伊斯兰国家的不宽容和中国的武断的相互作用下发生。"① 他的这种分析所持的依据是，西方总是"试图通过将自己的利益确定为'世界共同体'的利益来保持其主导地位和维护自己的利益"，而"伊斯兰国家和中国拥有与西方极为不同的伟大的文化传统，并自认其传统远较西方的优越"。于是，文明可预见的未来就主要取决于这三大文明之间的关系，一旦发生矛盾，也将是三大文明各自都要在全球推行其价值观和利益观的纷争与冲突。最后，他似乎是站在超脱的立场上谏言西方："维护美国和西方需要重建西方认同，维护世界安全则需要接受全球的多元文化性。"② 同时，他似乎是以很大的虔诚告诫人们："在正在来临的时代，文明的冲突是对世界和平的最大威胁，而建立在多文明基础上的国际秩序是防止世界大战的最可靠保障。"③

自亨廷顿提出他的"文明冲突论"以来，国际学术界和舆论界多有评述，褒贬不一。中国学者也不吝笔墨撰文予以剖析，一方面肯定他明言西方文明并无普遍性、现代化不等于西方化、美国霸权正在衰落等

---

① 〔美〕塞缪尔·亨廷顿：《文明的冲突与世界秩序的重建》，周琪等译，新华出版社 1998年版，第 199 页。

② 〔美〕塞缪尔·亨廷顿：《文明的冲突与世界秩序的重建》，周琪等译，新华出版社 1998年版，第 368 页。

③ 〔美〕塞缪尔·亨廷顿：《文明的冲突与世界秩序的重建》，周琪等译，新华出版社 1998年版，第 372 页。

观点，是真实地反映了国际政治关系的现实；另一方面也明白无误地指出，亨廷顿其实是一位西方中心论的遗老，他的立论依据和对中国的无端指责多是歪曲事实，扮演着一个霸权主义卫道士的角色。对于这些评析，我们深表赞同，不再重述。这里，我们将对亨廷顿构建的所谓"文明冲突论"范式提出不同的看法。视异质文明之间的不相容性为前提框架来解释冷战后时代国际政治冲突的内在本质，并不具有客观真实性。因此，亨廷顿的解释是苍白的，难以令人信服。

亨廷顿在建构其立论的过程中，是将冷战后国与国间发生的多次冲突作为实证依据的。他不厌其烦地提到这些纷争，尔后将它们一个个都贴上"文明冲突"的标签，诸如这个是西方与非西方文明的对抗，那个是伊斯兰文明的好战性……当然，我们并不是一概地否定"文明冲突"之说。因为像种族歧视、民族偏见、宗教极端势力等，毕竟仍然存在。但是，如果不做具体的分析，一概冠之以"文明的冲突"，这种分析思路必将冲淡乃至掩盖冲突双方存在的真正矛盾，不利于对国际纷争症结的诊断，并由此造成对具体矛盾克服上的困难。

我们认为，当代世界以民族国家为单位的国际性交往日趋紧密，其间的矛盾错综复杂，反映出全球化进程的曲折与诡秘。综观其基本矛盾，不外"南北""东西""南南""西西"四大类。"南北"之间的矛盾是指发展中国家与发达国家的矛盾。一方面是发展中国家的总体实力较第二次世界大战后取得政治独立时已经有较大的增强，少数国家抓住全球化提供的机遇快速地获得发展；另一方面也不能不正视，西方主要国家竞相利用全球化加紧对发展中国家实行经济掠夺、政治钳制和思想渗透，致使一些发展中国家已经在"边缘化"的泥淖中越陷越深。"东西"之间的矛盾过去是指以苏联和美国为首的社会主义阵营和资本主义阵营之间的对立；在冷战结束后，以美国为首的西方国家并未根本改变遏制世界社会主义进程的图谋，将"和平演变"的目标集中在仍然坚持社会主义道路的少数几个国家。这种无处不在的、公开或隐蔽的斗争，在政治、经济乃至文化传播领域时有发生，反映着根本对立的社会制度之间的对抗。"南南"之间的矛盾，是发展中国家间矛盾的总称。发展中国家几乎占全球独立民族国家的 70%—80%，它们的资源禀赋、地缘环境和人文传统迥异，发展水平更是极端不平衡。在一些比邻国家间，或由于历史的遗留问题，或存在民族的积怨，一旦遇到现实的利益冲突往往兵戎相见。再加上西方（主要是美国）的挑唆，或幕后支持，或公开偏袒，致使一些国家间的冲突不时有走向激化、难以调和之势。"西西"之间的矛盾则是指发达国家之间的矛盾。在美国、欧洲、日本等发达国家之间并非没有利益冲突，由于它们各自的发展总是呈现不平衡状态，还由于霸权国家野心勃勃欲统领世界，因此，在大国之间不断有摩擦发生。虽然不曾走向反目为仇的境地，但为了各自的利益，在调解国际争端时相互拆台的情形屡有发生。上述种种矛盾，恐怕并不是"文明冲突论"所能解释得了的。文明冲突论的实质是在混淆是非，将各国间的矛盾都推定为文明间的冲突，却将个别国家的单边主义和霸权主义推脱得一干二净。

我们这里仅仅选取了三种知名理论予以简要介绍和剖析，从中不难看出，在全球化问题的研究上可谓论出百家。但诸家所公认的一点在于，目前的全球化进程仍然是由发达资本主义国家在主导，同时在对这种状况的评价上存在较大的甚至巨大的差异。新自由主义将西方的这种主导地位评价为"历史的终结"或认为西方文明将长久地维持这种主导地位；新左派将这种主导地位评价为在资本主义一国内部产生的各种不公正和不合理现象都会在全球重现。作为后发国家，我们必须对此有清醒的认识：一方面跻身于全球化进程，参与国际分工体系，这是历史的大势所趋；另一方面坚持国家主权原则，调整并强化政府的监管职能，趋利避害，推进国民经济的产业结构升级，提高自身参与国际竞争的能力，最终实现赶超型发展，这才是我们加入全球化进程以发展自身的目标所在。

第二节 世界体系理论方法论的启示意义

沃勒斯坦的世界体系理论自 20 世纪 70 年代兴起后引起学术界的极大关注，为我们认识现代资本主义提供了新的视角和方法。当然，世界体系理论自形成以来也受到来自各方面的批评，沃勒斯坦在为《现代世界体系》第 4 卷以及重新出版的前三卷撰写的序言中，对这些批评做了回应。本书我们将结合沃勒斯坦的回应，阐发世界体系理论方法论的启示意义。

一 现代世界体系理论对各种批评意见的回应

把沃勒斯坦的《现代世界体系》第 4 卷和先前出版的三卷结合起来阅读，不仅加深了我们对他所阐释的从 16 世纪延续至今的资本主义世界体系的产生、发展及其走向解体的必然趋势的认识，更使我们对他研究所运用的方法论有了新的认知。他为前三卷新写的序连同第 4 卷的序，一方面回应了来自当今西方各主要学科领域和主要学术流派学者提出的批评与质疑，另一方面也进一步正面阐述了他自己的理论和方法。这些回应和阐述将我们引入了他那宏阔而富有独特创意的世界体系理论和方法论的殿堂，使我们受到许多启迪。即使他的回应和阐述难免留下一些未能使我们释疑的问题，但那些问题将促使我们沿着他的思路进一步思考，从而向着最终得解的方向推进。

沃勒斯坦的回应和阐述涉及同他的理论和方法论相左并对其加以品评的学术流派或思想理论体系，主要有韦伯主义、"正统马克思主义"、大卫·李嘉图倡导的"比较优势规律"、新欣策主义以及后现代主义的"文化主义批判"。

关于韦伯主义，沃勒斯坦主要针对它认定"某些类型的价值观的存在是实现现代化或（经济）发展的一个必需的先决条件"的观点，指出"价值观是伴随正在发生的经济转型而发生的，而不是在它之前发生的"。① 这显然坚持了"经济转型"的客观存在决定精神、意识，而不是与此相反的观点。为此，韦伯主义的支持者指责沃勒斯坦"太倾向于马克思主义"。但是，沃勒斯坦却被"正统的马克思主义者"视为反马克思主义的"新斯密主义者"。

关于"正统马克思主义"，沃勒斯坦申明他"指的是某个马克思主义政党所信奉的马克思主义，即由德国社会民主党所信奉的马克思主义、由苏联共产党所信奉的马克思主义，乃至由大多数托洛茨基派政党所信奉的马克思主义"。他说，那些"正统马克思主义者"指责他的世界体系分析"违背了所有"他们认为必须坚持的一些基本的"前提"，即"资本主义制度下阶级斗争……本质上是在新兴的城市无产阶级和资本主义生产商（主要是工业企业家）之间展开的"的斗争；"经济基础相对政治和文化上层建筑而言具有首要性"；"有关在因果解释中内部因素（即一个国家内部产生的那些因素）相对于外部因素（即在一个国家外部产生的那些因素）而言具有首要性"；"有关进步的必然性，即沿着一种由不同的所谓生产方式组成的序列做必然性的演进"；等等。沃勒斯坦回应道："这种指责，事实上在某种程度上证明了我们分析的合理性。"我们虽不清楚那些"指责"的具体细节，只是从沃勒斯坦的回应看，如果以资本主义的整个世界体系，而不是以其中的个别国家作为分析单位，那么，关于阶级斗争、经济基础和上层建筑，内部和外部因素的关系，以及生产方式的演进序列等方面的分析角度，自然会与以个别国家作为分析单位有所不同。实际上这两种分析角度都各有其合理性。而且，把两者结合起来考察，对于更深刻地认知当代世界整体及其中各个局部的关系和它们的起伏变迁，显然是有益的。偏执一端，则难免有所缺失。

对于大卫·李嘉图倡导的"比较优势规律"的拥护者，沃勒斯坦

① 〔美〕伊曼纽尔·沃勒斯坦：《现代世界体系》第 1 卷 2011 年英文版序言，中译本参社会科学文献出版社 2013 年版，第 2 页。以下凡引沃勒斯坦语而未另注出处者，都出自该序言。

指出，由于他揭示的资本主义世界体系中心区、边缘区、半边缘区之间的交换是不平等的交换，"实际上是从历史方面反驳大卫·李嘉图揭示的、永恒存在的'比较优势规律'的一次重大努力"。而且，沃勒斯坦还强调不平等的交换最终必将导致资本主义世界体系的崩溃，所以，"这个学派将世界体系分析视为是危险的"。由此观之，沃勒斯坦对"比较优势规律"论者的反批评显然是有理有据的。另外，该学派的论者批评沃勒斯坦的世界体系分析"未能解释在当代世界为什么一些国家比其他国家更为'发达'，也未能解释为什么一些所谓的欠发达国家比其他欠发达国家更能改善其境遇"。我们觉得，这的确是他的分析体系中的一个薄弱环节；而且这个薄弱环节的存在，是同我们前面提到的他只强调世界体系整体的分析角度而排斥对整体中的各个国家做个别研究的分析角度的偏颇态度有关的。

对于崇奉德国政治史家奥托·欣策强调的政治相对于经济具有自主性的新欣策主义学派，沃勒斯坦认为，他们主要是批判"我错误地将政治和经济两个分析领域合并为一个单一的领域，实际赋予了经济领域以首要性"。"在今天仍有许多人将世界体系分析视为太过于'强调经济因素的作用'，在他们的意识中，这样说通常就是指它太过于'倾向马克思主义'。"针对这样的批评，沃勒斯坦回应道："当然，事实上我坚持认为政治和经济两个变量是存在于一个单一领域中的。我拒绝接受下述论点，即政治领域具有自主性，或它是由在某种程度上不同于——甚至对立于——那些支配经济领域的法则支配的。我在书中坚持一种整体主义的分析方法，认为政治制度和其他制度一样仅仅是现代世界体系中的一种制度。"沃勒斯坦断然拒绝"政治领域具有自主性，或它是由在某种程度上不同于——甚至对立于——那些支配经济领域的法则支配的"观点，但也不赞成像他所说的"正统马克思主义者"那样割裂地强调经济的首要地位。他力求"坚持一种整体主义的分析方法"，显然有其合理性，但是如果根本否认经济相对于政治的主导地位，难免会有损整体分析中的因果解释的完整性。

关于后现代主义的"文化主义批判",沃勒斯坦认为:"这个学派要求做概念上的'解构',宣称'宏大叙事'或'总体叙事'的终结(和无益性)。他们大体是在说主张经济因素具有决定作用的阵营,尤其是正统马克思主义阵营忽略了话语在社会现实演进中的中心作用。"他们认为沃勒斯坦也属于这个阵营,同样犯了强调经济因素而轻视文化因素的错误。对此,沃勒斯坦指出:"这个阵营在逻辑一致性上存在着致命缺陷。一部分人主要关注于坚持文化的首要性地位,确实也是在维护知识分子特有的利益。但另一部分人却对'被遗忘的群体'感兴趣,即那些在以前的宏大叙事中被忽略的群体。随着后一部分人开始认识到,他们实际上也对宏大叙事感兴趣,不过是一种不同于1968年之前时期所运用的宏大叙事,这个联盟走向解体。"沃勒斯坦针对后现代主义所做的这些反批评显然具有合理性。

面对上述各个学派的"批判和攻击",沃勒斯坦的态度是"据理力争、寸步不让。目前,我仍然拒绝承认这些对世界体系分析批判的合法性"。我们对他这种为追求真理而据理力争的坦荡态度深为钦佩。

二 现代世界体系理论需要在因果解释的链条上做更深的追溯

针对各方面对他的批评的总的指向,沃勒斯坦做了一个总体性的归纳:"在1974年以后的时期,我被质疑忽略了经济以外的所有领域:政治领域、文化领域、军事领域和环境领域。所有这些批判者都坚持认为,我的分析框架太过强调'经济因素的决定作用'。"我们看到,沃勒斯坦对于这样的批评除给予前面提到的一些较为具体的回答以外,看来还有一个总体的正面回应,那就是,他既没有"忽略了经济以外的所有领域:政治领域、文化领域、军事领域和环境领域",也没有"太过强调'经济因素的决定作用'",而是坚持"整体主义的方法"(holistic analysis),把经济、政治、文化等领域全都纳入一个相互联系的整体予以剖析。他认为争论经济、政治、文化孰为首要决定因素是没有意义的。他说:"正统马克思主义者和讲究普遍性规律的主流经济学家都将因果首要性赋予经济领域。新欣策主义者含蓄地将它赋予政治领域。可以预期，也会有人（指后现代主义文化解构论者——引者注）将因果首要性赋予文化领域。"他认为所有这些"首要论"都不可取。

这就涉及科学研究方法论中的一个老大难问题，那就是，考察诸如"资本主义世界经济体"这样的研究对象，除了从整体上探究它的各个组成部分怎样相互联系形成一个整体外，是否还需要找到决定那个整体产生、发展和衰亡的终极原因或因果解释中的逻辑起点。19世纪的研究者大都肯定必须找到那样一个终极原因或逻辑起点，只是大都把它归结为"人性""理性"和作为"人性""理性"的最终决定者的"神"，由此形成以"人性""理性"为终极原因（最终以"神意"为终极原因）的"人性理性决定论"。唯有马克思和恩格斯把那个终极原因或因果解释的逻辑起点归结为人的劳动及其推动的生产力的发展和相应的生产关系的演进，由此推动由经济基础和相应的上层建筑构成的社会形态或生产生活方式从低级向高级的演进，这就是唯物史观的生产能力决定论；但它经常被误解为极其模糊因而可作任意定性的"经济决定论"或"所有制决定论"。到了20世纪，由于世界范围内社会制度和社会形态的剧烈演变既越出了"人性理性决定论"者的预期，也越出了"经济决定论"或"所有制决定论"者的预期，于是许多人几乎异口同声地抛弃了一切的决定论，连带着也把讲求终极原因和逻辑起点的线性因果解释方法论当作垃圾一起抛弃，而去信奉多元折中主义的"多种因素随机促成论"。

然而，不可否认的实际情况是，人们在证明自己的某个论断的正当性或评判他人的某个论断的是非得失时，总是离不开"因此……所以……"的因果解释程式，也就是说，总是无法摆脱"讨厌的线性因果解释"的纠缠。问题就发生在，许多人由于自己的价值偏爱驱使自己情不自禁地去设定某种自己偏爱的前提，作为推断某种因果关系的终极原因或逻辑起点，但同时又感到自己设定的那个终极原因或逻辑起点很容易遭到质疑和否定，于是就同时设定一个"多种因素随机促成论"

作为抵挡质疑和批驳论者的挡箭牌。例如前面提到的德国社会学家、历史学家韦伯断言，欧美国家之所以能够从中世纪传统社会发展成为"理性资本主义"社会，是因为从古代犹太文化中的畜群私有制和"个人主义"、希腊–罗马文化中的公民民主意识等孕育出来的"新教伦理"激发了"资本主义精神"；东方国家之所以没有发展出"理性资本主义"，是因为伊斯兰教、"儒教"、道教等东方信仰都孕育不出西方那种"新教伦理"，也就不可能激发出西方那种"资本主义精神"。这实际上就是把文化价值观设定为揭示社会历史变迁的终极原因或逻辑起点。但他显然感到人们很容易对这种极粗劣的文化价值或精神决定论提出令他无法回答的反驳和质疑：从历史和逻辑上看究竟是资本主义的生产生活方式孕育了新教伦理和资本主义精神，还是相反，后者孕育了前者呢？韦伯为了对这种致命的反驳预先加以防备，就精心设置了一道道多元折中论的挡箭牌。他一再声称，虽然新教伦理和资本主义精神那样的精神因素对西方资本主义的发展起了重要作用，但他并未断言那是唯一的决定性因素。西方特有的城市制度、官僚行政机构系统化，簿记和账目核算合理化等，全都发挥了重要作用。[①]

前面已经提到，沃勒斯坦反对韦伯的价值观决定论，坚持"价值观是伴随正在发生的经济转型而发生的，而不是在它之前发生的"观点，可是他不但没有彻底坚持"经济转型"决定价值观转变的因果解释方法论，反而有时倾向于"多种因素随机促成论"，个别情况下甚至采取了同韦伯主义相近的"意识形态决定论"。这突出表现在他的新著《现代世界体系》第 4 卷的论说中。

三　如何看待意识形态理论的演变

《现代世界体系》第 4 卷主要论述 1789 年到 1873/1914 年这段时间

---

① 〔德〕韦伯：《文明的历史脚步：韦伯文集》，黄宪起等译，生活·读书·新知三联书店 1988 年版，第 14、91、92、141 页等。

现代世界体系中心区，也就是西欧、北美的历史。沃勒斯坦把这段历史的"中心议题"确定为法国大革命对作为整体的现代世界体系产生的文化影响，"我将这种影响视为一种适用于世界体系的地缘文化的形成。这种地缘文化是一揽子思想、价值观和规范，它被整个体系广泛接受，并由此制约人们的社会行为"。① 他把这"一揽子思想、价值观和规范"统称为意识形态。沃勒斯坦认为，法国大革命导致了"三种对待现代性与何谓'正常'变革的立场逐渐形成：保守主义是尽可能将危险减少到最小；自由主义是尽可能理性地在适当时间实现人类幸福；社会主义/激进主义是通过同那些强烈反对它的力量做激烈的斗争来加速进步的实现。正是在 1815—1848 年这段时间，保守主义、自由主义和社会主义这些词汇被广泛用于指代这三种立场"。② 这三种立场被称为"三种现代意识形态"。沃勒斯坦说，第 4 卷"整卷书的论点是，在这个世纪，中庸的自由主义能够'驯服'其他两种意识形态，以胜利者的姿态出现。它接着采取的形式是赋予创建自由主义国家以优先地位，首先是在那个时代两个最强的国家（英国和法国）创建。它进一步采取的形式是刺激主要类型的反体系运动（这个新的概念将在此予以厘清）的形成，并限制它们的影响。这里，我考察了公民概念所允许实现的进步，以及由此产生的各种幻象。最后，它采取的形式是鼓励历史社会科学的形成，同时也对它们做出某些限制"。③

从这里我们可以看到，沃勒斯坦把"中庸的自由主义"意识形态"驯服""保守主义"和"激进主义/社会主义"的意识形态而"以胜利者的姿态出现"，以及其在国家创建、社会经济和政治斗争乃至现代社会科学的产生等领域的展现，作为第 4 卷"整卷书的论点"，这样的

---

① 〔美〕伊曼纽尔·沃勒斯坦：《现代世界体系》第 4 卷《中庸的自由主义的胜利：1789—1914》，吴英译，庞卓恒校，社会科学文献出版社 2013 年版，第 8 页。

② 〔美〕伊曼纽尔·沃勒斯坦：《现代世界体系》第 4 卷《中庸的自由主义的胜利：1789—1914》，吴英译，庞卓恒校，社会科学文献出版社 2013 年版，第 20 页。

③ 〔美〕伊曼纽尔·沃勒斯坦：《现代世界体系》第 4 卷《中庸的自由主义的胜利：1789—1914》，吴英译，庞卓恒校，社会科学文献出版社 2013 年版，第 8 页。

论证体系实际上就是把"中庸的自由主义"意识形态逐步"以胜利者的姿态出现"放到了引起 1789 年到 1873/1914 年现代世界体系中心区，也就是西欧、北美的经济、政治、社会和文化变迁的终极原因和逻辑起点的地位上。但这样一来，就使他陷入了自己批判过的韦伯主义认定的"某些类型的价值观的存在是实现现代化或（经济）发展的一个必需的先决条件"的观点的逻辑困境中。

要摆脱这样的困境，就必须坚持沃勒斯坦在批判韦伯主义时阐述的正确观点："价值观是伴随正在发生的经济转型而发生的，而不是在它之前发生的。"而且，还需把这种观点推进到更彻底的深度上去，那就是从生产力、生产关系的发展演变引起的"经济转型"和与之相应的阶级和阶级关系的变化中找到处于衰落中的封建贵族阶级、新兴资产阶级、破产贫民和初生无产者阶级这样三种阶级力量和他们所持政治立场的原因，进而看到保守主义、中庸的自由主义和激进主义/社会主义这样三种意识形态出现的原因，也看到新兴资产阶级和它秉持的中庸的自由主义立场逐步"以胜利者的姿态出现"的原因。我们由此看到，所谓"中庸的自由主义意识形态的胜利"实质上是当时处于没落的封建贵族阶级和初生无产者阶级两者之间的"中间地位"的新兴资产阶级的胜利。由此我们才得以知晓，沃勒斯坦在第 4 卷中所做的一系列论证的真正精华之所在。

例如，沃勒斯坦在论述取得胜利的"中间派"怎样以"中庸的自由主义"立场创建"主权在民"的"自由主义国家"时说道："在 1789 年，没有人真正了解将主权从君主转移到人民手中实际意味着什么。人们也许认为它同限制政府任意行使权力有某些关系，而任意行使权力又是同绝对君主制观念联系在一起的。即使确实将权力转移到人民手中，但那样做，仍然需要为各种各样的政治领导人暂时结合做出决策的合法性提供依据。对所有那些有效政治权力受到威胁的人而言，认真对待人民主权的口号似乎暗示要服从由无知、任性的群众做出的反复无常的决定，这无疑是令人不快的。因此，对显贵们而言，问题是如何确立一种框架，表面看似乎是人民拥有主权，但事实上并非如此；尽管这样，但它还能获得相当数量'人民'的支持。这并非易事。自由主义国家就是具有历史意义的解决方案。"① 他还指出："从 1815 年之后时期的政治方面看，有法国大革命—拿破仑时代的两种主要政治遗产。一种是对恐怖的印象，直到今天它还影响着法国和世界的政治，在许多人的头脑中恐怖不可避免地同民主联系在一起。很长时间，恐怖事实上成为显贵们用于反对扩大选举权的主要论据。'根据这种经验，像路易·基佐或邦雅曼·贡斯当等人拒绝将政治权利赋予那些贫困的阶级'。第二种遗产同第一种遗产有着紧密的联系，即不断地推动将较低阶层完全从国家的政治舞台上排除出去。"② 这些论说使我们清楚地看到，西方启蒙运动和法国大革命倡导的"主权在民"原则和"民主制度"从一开始就是主要代表资产阶级利益和意志的原则和制度，绝不是什么"普适价值"的体现。

又如，沃勒斯坦在评述 19 世纪标榜自由主义的西方经济学家和政府实行的所谓"自由放任"的经济政策时指出："取消谷物法运动的成功——反对作为国家干预经济的重要象征的谷物法——同重大社会立法在英国（和在大陆国家）开始确立，二者同时发生是支持柏莱柏诺所言的强有力证据。柏莱柏诺断言，真正发生的并不是转向自由放任，而是'从由国家干预商业转向国家干预工业'。古典经济学家和自由主义者事实上认识到了这一点，一直对自由放任采取一种很微妙的立场，从亚当·斯密到边沁再到纳骚·西尼尔都是如此。"③ "他们都意识到，'对一个人而言是自由放任，对另一个人而言则是干预'。"④

---

① 〔美〕伊曼纽尔·沃勒斯坦：《现代世界体系》第 4 卷《中庸的自由主义的胜利：1789—1914》，吴英译，庞卓恒校，社会科学文献出版社 2013 年版，第 38—39 页。

② 〔美〕伊曼纽尔·沃勒斯坦：《现代世界体系》第 4 卷《中庸的自由主义的胜利：1789—1914》，吴英译，庞卓恒校，社会科学文献出版社 2013 年版，第 39 页。

③ 〔美〕伊曼纽尔·沃勒斯坦：《现代世界体系》第 4 卷《中庸的自由主义的胜利：1789—1914》，吴英译，庞卓恒校，社会科学文献出版社 2013 年版，第 115—116 页。

④ 〔美〕伊曼纽尔·沃勒斯坦：《现代世界体系》第 4 卷《中庸的自由主义的胜利：1789—1914》，吴英译，庞卓恒校，社会科学文献出版社 2013 年版，第 116 页。

他还指出，标榜"不干预市场"的"小政府"实际上是维护资产阶级利益的"强政府"，并指出："有许多理由能够说明资产阶级为什么认为强政府是有用的。一个理由是能够帮助他们积累资本；另一个理由是为这种资本提供保障。如果资产阶级以前没有认识到的话，那么在1848年之后，他们已经充分地认识到，只有强政府——即改良主义政府——才能够保护他们不受工人不满的破坏性影响。"① 这些论说对于我们认识西方经济学家所说的古典自由主义和新自由主义的阶级本质具有很大的启发价值。

再如，沃勒斯坦在论述现代西方社会科学的产生过程时指出，19世纪现代西方社会科学在建构之时曾是一种"社会运动"，"所以它最初并不是在大学，而是在被称为社会科学协会的机构中出现的，其中最重要的社会科学协会首先是在英国和美国、稍后是在德国出现的。这些协会是'认识和纠正那个时代的社会弊病的迫切要求的产物……也是迫切要求进行社会改革的产物'"。② 它们是为了适应资产阶级主导的"现代性"社会需要而建构的，而"'现代性'的显著特征是社会结构分化为三个不同的组成部分，它们彼此之间存在着显著的差别。它们是如此的不同，以致必须在实践中将它们分割开来，必须对它们做性质截然不同的研究。这三个领域分别是市场、国家和市民社会。正是从对这三个领域做理论上的区分出发——之所以做这样的区分被假设为现代化的结果，大学获得了三门学科：研究市场的经济学，研究国家的政治学和研究市民社会的社会学"。③ 还有历史学，它主要是论证资产阶级主导的西方"现代性"社会的历史合理性的。上述四门学科都是用来阐释西欧、北美自身的历史和现实社会的。还有两门主要用于研究和解释

① 〔美〕伊曼纽尔·沃勒斯坦：《现代世界体系》第4卷《中庸的自由主义的胜利：1789—1914》，吴英译，庞卓恒校，社会科学文献出版社2013年版，第121—122页。

② 〔美〕伊曼纽尔·沃勒斯坦：《现代世界体系》第4卷《中庸的自由主义的胜利：1789—1914》，吴英译，庞卓恒校，社会科学文献出版社2013年版，第279页。

③ 〔美〕伊曼纽尔·沃勒斯坦：《现代世界体系》第4卷《中庸的自由主义的胜利：1789—1914》，吴英译，庞卓恒校，社会科学文献出版社2013年版，第292页。

非西方社会的学科，一门是人类学，"它主要是研究殖民地的某个地区，或者宗主国国内的特定地区的"；另一门是东方学，"它主要（但并非专门）是研究半殖民地地区的"。① 沃勒斯坦指出，这两门学科都是为适应西欧强权国家向非西方世界扩张的需要而产生的。强权国家的统治阶级"希望了解如何最好地控制那些他们拥有支配权的'其他地方'。应该说，他们必须了解如何实施至少是最低限度的控制。因此，再次地，各种学术专业纷纷出现，它们生产人们希望得到的知识，这并不会令人感到奇怪"。② 因此，尽管有些研究者在这些学科领域留下了一些确有价值的积极成果，但在根本问题上这些学科都带着深深的西方优越论印记。例如，沃勒斯坦指出："东方学建构了一种将这些地区视为僵化文明的形象，它们一直处于停滞状态。用黑格尔的话来表述，它们是那些只有通过欧洲世界的某种干预才能实现进步的地区。""在某些方面，中国是东方学研究产生激烈争论的最有趣的例子。中国作为一个古老、富裕的远方文明的形象，曾长期得到欧洲人的赞美。但在18世纪中期到晚期的某个时间，这种形象被颠倒过来……尤其是在第一次鸦片战争以后，中国变成一个通常被解释为……典型的'停滞的'和'传统的'文明。"③ 沃勒斯坦的这些论说对我们认识一些西方意识形态宣扬者宣称西方人文社会学科具有诸如"价值中立"特性的虚假性，很有启发价值。

沃勒斯坦在第4卷的结语中说道："依据我们所能收集到的各种经验证据和理论观点，我们提出了这种分析。这里所提供的分析框架与其说是提供了另一种解释延长的19世纪的方法，不如说提供的是一种更

---

① 〔美〕伊曼纽尔·沃勒斯坦：《现代世界体系》第4卷《中庸的自由主义的胜利：1789—1914》，吴英译，庞卓恒校，社会科学文献出版社2013年版，第311页。

② 〔美〕伊曼纽尔·沃勒斯坦：《现代世界体系》第4卷《中庸的自由主义的胜利：1789—1914》，吴英译，庞卓恒校，社会科学文献出版社2013年版，第311页。

③ 〔美〕伊曼纽尔·沃勒斯坦：《现代世界体系》第4卷《中庸的自由主义的胜利：1789—1914》，吴英译，庞卓恒校，社会科学文献出版社2013年版，第317、316页。

适合于对这个世界的社会现实的整体性做出解释的方法。"① 纵观第 4 卷的整个论说，我们确实感到，沃勒斯坦尽力把作为现代资本主义世界体系核心区的西欧、北美地区在"延长的 19 世纪"期间在经济、政治和文化等领域发生的历史性变迁作为一个相互联系的整体运动来考察，显示了他倡导的"整体主义分析方法"的优势所在。我们十分赞赏这种方法论的创新探索。只是觉得，如果在整体主义分析方法中加上经得住检验的因果联系的逻辑起点（终极原因），势必能将使整体中的各个层面之间的有机联系更加清晰地呈现出来。

第三节　当代大国兴衰研究述评

自现代世界体系形成以来，各个国家或地区由于在劳动分工中地位的不同而被划分为中心区、半边缘区和边缘区三种类型。其中，中心区国家利用边缘区国家提供的原材料和廉价劳动力生产加工制成品，反向销售给边缘区国家，从中牟取利润；而且，他们还控制着世界体系的金融、贸易市场的运转。而边缘区则向中心区提供原材料、初级产品、廉价劳动力，乃至销售市场。半边缘区则介于二者之间，兼具中心区与边缘区的部分特征。

中心区国家大都因为一些特殊条件而拥有较高的生产力发展水平，并据此积累了较多物质的乃至精神的财富，同时，通过暴力或非暴力的方式，对边缘区和半边缘区形成正向的辐射与反向的吸纳关系，从而形成特定的文明中心。但这种结构并非固定不变，它具有可变性。居于中心地位的大国由于多种原因造成自身的生产力发展水平相对滞后，并由此导致辐射－吸纳能力降低，从而逐步走向衰落，被新崛起的大国所取代，造成统治中心的易主。尽管这种演变需要

---

① 〔美〕伊曼纽尔·沃勒斯坦：《现代世界体系》第 4 卷《中庸的自由主义的胜利：1789—1914》，吴英译，庞卓恒校，社会科学文献出版社 2013 年版，第 343 页。

较长时间才可能发生，但在人类历史演进的长河中却是一种常态，形成规律。本节将引述几位国际著名学者对大国兴衰问题的认知，并给予简单评价，最后以唯物史观揭示的历史发展规律就大国兴衰问题谈些认识。

一　对大国兴衰缘由的探讨

国家兴衰问题，是古今中外思想家十分关注的命题，他们都期盼从中总结出大国何以兴衰的经验教训，以为本国借鉴。这里主要关注几位当代思想家对该问题的认识。

1. 保罗·肯尼迪的观点

美国历史学家保罗·肯尼迪在他的名著《大国的兴衰——1500—2000 年的经济变迁与军事冲突》中探讨了大国兴衰的缘由。保罗·肯尼迪认为，大国兴衰的基本原因可以归结为经济状况，尤其是生产能力的发展水平。例如，他指出："我们发现在综合经济力量和生产能力对比的变化与国际系统中各大国的地位之间有一种因果关系。"[①] 他更进一步指出："历史事实还表明，从长远看在每个大国经济的兴衰与其作为一个军事大国（或世界性帝国）的兴衰之间，有一种显而易见的联系。其原因有二：第一，支持庞大的军队离不开经济资源；第二，在国际体系中，财富与力量总是联系在一起的。"[②] 那么，如何才能使国家长久地保持强盛？肯尼迪认为必须在三种目标之间保持平衡："当世界迈向 21 世纪的时候，世界大部分（如果不是全部的话）强国所追求的伟业具有三重性，即同时要实现三项目的：为国家利益提供军事安全；满足老百姓的经济需求；保证经济持续增长。其中最后一项，无论对于提供当前所需的大炮和黄油这个积极的目的，还是对于防止相对的经济

---

① 〔美〕保罗·肯尼迪：《大国的兴衰——1500—2000 年的经济变迁与军事冲突》，王保存等译，朱贵生校，求实出版社 1988 年版，第 8 页。

② 〔美〕保罗·肯尼迪：《大国的兴衰——1500—2000 年的经济变迁与军事冲突》，王保存等译，朱贵生校，求实出版社 1988 年版，第 9 页。

下降以免损害人民未来的军事与经济安全这个消极目的，都是必不可少的。……既然防务费用与军事安全，社会与消费的需要以及为发展经济而进行投资，这三者都要争夺资源，要解决这个紧张关系，没有绝对的万全之策。也许最好的办法是使这三者保持大体的协调。但如何达到这种协调，总要受到国家的各种条件的巨大影响。……一个基本的论点仍是存在的：如果在防务、消费和投资这三个相互竞争的需求中没有大致的平衡，一个大国就不可能长久地保持它的地位。"① 至于对未来的预测，肯尼迪认为，21 世纪最初的 20 年将会是五大中心力量的较量，即中国、日本、俄罗斯、西欧、美国。对于五大中心力量发展的前景，肯尼迪则认为，它们都有机遇，但也同时面临着挑战，"它们的航行顺利与否，在很大程度上取决于在华盛顿、莫斯科、东京、北京和西欧各国首都的政府领导人的智慧"。②

2. 沃勒斯坦的观点

美国著名的历史学家、社会学家和国际政治经济学家沃勒斯坦从世界经济体系、世界政治体系和世界文明三个层面对现代世界体系进行了系统而翔实的分析。

就世界体系的政治层面，即"多重国家体系"，沃勒斯坦概括了三个方面的特征：一是国家体系在运行过程中存在周期性变动，处于不同时期中心区的强国总是会出现一个实力最强者，拥有霸权，而这种霸权优势又总是短暂的，会被别的实力更强者所取代，形成一种周期性变动，通常被称为"霸权周期"；二是资本主义以无休止地追逐资本积累为其根本目标，霸权国家可以运用处于实力鼎盛地位的国家政治机器，为本国资本在世界市场获取最大利润提供垄断的政治条件；三是追求霸权地位是资本主义国家共有的目标，这种对霸权地位的角逐掀起一波又

---

① 〔美〕保罗·肯尼迪：《大国的兴衰——1500—2000 年的经济变迁与军事冲突》，王保存等译，朱贵生校，求实出版社 1988 年版，第 544—545 页。

② 〔美〕保罗·肯尼迪：《大国的兴衰——1500—2000 年的经济变迁与军事冲突》，王保存等译，朱贵生校，求实出版社 1988 年版，第 654 页。

一波的征战，并在 20 世纪前半期导致两次世界大战。① 正因为资本主义世界体系是充满压迫、剥削和不平等的体系，所以它始终存在阶级斗争和政治斗争，这最终势必会导致资本主义世界体系将被一个效率更高、收入分配更合理的世界体系所取代。沃勒斯坦对此坚信不疑。他在为《现代世界体系》中译本写的序言中预言了资本主义世界体系的终结。他写道："当 21 世纪中叶资本主义世界体系让位于后继的体系时，我们将看看这后继体系是否会更平等。我们不能预测它会是一个什么样的体系，但能通过我们目前的政治和道德的活动影响其结果。"他还特别写道："占人类四分之一的中国人民，将会在决定人类共同命运中起重大的作用。"②

3. 亨廷顿的观点

美国政治学家塞缪尔·亨廷顿是著名的文明冲突论的首创者，他从文明冲突的视角考察了当代国际舞台上大国的竞争及其前景。亨廷顿在 1993 年发表《文明的冲突?》一文，认为 1793 年之前的国际冲突主要是君主之间争夺领土和势力的战争；1793 年到第二次世界大战结束这段时间的国际冲突，主要是民族国家之间因为利益引发的冲突；第二次世界大战以后到苏联解体这段时间的国际冲突，主要是社会主义和资本主义之间意识形态的差别引发的冲突；苏联解体后的国际冲突变成了世界各大文明之间的冲突。亨廷顿断然认为，当今的世界文明冲突，归根到底是西方文明与非西方文明之间的冲突，并且预言"未来的危险冲突可能会在西方的傲慢、伊斯兰国家的不宽容和中国的武断的相互作用下发生"。③ 为此，他设想了一套"西方对抗非西方"的战略，主要内容就是西方怎样对抗所谓"儒家-伊斯兰的联合"

---

① 吴英：《沃勒斯坦怎样看资本主义世界体系的转型——评〈转型时代〉》，《世界历史》2003 年第 1 期。

② 〔美〕伊曼纽尔·沃勒斯坦：《现代世界体系》第 1 卷，尤来寅等译，罗荣渠审校，高等教育出版社 1998 年版，第 2 页。

③ 〔美〕塞缪尔·亨廷顿：《文明的冲突与世界秩序的重建》，周琪等译，新华出版社 1998 年版，第 199 页。

的战略，归结起来一句话，就是要建立一个孤立和遏制中国的所谓"国际统一战线"。

亨廷顿的文章发表后遭到国际上许多学者，尤其是中国学者的猛烈批评。为了平息争论，亨廷顿在为其著作《文明的冲突与世界秩序的重建》所写的中文版序言中，特地向中国读者解释他的观点不是要挑起中美冲突，而是为了促进中美对话。他指出："在未来的岁月里，世界上将不会出现一个单一的普世文化，而是将有许多不同的文化和文明相互并存。那些最大的文明也拥有世界上的主要权力，它们的领导国家或是核心国家——美国、欧盟、中国、俄罗斯、日本和印度，将来可能还有巴西和南非，或许再加上某个伊斯兰国家，将是世界舞台的主要活动者。在人类历史上，全球政治首次成了多极的和多文化的。在这样一个多元化的世界上，任何国家之间的关系都没有中国和美国之间的关系那样至关重要。如果中国经济在未来的 10 年或 20 年中仍以现在的速度发展，那么中国将有能力重建其 1842 年以前在东亚的霸权地位。另一方面，美国一贯反对由另一个强国来主宰欧洲或东亚，为了防止这样的情况发生，美国在 20 世纪参加了两次世界大战和一次冷战。因此，未来的世界和平在相当大的程度上依赖于中国和美国的领导人协调两国各自利益的能力，以及避免紧张状态和对抗升级为更为激烈的冲突甚至暴力冲突的能力，而这些紧张状态和对抗将不可避免地存在。"[1] 他反复讲，他的文章和他的书"唤起人们对文明冲突的危险性的注意"，正是为了促进不同文明之间的对话，以达到避免冲突升级的目的。

4. 对各家观点的简单评析

从上述简单介绍的三位知名学者对大国兴衰缘由的探析不难看出，他们思考的角度不同，见解各有独到之处，但是在对因果链条的追溯上

---

[1] 〔美〕塞缪尔·亨廷顿：《文明的冲突与世界秩序的重建》，周琪等译，新华出版社 1998 年版，中文版序言。

都欠深入。保罗·肯尼迪强调经济状况和生产能力水平同大国地位之间的因果关系，进而把能否在军事安全、社会消费和增长投资三者间维持平衡视为大国兴衰的关键原因，无疑是精辟的。但在如何保持这三者的平衡上，肯尼迪表现出了局限性。他认为能否保持三者的平衡取决于决策者的明智与否，却完全未顾及领导者所面临的主客观条件的制约。如果领导者是某个特殊利益集团的代表，他完全不可能为国家利益去实现三者之间的平衡。

沃勒斯坦也把经济实力上的优势视为获得和维持霸权地位的关键，但他并没有说明如何才能取得和维持这种优势。他虽然指出资本主义世界体系因为充满压迫、剥削和阶级斗争，必然会被更有效率和更公平的新的世界体系所取代，但并没有论析新世界体系取代旧世界体系所需要的条件，从而使他的预言缺少坚实的依据。

亨廷顿主要论述的是不同文明之间发生冲突的必然性，较少直接涉及"文明兴衰"的原因。但他论述过文明冲突产生的根源："不同文明国家和集团之间的冲突的根源在很大程度上是那些总是产生集团之间冲突的东西：对人民、领土、财富、资源和相对权力的控制，也就是相对于另一个集团对自己所能做的而言，将自己的价值、文化和体制强加于另一个集团的能力。"① 因此，他不得不承认冲突的根源在于对财富和资源的争夺。但由于亨廷顿没有对文明兴衰的原因做出深入的论述，所以他做出的一些预言，像美国将走向衰落、世界将走向多极化等，就缺少了扎实的科学论据。

二　唯物史观揭示了大国兴衰的终极原因

唯物史观认为，人类物质生产实践活动及其在生产实践活动中形成的物质生产能力的提高乃是历史发展的终极原因，自然也是大国兴衰的

---

① 〔美〕塞缪尔·亨廷顿：《文明的冲突与世界秩序的重建》，周琪等译，新华出版社 1998年版，第 134 页。

根本原因。保罗·肯尼迪和沃勒斯坦都不同程度地论及这一点，但未能继续深入探析促使生产能力提高的根由，也就未能揭示大国兴衰的本源。唯物史观认为，生产能力乃是人民群众在物质生产实践活动中通过学习、试错、创新、积累而不断提高的，也就是说人民群众的物质生产实践活动乃是推动生产能力提高的根本动力与源泉。因此，能否组织、调动、发挥广大人民群众在生产过程中的积极性、主动性和创造性，乃是决定一个国家生产能力能否不断提高的终极原因。历史与现实屡屡向我们展示，那些王朝盛世，那些强盛一时的国家，大都有统治者采取多种策略和政策来调动广大人民群众的生产积极性，从而不断提高生产能力，使社会的盈余增加，实现所谓的太平盛世；反观那些王朝走向衰落、国家发展不畅的，大都是因那里的统治集团严苛地对待百姓，增加他们的生活负担，使他们的生产积极性受到挫伤，导致生产积极性与生产能力下降，使社会处于贫困状态，最终国家走向衰亡。虽然也有统治者利用军事扩张等非常手段暂时赢得人民的拥戴而由此表现出一时的兴盛，但都不会持久。我们回顾人类社会历史的发展、演进，从古代到当今国家的兴衰成败，反反复复地证实着这一铁律。

依据唯物史观揭示的这一原理，我们可以对 21 世纪的前景做出预测。一是世界走向多极化的趋势不可逆转。在信息化时代，任何大国都不可能长久地垄断科学技术和经济增长的优势。借助全球化的机遇和后发国家的优势，中国、印度、巴西等原来的后发国家正在获得迅速发展，成为国际舞台上重要的力量。尽管这些国家目前在经济和科技实力上同发达资本主义国家相比还有一定差距，但如果它们充分发挥自身的潜力，完全有可能实现跨越式发展，赶超发达资本主义国家。当然，不论发达国家能否继续保持优势，后发国家能否实现赶超型发展，关键还是要看各国政府能在多大程度上调动人民群众的积极性、主动性和创造性，以推动生产力和科学技术的不断进步。可以断言，在未来国际舞台上最繁荣富强的国家，一定是那些最能摆脱特殊利益集团对国家决策的羁绊，最能调动人民积极性、主动性和创造性的国家。反之，即使是目前处于霸权地位的国家也必将会走向衰落。

　　二是人类确实有可能在不远的将来建构一个更有效率也更公平的世界体系。这是沃勒斯坦对 21 世纪中叶的预言，但他没有论证实现的条件。我们认为，随着生产力的发展和经济全球化的推进，当世界上主要发展中国家，尤其是像中国、印度和巴西等这样面积和人口巨大的发展中国家的人均国民生产总值达到与发达资本主义国家大体相当的水平时，任何国家或国家集团都将不再拥有对别国施加强制影响力的经济和技术霸权；因此，也不再可能拥有政治和军事霸权。世界上一切引起争议的问题，就将只能通过平等协商的方式予以解决。而且，由于经济全球化的推进，一个地区或经济部门的问题都可能是"牵一发而动全身"的全球性问题，都需要从全球整体上予以解决。于是，沃勒斯坦预言的那种"世界政府"就将有必要建立了。当然，最终消弭国家间的差别，乃至最终消灭国家的存在，还是要等待实现世界大同的共产主义社会建成之时。这一预言绝非乌托邦式的。现代科学已经证明人类的基因 99.9% 以上都是相同的，这意味着不同地域、不同种族和不同民族的人的发展潜力是相同的。之所以会出现发展水平与发展程度的差异并不是因为人类在发展潜力上存在差异，而是由于不同地域、不同族群之间取长补短的交流互动渠道遭遇到各种自然条件的阻隔和堵塞，尤其是遭遇到种种民族的、阶级的、文化的狭隘性的阻隔和堵塞。我们可以预想，随着人类生产能力的提高与物质和精神文明发展水平差距的逐渐缩小，中心区、半边缘区与边缘区之间的差别和界限将会最终消失。

　　三是作为目前世界第二大经济体的中国，将像沃勒斯坦所预言的那样，对建设更有效率和更公平的世界体系做出贡献。目前，国际社会对中国崛起后是否会称霸还有疑虑。但是，中国共产党和政府负责任地表达了 14 亿人民的愿景：中国永远不会称霸。这不仅遵循了马克思主义的国际主义原则，同时也是根源于中华文明在漫长历程中形成的以追求"天下一家"与"世界大同"为最高价值和最高目标的文化传统。这一传统深深扎根于亿万中国人民的文化心理之中，不可动摇。

第四节　为什么研究正义问题离不开唯物史观的指导

自 20 世纪 70 年代西方学术界就马克思理论与正义问题的关系展开论战以来，有关该问题的研究和争论一直持续不断，并在 21 世纪开始影响到中国学术界，掀起了一场有关马克思是否持有某种正义观念，如果持有、那是什么样的正义观念的研究和争论热潮。这种热潮一直持续至今，热度未减。西方学术界以及受西方学术界影响的中国学术界，在马克思理论与正义问题的关系上形成了两种针锋相对的观点。一种观点主要依据马克思有关"这个内容，只要与生产方式相适应，相一致，就是正义的。只要与生产方式相矛盾，就是非正义的"① 的论述，认为根据唯物史观经济基础决定上层建筑的原理，是生产方式决定着正义观念的内容。所以，马克思批判那种认为存在可以脱离具体生产方式的抽象正义标准，并根据这种标准来对研究对象做出正义与否判断的做法，用美国学者艾伦·伍德文章的标题来表述就是"马克思对正义的批判"。② 另一种观点主要依据马克思有关资本家占有工人生产的剩余价

---

① 马克思的完整论述如下："在这里，同吉尔巴特一起（见注：'一个用借款来牟取利润的人，应该把一部分利润付给贷放人，这是不言而喻的天然正义的原则。'吉尔巴特《银行业的历史和原理》1834 年伦敦版，第 163 页）说什么天然正义，这是毫无意义的。生产当事人之间进行的交易的正义性在于：这种交易是从生产关系中作为自然结果产生出来的。这种经济交易作为当事人的意志行为，作为他们的共同意志的表示，作为可以由国家强加给立约双方的契约，表现在法律形式上，这些法律形式作为单纯的形式，是不能决定这个内容本身的。这些形式只是表示这个内容。这个内容，只要与生产方式相适应，相一致，就是正义的；只要与生产方式相矛盾，就是非正义的。在资本主义生产方式的基础上，奴隶制是非正义的；在商品质量上弄虚作假也是非正义的。"（《马克思恩格斯文集》第 7 卷，人民出版社 2009 年版，第 379 页）

② Allen Wood, "The Marxian Critique of Justice," *Philosophy and Public Affairs*, Vol. 1, No. 3, 1972.

值的事实而谴责资本家的行为是"盗窃""掠夺""榨取"等论述,①
认为马克思根据未来社会的"得其应得"的分配正义标准对资本主义
社会做出谴责,用美国学者齐雅德·胡萨米文章的题目来表述就是
"马克思论分配正义"。②

应该承认,从经典作家的论述中能够找到支持这两种观点的论述,
这恐怕也是这两种观点能够持续存在,并相互争论的原因所在。但如果
仔细分析马克思的相关论述,我们可以发现,其实两种观点并不矛盾。
前一种观点主要是从在特定社会中占据主导地位的正义观念起源的角
度,揭示生产关系对正义观念的决定关系。既然社会中占据主导地位的
正义观念是由生产方式决定的,那么同这种生产方式相适应的分配、交
换和消费方式等一定会被该社会的正义观念判定为正义的;相反,同这
种生产方式不相适应的分配、交换和消费方式等一定会被该社会的正义
观念判定为非正义的。后一种观点主要是从在特定生产方式内居于被统
治地位的阶级的角度,像马克思就是从资本主义生产方式内无产阶级的
立场出发,在揭露资本家无偿占有工人阶级剩余价值的秘密的基础上,
谴责资本家对工人阶级剩余价值的占有是"盗窃""掠夺""榨取"
等。马克思正是通过对资本剥削工人秘密的揭露,使工人阶级认清自己
受剥削、受压迫的地位,由此而完成从认同主流价值观的自在阶级向认
识到自身的阶级利益、努力摆脱资本家阶级的剥削、实现自身解放的觉
醒的自为阶级的转变,并由此实现生产方式的演进。由此可见,貌似对
立的两种观点实际上是马克思从不同角度或不同层次看待问题的结果,

---

① 例如,"**现今财富的基础是盗窃他人的劳动时间**"(《马克思恩格斯全集》第46卷下册,
人民出版社 1980 年版,第 218 页);"工人阶级应当放弃对资本的掠夺行为的反抗"(《马
克思恩格斯文集》第 3 卷,人民出版社 2009 年版,第 77 页);"从直接生产者身上榨取
无酬剩余劳动的独特经济形式,决定了统治和从属的关系,这种关系是直接从生产本身
中生长出来的,并且又对生产发生决定性的反作用"(《马克思恩格斯文集》第 7 卷,人
民出版社 2009 年版,第 894 页)。

② Ziyad Husami, "Marx on Distributive Justice," *Philosophy and Public Affairs*, Vol. 8, No. 1,
1978.

而且，完整的马克思主义的正义观念恰恰是要将两者结合在一起。本节将主要从这个角度进行论述，并对在正义问题研究中试图摆脱唯物史观指导的倾向提出批评。

一　每个发展阶段的社会都会有同自己的生产方式相适应的占据主导地位的正义观念

正义观念是人们判断是非善恶的价值观的组成部分。根据马克思和恩格斯有关"意识在任何时候都只能是被意识到了的存在，而人们的存在就是他们的现实生活过程"①　的论述，作为人们的价值观或价值意识的组成部分，正义观念或正义意识是对人们的存在，即人们的现实生活过程的观念或意识；而在现实生活过程中，根据马克思有关"物质生活的生产方式制约着整个社会生活、政治生活和精神生活的过程"②　的论述，正义观念或正义意识是人们在一定的生产方式下的实际生活中经过体验而形成的是非善恶观念或意识。像"法律应该是社会共同的、由一定物质生产方式所产生的利益和需要的体现"③　一样，正义观念或正义意识是特定生产方式所产生的利益和需要的体现，相应地，根据这种正义观念或正义意识，凡是维护自己所由以产生的生产方式的存在和发展的行为，就是正义的；否则就是非正义的。这就是马克思那句在有关正义问题研究的论著中被广为引用的话的理论依据所在。

这其中有两点需要注意。第一，由于正义观念或正义意识是特定生产方式所产生的特定利益和需要的体现，而生产方式又是随着生产力的不断发展而不断演进的，所以不存在任何永恒的正义观念或意识。正如马克思所指出的："要研究精神生产和物质生产之间的联系，首先必须把这种物质生产本身不是当作一般范畴来考察，而是从**一定的历史的**形式来考察。例如，与资本主义生产方式相适应的精神生产，就和与中世

---

① 《马克思恩格斯文集》第 1 卷，人民出版社 2009 年版，第 525 页。
② 《马克思恩格斯文集》第 2 卷，人民出版社 2009 年版，第 591 页。
③ 《马克思恩格斯全集》第 6 卷，人民出版社 1961 年版，第 292 页。

纪生产方式相适应的精神生产不同。如果物质生产本身不从它的**特殊的**、**历史的**形式来看，那就不可能理解与它相适应的精神生产的特征以及这两种生产的相互作用。"① 恩格斯同样指出："我们拒绝想把任何道德教条当做永恒的、终极的、从此不变的伦理规律强加给我们的一切无理要求，这种要求的借口是，道德世界也有凌驾于历史和民族差别之上的不变的原则。"② 因此，每种生产方式都有与之相应的一套占据主导地位的正义观念或正义意识。像在奴隶社会，为了维护奴隶生产方式的存在和发展，必然会产生为奴隶生产方式辩护的一套占据主导地位的正义观念；在封建社会，为了维护封建生产方式的存在和发展，必然会产生为封建生产方式辩护的一套占据主导地位的正义观念；在资本主义社会，为了维护资本主义生产方式的存在和发展，必然会产生为资本主义生产方式辩护的一套占据主导地位的正义观念；等等。由此，马克思批评吉尔巴特等人将"借款获取利息"说成是"天然正义"的错误，认为根本不存在什么天然正义，像在前资本主义社会借款取利就是非正义的行为；恩格斯也强调："希腊人和罗马人的公平认为奴隶制度是公平的；1789 年资产者的公平要求废除封建制度，因为据说它不公平。在普鲁士的容克看来，甚至可怜的专区法也是对永恒公平的破坏。所以，关于永恒公平的观念不仅因时因地而变，甚至也因人而异，这种东西正如米尔柏格正确说过的那样，'一个人有一个人的理解'。"③

　　第二，阶级社会的生产方式都是有一定的阶级属性的，这就决定了在某种生产方式中占据统治地位的阶级，为了维护他们的统治地位，就必然要竭力使他们的思想、观念在那个社会中占据主导地位。相应地，与某种生产方式相适应的那套占据主导地位的正义观念就是统治阶级的正义观念。正如马克思和恩格斯所指出的："统治阶级的思想在每一时代都是占统治地位的思想。这就是说，一个阶级是社会上占统治地位的

---

① 《马克思恩格斯全集》第 26 卷第 1 册，人民出版社 1972 年版，第 296 页。
② 《马克思恩格斯文集》第 9 卷，人民出版社 2009 年版，第 99 页。
③ 《马克思恩格斯文集》第 3 卷，人民出版社 2009 年版，第 323 页。

物质力量，同时也是社会上占统治地位的**精神**力量。支配着物质生产资料的阶级，同时也支配着精神生产资料，因此，那些没有精神生产资料的人的思想，一般地是隶属于这个阶级的。占统治地位的思想不过是占统治地位的物质关系在观念上的表现，不过是以思想的形式表现出来的占统治地位的物质关系；因而，这就是那些使某一个阶级成为统治阶级的关系在观念上的表现，因而这也就是这个阶级的统治的思想。"① 因此，每个社会占据主导地位的正义观念都是维护统治阶级利益的观念。而且为了更好地维护自身的阶级利益，统治阶级还会通过宣传、灌输等方式将这种具有阶级属性的正义观念说成是整个社会的正义观念。正如马克思和恩格斯所揭露的那样："占统治地位的将是越来越抽象的思想，即越来越具有普遍性形式的思想。因为每一个企图取代旧统治阶级的新阶级，为了达到自己的目的不得不把自己的利益说成是社会全体成员的共同利益，就是说，这在观念上的表达就是：赋予自己的思想以普遍性的形式，把它们描绘成唯一合乎理性的、有普遍意义的思想。"② 为了强化正义观念的这种"超阶级性"，他们还将正义观念同其阶级属性剥离，强调思想观念的独立性。马克思和恩格斯对此也予以了揭露："在考察历史进程时，如果把统治阶级的思想和统治阶级本身分割开来，使这些思想独立化，如果不顾生产这些思想的条件和它们的生产者而硬说该时代占统治地位的是这些或那些思想，也就是说，如果完全不考虑这些思想的基础——个人和历史环境，那就可以这样说：例如，在贵族统治时期占统治地位的概念是荣誉、忠诚，等等，而在资产阶级统治时期占统治地位的概念则是自由、平等，等等。一般说来，统治阶级总是自己为自己编造出诸如此类的幻想。所有的历史编纂学家，主要是18 世纪以来的历史编纂学家所共有的这种历史观，必然会碰到这样一种现象：占统治地位的将是越来越抽象的思想，即越来越具有普遍性形

---

① 《马克思恩格斯文集》第 1 卷，人民出版社 2009 年版，第 550—551 页。
② 《马克思恩格斯文集》第 1 卷，人民出版社 2009 年版，第 552 页。

式的思想。"① 马克思还对自由和平等观念产生的生产方式基础，以及不同时代自由观念的内涵进行了揭示："如果说经济形式，交换，确立了主体之间的全面平等，那么内容，即促使人们去进行交换的个人材料和物质材料，则确立了**自由**。可见，平等和自由不仅在以交换价值为基础的交换中受到尊重，而且交换价值的交换是一切**平等**和**自由**的生产的、现实的基础。作为纯粹观念，平等和自由仅仅是交换价值的交换的一种理想化的表现；作为在法律的、政治的、社会的关系上发展了的东西，平等和自由不过是另一次方的这种基础而已。而这种情况也已为历史所证实。这种意义上的平等和自由恰好是古代的自由和平等的反面。古代的自由和平等恰恰不是以发展了的交换价值为基础，相反地是由于交换价值的发展而毁灭。而现代意义上的平等和自由所要求的生产关系，在古代世界还没有实现，在中世纪也没有实现。古代世界的基础是直接的强制劳动；当时共同体就建立在这种强制劳动的现成基础上；作为中世纪的基础的劳动，本身是一种特权，是尚处在孤立分散状态的劳动，而不是生产一般交换价值的劳动。（资本主义社会里的）劳动既不是强制劳动，也不是中世纪那种要听命于作为最高机构的共同组织（同业公会）的劳动。"② 至于将"分权"规律宣布为"永恒的规律"更是无稽之谈："在某一国家的某个时期，王权、贵族和资产阶级为夺取统治而争斗，因而，在那里统治是分享的，那里占统治地位的思想就会是关于分权的学说，于是分权就被宣布为'永恒的规律'。"③

由此可见，马克思有关"这个内容，只要与生产方式相适应，相一致，就是正义的。只要与生产方式相矛盾，就是非正义的"的论述，是指有利于某种生产方式存在和发展的行为就是正义的，否则就是非正义的。这主要是从在这种生产方式中居于主导地位的统治阶级的角度给出的评价。但因为统治阶级将自己的特殊利益宣传为普遍利益，将维护

---

① 《马克思恩格斯文集》第 1 卷，人民出版社 2009 年版，第 552 页。
② 《马克思恩格斯全集》第 46 卷上册，人民出版社 1979 年版，第 197 页。
③ 《马克思恩格斯文集》第 1 卷，人民出版社 2009 年版，第 551 页。

这种利益的正义观念宣传为普遍的正义观念，并将这种正义观念同产生它的物质基础相剥离，所以当被统治阶级还处于未意识到这种表象背后的实质的自在阶级状态时，往往也会认同这种正义观念。

二　在阶级社会中，除了占据主导地位的反映统治阶级利益的正义观念外，还会有反映被统治阶级利益的正义观念

在正义问题的研究中，以胡萨米为代表的一派学者从马克思将资本家攫取工人无酬劳动谴责为盗窃、掠夺、榨取的事实出发，认为马克思从"得其应得"的正义观念出发，揭露资本主义的分配制度，所以马克思是持有某种分配正义观念的，而且这种正义观念是同资本主义生产方式相矛盾的。我们认为，确实如胡萨米等学者所认为的那样，马克思的确对资本家的剥削行为进行了谴责，但这并不能说就违背了前述的马克思主张"这个内容，只要与生产方式相适应，相一致，就是正义的。只要与生产方式相矛盾，就是非正义的"的论断，因为正如我们前面所指出的，阶级社会的生产方式都是具有一定阶级属性的，虽然占主导地位的正义观念是统治阶级的正义观念，但是作为一个阶级，被统治阶级必然会有自己不同的利益诉求，在处于未认识到自己的利益诉求和实现这种利益诉求的途径的自在阶段时，被统治阶级会认同统治阶级的正义观念，并在统治阶级设定的范围内谋求自身利益；而一旦进入认识到自身的利益诉求，并找到实现自身利益诉求的途径的自为阶段时，被统治阶级就会表达自己的一套正义观念，并同统治阶级的正义观念相对抗。尽管被统治阶级不可能靠主张实现自己的正义观念而改变自身的地位，但揭露统治阶级正义观念的虚伪性是被统治阶级获得解放努力的组成部分。马克思就是站在被统治阶级，即无产阶级的立场上，通过系统严密的科学研究，揭露了资本家榨取工人阶级剩余价值的秘密，并对资本家无偿占有工人剩余价值的行为进行了严厉谴责，这是学者们得出马克思持有某种正义观念，并以这种正义观念谴责资本家行为的依据所在。就马克思所持有的代表工人阶级利益的正义观念而言，有三点需要

注意。

首先，在阶级社会中，既存在统治阶级的正义观，也存在被统治阶级的正义观。正如恩格斯所指出的："社会直到现在是在阶级对立中运动的，所以道德始终是阶级的道德；它或者为统治阶级的统治和利益辩护，或者当被压迫阶级变得足够强大时，代表被压迫者对这个统治的反抗和他们的未来利益。没有人怀疑，在这里，在道德方面也和人类认识的所有其他部门一样，总的说是有过进步的。但是我们还没有越出阶级的道德。只有在不仅消灭了阶级对立，而且在实际生活中也忘却了这种对立的社会发展阶段上，超越阶级对立和超越对这种对立的回忆的、真正人的道德才成为可能。"① 当然，如前所述，在特定社会中占据主导地位的是统治阶级的正义观，而被统治阶级在很长一个时期内都处于自在的状态，尽管对自己受剥削的状况有一种模糊的认识和不满，但基本上会接受统治阶级灌输给他们的正义观。只是随着社会阶级矛盾逐渐加剧，代表被统治阶级利益的知识分子开始通过对阶级矛盾的揭露而对他们进行启蒙后，被统治阶级才开始从自在的阶级向自为的阶级转变，逐渐认识到自己受压迫和剥削的根源在于阶级压迫，并逐渐开始将自身组织起来，通过集体反抗来争取自身的权益，甚至通过革命斗争来推翻压迫自己的社会。马克思在工人阶级的这种转变中起了至关重要的作用，他的代表作《资本论》被誉为"工人阶级的圣经"。②

其次，马克思对资本主义生产方式的剥削性和破坏性予以无情的揭露。尽管对资本主义生产方式相对于前资本主义生产方式的进步性给予了充分的肯定，③ 但马克思同时见证了工人阶级为这种生产力发展所付

---

① 《马克思恩格斯文集》第 9 卷，人民出版社 2009 年版，第 99—100 页。

② 《马克思恩格斯文集》第 5 卷，人民出版社 2009 年版，第 34 页。

③ 参见马克思和恩格斯在《共产党宣言》中的论述："资产阶级在它的不到一百年的阶级统治中所创造的生产力，比过去一切世代创造的全部生产力还要多，还要大。自然力的征服，机器的采用，化学在工业和农业中的应用，轮船的行驶，铁路的通行，电报的使用，整个整个大陆的开垦，河川的通航，仿佛用法术从地下呼唤出来的大量人口，——过去哪一个世纪料想到在社会劳动里蕴藏有这样的生产力呢？"（《马克思恩格斯文集》第 2 卷，人民出版社 2009 年版，第 36 页）

出的惨重代价，见证了工人阶级悲惨的生活境遇。他感同身受，背叛了自己所出身的那个生活无忧的阶级，放弃了自己可能获得的优厚待遇，毅然站在工人阶级一方，向工人阶级揭露资本家榨取他们剩余价值的秘密，向工人阶级宣传进行革命的重要性，并努力参与其中。对资本主义生产方式的残酷性，马克思予以淋漓尽致的剖析："要使资本主义生产方式的'永恒的自然规律'充分表现出来，要完成劳动者同劳动条件的分离过程，要在一极使社会的生产资料和生活资料转化为资本，在另一极使人民群众转化为雇佣工人，转化为自由的'劳动贫民'这一现代历史的杰作，就需要经受这种苦难。如果按照奥日埃的说法，货币'来到世间，在一边脸上带着天生的血斑'，那么，资本来到世间，从头到脚，每个毛孔都滴着血和肮脏的东西"，① "资本是根本不关心工人的健康和寿命的，除非社会迫使它去关心。人们为体力和智力的衰退、夭折、过度劳动的折磨而愤愤不平，资本却回答说：既然这种痛苦会增加我们的快乐（利润），我们又何必为此苦恼呢？不过总的说来，这也并不取决于个别资本家的善意或恶意。自由竞争使资本主义生产的内在规律作为外在的强制规律对每个资本家起作用"② ……正因为看到资本家追逐利润的本性使他们不顾工人的死活，马克思强调对资本家进行干预和限制的必要性，"现代工业的全部历史还表明，如果不对资本加以限制，它就会不顾一切和毫不留情地把整个工人阶级投入这种极端退化的境地"。③ 正是出于"干预"资本主义生产方式的动机，马克思对资本主义生产方式进行了系统的科学研究，揭露了资本主义社会的基本矛盾，揭示了工人阶级实现自我解放的两条道路：一条是工人阶级通过革命推翻资产阶级的统治，另一条是通过资本主义的自我扬弃而向新的社会形态过渡。无论哪条道路，都需要工人阶级的觉醒和觉悟，都需要工人阶级有组织的斗争，无论是通过和平方式提高自身待遇的斗争，还是

---

① 《马克思恩格斯文集》第 5 卷，人民出版社 2009 年版，第 870—871 页。
② 《马克思恩格斯文集》第 5 卷，人民出版社 2009 年版，第 311—312 页。
③ 《马克思恩格斯文集》第 3 卷，人民出版社 2009 年版，第 70 页。

通过暴力推翻资产阶级的斗争，都在改变工人阶级的境遇和提高工人阶级的待遇方面取得了巨大进步，马克思在这其中居功至伟。

最后，尽管站在工人阶级的立场上对资本家榨取工人剩余价值的行为予以了严厉谴责，但马克思清楚地认识到，要真正消灭资本家对工人无酬劳动的剥削，仅仅靠正义观念的宣传和灌输，甚至靠由此而促成的分配制度的有限变革，都是解决不了问题的，而必须通过由生产力发展所促成的生产方式的变革才能真正消灭剥削。在决定分配关系的因果链条追溯方面，马克思予以了科学的说明："分配的结构完全决定于生产的结构。分配本身是生产的产物，不仅就对象说是如此，而且就形式说也是如此。就对象说，能分配的只是生产的成果，就形式说，参与生产的一定方式决定分配的特殊形式，决定参与分配的形式。"① 而具体决定分配的就是分工，② 就是说，由于人们在生产中发挥的作用和在劳动分工中所处的地位不同，必然导致在生产资料和产品分配上的不平等；而要改变在生产和分工中的地位又必须有生产力的发展。但是生产力的发展和生产方式的变革是一种自然历史过程，如果没有劳动阶级在静悄悄的劳动中不断提高劳动生产率，创造更多的剩余产品，使更多的体力劳动者从直接生产过程中转移出来从事管理、技术等脑力劳动，由此消灭脑体分工，剥削是不可能被消灭的。所以马克思对所谓分配正义观念的作用持谨慎态度，而且很少提及"正义"一词，并对蒲鲁东、拉萨尔和杜林等人以公平、正义和平等为取向的改良方案进行了坚决的批判。像对拉萨尔起草的《哥达纲领》，马克思予以尖锐的批评："我较为详细地一方面谈到'不折不扣的劳动所得'，另一方面谈到'平等的

---

① 《马克思恩格斯文集》第 8 卷，人民出版社 2009 年版，第 19 页。

② 马克思和恩格斯在《德意志意识形态》中论证了分工和分配之间的关系，即分工决定分配，"与这种分工同时出现的还有**分配**，而且是劳动及其产品的**不平等**的分配（无论在数量上或质量上）；因而产生了所有制"（《马克思恩格斯文集》第 1 卷，人民出版社 2009 年版，第 536 页）；他们还进一步论证了分工和生产力之间的关系，即生产力的发展决定分工关系的变化，"任何新的生产力，只要它不是迄今已知的生产力单纯的量的扩大（例如，开垦土地），都会引起分工的进一步发展"（《马克思恩格斯文集》第 1 卷，人民出版社 2009 年版，第 520 页）。

权利'和'公平的分配',是为了指出这些人犯了多么大的罪,他们一方面企图把那些在某个时期曾经有一些意义,而现在已变成陈词滥调的见解作为教条重新强加于我们党,另一方面又用民主主义者和法国社会主义者所惯用的、凭空想象的关于权利等等的废话,来歪曲那些花费了很大力量才灌输给党而现在已在党内扎了根的现实主义观点。"① 对《哥达纲领》中寄希望于通过正义观念来改变分配制度的幻想,马克思批判道:"消费资料的任何一种分配,都不过是生产条件本身分配的结果;而生产条件的分配,则表现生产方式本身的性质。例如,资本主义生产方式的基础是:生产的物质条件以资本和地产的形式掌握在非劳动者手中,而人民大众所有的只是生产的人身条件,即劳动力。既然生产的要素是这样分配的,那么自然就产生现在这样的消费资料的分配。如果生产的物质条件是劳动者自己的集体财产,那么同样要产生一种和现在不同的消费资料的分配。庸俗的社会主义仿效资产阶级经济学家(一部分民主派又仿效庸俗社会主义)把分配看成并解释成一种不依赖于生产方式的东西,从而把社会主义描写为主要是围绕着分配兜圈子。既然真实的关系早已弄清楚了,为什么又要开倒车呢?"② 正因为马克思在正义问题的论述上非常谨慎,坚决反对蒲鲁东、拉萨尔等幻想通过确立正义观念来改变分配制度以解决工人阶级困境的做法,所以才有伍德等学者得出马克思拒斥正义的结论,而胡萨米等学者所持的马克思主张分配正义的观点也同马克思的许多论述相矛盾,其中的症结就是马克思在正义问题上有着不同层次的考量,既有从同生产方式的联系中引申出同生产方式相一致的就是正义的判断,又有从同被统治阶级的联系中引申出的将统治阶级的剥削行为谴责为非正义的判断。但我们必须清醒地认识到,马克思是从无产阶级主张建立的生产方式和相应的正义观这一角度来谴责资本主义生产方式对无产阶级的剥削和它的正义观的

---

① 《马克思恩格斯文集》第3卷,人民出版社2009年版,第436页。
② 《马克思恩格斯文集》第3卷,人民出版社2009年版,第436页。

非正义性的；尤其是要防止忽视生产方式及其相应的正义观的阶级属性，因为这是滑入包括超阶级的"公平正义"观在内的普适价值论的岔路。

三 必须坚持以唯物史观为指导研究正义问题

最近有学者提出马克思的正义观念同唯物史观是不相干的，由此否认唯物史观在方法论上对正义问题研究的指导地位，[①] 这无疑大大限制了唯物史观作为社会科学和人文科学研究指导理论的解释力。而且离开了科学理论的指导，正义问题的研究也不会达到应有的深度和获得指导中国现实发展的有益成果。

学者之所以认为马克思的正义观念同唯物史观是不相干的，是因为他认为："如果我们把'事实判断'理解为一种描述性判断，把'价值判断'理解为一种规范性判断，那里的唯物主义就是一种具有'事实判断'特征的描述性理论，因为它涉及的只是人类社会发展的一般规律'是什么'的问题；与此相应，'马克思的正义观念'则是具有'价值判断'特征的规范性见解，因为它涉及的只是资本主义剥削和社会主义按劳分配的弊病是否'应当'的问题。"这一立论存在两个方面的问题。第一，将唯物史观局限于事实判断，是对唯物史观理论体系的严重曲解。作为学界共识，唯物史观提供了一套解释人类社会发展的理论体系，即它不仅提供事实判断，而且提供成因判断。像生产力决定生产关系、经济基础决定上层建筑、存在决定意识等唯物史观的基本原理本身就构成一套追溯因果链条的方法论体系。所以，说唯物史观仅仅提供事实判断，这本身就大大限制了唯物史观的解释范围。至于价值判断，它不是无源之水、无本之木，它恰恰依赖于成因判断。[②] 这里面有两层

---

① 段忠桥教授断言："历史唯物主义与马克思的正义观念在内容上互不涉及，在来源上互不相干，在观点上互不否定。"（《再谈"历史唯物主义与马克思的正义观念"》，《马克思主义与现实》2017 年第 6 期）

② 吴英：《历史价值判断何以成为可能？》，《中国社会科学报》2011 年 3 月 24 日。

意思。其一，不了解历史上发生的事件、曾经存在过的制度或思想等为什么发生，为什么会对社会产生积极的或消极的影响，就无法对它们做出正确的评判。而一旦掌握了它们产生的原因，就能够对它们的积极性和消极性做出恰当的评价，并找出可行的解决方案。其二，价值评判是主观性很强的评判，不同的阶级、群体和个人对相同的事实会做出不同的评价，必须找出他们做出这种判断的原因才能够理解他们为什么会做出那样的判断。唯物史观在提供这两个方面的成因判断上是迄今为止最为科学的理论，所以也就为做出科学的价值判断提供了坚实的基础。恩格斯对唯物史观提供的因果判断做了简要的描述："唯物主义历史观从下述原理出发：生产以及随生产而来的产品交换是一切社会制度的基础；在每个历史地出现的社会中，产品分配以及和它相伴随的社会之划分为阶级或等级，是由生产什么、怎样生产以及怎样交换产品来决定的。所以，一切社会变迁和政治变革的终极原因，不应当到人们的头脑中，到人们对永恒的真理和正义的日益增进的认识中去寻找，而应当到生产方式和交换方式的变更中去寻找；不应当到有关时代的**哲学**中去寻找，而应当到有关时代的**经济**中去寻找。对现存社会制度的不合理性和不公平、对'理性化为无稽，幸福变成苦痛'的日益觉醒的认识，只是一种征兆，表示在生产方法和交换形式中已经不知不觉地发生了变化，适合于早先的经济条件的社会制度已经不再同这些变化相适应了。同时这还说明，用来消除已经发现的弊病的手段，也必然以或多或少发展了的形式存在于已经发生变化的生产关系本身中。这些手段不应当从头脑中**发明出来**，而应当通过头脑从生产的现成物质事实中**发现出来**。"① 而马克思的正义判断正是基于唯物史观的理论体系得出的，我们实在想象不出，如果没有唯物史观这样的理论基础，马克思怎么可能得出那样的正义判断。

第二，学者认为，在马克思的理论体系中存在着发展和道德两种评

① 《马克思恩格斯文集》第3卷，人民出版社2009年版，第547页。

价标准，而这两种评价标准经常会发生矛盾。① 这种观点主要依据的是马克思 1853 年有关英帝国对印度统治的两篇文章，即《不列颠在印度的统治》和《不列颠在印度统治的未来结果》。马克思在这两篇文章中对英帝国在印度的殖民统治所犯下的罪行予以严厉谴责，但同时也对英帝国殖民统治所发挥的"建设性"作用给予肯定。但应当指出的是，这种观点源于马克思的早期著述，此时马克思尚未对西欧以外的社会进行深入的研究。随着非西方社会革命问题的提出，马克思晚年放下对《资本论》剩余手稿的整理工作，集中精力对非西方社会进行研究，写下了大部头的《人类学笔记》，对早期一些因为缺乏深入了解而得出的结论进行了修正，提出了迥异于早期论著的观点。例如，就东方社会的农村公社问题，马克思指出："英国'笨蛋们'任意歪曲**公社所有制**的性质，造成了有害的后果。把公社土地按区分割，削弱了**互相帮助和互相支持的原则**，这是**公社-氏族团体**的生命攸关的原则。'笨蛋们'自己也说，**地广人多的公社**，特别有能力**减轻旱灾、瘟疫**和地方所遭受的其他临时灾害造成的后果，**往往还能完全消除**这些后果。他们由血缘关系、比邻而居和由此产生的**利害一致**结合在一起，能够抗御各种变故，他们受害只不过是暂时的；危险一过，他们照旧勤勉地工作。遇有事故，每一个人都可以指望全体。"② "英属印度的官员们，以及以他们为依据的国际法学家**亨·梅恩爵士**之流，都把旁遮普公社所有制的衰落仅仅说成是**经济进步**的结果（尽管英国人钟爱古老的形式），实际上英国人自己却是造成这种衰落的**主要的**（主动的）**罪人**。"③ "至于比如说东印度，那么，大概除了亨·梅恩爵士及其同流人物之外，谁都知道，那里的土地公有制是由于英国的野蛮行为才被消灭的，这种行为不是使当

---

① 这并不是新观点，在马克思主义哲学界和史学界很早就有学者提出。参见丰子义《关于历史进步的评价问题》，《唯物史观与历史评价》，中国社会科学出版社 2009 年版，第 133—143 页。

② 《马克思恩格斯全集》第 45 卷，人民出版社 1985 年版，第 298 页。

③ 《马克思恩格斯全集》第 45 卷，人民出版社 1985 年版，第 300 页。

地人民前进，而是使他们后退。"① 由此可见，马克思通过对非西方社会的深入研究，肯定了不同国家存在不同发展道路的客观现实，承认了不同国家根据自身的主客观条件选择自身发展道路的合理性，放弃了对不同发展道路进行优劣比较的想法。马克思从事艰苦科学研究的目的就是为被统治阶级探索谋求解放之路，他怎么可能因为英帝国的统治打破了印度社会的停滞性，并由此为印度社会发展提供了契机，而从所谓的"发展标准"来肯定英帝国对印度社会的统治和殖民呢？

唯物史观作为马克思主义的社会历史观，包含着一套完整的史学本体论、方法论和认识论体系。其史学本体论的核心是它所揭示的社会历史发展规律，这种规律不仅是事实判断，同时还包含着成因判断，以及以成因判断为基础做出的价值判断。它的方法论是由它的基本原理和它揭示的规律转化而来的进行历史研究的指导原则。这种指导原则也并非仅仅指导人们做出事实判断，它还指导人们做出追溯因果链条的成因判断，以及在成因判断基础上做出价值判断。因此，怎么能说唯物史观只是揭示了人类社会发展规律的"事实判断"，又怎么能否定唯物史观的指导而对正义等价值判断做出无源之水、无本之木的抽象判断呢？

---

① 《马克思恩格斯文集》第3卷，人民出版社2009年版，第584页。

| 第六章 |

以唯物史观为指导解析当代重要史学思潮

第一节 罗荣渠"现代化新论"评析

罗荣渠先生是北京大学历史系著名教授，辞世前曾任北京大学世界现代化进程研究中心主任，对现代化这个当今世界的重大课题有独到见解和独特贡献。1993 年 10 月罗先生推出他的《现代化新论——世界与中国的现代化进程》一书①（以下简称《新论》），既是他承担的国家哲学社会科学基金"七五"重点研究项目的具体成果，也是他多年潜心研究建构的现代化"新论"的一次最集中的表述。全书从阐释他的新发展观到对世界现代化进程的剖析，再到对中国走向现代化经历的艰难历程的解析，可谓从古至今、由外到内，涉及现代化理论和实践的几乎全部问题。因此，欲了解罗先生就现代化问题所持的新论并做出辨析，《新论》是最好的蓝本。

我们从《新论》一书了解罗先生就现代化问题提出的"新论"，一方面感到，著作确为我们研讨现代化问题提供了一种理论框架；另一方面，也觉得其中的一些观点很有进一步探讨的必要。

---

① 罗荣渠：《现代化新论——世界与中国的现代化进程》，北京大学出版社 1993 年版。本节凡摘引此书之处，均随文注明页数。

一 一元多线历史发展观带来的困惑

"新论"的理论基础是"一元多线历史发展观"。罗先生讲："长期以来，在马克思主义的历史教科书中一直把马克思的历史发展观解释为单线式的。"（第52页）于是，他"按照马克思本来的构想，提出了一元多线历史发展观，突出以生产力标准代替生产关系标准作为衡量社会发展的客观主导标志"（第3页）。这一"新"发展观列举史实，否定人类社会历史演进是循着五种生产方式（或五种基本类型生产关系）单线依次推进的，指出"历史的梯级式上升运动在欧洲表现得最为明显，但在这一区域的各民族也不是按同一顺序或在大致相同的时间迈向下一梯级的。……历史梯级的上升运动也不是直线式的有进无退……只是在总体上看是向一个方向前进罢了"（第60页）。罗先生进而指出："人类历史发展归根到底是围绕以生产力发展为核心的经济发展的中轴转动。"（第70页）而迄今人类历史出现过几种社会生产力，其顺序是：（1）原始生产力，（2）农业生产力，（3）工业生产力。三种不同性质的生产力划分出人类宏观历史演进最一般的大阶段——采集-渔猎时代，农业文明时代，工业文明时代。我们看到，新的历史发展观在经验归纳层次上完成着由"否定（旧的）到肯定（新的）"的认识和表述过程，同时提出了人类社会的"三阶段"演进论。

为了使这一历史规律观超越单纯的经验归纳范畴（经验规律），升华为包含对事物运动变化的"因果必然性链条"的揭示（科学规律），他以三点认识作为支持该规律的论据。其一，"在同一生产力水平和条件下，社会形态可以是多模式的，发展的道路也是多模式的。但这绝不是说，历史发展是漫无规律性的，因为社会生产力限定了其发展的客观物质界限，而生产关系在大的方面也总有这样或那样的相似性"（第72—73页）。我们从生产力视角不妨把它称为"有限发展空间说"。其二，"相应的生产力水平有相应的生产关系，形成相应的社会经济结构，但是由于每一种新形态的生产力都具有巨大的能动性、发展弹性和适应性，同一性质与水平的生产力可能与几种不同的生产关系相适应。同一种生产力、同一种生产方式在不同的历史条件下可以适应几种不同的社会结构"（第61页）。我们不妨称其为"生产力的巨大适应性说"。其三，"凡属社会形态的转变，都不是一般的社会变动，而是巨大的社会变革即社会革命过程。这样的历史运动……不是任何单因素可以支配的，它总是众多的内因和外因的交互作用与奇特的凑合。内因，即新生产力的孕育发展以及伴随而来的阶级斗争，是社会大变革的必要条件；外因，即异乎寻常的特殊因素的凑合，则是社会大变革的充足条件"（第67页）。《新论》中称为"突变说"。以上三说——有限发展空间说、生产力的巨大适应性说和突变说——构成了"一元多线历史发展观"的理论前提。有这样三个理论前提支撑，罗先生的一元多线历史发展观确实显得比较厚实。

但当我们对"三说"进行深入考察时，难免产生一些困惑。

困惑之一，是来自当代科学哲学的一个难题——"什么是规律"。因为，"有限发展空间说"也好，"生产力的巨大适应说"也好，基本上仍然停留在事实陈述或经验归纳的层次，尚未能进入因果链条的深层次分析。比如"有限发展空间说"提供的是什么样的逻辑推理呢？它只是讲，在相同的生产力水平和条件下，社会形态和发展道路的多样性并不表示历史发展漫无规律，生产关系在大的方面就存在着相似性，而未讲为什么会存在这种相似性。我们知道，多样性、相似性或说类同性都只是归纳性的经验陈述，即使适用度相当高，也只能作为经验归纳性规律或经验模式，并未涉及事物演化的内在机理。因而不能被归为因果必然性规律，更不能说是普遍规律。困惑之二，是来自对唯物史观揭示的历史发展普遍规律的再认识和再阐释。比如"有限发展空间说"指出，社会生产力是限定社会形态和发展道路演化的客观物质界限。也就是说，在生产力与生产关系、经济基础与上层建筑的矛盾运动中，是生产力制约着生产关系的演化，而上层建筑乃是从经济基础发展而来的，因此也必须由这个基础来解释。但"生产力的巨大适应说"却指出，生产力的巨大适应性使同一种生产力可以适应几种不同的生产关系和社会结构。而就在这段论证中，罗先生还首先指出了相应的生产力有相应的生产关系，形成相应的生产结构。这显然自相矛盾。究竟是谁适应谁？为什么会有这样或那样的适应？困惑之三，来自"突变说"对现代化世界历史进程的某些剖析。突变说将外因摆在"社会大变革的充足条件"的不可或缺的位置上，指出"因为任何一种已形成的社会经济结构及其文明形态都具有历史稳定性，单靠自身内部孕育的对抗性运动很难突破，往往只能造成原结构'破坏-修复'的不定期更新的循环运动"（第67页）。我们虽在这段文字后面也看到关于"绝没有丝毫意思要否定或贬低内因的作用"（第67页）的申明，但这里明显含有外因在社会大变革中起着同样决定性意义的"潜台词"。而且据此引申出的一些观点的确值得商榷。例如在论及后发国家的现代化类型时，罗先生认为："由于创新性变革与传导性变革两种方式之不同，就形成两种不同类型的现代化过程，一类是内源的现代化；一类是外源或外诱的现代化，其内部创新居于次要地位。"（第123页）而在分析东亚被卷入世界工业化浪潮而走上现代变革道路的三种模式时，罗先生又指出，西方渗透最强的印度边缘化程度却最深，渗透最弱的日本则一跃进入西方工业国行列（第179页），其中是否有矛盾的地方？再如，《新论》第三编集中论述中国的现代化历程，不止一处出现肯定来自西方冲击的"积极"意义的文字，如讲"由于西方资本主义的渗透始于东南沿海，后来被迫开放的通商口岸又是在沿海沿江……这些商埠地区就成为传统中国接触外部世界和西方文明的前沿地带……对推动中国经济和社会的现代化和半现代化发挥了带头作用"（第300页）。又如讲"不要只看到民族企业被外国企业排挤破产的一面……外来因素对于推动中国经济现代化的客观作用不可抹杀"（第325页）。如此等等都反映出罗先生对外因的过分强调。

此外，在如何认识与阐释马克思主义历史观上，我们觉得还有以下几点需要讨论。

　　首先，罗先生表明自己是坚持马克思主义的历史一元论的，认为"人类历史发展归根到底是围绕以生产力发展为核心的经济发展的中轴转动"（第70页）。但是究竟什么是生产力，他始终未予说明，而只是使用了诸如"原始生产力""农业生产力""工业生产力"和"采集-渔猎时代""农业文明时代""工业文明时代"这样一些概念。由此看来，罗先生讲的生产力主要是从生产什么和怎样生产的角度讲的，而这些都属于广义的生产方式的内容，不属于生产力范畴。这样就无异于用广义的生产方式概念取代了生产力概念。罗先生认为马克思的历史发展观"可归结为生产方式发展观"（第70页）。这表明，他至少在某种程度上是把这两个概念互换使用的。但是，如果把这两个概念混淆起来，许多问题都说不清楚。生产力作为人类征服和改造自然的能力，是一种力量。生产方式是劳动生产能力的运作方式，运作方式随着能力的变化而变化，两者之间的关系，是因和果的关系。这里的关键问题，是先要弄清楚能力是怎样发展变化的，接着才能弄清楚能力的运作方式是怎样相应地发展变化的。如果把两者混淆起来，这两方面的问题都无从探讨，也就谈不上探寻因果规律了。

　　其次，正因为罗先生在探寻历史发展动力时止步于抽象的生产力概念，没有进一步阐明生产力本身发展的原因和动力，所以其一元多线论的理论逻辑就只能用生产关系对生产力的反作用来解释历史为什么发展，不同社会又为什么会走上不同的发展道路。这样就不得不从生产力决定生产关系的一元决定论上让步，宣称不同生产关系可以适应同一种生产力，从而使生产力对生产关系的决定作用变得模糊，最终变为生产力与生产关系相互决定的多元折中论，偏离了唯物史观的原旨。唯物史观揭示的人类社会历史发展的普遍规律是："人们在自己生活的社会生产中发生一定的、必然的、不以他们的意志为转移的关系，即同他们的物质生产力的一定发展阶段相适合的生产关系。……社会的物质生产力发展到一定阶段，便同它们一直在其中运动的现存生产关系或财产关系（这只是生产关系的法律用语）发生矛盾。于是这些关系便由生产力的发展形式变成生产力的桎梏。那时社会革命的时代就到来了。"① 由此可见，生产力和生产关系哪一个居于主导地位，哪一个适应哪一个的问题，唯物史观对此有着清晰的表述。与此同时，唯物史观并不否认历史发展道路的多样性，而且马克思多次指出，他所说的资本主义制度出现的历史必然性明确地限制在西欧各国，并指出俄国在条件允许下可以跨越"资本主义制度的卡夫丁峡谷"。他在晚年还研究了东方社会的独特性，写成《人类学笔记》。因此，唯物史观绝不像许多人误解的那样是主张各国历史遵循五种生产方式依次更替的单线式发展。此外，马克思还从因果关系上揭示出历史发展多样性的历史必然性，即人们的物质生产实践活动是人们物质生产能力发展的动力和源泉，也是历史发展的终极原因，而人们的实践活动在不同的时间、空间必然面临不同的自然和人文条件，这些不同条件就决定了人们适应和改造环境的方式存在差异，由此导致不同发展道路的出现。例如，中国面对强烈的季风气候影响、降水量分布极不均匀、水旱灾害交替发生的自然条件，治水就成了维持人民生计的保障，而治水必须依靠集体的力量，所以，集体本位、中央集权的强控制就造成了中华文明的特殊发展道路；而西欧面对西欧的自然和人文条件，印度面对印度的自然和人文条件，都必然会走出不同的发展道路。如果不是这样，不同社会面对不同条件却都走同样的道路，那倒真是奇怪了，好像有上帝之手在拨弄。当然，这绝非环境决定论，因为从事实践活动的人是历史发展的自变量，而环境是因变量，环境制约的强度因人的能力的变化而变化，是在人作用于环境的过程中制约人；而且环境对人的制约作用会随着人们在物质生产实践活动中积累的能力的提高而减弱。因此，正是从"从事实践活动的人"这个创造历史的主体出发，唯物史观创建了一元决定论，这个"一元"是人，再具体说是人们的物质生产实践活动，并从因果必然性上说明历史发展道路的多样性。而一旦在历史运动中忽视或忽略了人的终极动因作用，

---

① 《马克思恩格斯文集》第 2 卷，人民出版社 2009 年版，第 591—592 页。

生产力与生产关系乃至经济基础与上层建筑的基本矛盾运动也就无形中成了没有现实的人出场的结构运动，似乎是它们在那里做着"不以人的意志为转移"的运动，并且是遵循着一定的程序和顺序在那里运动。于是，在生产力与生产关系这对基本矛盾运动中，出现了互为因果的循环论证，成了"你推动我、我推动你""你适应我、我适应你"的二元折中论。

二　对"现代化"含义的商榷

罗先生对"现代化"含义的界定在《新论》中有明确表述。他认为："广义而言，现代化作为一个世界性的历史进程，是指人类社会从工业革命以来所经历的一场急剧变革，这一变革以工业化为推动力，导致传统的农业社会向现代工业社会的全球性的大转变过程，它使工业主义渗透到经济、政治、文化、思想各个领域，引起深刻的相应变化。"狭义地说，就是落后国家"迅速赶上先进工业国和适应现代世界环境的发展过程"（第 16—17 页）。可以说，上述界定大体包容了《新论》中列举的学术界有关现代化概念的四类说法：现代化即工业化；现代化是经济落后国家在经济和技术上赶上世界先进水平的历史过程；现代化是科学革命促动的一种特殊的社会变迁方式；现代化是现时代的一种文明形式。罗先生的概括说明：现代化是一个特定的历史进程；是从传统农业社会转向现代工业社会的世界性大变革；是以工业化为动力，波及社会诸多领域；是落后国家赶上先进国家的发展过程。但这个概括并未超出国内外已有的立论，同时却重复着现有诸种立论的不足。

第一，"现代化"，作为指代人类社会历史演化进程中一个特定阶段的专用术语，对其含义的界定应是十分清晰与准确的。它作为动态的特定历史进程的概念，理应有清晰的上限（启动）和同样清晰的下限（完成）的时间和内涵的标志予以规约。而罗先生提出的概念不论是广义的还是狭义的，其上限是清晰的，泛指传统农业经济社会向现代工业经济社会转型的启动，但其下限则缺乏明确性。演进到哪里是这一变革的完成？现代化"化"到何时，何种程度为其完成的标志？当今发达国家是否已经完成了现代化？后进国家追赶先进国家到什么程度才能算实现了现代化？这些都缺乏明确的界说。而当代世界历史进程展现的新特点，要求科学的现代化理论必须对这些问题做出明确回答。因为，其一，从传统农业经济社会向现代工业经济社会的转型，就全球范围来讲，早在1640年爆发的英国资产阶级革命就已被认为是世界进入资本主义时代的一个重要标志。即使以18世纪中后期爆发的第一次工业革命作为起始，现代化先发国家也已经历200余年的发展。它们的现代化进程已从起步经过持续增长而步入成熟，以致西方先发国家与后发国家之间形成巨大差距。而与此同时，国际上约定俗成地以西方先进国家现在的发展水准作为现代化的标准，于是现代化标准也在不断被拔高。如美国社会学家英格尔斯提出的现代化标准就涉及这样的问题。在英格尔斯的标准中，现代社会乃是工业化社会（相对于农业经济社会）、城市化社会（相对于乡村社会）、世俗化社会（相对于神圣化、贵族社会）、中产化社会（相对于贫困社会）、理性化社会（相对于蒙昧、迷信社会）、法治化与民主化社会（相对于封建专制社会）、开放性社会（相对于封闭性社会）。根据这一标准，1998年全球120个国家平均指数为100.8%，而发展水平最高的美国为277.7%，较120个国家平均指数高出1.75倍；居前十位国家的指数均在250%以上，而居后十位国家的指数在33.3%—42%，仅及前十位国家的13.3%—16.8%。究竟要达到多高的指数才算实现了现代化呢？怎样才能达到那样高的指数呢？那些指标的相互关系是什么呢？我们同样得不到明确答案。其二，20世纪90年代以来，一种与固有的工业经济形态迥异的新质社会经济形态正在快速成型，联合国研究机构已于1990年赋予它"知识经济"的称谓。在发达国家，新经济的曙光已经显现。它的重要特征是，在以信息技术为主导的第三次科技革命的促动下，知识作为财富的最重要源泉，在发达国家对经济增长的贡献率已接近90%。在那里，产业的重心正由以钢铁、汽车、化工为代表的传统产业升级到以电子计算机、新材料、生物工程为代表的新兴知识密集型产业。像美国的信息技术产业在经济增长中已占25%—33%，而传统支柱产业建筑和汽车工业只分别占到14%和4%，以致在那里出现了经济低速稳定增长的新态势，经济周期的阶段性特征正在发生变化。社会的生产方式与生活方式也在发生着根本性的改变。在知识型企业中，新型劳动力（主要是脑力劳动）的作用越来越大。社会就业结构出现知识化趋向，白领阶层比重显著增加。这些在发达国家显现的迹象昭示人们，一种完全不同于工业经济的新型经济已经呱呱坠地，它无疑对众多努力实现现代化的国家构成新的严峻考验。若它们不想被再一次拉大同发达国家之间的差距，就必须在高新技术的开发方面进行投入。一方面，以工业文明为内核的现代社会还在继续发展；另一方面，以知识经济为内核的新质社会已在发达国家崭露头角。现代化进程是否可以实现跨越式推进？现代化与知识经济化能否毕其功于一役？这些新的理论与实践问题严肃地摆在追求现代化的后发国家面前，有待认识，有待抉择。一旦发生偏颇，就会使后发国家的现代化进程步入歧途而遭受挫折、损失。因此，对现代化进程的下限予以明确界定实在是不可不为的。

第二，对"现代化"含义的界定必须立足这一历史进程的发展予以概括，不能过于空泛。否则，表面上看似乎能适应时空变化的弹性，其实并未能深刻指出其本质特征。罗先生界定的含义就有这种缺陷。

世界性的现代化进程启动可以上溯到16世纪，在5个多世纪的持续演化中，它历经了三次大的发展浪潮。[①] 而每一次浪潮涌动，都是以生产力的革命为先导，促使社会全面进步，使其内涵日趋丰富。当人类社会演进到20世纪下半叶，现代化发展掀起了第三次浪潮，不仅从观念上有所更新，而且它的演化日渐为人们有意识地把握。一是，现代化

---

① 三次浪潮分别指：第一次浪潮从18世纪中后期到19世纪中叶，是由第一次工业革命推动的；第二次浪潮从19世纪下半叶至20世纪初，这一时期工业化在欧洲核心区取得巨大成就，并向周围地区甚至欧洲以外的地区扩散；第三次浪潮出现在20世纪下半叶，其发展范围已由核心区扩散到全球，尤其是新兴工业化国家。

作为现阶段社会发展追求的目标，已为不同发展水平的国家、民族和地区所普遍认同。第二次世界大战结束以来，帝国主义殖民体系宣告瓦解，获得民族独立的国家纷纷以现代化建设作为国家总体战略目标，致力于经济发展，并且涌现出像新加坡、韩国，以及中国香港和中国台湾等新兴工业化国家和地区，成功地探索出后进国家和地区发挥后发优势加快实现现代化的路径。二是，人们在激烈的现代社会生存竞争中，开始反思和检讨片面追求经济增长造成的弊端与危害，提出了新的社会发展理念，并逐渐形成新的发展战略。例如，自 18 世纪产业革命以来，由现代化先发国家开创的"高生产、高消费、高污染"的传统发展模式，使自然资源受到过度消耗，并带来日益突出的环境污染与生态破坏问题。这个对人类自身而言形同"自我毁灭"的严肃问题，终于为人们所认识，从 20 世纪 70 年代初起被提上联合国议事日程：1972 年 6 月，联合国在斯德哥尔摩召开"人类环境与发展会议"，翌年 1 月成立环境规划署，80 年代初提出"持续发展"概念及持续发展战略指导思想，1990 年 6 月召开了"联合国环境与发展大会"……在短短 20 年时间里，以可持续发展作为规范经济生产与物质生活方式的新理念，正在为全球不同肤色、不同民族、不同发展阶段的国家和人群所认同，并采取行动。这表明，人类正在对传统工业生产方式做出有批判、有扬弃的改进。同时还表明，既有的现代发展理论把研究视野局限于后发国家的现代化，似乎认定发展问题只是这些发展中国家的课题。而当人们一旦警醒，面对生存环境日趋恶化的现实追根寻源，即会发现这是同发达国家在发展现代工业的过程中长期掠夺式滥用地球资源紧密相关的。这种恶果，不单单使发展中国家受害匪浅，对于共同生存于地球上的发达国家同样造成发展危机。西方社会的有识之士也对人类对自然的"过度开发"，以及他们曾引以为荣的生活消费方式的"合理性"提出怀疑与诘难。而这又反过来促使现代化后发国家重新评估自身的现代化目标取向。因此说，对"现代化"含义的概括若流于空泛，将无法反映它不断充实的丰富内涵。

第三，现代化是"世界性的历史进程"，并非仅仅表现为"现代化"是世界各国或迟或早都要选择的发展取向。更重要的含义在于，现代社会乃是开放型社会，在工业、交通日益发达的条件下，整个地球已形同一个自然村，国家与国家之间以经济交流为基础，编织起经济的、政治的、文化的网络，形成国与国间复杂多变的关系。忽视或者忽略由现代化演进带来的国家间关系的演变，对现代化的"世界性"解析将失去一个极为重要的内涵。历史地看，古代的国家由于交通、通信条件的限制，加之各国在经济上自给自足，在政治上闭关自守，彼此间缺乏交往。即使有双边往来，也多是出于互通有无的交换，甚或是出于以领土兼并、财富掠夺为目的的争战。但是，随着现代化的推进，国际交往有了经济关系作为基础，使这种交往带有必然性，交往内容呈现多样性，交往范围则有了世界性。伴随现代化进程的持续演进，国家间的关系已几经变革。当现代化进程掀起第一次浪潮时，世界已可区分为工业国家和非工业国家。英国是当时工业文明的中心，它的工业品产量占世界工业品总产量的45%，商业贸易走上国际化；在军事实力、政治权势大肆扩张的态势下，建立了横跨全球七大洲的"日不落帝国"。当现代化进程掀起第二次浪潮时，欧美发达国家完全取得了在全球的支配地位。在此期间，列强为瓜分殖民地、附属国爆发两次世界大战，最终转化为世界反法西斯战争。当现代化掀起第三次浪潮时，昔日的殖民地国家纷纷走向独立，它们以相互支持形成的集体优势起而卫护自身权益。尽管以美国为代表的西方列强从未放弃其霸权行径，但其左右国际关系走向的能力已大为削弱。伴随苏联解体、东欧剧变，特别是第三次科技革命的兴起，在商业贸易领域、金融领域、科技领域，乃至生产领域，已全面出现强劲的国际化趋势。通过这些简略回顾可以看出，对现代化含义的界定应该反映出与人类世界整体演化有密切关联的国际格局的演变，否则将无法全面、深刻地认识现代化发展的客观进程。

基于这些认识，我们认为，绝对不能把现代化等同于工业化，或者把现代文明等同于工业文明。那么，应该怎样对现代化的内涵做出科学的界定呢？我们认为，马克思在《1857—1858年经济学手稿》中提出的三阶段说提供了非常有益的启示。因为三阶段说不是单纯的描述性归纳，而是基于对人的生产能力的发展过程（作为原因）与独立个性的发展过程，同社会形态的演变过程（作为结果）联系起来考察而做出的阶段划分，因而是蕴含着因果必然性的归纳。① 这三阶段分别是：当人们的生产能力只是在狭小的范围内和孤立的地点上发展时，由于不能冲破自然经济的局限，人们只能在狭小的共同体（家庭、家族、村社、行会等）中生存，个人的独立性必然非常微弱，把个人相互联系起来的共同体的力量必定很大，与之相应的社会形态，就是以人的依赖关系为特征。随着人们的生产能力的发展，能够生产出足够的剩余产品去支撑城乡商品交换，从而冲破自然经济的束缚时，会出现以物的依赖性为基础的人的独立性，"在这种形式下，才形成普遍的社会物质变换、全面的关系、多方面的需要以及全面的能力的体系。建立在个人全面发展和他们共同的、社会的生产能力成为从属于他们的社会财富这一基础上的自由个性，是第三个阶段。第二个阶段为第三个阶段创造条件"。② 换句话说，第一大阶段就是人们常说的传统农业社会，而人类历史的"第二大阶段"或"第二大形态"，就涵盖了我们所说的现代化的全过程，其基本内涵是：在人的生产能力层面，摆脱手工劳动的小生产局限，代之以社会化的大生产，并从手工工场式的生产一步步向机械化、自动化、智能化和高度人性化、个性化的生产迈进；在经济交换关系层面，突破自然经济的局限，代之以普遍的社会物质交换，直至全球化的地球村交换；在人际交往关系和个性发展层面，在经济、社会和政治各方面摆脱人身依附关系的束缚，实现物的依赖关系基础上的人的独立性，在此基础上逐步发展带有冲破物的依赖的自发性特征的自由个性。

---

① 庞卓恒：《唯物史观与历史科学》，高等教育出版社1999年版，第121页。
② 《马克思恩格斯文集》第8卷，人民出版社2009年版，第52页。

这三个层面的推进，都为进入第三大阶段准备着条件。第三大阶段就是作为"自由人联合体"的共产主义社会。从这样的角度看，现代化就是一个从16世纪启动，一直延续到现在还没有终结的历史过程。这是一个漫长的过程，有初级、中级和高级的不同阶段，而且在不同的国家会有不同的模式和道路。

从这个角度看，我们正在建设的中国特色社会主义，也应该属于马克思所说的第二大阶段，而不属于第三大阶段。从前，人们只是从《哥达纲领批判》等经典文献中理解社会主义，认为社会主义属于共产主义的初级阶段，而且是要把商品货币交换当作资本主义尾巴割掉的阶段。这样，它就应该属于"第三大阶段"。后来才逐渐认识到，我们的社会主义不同于《哥达纲领批判》等经典文献中所阐述的那种资本主义发展到再也容纳不了更高的生产力条件下建立的社会主义，它实际上是马克思所说的跨越"资本主义制度的卡夫丁峡谷"的社会主义。它是"初级阶段"的社会主义，而且是必须发展社会主义市场经济的社会主义。社会主义市场经济也是以货币作为普遍交换手段的经济，是"以物的依赖性为基础的人的独立性"为特征的，同样是为进入第三大阶段准备条件的。总之，它也是要全面实现现代化，但它是通过社会主义道路实现现代化，也就是通过避免出现资产阶级和无产阶级两极分化的道路实现现代化，因此它同16世纪以来的西方资本主义现代化道路存在着本质区别。

三 是一种生产力适应多种生产关系，还是现代经济运行的共同规律

罗先生把现代化动力问题作为基本理论问题，在《新论》中予以专题论述。他的表述既论及推动人类社会历史演进的一般动力或者说普遍动力，又分析了现代化运动所具有的特殊动力，似是十分全面。但当我们循着他的立论进行探究，就会发现其中存在的问题。对于人类社会历史演进的普遍动力问题，罗先生指出，生产力是社会变革的根本动

因，生产力和生产关系的矛盾运动推动社会变革和历史进步。这同一些教科书的阐释并无两样。而他的"新论"之新，在于有如下发挥："生产力，特别是现代生产力，具有巨大的发展能量和弹性，现代生产关系也是如此；同一性质与水平的生产力可能与几种不同的生产关系相适应。"（第99页）这一论点似乎有着无可辩驳的史实依据，即工业生产力不仅同资本主义有着紧密的关系，而且后来也同社会主义密切关联，成为世界上不同社会形态国家普遍的追求。但这样解释毕竟很抽象，而且还是解答不了究竟什么是生产力发展的动力。因此我们需要更加契合实际地考察所谓"同一性质与水平的生产力可能与几种不同的生产关系相适应"的问题。

其一，从社会主义与资本主义两种不同社会制度的创立与发展看，它们都是由现代生产力所推动，以现代大生产为基础的。而从两种不同社会制度国家发展的实际进程看，资本主义历经几个世纪的演化，已进入它发展的高级阶段；而社会主义，以中国为例，还处于发展的初级阶段，还不能以完善的社会主义经济形态的模式来衡量和要求，即使以现代化水平来衡量，也只能说处于现代化的中低级发展阶段。两种不同社会制度国家组织经济生产的目的迥异；但在同质生产力的制约下，伴随现代大生产不断进步的动态过程，通过试错的方法，二者都在不时地对生产关系，以及经济体制和制度做出调整，以有利于经济发展。尽管生产关系、经济体制和制度的缺陷、弊端总是在经济生产发展到一定阈值后才会充分显现，尽管人们的认识常常滞后于生产力与生产关系矛盾运动出现的新情况和新问题，而且，每一次调整都是一个创新和探索的过程，但是，毕竟人们在物质生产实践活动中成长起来的实践能力在日益增长，对生产力与生产关系矛盾运动的认识与把握日趋自觉。于是，现代社会经济演进的历史轨迹呈现为：不同社会制度的国家，在解放和发展生产力相同动因的驱使下，从完全不同的基础出发，在坚持自身基本原则和目标不变的前提下，相互借鉴，不断对社会经济关系进行调整。特别是20世纪80年代以来，意识形态对立的障碍被逐渐消除，这种调整出现了某种趋同性。其实，稍加深入考察便可发现，在人们自主选择的背后都有着同质的生产力发展要求的强力促动；而且，这种变革还将接受"促进"抑或"阻滞"生产力提高的严格检验，实际上也就是接受现代化生产和交换的共同规律的检验。因此这里并不是"同一性质与水平的生产力可能与几种不同的生产关系相适应"的问题，而是如何适应现代化生产和交换的共同规律的问题。

其二，从宏观的体制层面观察，现代经济是商品经济，构建无所不包的市场是体制的必然要求。相比之下，封建社会是小农经济，它以农户为单位，各家各户基本自给自足，也就不会产生对构建市场的要求。

在资本主义国家，自它诞生的那一刻市场经济即相伴而生，却也几经调整，20世纪前期出现的凯恩斯经济学就是典型的例子。西方资产阶级经济学家曾经认为市场是万能的，主张实行自由放任政策，让市场这只"看不见的手"充分发挥作用。但在市场力量的自发作用下，社会再生产只能处于无政府状态，带来周期性的经济危机。20世纪30年代爆发的波及整个资本主义世界的大危机和随后出现的大萧条，使人们认识到自由市场的万能不过是一种神话。于是，根据凯恩斯经济学，西方国家开始实施政府对市场的宏观干预和调节。在社会主义国家，最初在认识上是把市场与私有制联系在一起，认为它是资本主义特有的体制。而社会主义则应以中央高度集中的、无所不包的计划来取代市场。但是，在生产力水平仍然十分低的情况下，计划经济体制虽然在特殊情况下便于动员全国资源集中实现某种特定目标，但这种体制不能实现生产要素的合理配置，不能很好地调动企业和个人的积极性，不能促进生产力的迅速发展，以保证社会生产和人民生活日益增长的需求。于是，中国在1978年底召开十一届三中全会以后，开始对经济体制实行由政府宏观调控的市场经济体制的改革。

资本主义国家加强政府对市场经济的干预和社会主义国家实行政府宏观调控的市场经济体制改革，这种趋同现象的出现尽管存在个性原因，但从现代生产力发展的视角剖析，二者存在着一些基本的共性因素。一是市场经济发展的作用。国有经济在各国都有一个重要职能，就是作为政府对宏观经济进行调控的手段。但随着市场经济的发展和宏观调控手段的演化，这一职能的重要性已趋向弱化。二是科技进步的作用。在经济发展的不同阶段，经济发展的重点和经济命脉是不同的。伴随科学技术的飞速发展，知识经济的诞生，发达国家以及一些发展中国家国有资本的投入重点正由"硬件部门"向"软件部门"转移。一方面，国有资本从一些物质生产部门退出；另一方面，政府对科研、教育以及高新技术产业的投入明显增加。三是资本社会化的作用。随着资本市场的发育和股份公司的发展，民间资本的实力以及筹资、融资的能力已大为提高，它们已经在大部分产业中有可能替代国有资本，而使有限的国有资本投向更需要它的产业和部门。四是国有资本在运营方式上存在弱点，这也是最根本的原因。民间资本是随着市场需求的变化，通过市场竞争和优胜劣汰做随机调整的，其存量及结构具有"柔性"特点。而国有企业虽然也受市场需求变化的影响，却很少受竞争态势左右，它一般是在矛盾积累到一定程度，通过政府政策取向的变化而调整。这种"刚性"特点往往是造成国有资本经济效益不佳的一个重要因素。由此可见，市场微观基础的演化同样受到现代生产和经济发展的共同规律的制约。这也不是"同一性质与水平的生产力可能与几种不同的生产关系相适应"的问题。

再从各国经济发展与全球经济的关系看，不论是资本主义还是社会主义，它们都是开放性的。当然，资本主义同社会主义对外开放遵循的原则和目标是不相同的。前者是对外扩张，对他国进行侵略、掠夺，以便开辟和扩大资本积累；后者则以平等互利为开放原则，以求共同发展。开放是生产力发展到一定高度的必然产物，是生产社会化扩大到世界范围的体现，是国内市场扩大为世界市场的结果。这也是现代经济运行的共同规律问题。

中国在对外开放上有过历史教训。新中国成立后，客观上，以美国为首的西方国家长期实行对中国的封锁政策，我们除同苏联等社会主义国家交往，很少与西方有经贸往来。而且主观上，我们当时对什么是社会主义、怎样建设社会主义、社会主义要不要实行对外开放等问题，缺乏科学认识，以致走了极端，搞自我封闭，结果丧失了参与20世纪五六十年代世界经济大发展的机遇，即使同一些周边发展中国家相比也是落后了一大截。只是在改革开放后，我们才扭转被动，一步步融入世界经济之中，加快了现代化发展的步伐。这也是适应还是不适应现代经济发展和运行的共同规律问题。所谓现代经济发展和运行的共同规律，其实也就是生产关系必须适应生产力发展的规律。它蕴含的真理是，若要发展现代化的生产力，就必须相应地发展与现代化生产力相适应的生产关系。这些事例无可辩驳地向我们展示，在生产力与生产关系的矛盾运动中，只有生产力处于本原地位，对生产关系的调整反过来才会对生产力产生巨大的反作用。至于那种反作用是正向促进还是逆向促退的，取决于调整措施是否真正适应了生产力发展的需要，而且最终要由实践来检验。如果国家政权同它的经济发展要求总是背道而驰，蜕变为经济发展的顽固阻滞力量，结果总是以政治权力被推翻而告终。这乃是生产力运动展示给我们的不以人的意志为转移的客观进程。

其三，罗先生认为，诸如全球性贸易交往、市场向全球范围扩大、殖民扩张、信息传播等构成一种机制，汇聚成现代化运动的强大动力。实际上，上面列举的各项，可以说是现代生产方式所具有的一些特征，其中有的可以说是加速它在全球范围传播的因素，却不能说它们本身就汇聚成"强大动力"。因为，它们本身还是由更深层的动力推动的结果。而且像资本主义殖民扩张那样的因素，带来的效应并未推动殖民地国家现代工业的加速发展，反而成为阻滞传统经济向现代经济转化的负面力量。对于推动社会生产力进步，因而也是促进人类社会历史演进的动力问题，还得回到唯物史观那里去寻求答案。马克思、恩格斯关于历史发展动力的理论，仍然是阐释现代化发展动力的最好答案。马克思、恩格斯把广大劳动者推进物质生产力和经济交往方式前进的运动视为历史发展的"最后动力"，是"最强有力的、最本原的、最有决定性的"

力量。这对于现代化进程而言自然并不例外。尽管科学技术的发展日新月异，似乎科学技术人员正在取代一线工人在推进生产力方面不断有创新性发展，但这是一种错觉，这种"取代"并非全部事实所在。因为科学技术成果在未转化为现实生产力时，它变革生产力的效应是无从发挥的，而要使它转化为现实生产力并推进经济生产发展，还得有一线广大劳动者——当然也包括科技工作者——的共同努力。现时之所以把科学技术摆在第一生产力的位置上，主要是由于它转化为生产力后提高劳动生产率的效果空前强大。但不要忘记，科技的发明与应用都是人们在物质生产实践活动中积累能力提高的产物。

综上所述，我们的主要观点如下。第一，所谓生产力对于生产关系的巨大适应弹性，不过是从表象出发得出的认识。实际上，要发展现代化的生产力，就必须相应地调整生产关系，这不是同一种生产力适应多种生产关系的问题，而是生产关系要适应生产力发展的普遍规律问题。当然这绝不是说，只有私有制的生产关系才能适应现代生产力发展的要求。恰恰相反，现代化生产力越发展，私有制越不能适应，这突出表现在当今所有发达国家都不得不采取诸如高额累进所得税、第二次分配、福利政策、财政和金融调控手段等措施来限制私有经济的自由活动空间及其产生的负面后果，由此在一定程度上起着弱化私有制的作用。这也是发达资本主义国家对生产关系的调整。第二，推动现代化历史进程的根本动力，只能是从事现代化生产实践活动的人。生产力中最活跃的因素是人，没有人也就不会有为谋生而进行的任何生产活动，也就没有生产力的存在与发展，更不用提生产关系、上层建筑等了。不宜把任何促进因素都笼统说成是动力或强大动力，尤其是像资本主义殖民扩张那样的因素，似乎有利于现代生产方式的传播，但既然是资本主义扩张，它就是受资本主义利益驱动的，服从并服务于资本扩张的需要，对于被殖民国家而言，其负面效应远远大于正面效应。所以，我们很难把这些因素都归结为"动力"，更遑论"强大动力"。

四　对现代化模式概括的不同认识

罗先生从现代化实际历史进程的起源着眼，认为现代化发展模式可以归为两大类："一是内源的现代化（又称内源性变迁），它是由社会自身力量产生的内部创新，其外来影响居次要地位；另一是外源或外诱的现代化（又称外诱变迁），它是在国际环境影响下，社会受外部冲击而引起内部思想和政治变革，进而推动经济变革，**其内部创新居次要地位**。"（第 123 页）前者，指英、美、法、德几个现代化先发国家；后者，指现代化后发国家（地区），特别提到亚洲的"四小龙"。我们认为，罗先生所总结的后发模式把后发国家内部创新置于次要地位，既否定了后发国家自身的主要创新地位，又夸大了外因，甚至把发达国家置于第三世界救星的地位。这样的模式概括对第三世界国家特别不切合实际。"外源""外诱"之类提法本身就欠妥。

现代化进程作为人类社会发展的一个特定历史阶段，既具有作为普遍规律的共性之处，又具有处于特定阶段的、作为民族国家国情特点的个性特征。而其中，现代化先发国家与现代化后发国家具有明显不同的特征，构成两种不同模式，乃是实际历史进程的必然结果。这是不言而喻的。但对于把广大现代化后发国家的现代化主要归结为受外在因素诱迫而"接枝引进"的结果，我们则实难认同。按《新论》的表述，"外源"现代化的特点有三：一是从政治层面看，"自身内部因素软弱或不足"，"外来因素的冲击和压力形成为主要推动力，因此外部因素的作用超过内部因素"；二是"现代生产力要素和现代化的文化要素都是从外部移植或引进"；三是"一般是社会和思想层面的变革和政治革命发生在前，而工业化发生于后"。如果把这三点串起来叙述，外源式现代化是在本国新兴资产阶级力量薄弱的情势下，由于受西方现代化先发国家殖民扩张的影响，这些民族国家先是发生摆脱殖民统治的民族革命，尔后移植、引进现代化先发国家的工业技术与工业资本，发展了现代化。我们认为，这样的分析是把发达国家放到了主动"恩赐"现代化的"救世主"地位，同时贬损了后发国家为民族复兴而奋起斗争，甚至是全民族动员所付出的艰辛努力。

其一，从政治上看，后发国家大都曾经沦为几个先发国家的殖民地、半殖民地或附属国。它们长期处于附庸地位，受制于殖民统治。在启动工业化之前，它们必须先赢得国家独立、民族自决，一般都经历了艰苦的民族民主革命斗争。这是一场场以小抗大、以弱胜强的斗争，其激烈、残酷程度比起当年英、法资产阶级革命和北美独立战争绝不逊色。它们虽然一时还没有强大的民族资产阶级作为力量基础，但却有着一批坚定的代表民族利益的知识精英和比较坚强的民族主义政党。虽然第二次世界大战结束后，一大批原殖民地、附属国纷纷建立独立的主权国家，但这并非出于殖民统治者的"恩赐"。第二次世界大战结束时，德、意、日法西斯轴心国成了战败国；而在战胜国中，除美国外，英、法等均元气大伤，忙于国内恢复，无暇他顾。这种机遇，才使众多原殖民地、附属国有条件得以实现国家独立的愿望。

其二，从经济上看，后发国家长期处于殖民地、半殖民地或附属国地位，几个先发国家为了自身的工业化，从资本的原始积累、廉价劳动力的雇佣、原料与初级产品的供给，乃至工业产品的倾销，无不倚仗殖民扩张争得的先机，对它们极尽掠夺、榨取之事。以致当殖民地、半殖民地和附属国争得主权独立后，面对的已是千疮百孔的畸形经济。因此，它们启动工业化建设，都需结合医治战争创伤、改造畸形经济等工作一并展开。不仅如此，从要实现的工业化目标看，它们必须以先发国家的水平作为自己追赶的目标，实现跳跃式前进。这样，一个是起点很低，一个是标准很高，"一低一高"使经济建设任务变得十分紧迫和繁重。而先发国家的工业化进程乃是伴随现代工业的逐步发展，步步深化，至少历经 200 年之久的长期积累，才具有今天的高度。二者简直无法比拟。

其三，所谓外源式现代化的一个重要特征，就是"现代生产力要素和现代化的文化要素都是从外部移植或引进的"（第 124 页）。也就是说，这些国家的现代化是技术靠引进、投资靠借贷、管理经验靠借鉴，只要开启国门，似乎就可以"输入"现代化。但是历史揭示给我们的却是，国家与国家之间的关系一贯受各自国家利益的驱动，以经济、政治、军事实力为后盾，而且通用的国际规则，更是以西方列强（现代化先发国家）的利益需要为准则。这里只要提及一个事例就足以说明问题——亚洲金融危机——这正是在一些国家大量借用外资、管理措施失当而出现隐患的情况下，国际金融投机者趁机发难制造的一次金融动荡。据新加坡一位金融专家估计，东亚和东南亚一些国家在金融风暴袭击下，15 个月中有 1 万亿美元贷款化为不良贷款，有 2 万亿美元股票化为乌有，有 3 万亿美元的国民生产总值消失。[①] 国家安全概念已经不仅局限于军事安全，金融、贸易、投资、技术开发等在国家安全中亦备受关注。一旦开启国门，实行对外开放，经济安全、金融安全、贸易安全等经济安全因素即刻上升到重要位置。因此，在现代化进程中实施开放战略，既是好事，也必然要冒极大的政治风险与经济风险，稍有失误，不仅国家主权受到威胁，民族经济的独立发展也会遭受挫折，最终可能沦为依附型经济。总之，天下没有免费的午餐，更没有"恩赐"的现代化。

其四，西方先发国家的现代化进程乃是它们自身处于先进地位后居高临下的扩张过程。而后发国家从后进起步，只能选择赶超战略，要力争以几十年短暂时间走完先发国家几百年所走过的路程，从而也使各种矛盾相对集中、突出，甚至尖锐地暴露出来。因此，还要统筹全局，协调各种关系和多方利益，不断化解矛盾，任务繁重而又复杂，稍有不慎就有功亏一篑之虞。也正因此，在后发国家的现代化进程中，国家权力发挥的主导规范作用、综合平衡作用、宏观调控作用尤其重要。而国家权力的充分、有效发挥，根本上取决于在生产关系与上层建筑层面建构适应生产力发展的体制，实现制度创新的及时性与正确性。从这个意义

---

① 吴英：《今日亚太与中国》，天津社会科学院出版社 2000 年版，第 73 页。

上讲，后发国家的内部创新的主导作用绝不亚于先发国家。现代化先发国家的正反历史经验固然可以作为启示、借鉴，但不等于可以照搬。由于各民族国家的国情不同，面对的国际环境迥异，若不致力于开创适合自身内外条件的新道路、新模式，只想图快而照搬外界已有的做法，无不遇到困难，到头来还得走自己创新的道路。

综上所述，我们认为，将后发国家的现代化模式概括为"外源或外诱的现代化"，很难说是确切的，且容易引起错觉，似乎西方国家充满善良愿望去帮助后发国家，而后者依靠西方国家似乎就有了实现现代化的便捷通道。这种"错觉"是十分有害的。那么，对后发国家的现代化模式又应做出什么样的概括呢？我们认为，可以称之为"创新性"赶超式发展模式。理由有如下两点。第一，后发国家的现代化进程同先发国家早先的经历一样，乃是社会的一场根本性变革。它不是在畸形经济基础上的简单扩展和延续，而是对旧的生产方式、生活方式、社会关系的批判与全新的发展。旧的传统社会将被新的现代社会所取代，开发出具有现代化特征的新的生产方式、生活方式与人际交往关系。第二，尽管现代社会的基本样式已经在先发国家成形，并对后发国家有着一定的示范效应，但对于后者来讲，它们的现代化进程从目标、模式，以及道路的选择上，都必须结合国情与国际格局的变化进行内在创新，而非照搬、移植先发国家的范式。历史就是这样向我们揭示的，并将继续向我们证实。

第二节　亨普尔的历史认识论评析

历史学能否像其他经验学科，尤其是像自然科学那样成为一门科学，这一问题自19世纪德国兰克学派创立，由此而使历史学成为一门独立学科起，就成为历史认识论所关注、争论的最重要问题之一。兰克学派在英国的代表人物伯瑞明确认定"历史是一门科学，不折不扣的科学"。而英国另一位史家屈威廉则认为，历史学不过是一门艺术，宣称"克莱奥，一位缪斯（指希腊神话中的艺术女神——引者注）"，意指历史之神是艺术之神，同科学无缘。双方的观点界限分明，都按照各自的认识来为历史学定位。这一争论延续至今仍悬而未决。本节拟对坚持历史学是一门科学，并在西方颇具影响的科学哲学家亨普尔的历史认识论进行评析。

一　亨普尔的历史认识论阐释

亨普尔，1905 年生于德国，曾先后就读于柏林大学、维也纳大学。1934 年赴美国，相继在芝加哥大学、普林斯顿大学等处任教。他是逻辑实证主义学派的代表人物之一，主要研究领域是科学哲学和科学方法论。他对历史认识论的表述集中在 1946 年写作的《普遍规律在历史学中的作用》[①] 一文中。

亨普尔有关历史认识论的论述可以概括为如下三个方面。

其一，历史学的解释模式"演绎-定律论"。亨普尔提出的科学标准包括两个方面：（1）它必须能够发现研究对象运动、变化的普遍规律；（2）它必须运用所发现的普遍规律来对研究对象做出解释。这种有关科学的界定在西方科学哲学界非常有影响。但在亨普尔之前，西方史学认识论的主流学派认为，历史学关注的是描述独特的现象，而不是发现普遍规律，因此，历史学与自然科学不同。对此，亨氏提出反对。他认为，历史学在确定并描述事件的同时，也在努力解释事件，而且，历史学的解释与自然科学一样，都需要借助普遍规律。因此，历史学完全符合科学的标准，它是一门科学。在此前提下，亨氏建构了他的历史学解释模式：解释某个历史事件在某时、某地发生，就是要揭示该事件发生的原因。当确定了一系列其他事件导致该事件发生时，对它的科学解释由（1）一系列关于其他事件在某时某地发生的陈述，（2）关于普

---

① 收入 Patrick Gardinar ed. , *Theories of History*: *Readings from Classical and Contemporary Sources*, The Free Press, 1959。本节述及他的思想观点基本引自该文。

遍规律的陈述构成。这两部分陈述均可由经验证据予以证实。其中，（1）是描述该事件发生的初始条件或原因，（2）则是对所依据的普遍规律做出说明，阐述每当（1）描述的条件出现时，该事件将会发生。例如对张三由于 7 天不吃不喝致死的解释，根据亨普尔的解释模式就应是：（1）张三 7 天不吃不喝，（2）所有人 7 天不吃不喝必然会死亡，所以张三必然死亡。从对这个解释模式的分析看，它是依据同该事件相关的普遍规律来演绎出个案现象发生的必然性。因而，这种解释模式被称为"演绎-定律论"。

接着，亨氏对其解释模式中的普遍规律将如何获得做出说明。他首先区分了两类不同的规律：普遍规律和概率统计规律。前者的表述形式为：在所有情况下，如果找到了某个事件发生的初始条件，那么，根据普遍规律的规定性，该事件将必然发生。后者的表述形式为：在某些情况下，如果找到了某个事件发生的初始条件，那么，根据概率分布，该事件可能会发生。上述张三的例子就是关于普遍规律的例子。关于概率统计规律的例子，例如，对今天天阴后下雨的解释是：（1）今天天很阴，（2）大凡天阴即可能下雨，所以今天可能下雨。当然我们都知道，天阴并不一定下雨。由此可见，运用普遍规律做出解释，是依据相关信息，以演绎的确定性预期被解释的事件必然发生；而运用统计归纳方式做出的解释，只能以概率预期被解释事件有可能发生。在此，亨氏充分意识到发现普遍规律的困难。他承认，在目前科学研究的范式下，"看来好像所有的科学规律都应该看作是概率性的，因为我们所有支持它们的证据总是有限的并且在逻辑上是非结论性的发现，我们只能赋予这些发现或大或小的概率"。① 因此，亨氏对规律的区分也只能是形式上的，"普遍形式的规律与概率形式的规律之间的区别并不在于对支持这两类

---

① 〔美〕卡尔·G. 亨普耳：《自然科学的哲学》，张华夏等译，生活·读书·新知三联书店 1987 年版，第 123 页。

陈述的证据的强度，而在于反映它们所做断言的逻辑性质的形式"，①
即依赖主体做出判断的形式。如果是全称判断，那就是普遍规律；如果
是选言判断，那就是概率统计规律。这也就否认了规律的客观性，同样
等于亨氏承认了他的"演绎-定律论"的概率性质。尽管如此，亨氏仍
坚持，有鉴于概率统计规律在科学研究中所起的重要作用，我们最好把
基于它的说明也视为提供了解释，而且这类解释适用于包括历史学在内
的一切经验科学。

亨普尔认为，历史学家在研究与实践中，总是有意或无意地借助普
遍规律来论述被解释事件的发生。多数历史学家之所以不明确指出他们
所运用的普遍规律，有两种可能的原因：一是，他们使用的普遍规律往
往同个体的或社会的心理相关，每个人都能通过自己的日常生活经验而
熟悉它，因而它是不言而喻的；二是，充分、准确而明晰地阐述所使用
的普遍规律，并保证它经得起经验的检验，是十分困难的。为此，亨氏
提出应重构历史阐述所依据的普遍规律，以便于对它进行经验检验，由
此来提高历史学的科学性。

其二，历史学的预测模式。如上所述，既然解释只能依据概率统计
规律，那么如何判定一个解释的完全性呢？亨普尔根据自然科学的方
法，认为只有依靠同时能够起到预测作用的规律的解释才是完全的。他
指出，科学预测与科学解释从逻辑结构上看是相同的。因而，参照科学
解释的逻辑结构就可以建构科学预测的模式。历史学的预测模式可以表
述为：从（1）描述已知条件的陈述，（2）描述相关的普遍规律的陈
述，推演出某一未来事件发生的陈述。在这里，亨氏的论断出现了两个
疏漏。第一，他忽略了历史研究中关于历史事件的解释与历史演进的预
测是两类非同质课题。对已知历史事件的解释，从研究的动因和归宿
讲，为的是还历史以本来面目，并探求历史事件发生的因果关系；而对

---

① 〔美〕卡尔·G. 亨普耳：《自然科学的哲学》，张华夏等译，生活·读书·新知三联书店
1987 年版，第 123 页。

历史演进的预测,则是在目前的初始条件下,依据已知的客观规律,去推演尚未发生的现象。因此,仅从逻辑结构形式相近就抹杀二者间的根本差别是值得商榷的,更何况历史预测所依据的条件与规律都有可能随时间的变化而变化。第二,亨氏在他的"演绎-定律论"中所给定的普遍规律还只是通过统计归纳建立的或然性假说,凭借这种或然性来推导未来事件的发生,无疑将更加难以确定事件发生的概率。

其三,亨普尔还对史学认识论中流行的一些观点进行了批判。针对那种认为史学家的任务应局限于对过去历史做纯粹描述的观点,他反驳道,即使是纯粹的描述,也离不开普遍规律的支持。例如,对一种制度的描述,史学家自然会陈述与该制度形成相关的事件,而确认哪些事件是与制度形成相关的,就要依赖于研究者对该制度兴起原因的理论认识。因此,这种描述本身就是一种解释,描述对象与描述对象的排序等都暗含了对其的解释,研究者必然要参照相关的"普遍规律"。对此,亨普尔声言,史学家不必避讳解释,应该大胆按照解释的规范,对对象予以充分的阐发。

同时,亨氏还对史学研究中运用移情理解的方法予以批判。这种方法认为,史学研究的对象是具有意识的人的行为,为此,就要求史学家想象自己处在历史当事人的位置,努力了解当事人面对的环境与条件来设想其行为动机,以此获得对当事人行为的理解。亨氏认为,这种方法只能是一种具有启发性的研究手段,有时会有益于探寻事件发生的原因,但它本身并不构成解释,因为理解带有很大的个体性,而历史解释的目的是使历史能够为当代人共同理解。而且,对这种理解很难进行经验上的检验。亨氏进一步认为,这种方法并非不可或缺,比如一位心理正常的历史学家不可能感觉自己处于一个具有偏执个性的历史角色上,却有可能参照非正常人的心理学原理来解释他的反常行为。

综上所述,亨普尔的历史认识论充分肯定了历史学的科学性,并指出这样一个事实,即任何解释,不管它来自哪一个学科领域,也不管研究者是否意识到,都必须借助于普遍规律。当然,在对规律的阐释上,亨氏还存在很大的缺陷。此外，作为一位自然科学家，他直接将自然科学哲学移植到历史认识论中来，也不可避免地会出现某些认识上的缺陷。

二 亨普尔的历史认识论评析

纵观亨普尔的历史认识论，有三个方面值得我们去做进一步的探讨。

其一，历史研究对象是历史认识论赖以展开的基点，也是影响历史学学科定位的重要因素。兰克学派认为，历史学的研究对象与自然科学不同，它所研究的不是重复出现的现象，而是一桩桩独特事件。亨普尔反对这种观点，他将历史现象等同于自然现象。

我们认为，仅从表象上判断一桩桩历史事件是不重复的，就认定它们都是独特的，失之偏颇；而不加分辨地以其具有内在的联系性和相关性，就笼统地认定历史现象与自然现象相同，也失之严谨。一方面，自然现象并非完全重复，而历史现象也并非完全不重复。例如，每年夏秋两季都会有多次台风发生，而又有哪两次台风在发生时间、强度、经过路线、带来的雨量乃至造成的损失上，是完全相同的呢？自然科学家也只是从台风的成因、性质和基本特征上将其归类。再如，在探讨历史上的农民起义时，尽管每次起义都是独特的历史事件，但史学家往往会从当时的阶级剥削状况来探讨其成因，从起义的纲领口号来探讨其性质，从其领导集团的阶级属性来评价其是否具有进步性。这不正是从事物之间的本质相关性上来考察独特的历史事件吗？另一方面，自然现象的重复率的确要高于社会历史现象。自然科学探索的是客观物质世界既有的现象，它们一旦形成，就很少有本质上的变化，像公元前2000年前的氢原子与今天的氢原子之间的差别就可以忽略不计，因此科学家可以在实验室中重复与再现某些现象。而社会科学的研究对象就完全不同，有许多影响社会发展的可变因素。我们无法说公元前2000年前的人与今天的人相同，也不能说北京人与巴黎人有着相同的思想，更不可能令某

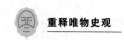

一历史事件重演。因此，任何抛开具体环境、具体条件，想当然地移植、类比、推断，都是非科学的。在这种意义上说，亨普尔把历史现象等同于自然现象是有违客观现实的。

由此可见，表面上独特的历史现象实际是存在着内在的联系性与相关性的。例如，在人类的多项实践活动中，人们必须首先从事的实践活动当然是生产维持生命所需的衣、食、住等生活资料。因此，对这种生产活动的考察就构成历史学家对一个社会进行分析的起点。该社会所面临的自然物质环境——像埃及人面对尼罗河定期泛滥冲击成的肥沃平原，马来人面对无所事事即可饱食终日的西米树，因纽特人面对倾其全力也难有大改观的冰天雪地——就决定了人们最初适应和改造自然的方式。在漫长的人类实践活动中，人们的主体能动性不断加强，能力不断提高，受自然环境的约束越来越小，由此推动了生产力不断由简单到复杂、由低级到高级的提升。这就是历史发展的本质规律和内在联系。有学者以人有自由意识，而自由意识是独特的、难以把握的为由来否定历史学的科学性。诚然，人类个体的确存在着主体意识，但这种意识绝非"自由的"，它是被决定的，而决定者就是他们自身的实际生活过程。这正像马克思所精辟论述的，"意识在任何时候都只能是被意识到了的存在，而人们的存在就是他们的现实生活过程"。① 一个人出生的家庭、所接触到的人、所受的启蒙教育就决定了他最初的认知方式与思想。这以后，他的思想认识无时无刻不由他的实际生活经历所决定。这又怎么能说个体的思想是完全自由的呢？

其二，历史学的研究方法是决定该学科能否成为一门科学的关键。前面已经介绍过两种对立的史学研究方法：一派主张运用移情理解的方法获得对历史当事人思想动机的把握；另一派以亨普尔为代表，主张运用自然科学的解释方法来解释历史事件并预测未来。显然，这两种方法都存在着缺陷。

---

① 《马克思恩格斯文集》第 1 卷，人民出版社 2009 年版，第 525 页。

　　科学的目标在于探索研究对象所固有的内在规律，这适用于一切以科学为自身追求目标的学科。历史学要想成为一门科学就绝不能满足于收集、整理、考证和编撰史料，必须透过历史表象揭示出其中的因果必然性规律，从而为人类能动地改造客观世界提供指导。这种目标与自然科学相同，但是，由于两者在研究对象上又确实存在着差异，这就决定了历史学不能照搬自然科学的方法。由于自然现象的高重复率，自然科学家能够运用归纳方法从对个体现象的观察入手，归纳其特征，经过多次验证，上升为理论、定律，甚至规律。虽然归纳由于不可能完全而无法保证其结论一定为真，因而也就有被证伪的可能，但是由于自然科学研究对象的高重复性，就能够使本来只具有或然性的概率性规律可以无限趋近放之四海而皆准。而历史学的研究对象主要是非重复的历史现象，因而历史学家也就不可能直接使用归纳方法，从个别上升到一般，那样将不可避免地犯"以偏概全"的错误。他们必须深入到表象背后，探寻历史现象发生、演进的因果关系。也只有在因果关系层次上，我们才能发现在一桩桩独特的历史事件、一条条独特的历史道路、一个个独特的历史思维背后所隐藏着的共同的因果必然性规律。恩格斯在《资本论》第2卷序言中，对这种方法给予了精辟的解释：在马克思以前很久，人们就已经确定了剩余价值的存在，并多少明确地说过它是由什么构成的，而马克思并未满足于对剩余价值"是什么"的认识，他重新研究了全部既有的经济范畴，从什么样的劳动形成价值这个基本问题入手，进而研究商品同货币的关系、货币向资本的转化，乃至资本的本质特征，从而详尽地阐述了剩余价值形成的实际过程，进一步完整回答了剩余价值"为什么"会产生，以及它又是"怎么样"产生的全部相关问题，提炼出关于剩余价值的规律性认识。这一理论构建，为后人理解全部资本主义生产的奥秘提供了钥匙。正是由于社会科学研究对象具有低重复性，对社会科学进行因果必然性规律研究的必要性更为迫切。而对这种因果必然性规律的探索同时也应是自然科学的目标。

　　其三，对历史规律的认识构成历史认识论研究的核心。它是亨普尔历史认识论存在缺陷的症结所在，也是唯物史观能够超越一切旧史观的力量所在。否定历史学科学性的人从表象出发，强调历史现象的独特性、不重复性，并因此否认人类社会历史发展有其内在的客观规律；而亨普尔照搬自然科学的归纳方法，从对个别事件的归纳直接上升到规律的高度，形成非理性的过渡，充其量只能提供一种或然性的结论。我们的认识不同于上述两种观点。

首先，"一元多因多果的因果必然性规律观"① 是唯物史观对规律的科学表述。世界上的万事万物都处于不断的运动、变化和发展状态，因此也就必然会有引发诸种运动的终极原因，即一元多因多果中的"元"。牛顿在探寻这个"元"时，将之归于上帝；黑格尔在思辨这个"元"后，将之归于绝对精神……唯物史观科学地指出：物体自身的运动是世界万事万物变化的最终极原因，也就是说，事物变化的最根本动源是它自身。历史演化的最终极原因就是人们自身的实践活动。其次，自然界万物的演变和人类自身的实践活动是在开放的环境下展开的，必然会受到多项相关因素的影响和制约，呈现相互作用的态势。这些相关因素就是"多因"。而且，对于物体的运动（包括人们的实践活动）而言，多项相关因素施加的影响是非均衡的，并随着时间、空间、作用对象等因素的不同而各异。这就会导致变化结果的多样性，即"多因→多果"。一元多因多果规律总体表述为：实体受自身运动这一终极动因的驱动，在外部诸种条件的作用下，相应地产生诸种运动变化的结果。

一元多因多果的因果必然性规律观为科学地研究人类社会的历史发展提供了理论依据。现在流行的规律观，尚没有哪一种能够超越一元多因多果的因果必然性规律观所具有的理论优势。以统计归纳为基础的概率统计规律观，未能从对表象的单层次归纳上升到对深层次因果关系的

---

① 对这种规律观更详尽的阐述见庞卓恒《唯物史观与历史科学》第二章，高等教育出版社1999年版。

揭示，使它无法从或然性过渡到必然性。一元多因多果的因果必然性规律观则深入表象背后，其相对于概率统计规律观的优势在于：一方面，它保证结论的必然性；另一方面，它是开放性的，可以容纳并解释反例，由此丰富规律的内涵。系统论的规律观强调进行观察和分析的整体和系统方法，强调研究系统内部诸要素之间、诸要素和整体之间、系统和外部环境之间的相互作用，反对将事物看作孤立个体并加以分割研究的机械模式。我们认为，系统论成功超越了单一因素决定单一结果的线性因果观，用相互作用研究方法阐发了"多因多果"的内涵，这无疑是在对规律的认识上前进了一大步。但是，如果仅仅停留于描述系统内部诸要素间相互作用的层次，而不去发掘系统产生、变化的终极动因，不去探究系统内部诸要素彼此消长的因果关系，那就缺少了有力支撑多因多果的"一元"；而假如不了解系统产生并演化的动源，不知道系统内部诸要素变化的原因，那么，对系统特征和作用的描述，就只能来自经验归纳，即系统存在的根据是因为我观察到了它的存在，这并不是真正的因果必然性规律。对此，系统论的创始人贝塔朗菲承认，"全部自然规律都具有统计的性质，它们预测的不是不可抗拒的、确定的未来，而是概率"。① 而一元多因多果的因果必然性规律观，则是以事物变化的终极原因为根本着眼点，并关注外部相关因素施加的影响，从而获得因果必然性规律。

通过以上对亨普尔认识论的剖析，不仅使我们把握了西方学术界在对历史学科学性问题认识上的主要分歧，而且也坚定了我们对唯物史观和历史学是科学的信念。人类社会的发展呼唤历史学充分发挥其推进社会进步的功能作用。让我们振奋精神，冲破陈旧的思维定式，以历史认识论的创新来迎接历史学的春天！

① 〔奥〕L. 贝塔兰菲：《一般系统论：基础·发展·应用》，秋同、袁嘉新译，社会科学文献出版社 1987 年版，第 96 页。

第三节　驳西方学界错误的文明史观

西方学者在书写他们的文明史的过程中夹杂有一些偏颇的观念，这些偏颇的观念服务于他们作为领先文明在对待落后文明时的态度或政策，甚至是在为他们的错误做法进行辩护。反过来，偏颇的文明观念和文明史书写影响着非西方人对文明是如何发展的和文明之间应该如何交往的认识，并在这些非西方文明的发展和同其他文明的交往实践中造成不良影响。因此，对西方文明史研究中出现的偏颇观点必须进行旗帜鲜明的批判。

一　批判文明基因论

西方社会学的创始人之一、德国社会学家韦伯应该是文明基因论的始作俑者。他在解释西欧为什么率先向资本主义过渡时归因于宗教改革，认为新教改革改变了过去人们对是上天堂还是入地狱由上帝早就决定好了的宿命论式的观念，而主张根据现实成就来决定人死后的去处，这样就激励人们通过奋斗取得现世成就来证明自己是上帝的选民，而不是上帝的弃民，由此促进了西欧向近代的转型。至于为什么西欧地区能够实现宗教改革，他认为，这是古代犹太文化中的畜群私有制和"个人主义"、希腊-罗马文化中的公民民主意识等孕育而致。这实际是暗示西方文明自古就具有趋向发展的基因。至于非西方的文明，韦伯则认为它们没有发展出类似于西方清教式的宗教，因而也就无法像西方那样完成向资本主义的过渡。具体到中华文明，韦伯专门撰写了《儒教与道教》，① 认为中国的"宗教"是保守的、服务于现世政权的，它反对变革，因此中国没有发展到资本主义。也就是说，非西方文明缺少趋向

① 该书在国内有多个译本，本书主要参考〔德〕马克斯·韦伯《儒教与道教》，王容芬译，商务印书馆 2004 年版。

发展的基因。

在 20 世纪 80 年代文化热的背景下，韦伯的学说在中国学界产生了巨大影响。有人从文明基因论的视角出发，主张中华文明是一种闭塞保守的"大河文明"，不利于现代化的发展，而西方文明是一种开放创新的"海洋文明"，有利于现代化的发展；极端者甚至喊出了"中国需要作 300 年的殖民地"的口号，认为只有这样才能彻底改变中华文明的消极性。但中国人民在中国共产党的正确领导下，实行改革开放，经过艰苦奋斗，实现了经济的腾飞。在中华文明伟大复兴的事实面前，非西方文明不适合现代化发展的基因论走向衰落，主张儒家文化的一些特质（如集体本位、尊重权威等）有助于在后发国家实现现代化的理论在国际学术界流行起来。

由此可见，各种文明的演进都会有自己发展的高光时刻，也会有发展的低谷期，但这种起起落落并不是宿命论式的，而要从各种文明在长期历史进程中形成的民族特性来予以解释，同时也要从在文明交往过程中落后文明铆足劲奋起直追的现实中来予以解释。

二　批判文明冲突论

文明冲突论是由当代美国著名政治学家塞缪尔·亨廷顿提出的。亨廷顿立论的出发点是西方文明优越论，他指出："西方是唯一在其他各个文明或地区拥有实质利益的文明，也是唯一能够影响其他文明或地区的政治、经济和安全的文明。其他文明中的社会通常需要西方的帮助来达到其目的和保护其利益。"[1] 但面对非西方社会现代化发展导致美国霸权逐渐衰落的现实，亨廷顿抛出了文明冲突论。他指出，冷战时期的主要冲突是以苏联为首的社会主义阵营同以美国为首的资本主义阵营之间的意识形态冲突，而冷战结束后的主要冲突是西方文明同

---

[1] 〔美〕塞缪尔·亨廷顿：《文明的冲突与世界秩序的重建》，周琪等译，新华出版社 1998 年版，第 75 页。

非西方文明之间的冲突。而且，亨廷顿区分出两种形式的文明冲突："在地区或微观层面上，断层线冲突发生在属于不同文明的邻近国家之间、一个国家中属于不同文明的集团之间。……在全球或宏观层面上，核心国家的冲突发生在不同文明的主要国家之间。"① 至于哪些文明构成微观层面对西方文明的威胁，哪些文明构成宏观层面对西方文明的威胁，亨廷顿明确指出："伊斯兰的推动力，是造成许多相对较小的断层线战争的原因；中国的崛起则是核心国家大规模文明战争的潜在根源。"② 这种明显以中国为敌的论调遭到中国学者的猛烈批判，亨廷顿在他著作的中译本序言中特地向中国的读者做出解释，坦言他的真实用意并非要挑起中美之间的冲突，而是为了促进中美两国的领导人"协调两国各自利益的能力，以及避免紧张状态和对抗升级为更加激烈的冲突甚至暴力冲突的能力"。③ 但亨廷顿作为美国颇有影响力的政治学家，公开宣扬文明冲突论，无疑会对美国制定对华政策以及美国民众的对华态度产生不良影响。

亨廷顿提出的文明冲突论是荒谬的。首先，该理论是在中国通过改革开放逐渐崛起、美国实力逐渐走向衰落的背景下提出的。亨廷顿在20世纪60年代即已凭借他的著作《变动社会中的政治秩序》④ 成名，如果他真的认为不同文明必然会产生冲突的话，那为什么要到20世纪90年代才抛出这种理论?! 由此可见他呼吁以美国为首的西方文明围堵、阻碍中华文明崛起以维护美国霸权的用心。其次，亨廷顿是在明显屏蔽了有关不同文明之间相互帮助、交流互鉴的事实，而夸大了有关不同文明之间发生冲突甚至战争的事实的基础上得出结论的，明显是从不

---

① 〔美〕塞缪尔·亨廷顿：《文明的冲突与世界秩序的重建》，周琪等译，新华出版社1998年版，第229页。

② 〔美〕塞缪尔·亨廷顿：《文明的冲突与世界秩序的重建》，周琪等译，新华出版社1998年版，第230页。

③ 〔美〕塞缪尔·亨廷顿：《文明的冲突与世界秩序的重建》，周琪等译，新华出版社1998年版，第2页。

④ 该书的英文版是由耶鲁大学出版社1968年出版的 *Political Order in Changing Societies*，首个中译本是1989年由上海译文出版社出版的《变动社会的政治秩序》。

完全归纳中得出的或然性结论，并不具有普遍意义。最后，从美国政府所结盟的对象看，其中包括了许多被亨廷顿视为敌对文明的国家，像美国在中东地区这个伊斯兰文明的聚集地就同以沙特阿拉伯为首的海湾阿拉伯国家合作委员会诸国结盟，以围堵和遏制以伊朗为代表的其他一些伊斯兰国家的发展。由此可见，亨廷顿所谓的"文明冲突"实质乃是"利益冲突"。

三　批判文明终结论

文明终结论是由当代美国著名社会学家弗朗西斯·福山提出的。福山认为，随着苏联解体、东欧剧变，西方的尤其是美国的自由民主制度已经取得全球性胜利，并将成为世界制度的唯一模式。换言之，西方文明的自由民主制度已成为世界其他诸文明效仿的标准模式。如他指出："自由民主制度作为一个政体……战胜其他与之相竞争的各种意识形态，如世袭君主制、法西斯主义以及近代的共产主义。……自由民主制也许是'人类意识形态发展的终点'和'人类最后一种统治形式'并因此构成'历史的终结'。"[1] 他之所以会得出这样的结论，是因为福山认为，"只有民主才能调节现代经济所产生的错综复杂的利害冲突……市场本身并不能确定公共基础投资的恰当水平和地点，也不能调解劳工纠纷或航空运输的次数……这些问题每个都很重要，而且肯定会反映到政治制度中来。如果新制度要公正地调整这些相互冲突的利益，并且采用一种在国内主要阶层都取得共识的方法来调整，那么这种方法就必须是民主制度"。[2] 面对世界不同文明、不同国家选择不同政治制度的事实，福山求助于一种他认为的人类普遍的精神追求，即所谓"获得认可的欲望"来证明自由民主制度是具有普遍适用性的政治制度。像他

---

[1] 〔美〕弗朗西斯·福山：《历史的终结及最后之人》，黄胜强、许铭原译，中国社会科学出版社2003年版，第1页。

[2] 〔美〕弗朗西斯·福山：《历史的终结及最后之人》，黄胜强、许铭原译，中国社会科学出版社2003年版，第127—128页。

认为，"现代自由民主制度赋予并保护所有人的权利，这就算它对所有人的普遍认可"。① 而正是人类这种"获得认可的欲望"，促使人们去选择现代自由民主制度，推动历史前进。福山武断地相信，所有那些目前尚未实行自由民主制度的国家（他称之为"处于历史部分"的国家），一定会过渡到"后历史部分"的状态，即像发达资本主义国家那样选择自由民主制度。他指出，"在历史部分的世界中，各国处在不同的发展阶段，由此形成的不同宗教、民族和意识形态相互冲突……强权政治规则在其中依然盛行……民族国家将继续是政治认可的中心"。② 但是，"如果随着时间的推移，越来越多具有多种文化和历史的社会都显示出相似的长期发展的模式；如果最先进的社会政体模式继续趋同；而且如果经济发展将继续导致人类的同质化……人类不是会盛开千姿百态美丽花朵的无数蓓蕾，而是奔驰在同一道路上的一辆辆马车。……任何有理性的人看到后都不得不承认只有一条路，终点只有一个"。③ 而且，福山认为，"最后之人"已经是一些由自由民主创造的"一种欲望和理性组合而成但却没有抱负的人"，④ 既然如此，这些人也就不会再有什么新的追求，以他们为历史发展动力的历史也因此而终结。尽管福山作为学者可能"真诚地"相信西方文明所实行的自由民主制度真的是人类社会最终的制度形式，但作为美国颇有影响力的社会学家，他公开宣扬西方政治制度的优越性，无疑会促使美国政治家甚至普通民众产生狭隘的排他心理，进而对坚持走中国特色社会主义道路而未效仿西方民主制度的中国进行围堵和遏制。

福山提出的文明终结论是荒谬的，他的这种谬论在美国学术界也遭

---

① 〔美〕弗朗西斯·福山：《历史的终结及最后之人》，黄胜强、许铭原译，中国社会科学出版社2003年版，第230页。

② 〔美〕弗朗西斯·福山：《历史的终结及最后之人》，黄胜强、许铭原译，中国社会科学出版社2003年版，第314—315页。

③ 〔美〕弗朗西斯·福山：《历史的终结及最后之人》，黄胜强、许铭原译，中国社会科学出版社2003年版，第381—382页。

④ 〔美〕弗朗西斯·福山：《历史的终结及最后之人》，黄胜强、许铭原译，中国社会科学出版社2003年版，第13页。

到严厉的批判。像前面提到的亨廷顿就批评福山的历史终结论是一种错觉，"冷战结束时的异常欢欣时刻产生了和谐的错觉，它很快就被证明是错觉"。① 并且，福山提出的立论基础存在问题。福山认定人类有一种"获得认可的欲望"，以之为整个人类历史的动力和普遍适用的规律，而自由民主制度恰恰是最能满足这种欲望的制度，因此历史必将终结于此。我们不禁要问，这种欲望是怎样产生的，又将如何变化？唯物史观认为，存在决定意识，而存在就是人们的实际生活过程。人们的实际生活过程首先是从满足吃喝住穿等基本需求的劳动生产开始的，在基本需求获得满足后才会逐渐产生新的欲望和需求。根据马斯洛的需求层次理论，在满足认同和自尊层次的需求后，人们还有更高层次的追求自我实现的需求。怎么就能说人们在满足认可欲望后就会产生惰性，因此失去追求更高目标的动机，并由此导致历史终结呢？此外，历史终结论同现实的发展不相符合。就目前发达资本主义国家的发展情况而言，问题多多。像2008年的金融危机使得发达资本主义国家陷入长时间的发展停滞，国家的收入分配越来越不平等，富裕阶层收入占比不断提高，中产阶级的规模和收入在不断萎缩和下降。一些政要和民众将问题归咎于全球化，由此在发达资本主义国家出现了逆全球化浪潮，像特朗普就公开提出"美国第一"的执政口号。面对发达资本主义国家的种种乱象，法国总统马克龙甚至在2021年达沃斯论坛上公开宣称，由于"社会不平等危机、民主危机、民主制度的可持续性危机、气候危机。同开放市场连在一起的现代资本主义模式已经无法在这种环境下运转了"。② 在当前发达资本主义国家自身困惑重重的前提下，福山如何能断言历史已经终结了呢？与此同时，中国特色社会主义的发展却充满活力。自改革开放以来，中国特色社会主义建设取得巨大成就，经济总量已跃居世界第二，并成为世界经济增长的主要引擎和最大贡献者。由此可见，从

---

① 〔美〕塞缪尔·亨廷顿：《文明的冲突与世界秩序的重建》，周琪等译，新华出版社1998年版，第11—12页。

② 《马克龙：现代资本主义模式已经无法运转》，《参考消息》2021年2月28日。

西方学者对福山"历史终结论"的批判，从福山"历史终结论"的立论基础及其同发达资本主义国家和中国特色社会主义发展现状的对照观察来进行分析，"历史终结论"都是一种错误的理论，它自身可以终结了！

在不同文明的交往层面，习近平总书记提出了具有中国特色的文明交往理念，像"合作共赢""共商共建共享""人类命运共同体"等，这同西方文明所秉持的"零和博弈""以邻为壑""美国治下的霸权"等文明交往原则形成鲜明的对比，并且正在得到世界越来越多的文明，尤其是非西方文明的认同，像"构建人类命运共同体"已经写入联合国的决议。我们新时代的历史学研究肩负的重任就是要写出具有中国特色的文明史，以为我们现实中的文明交往理念和政策提供历史的支撑和证明。因为，这些理念乃是在中华文明的历史发展进程中形成的！

第四节　评后现代思潮对历史学科学性的否定

20世纪六七十年代兴起的后现代思潮，对由启蒙运动所建构的现代性发起了猛烈攻击。一时间，理性和科学这些在现代人眼中无可置疑的现代性特征都遭到后现代思潮的攻击，颇有黑云压城之势。这股思潮也冲击到史学界，其中心是围绕史学研究者无法做到价值无涉和客观中立以及元叙事的不可能性等问题，由此质疑历史学的科学性。其冲击的力度，较之以往其他思潮曾经有过的发难，实在是有过之而无不及。

这种对历史学科学性的质疑，并非始于后现代思潮。从历史学作为一门学科确立时起，就存在着关于历史学应如何定位的问题，其间反反复复的争论反映出历史学在确立自身科学性的问题上挑战重重。

一　有关历史学学科属性的争论

19世纪历史学作为一门学科创立初始，就出现过有关其在学科定位上的争论。一方主张仿照自然科学的范式来建构历史学，他们宣称：

"历史学，一门不折不扣的科学。"而另一方则主张按文学艺术等人文学科的范式来建构历史学，他们声称："克莱奥，一位缪斯。"此后，历史学能否作为科学加以建构这个根本性问题一直萦绕在历史学研究者的心中，不管是否明确地予以表达，每个历史研究者都有对历史学学科定位的认识，并按照这种认识来进行具体的历史研究。历史哲学研究者还专门就历史学的科学性问题展开讨论。最初的历史哲学研究集中于对历史发展过程本身，亦即历史本体进行思考，力求揭示历史的发展规律。这一派历史哲学研究后来被称为思辨的历史哲学，黑格尔、施本格勒、汤因比等是其代表。但他们所揭示的历史发展规律，不外乎将历史发展归因于上帝或绝对精神之类的超验意志，或者将历史发展过程类比为生物或人体的生长—成熟—死亡的必然性，这种宿命式的规律观，自然缺少可信性。于是历史哲学研究转向了历史认识是如何可能的认识论问题上，即通过考察历史研究者是如何研究历史、历史知识又是如何形成的来确定历史学的性质，给历史学以学科定位。这一派历史哲学被称为分析的或批判的历史哲学，克罗齐、柯林武德等是其代表。他们认为，历史研究充满了研究者的主体性干预，从课题的选择到研究资料的取舍、历史叙事的编排、历史解释的建构，再到对历史现象的价值评判，都离不开历史研究者的主体性干预。在他们的认识里，研究主体保持价值中立是不可能做到的。因此，历史学的科学性受到进一步的质疑。但是，一些致力于维护历史学科学地位的学者也在不懈努力。像第二次世界大战后以法国年鉴学派和美国新经济史学派为代表的新史学就是努力将历史学作为科学来加以建构的。前者尝试通过整合各门社会科学研究方法来建构"总体史"，以揭示长时段的深层历史结构，并依此赋予历史学的科学地位以合理性；后者则尝试借鉴经济学的计量方法研究历史上的一些可计量信息，并通过向社会科学中最具科学外观的学科看齐来维护历史学的科学地位。但由于年鉴学派在整合跨学科方法上的失误而重新走向各学科方法的分立的"碎化"和新经济史学派对数学计量工具的滥用，最终未能取得令人满意的进展。这些在历史学科学性问题上的反复争论，反映出历史学不同于其他社会科学的特殊性，其根本症结就在于历史学研究对象的特殊性——它研究的是往昔旧事，既不能重现，又无法贴近观察，更无法反复实验与检验。这种研究对象的特殊性，导致无法沿用自然科学流行的实证主义的评价标准来对其进行确认。实证主义的科学评价标准是通过反复证实来确认研究发现和解释的科学真理性，在这一点上，以现实为研究对象的经济学和社会学相较于历史学都有一定的优势，它们也被称为社会科学中最"硬"的，也就是最类似于自然科学的学科。

就历史学能否建构为一门科学的反复争论，以及将历史学建构为科学的研究努力的不成功，都为后现代思潮对历史学的冲击提供了依据。加之后现代思潮的冲击是全方位的，涉及各门社会科学，甚至自然科学，因此，这种冲击力度更显强大，更具压迫感，使历史学再次遭到强大的挑战。它呼唤史学研究者应对此加以重视，以强化学科自身建设作为回应，真正为历史学赢得科学地位。

二 后现代思潮对历史学科学性的否定

后现代思潮对历史学的影响可以放在两个背景下加以考察。一是后现代思潮兴起的社会历史背景。后现代思潮是当代西方经济、社会的新变化在人们思想领域的反映，其兴起具有必然性。20世纪六七十年代西方进入所谓的"后工业社会"，从就业和产值上看，第三产业的就业人数和产值超过第一、第二产业的总和，即从以工业为主的社会过渡到以服务业为主的社会，而这种转型的坚实基础就是大众物质生产能力的普遍提高。由于工业社会中经济发展和财富增长的主要动源是资本积累，而后工业社会中经济发展和财富增长的主要动源是科技创新与知识创新，所以人们也把后工业经济称为知识经济。随着大众物质生产能力的普遍提高，人们对过去那种精英生产模式产生怀疑，要求改变精英垄断的状况，给普通大众以话语权。另一个背景是历史学自身学术史的演化。前文论及，后现代思潮侵入历史学的直接背景就是第二次世界大战后努力实现历史学科学化的新史学遭遇困难，给了后现代史学以可乘之机，所以后现代史学又被一些学者称为"新新史学"。

后现代史学坚决否定历史学的科学性，归纳起来，其主要理由不外乎两方面。一是史学研究者在历史研究中不可能排除主体价值的干预，因而无法实现历史研究的客观性。在他们看来，科学性的主要标准就是这种"客观性"。二是历史学中"元叙事"的不可能性。"元叙事"又被称为"宏大叙事"，指进行理论模式的建构。后现代思潮认为，学术研究（包括历史研究）是纯粹的主观建构，甚至是纯粹的语言游戏。他们不承认外部对象的客观性存在，更遑论对它的认识。后现代思潮认为，"元叙事"只是主体的建构，而且是那些握有权力的主体的建构，所以它们都是暂时性的，会很快随着权力主体的变化而变化，根本不存在有对它们进行证实的客观标准。既然真理、规律等现代性社会所崇奉的"元叙事"都是话语霸权的产物，而不是对客体的真实反映，那么由它们所支撑的各门学科的科学地位自然也就失去了"合法性"。既然历史学无法作为一门科学加以建构，后现代史学就提出了复兴叙事史学的口号，即历史就是讲故事，将故事情节完整地加以叙述就行了，不必去奢求解释和理论建构。

后现代思潮的这些对历史学科学性的质疑与以往的质疑相比并没有增加什么新意，而且我们认为他们质疑的理由并不能真正构成对历史学科学地位的挑战。针对所谓的在历史研究中必然会有主体价值干预的指责，我们不禁要问：又有哪一门学科不是研究者在从事研究呢？即使像物理学那样的自然科学，如果爱因斯坦、海森堡他们都是秉持价值中立的，怎会发生那么激烈的争论呢？事实上，作为科学的研究者，从事任何研究都必然要发挥他的主体能动性，他的认识与判断都不可能是价值中立的。问题在于，这种主体价值的干预能否经得起实践的检验。就以对历史的研究来看，史学研究者所选用的史料大都是公开的，研究主体不能随意杜撰、伪造历史事实，而且这也是任何一个正直的历史研究者所不齿的事情。当然，史实问题还不是历史学科学性问题的症结所在，关键是对历史现象解释（即成因判断）的合理性评价上。人们在谈及历史研究缺乏客观评判标准时所批评的"见仁见智，各持己见""每一代人都重写历史"等，其实涉及的主要都是历史解释问题。这个问题就指向进行解释，也就是学术研究的目的。在史学界主张进行纯粹学术研究的学者大有人在，奠定了历史学学科地位的兰克学派的代表人物兰克就曾被认为是纯粹学术研究的代表，"如实地描述历史"是指导一代又一代史学家从事研究的"公理"。但是，研究已经证实兰克并不是在进行单纯的学术研究，他也是在代表德意志帝国的利益而写史，是帝国的一位"御用史学家"。可以说，纯学术研究是一种神话，不仅历史学家无法做到，就是像牛顿、达尔文这样的自然科学家也无法做到。[①] 马克思在《关于费尔巴哈的提纲》第十一条中讲："哲学家们只是用不同的方式**解释**世界，而问题在于**改变**世界。"[②] 一语道破了学术研究的真实目的，同时，也提示我们对历史解释的评判标准在于"实践"的检验。当然，这里讲的"实践"是广义的，诸如学理上的争辩、历史的比较研究，乃至应用于现实的成功与否的检验等。不同时代的历史学家在书写不同时代的历史时，总会有选择地研究一些特定历史现象，那是因为不同时代面对不同的问题需要寻求不同的历史经验。改革开放前的中国史学界，以"五朵金花"，尤其是农民战争史为主要研究课题，就是要为中国农民革命的道路提供历史合理性论证；改革开放后，发展社会经济、推进现代化建设成为现实的主题，与现代化相关的历史就自然地成为新时代的历史研究主题。这就是"一切历史都是当代史"的合理性所在。但这并不意味着不存在评判历史解释的客观标准，服务于现实的解释完全可以在人们现实的实践活动中加以检验。

我们认为，讨论历史学是否具有科学性，前提是需要有一个共同的话语背景，不能各持标准，那样是无法统一认识的。既然是讨论历史学

---

① 参见〔美〕乔伊斯·阿普尔比、林恩·亨特、玛格丽特·雅各布《历史的真相》，刘北成、薛绚译，中央编译出版社1999年版，第156—165页。

② 《马克思恩格斯文集》第1卷，人民出版社2009年版，第506页。

是不是科学，那么，对什么是"科学"就应有一个统一的界定。我们根据各种流行的说法将科学界定为："首先是一套知识体系，其次是揭示研究对象的内在规律。"① 由此可见，是否有所谓的"主体价值干预"并非界定"科学性"的标准。因为正如我们前面所论述的，任何一种科学研究都是以人作为研究主体的，都有他的主体作用融入其中。所以说，历史学能否成为一门科学，就要看它是否能够通过对历史的研究，揭示历史发展过程的内在规律。这就触及后现代思潮提出的另一个质疑：历史的规律乃是权力主体的建构，不具有客观性，即历史学中"元叙事"的不可能性。这一质疑实际上是第一个质疑的延伸，它进一步触及对历史规律的建构与验证层面。

三 以唯物史观为指导使历史学成为一门真正的科学

迄今为止，人们对规律的认识与把握存在着太多的争议。经验自然科学的规律观是实证主义的规律观，它是指，通过实证观察归纳出全称的规律性判断。但从近代英国哲学家休谟到当代科学哲学家波普尔都指出，这种规律观有着无法弥补的内在缺陷。从逻辑上讲，它存在着从特称判断向全称判断，即从"我观察到的对象的特性"向"所有对象都具有这种特性"的非理性过渡，因而无从保证揭示其规律性全称判断一定为真。而从经验上看，这种规律观屡屡被"证伪"所困扰。于是，作为对它存在的缺陷的弥补，实证主义只能做出让步，承认他们所揭示的只是或然性规律，而不是必然性规律；同时，规定规律的可"信赖"程度是以或然性程度大小来确定的。这种对规律或然性特征的确认，在以有着高重复率的自然现象为研究对象的自然科学领域，还存在着一定的实用价值；但对以不可重复和无可复制的历史现象为研究对象的历史学而言，实证主义的规律观遇到了难以逾越的障碍。这也是后现代思潮

---

① 庞卓恒、吴英：《历史学是科学还是"人文学科"》，《史学理论与史学史学刊（2002年卷）》，社会科学文献出版社2002年版，第35页。

对历史学科学地位有恃无恐地发难的症结所在。依据实证主义的规律观，的确无法将历史学包括在科学范畴内，但实证主义规律观即使在经验自然科学领域也不能令人满意，只是由于其实用性而暂时被人们接受。所以，建构新的规律观将是解决各门学科科学性的关键所在。庞卓恒先生经过对唯物史观、科学哲学、历史哲学和历史学的多年潜心探讨，提出了一套唯物史观对规律的认识，即一元多因多果的因果必然性规律观。它表述为，任何物质实体，由于自身内在特性决定，在受到不同的外部因素制约的条件下，必然出现相应的不同反应，从而必然产生出相应的不同结果。具体到人类社会的发展层面，这种规律观可以表述为，人们为了吃、喝、住、穿，必须从事物质生产实践活动；而世代相继的物质生产实践活动必然推动物质实践能力的发展，从而推动社会从低级向高级发展。当然，不同民族、不同国家的人们的物质生产实践面对不同的外部条件，必然会出现不同的发展道路。① 这种规律观承认实证主义规律观的合理性，并以后者所发现的经验归纳性规律为基础进行因果关系分析，使之上升为因果必然性规律。相比实证主义规律观，因果规律观在应对反例上有着特殊的优势。反例就意味着对归纳规律的证伪。因果必然性规律却恰恰是因为对反例的成因解释而得到发展，并使规律的内涵更加丰富。比如对"天下乌鸦一般黑"这一实证归纳命题而言，发现白乌鸦就意味着该命题被证伪，但通过生物学的解剖研究和比较，发现染色体排列是决定乌鸦羽色的终极原因，这样原命题就改进为：当乌鸦染色体呈 A 型排列时，则羽色为黑；染色体呈 B 型排列时，则羽色为白。新的羽色的发现只会使这个因果性规律更为丰富。再比如，人类社会发展的普遍规律必然会在不同的民族或国家有不同的具体表现，英国人的物质生存实践活动在面对英国的自然、人文条件时，必然会产生出英国特有的历史发展道路、社会形态和价值体系；中国人的物质生存实践活动在面对中国的自然、人文条件时，必然会产生出中国

① 参见庞卓恒《唯物史观与历史科学》第二章，高等教育出版社 1999 年版。

特有的历史发展道路、社会形态和价值体系。对其他民族、国家的研究也当然会揭示出不同于上述两种道路的特性，但那不是对那两种道路的证伪，而是新的发展道路又添加到规律中来，使规律更为丰富。不同的民族、国家的历史可能会呈现出许多"又像又不像"的扑朔迷离的历史面貌，但仔细考察就会发现其中存在着一条万变不离其宗的规律：不同民族、国家的人们的生产生活方式和实际生活过程相似到什么程度，他们的发展道路、社会形态和价值体系就会相似到什么程度；反之，他们的生产生活方式和实际生活过程相异到什么程度，他们的发展道路、社会形态和价值体系就会相异到什么程度。历史研究的任务就是要揭示出各民族发展道路的丰富多样性，并从各民族发展道路的比较中认识历史的发展和人的发展的因果必然性规律，从而指引人们顺应历史发展的规律，理性地创造新的历史篇章。

唯物史观所揭示的规律观

当恩格斯庄严肃穆地站立于伦敦海格特公园的马克思墓前，悲痛地同他的亲密战友诀别时，他讲道："正像达尔文发现有机界的发展规律一样，马克思发现了人类历史的发展规律。"① 这乃是恩格斯对马克思一生取得的伟大功绩的最高评价。时光流逝，一个多世纪过去了。后人通过对唯物史观的反复研究，对马克思有关人类社会历史演进的诸多观点已有较深刻的把握。但是，对其中蕴含的规律观，即马克思发现人类历史发展规律所运用的理念及方法，却极少有人问津。在中国史学界，或许有人认为这一命题应归属历史哲学，甚至科学哲学范畴。本书结语部分尝试就这一命题做出辨识，希冀能够引起更多的关注，以有益于我们对历史和现实的认知。

一　马克思的历史规律观辨识

1. 一元多因多果的因果必然性规律观

为了充分地揭示人类社会历史演进的客观规律，马克思运用他秉持的科学规律观对历史与现实社会的变迁做出多维度的辨析。在"发现了人类历史的发展规律"的同时，他也为后人创建了科学的历史规律观。当我们在对唯物史观做深入解读时，不难领悟到这一科学的历史规

①《马克思恩格斯文集》第 3 卷，人民出版社 2009 年版，第 601 页。

律观。

首先让我们从公认的对唯物史观基本原理的经典表述谈起："人们在自己生活的社会生产中发生一定的、必然的、不以他们的意志为转移的关系，即同他们的物质生产力的一定发展阶段相适合的生产关系。这些生产关系的总和构成社会的经济结构，即有法律的和政治的上层建筑竖立其上并有一定的社会意识形式与之相适应的现实基础。物质生活的生产方式制约着整个社会生活、政治生活和精神生活的过程。……社会的物质生产力发展到一定阶段，便同它们一直在其中运动的现存生产关系或财产关系（这只是生产关系的法律用语）发生矛盾。于是这些关系便由生产力的发展形式变成生产力的桎梏。那时社会革命的时代就到来了。随着经济基础的变更，全部庞大的上层建筑也或慢或快地发生变革。……无论哪一个社会形态，在它所能容纳的全部生产力发挥出来以前，是决不会灭亡的；而新的更高的生产关系，在它的物质存在条件在旧社会的胎胞里成熟以前，是决不会出现的。所以人类始终只提出自己能够解决的任务，因为只要仔细考察就可以发现，任务本身，只有在解决它的物质条件已经存在或者至少是在生成过程中的时候，才会产生。"①

在这里，我们不厌其详地引用马克思的论述，为的是阐明：其一，马克思揭示出人类社会的发展并非无序的、随意的，它有着不以人的意志为转移的客观规律可以探寻；其二，马克思揭示社会历史演进的客观规律，是着眼于追溯在深层次上制约事物演化的终极原因，从而确立因果必然性的认知。他追本溯源地沿着上层建筑→经济基础（生产关系的总和）→生产力三个层次不断探寻，揭示出人类社会历史演化的终极原因在于现实的人的物质生产实践活动和与之相应的人的物质生产能力的提升。由此，不难认识到马克思的历史规律观是深刻地追溯历史发展的终极原因。

---

① 《马克思恩格斯文集》第 2 卷，人民出版社 2009 年版，第 591—592 页。

但是仅仅停留于上述对马克思历史规律观的揭示还是不全面的。马克思在《给〈祖国纪事〉杂志编辑部的信》和《给维·伊·查苏利奇的复信》（初稿）中澄清道："他一定要把我关于西欧资本主义起源的历史概述彻底变成一般发展道路的历史哲学理论，一切民族，不管它们所处的历史环境如何，都注定要走这条路……但是我要请他原谅。（他这样做，会给我过多的荣誉，同时也会给我过多的侮辱。）"①"我**明确地**把这一运动的'**历史必然性**'限制在**西欧各国**的范围内。……在俄国，由于各种独特情况的结合，至今还在全国范围内存在着的农村公社能够逐渐摆脱其原始特征，并直接作为集体生产的因素在全国范围内发展起来。正因为它和资本主义生产是同时存在的东西，所以它能够不经受资本主义生产的可怕的波折而占有它的一切**积极的成果**。"② 马克思的上述澄清是在阐明，东西方有着不同的发展道路，而这种不同发展道路的客观存在是因为东西方人们的物质生产实践活动有着不同的内部和外部条件。由此可见，马克思所持的因果规律观并非简单的线性发展因果规律观。由于主客观条件的差异，不同地区、不同国家人们的物质生产实践活动具有各自的特色，导致演化道路的多样选择，并最终获得不同的发展结果。

归纳上述解读，我们可以将马克思的历史规律观概括为"一元多因多果的因果必然性规律观"。它可以具体表述为：一切实体依照其自身特性及其自身运动的能动性，在多项外在因素的影响、制约下，将必然产生相应的、多样性的结果。③ 运用这一规律观去剖析历史现象，既不应单纯强调终极原因、忽略外在因素的影响作用，否则极易陷入机械

---

① 《马克思恩格斯文集》第 3 卷，人民出版社 2009 年版，第 466 页。

② 《马克思恩格斯文集》第 3 卷，人民出版社 2009 年版，第 570—571 页。

③ 庞卓恒先生最早对唯物史观的这种规律观做出了精确表述和严密论证（见《唯物史观与历史科学》第二章，高等教育出版社 1999 年版）。但在唯物史观遭遇严重挑战的今天，这种对唯物史观的规律观的研究被不幸地搁置。要继续保持唯物史观对历史学的指导地位和树立人们对其科学性的信心，同时清除人们对唯物史观的种种误解，厘清唯物史观的规律观是一项至关重要的工作。

决定论的泥淖（诸如"经济决定论"等）；也须防止仅仅强调相互作用、忽略实体的特性及其自身运动的能动性，否则将会落入反决定论的陷阱（诸如"历史无规律可循的自由意志论"等）。

2. 对因果关系认识的升华

人类对因果关系的认识可以说源远流长，但最终是在马克思这里得到了升华，他科学地揭示出人类社会历史演进的规律。

早在古希腊，朴素的唯物主义哲学就曾以萌芽形式述及对因果关系的认识。例如，赫拉克利特认为，因果性是一切事物的联系和相互关系；留基伯认为，一切都是必然的，因为一切事物都有自己的原因。对因果关系有了较系统认识的第一个发展阶段是线性因果观，那是16—18世纪自然科学发展的产物，它自然无法避免带有这个时期自然科学机械论的特征。这种线性因果观将因果关系仅仅看成是原因和结果的片面、直线式的联系，对事物间的联系往往给予简单化的、机械运动式的解释，像摩擦生热等。因此，它对事物间复杂的相互关系，尤其是人类社会历史演进中存在的复杂多样的相互联系和作用，又尤其是作用与反作用，也就无从把握。在这一阶段，一些学者已经天才地触摸到有关因果规律中终极原因的认知。荷兰著名学者斯宾诺莎就认为，自然界没有什么特别的原因，"实体是自身的原因"。[①] 恩格斯在《自然辩证法》中强调了斯宾诺莎的这一思想，并肯定了事物自身运动的原则。尔后随着科学的发展和认识的深入，对因果关系的认识迈入了第二个阶段，即将相互作用纳入因果关系范畴的阶段。这是在18世纪后期到19世纪初期，由德国古典哲学对辩证法的研究予以确立的，其集大成者是黑格尔。

"相互作用只是因果性本身；原因不只具有一个结果，而是在结果

---

① 转引自恩格斯的《自然辩证法》，《马克思恩格斯文集》第9卷，人民出版社2009年版，第481页注释1。完整的内容是"恩格斯在此处页边上写着：'（斯宾诺莎：**实体是自身原因**，这恰当地表达了相互作用。）'——编者注"。

中，它作为原因与自身相关。"① "相互关系被设定为因果关系的充分发展。"② 黑格尔觉察到社会历史发展进程的复杂性，力图在诸种因素的相互联系和相互作用中把握世界历史发展的脉络。他同时意识到仅仅把握相互作用还不足以从根本上揭示复杂的社会历史进程，还需要探寻终极原因作为其基础。但由于受其客观唯心主义世界观的局限，黑格尔并未能正确地把握事物变化的终极原因，而是将终极原因归结为"概念"或"绝对精神"。例如他讲："每一个阶段都和任何其他阶段不同，所以都有它的一定的特殊的原则，这个一定阶段的特殊原则就是支配着这一阶段中复杂的相互作用的较高的第三者，在历史当中，这种原则便是精神的特性。"③

最终将对因果关系的认识推进到第三个阶段的是共同创立唯物史观的马克思和恩格斯。他们汲取斯宾诺莎有关实体是自身原因、黑格尔有关相互作用认识等研究成果，同时进行学术分工，分别考察人类社会和自然界中存在的诸要素的相互作用，共同揭示出相互作用赖以存在和展开的终极动因。由此，他们既坚持在实体自身中探求人类社会演进、发展的根由，同时又注意考察演化进程中多种因素相互作用对演进结果产生的制约性影响。从而既超越了机械决定论的线性因果观，也超越了黑格尔对"绝对精神"的终极诉求，开创性地完成了他们"一元多因多果的因果必然性规律观"的建构。恩格斯指出："原因和结果这两个概念，只有应用于个别场合时才有其本来的意义；可是，只要我们把这种个别的场合放到它同宇宙的总联系中来考察，这两个概念就交汇起来，融合在普遍相互作用的看法中，而在这种相互作用中，原因和结果经常交换位置；在此时或此地是结果的，在彼时或彼地就成了原因，反之亦然。"④

---

① 〔德〕黑格尔：《逻辑学》下卷，杨一之译，商务印书馆1981年版，第170—171页。

② 〔德〕黑格尔：《小逻辑》，贺麟译，商务印书馆1997年版，第320页。

③ 〔德〕黑格尔：《历史哲学》，王造时译，生活·读书·新知三联书店1956年版，第104页。

④ 《马克思恩格斯文集》第3卷，人民出版社2009年版，第541页。

"只有从这种普遍的相互作用出发，我们才能认识现实的因果关系。"①
从这种规律观出发，马克思、恩格斯探寻了人类社会历史发展的终极原
因和诸种要素作用于终极原因而产生的多样性发展道路。为了回击将唯
物史观歪曲为"经济决定论"的攻讦，晚年的恩格斯还提出了著名的
"合力论"。最终使我们清晰地认识到，参与历史进程的一切因素，大
到经济、政治、意识形态、自然地理环境、民族和国家，小到个人的素
质和情趣爱好，都会在历史运动中发挥作用，相互制约、相互影响。但
这些要素所发挥的作用有大有小、有正有反。而其中最为根本性的力
量、构成历史发展终极原因的，乃是人们的物质生产实践活动和物质生
产能力。它对整个社会生活、政治生活以及精神生活，起着根本性的决
定作用。

二 在比对中彰显优势

伴随历史的演进，科学技术有了飞速发展。人类在同大自然斗争的
过程中，对于物质世界奥秘的认识在不断深化；而在推进人类社会演进
的过程中，对于经济、政治、文化诸领域的历史性变迁的认知与把握也
在持续加深。新的规律观不断地为自然科学与社会科学的学者所建构。
那么，诞生于一个多世纪之前的马克思的历史规律观，在这种无形的挑
战中，其命运又如何呢？这里，我们不妨试举两例，通过比对予以
辨识。

1. "概率统计规律观" 与 "因果必然性规律观" 的比对

概率统计规律在当代西方学术界很有市场。一些学者以反对形而上
的抽象概括为由，强调经验观察所获得的"实证规律"的合理性。但
稍有逻辑常识的人都懂得，统计规律和通过归纳得出的规律一样，仅仅
适用于统计或归纳范围内的现象，而对于未被统计或归纳的现象只提供
了一种或然性预测，并不能保证统计或归纳范围以外的现象一定具有某

---

① 《马克思恩格斯文集》第 9 卷，人民出版社 2009 年版，第 482 页。

种属性。此外，这些学者强调，它是人们现阶段所能获得的认识，如果统计或归纳的概率足够高，就可以将之视为一种必然性的认识。也就是说，由于目前只能达到这种认识水平，所以也只能依赖概率足够高的"统计规律"，它毕竟要比马克思那些形而上的理论可信得多。

这种颇具实用主义意味的"概率统计规律观"遭到英国著名科学哲学家卡尔·波普尔的猛烈攻击，他断言"没有什么理论能够认为是通过归纳确立起来的"。[①] 波普尔的依据在于，对绝大多数研究对象进行完全归纳是不可能的，而根据不完全归纳进行的推论是从部分到全体的推论，并不能保证其结论一定为真。因为无论我们观察到的个案有多少，都是有限的，而未观察到的同类个案却可能是无限的，所以统计规律预测下一个个案属性的概率为零，也就是说我们无法保证下一次观察所得到的一定是正例，而不是反例。而一旦发现哪怕一个反例，统计或经验规律就会被证伪。可以说，波普尔的证伪理论对统计归纳规律给予了致命一击。

然而，我们不得不指出，波普尔在"破"的同时，并没有能够科学地"立"。他主张证伪促进科学的发展，认为只有能被证伪的才是科学，无法被证伪的就是不需要发展的"永恒真理"，它会阻碍科学的进步，因而是伪科学。由此导致了一个荒谬的结论：只有能被证明为不科学的才是科学。我们认为，波普尔这种自相矛盾的根源在于，他将统计归纳规律视为规律的标准模式，他在认识到这种规律的缺陷的同时却未能找到克服这一缺陷的途径。

强调因果必然性规律并不意味着可以无视作为其准备阶段的统计归纳研究。一种科学认识的确立大体要经历几个相关又相异的程序：先是通过统计归纳找出研究对象的共性，进而找出决定这种共性的因果联系，尔后通过新的经验观察找出反例，并找出决定其变化的终极原因，以揭示在改变了的条件作用下出现反例的因果必然性，从而丰富因果必

---

① 《波普尔同玛吉的对话》，《哲学译丛》1980 年第 6 期。

然性规律的内涵。所以，统计归纳规律得出的认识乃是一种尚未完成的认识，有待运用因果必然性规律观对其中蕴含的因果关系做出揭示，以充分把握认识对象内在变化的机理。

2."系统论"同"因果必然性规律观"的比对

现代系统论吸收并概括了 20 世纪科学技术发展的最新成果，它强调观察分析事物的整体，强调要认识系统内部子系统和子系统之间、子系统和系统整体之间、系统和环境之间的联系，而反对把事物看作孤立的个体进行研究的机械思维范式。系统论的创始人贝塔朗菲指出："系统是作为一个与古典科学的分析、机械、单向因果关系的范例不同的新的科学范例引入的"；"我们认为，现代科学的特征是在单向因果律中活动的可隔离的单位的概念已经不够用了，因此，在一切科学领域出现的诸主体、整体、有机体、格式塔等概念都说明我们终究必须按相互作用的元素的系统来思考"。这就明确地揭示，系统论的认识其实没有超出我们前文考察过的因果关系认识发展的第二个阶段，即相互作用阶段。我们已经论述过，马克思和恩格斯通过对终极原因的揭示已经超越了相互作用的因果观。贝塔朗菲在谈到其学说的起源时也讲到"认为历史是系统的，应追溯到马克思和黑格尔的辩证法"。[①]

但我们不得不指出，仅仅停留于系统各层次、要素、结构的相互作用，而不进一步考察系统产生、演化的终极原因，就仍然是停留在归纳统计"规律"的层次。因为既然不了解系统产生和发展的因果关系，那么对系统特征的描述就只能是来自经验归纳。这样，系统存在的根据就是观察主体观察到了它的存在，而观察主体并不了解它为什么存在。对此，贝塔朗菲是很清楚的："全部'自然规律'都有统计性质。它们预测的不是不可抗拒的、确定的未来，而是概率。"[②] 而它之所以能在

---

① 上述三段话引自〔奥〕L. 贝塔朗菲《一般系统论：基础·发展·应用》，秋同、袁嘉新译，社会科学文献出版社 1987 年版，第 10、37、8 页。

② 〔奥〕L. 贝塔朗菲：《一般系统论：基础·发展·应用》，秋同、袁嘉新译，社会科学文献出版社 1987 年版，第 96 页。

自然科学研究中取得辉煌的成就，是因为自然界物质运动变化的高重复率。例如，我们可以忽略北京的氢原子与巴黎的氢原子之间的差别，也可以不计公元前 2000 年的氢原子与现代氢原子的不同。可是，一旦我们将系统论的研究成果应用于社会科学研究时，就必须意识到其中的困难。因为我们不能忽略北京人与巴黎人、公元前 2000 年的古人与现代人的差异。现代系统论提供的理论和方法越来越多地被引入社会科学研究，对此贝塔朗菲告诫说："科学是研究规律的——在自然事件能够重复与再现的事实基础上确立规律。但相反历史是不会重复的。它只出现一次，而且因此历史只能是独特的，亦即描述离今或近或远发生的事件。"① 这就是困难所在。这一告诫很好地提醒我们，必须将系统论的认识上升到因果必然性规律的认识，否则应用于社会科学就会遇到难以克服的困难。

将系统论应用于社会学科研究的，在当代美国的主要代表学派是结构-功能主义学派。他们主要通过对一个或几个社会的实证归纳研究确立一些系统，并确认这些系统所具有的一些功能，然后用这些系统或它们所具有的功能去解释实际的历史演进。但他们并未深入探究所确定的那些系统是如何产生，又是如何演化的，因此就只能停留于归纳统计认识，或曰或然性认识的层面。多伊奇根据对自然系统、人工系统、社会系统的经验考察归纳出了系统的五大特征，却无法保证这一归纳能够经得起新的实例的检验，只得补充说："还有属于这个范畴的边缘地带的例外情况。"② 多伊奇出于对科学探索的真诚，承认自己归纳出的系统特征的或然性。然而，也有一些学者将经验归纳的或然性结论加以一般化，上升为普遍性规律，使之成为资产阶级的官方意识形态。这方面的代表人物是帕森斯，他声称发现了一种由 4 个功能子系统组成的"作用

---

① 〔奥〕L. 贝塔兰菲：《一般系统论：基础·发展·应用》，秋同、袁嘉新译，社会科学文献出版社 1987 年版，第 166 页。

② 〔美〕多伊奇：《作为比较研究基础的系统论方法》，《国际社会科学杂志》（中文版）第 3 卷第 1 期，1986 年。

总系统"结构。这 4 个子系统包括：A（adaptation），指发挥应变功能的子系统；G（goal-attainment），指发挥实现目标功能的子系统；I（integration），指发挥整合协调功能的子系统；L（latency），指发挥潜在的导向作用功能的子系统。帕森斯认为，这种 AGIL 系统可以解释社会历史进程的变迁。在社会这个大系统中，子系统 A 是经济子系统，G 是政治子系统，I 是社会组织子系统，L 是价值观念子系统。当一个社会面临新的外部压力时，有关的功能子系统就会相应地分化而逐渐形成新的作用结构，以适应外部压力；而新的结构逐渐被普遍接受以后就实现了整个社会系统的进化。由此，他得出所谓的结论性认识，判断现代化的标准就是多元化、分权化和个人主义化的程度。他凭借对几个国家的经验研究归纳出了"现代化＝西方化＝美国化"的结论，并荒谬地将这种模式作为发展中国家应该效仿的榜样。对此，英国著名社会学家阿布拉姆斯指责道："这种观点依据的本是他的一个先入为主的信念，即认为现代化必然走向多元化、分权化和个人主义的信念，而不是依据在美国实际发生过的变化的趋势所做的历史的见证，更没有提出任何事实根据，来证明现代化的效益优势只能通过他归之为美国特有的那种结构和文化特性才能实现。"[①]

三　具有持久生命力的因果必然性规律观

放眼全球，第二次世界大战结束以来，亚洲、非洲和拉丁美洲许多国家摆脱了帝国主义的殖民统治，取得了民族解放和国家独立，开始了发展民族经济的漫长历程。它们的国民经济多处于二元结构状态，工业经济比重较小，发展所需的资本相对稀缺；农业经济占很大比重，大部分劳动力仍在从事效率低下的手工劳作。选择什么样的经济发展战略，在很大程度上决定着这些国家经济现代化的程度。于是，发展理论应运而生，提出了种种理论和发展模式。但是碍于学者大都秉持西方中心论

---

① Philip Abrams, *Historical Sociology*, Open Books, 1982, p. 113.

的世界观和方法论，因此他们的主张不可避免地存在着这样或那样的缺陷。正像荷兰研究发展问题的专家海滕所指出的："面对每一个问题，他们都有一个答案；然而，面对他们的每一个答案，又不可避免地产生一个新的问题。"① 而追究其根由，乃是这些发展理论的外生性，即它们主要是西方学者参照西方发达国家的发展经验而总结出的发展模式和发展理论，并未顾及甚至完全脱离了发展中国家的具体国情。因此，以马克思的规律观为指导，探析在不同国家、不同条件下的多样性发展道路就成为必要的方式。

在这里，处于第一位的任务是要以因果必然性规律观剖析各发展中国家经济不发达的终极原因，正确把握二元经济结构的软肋在于农业生产力发展的严重滞后。我们从经济基础着手就会发现，农业劳动生产率低下是大多数发展中国家处于二元经济结构状态的终极原因。而要突破这种二元结构状态，实现国民经济现代化，就必须千方百计地提高农业劳动生产率，以更好地促进经济的重心从农业向工业转移。因为农业劳动生产率的提高，意味着农业部门在一定的土地资源和劳动力的数量下能够生产出更多的农产品，从而保证在满足农业人口的基本消费之外，有更多的剩余产品来满足非农业人口的食品需求和非农业产业的原料需求。同时，单位土地面积下生产一定数量的农产品所需要的劳动力也可以得到大量节省，从而使他们有可能从农业生产领域转移出来，充实到农业以外的第二和第三产业，进而推动这些产业的发展。伴随着这一进程，农业在整个国民经济中的比重将会相应地下降；工业等非农产业的比重会相应地提升，逐渐在国民经济中占有较大比重。也正如马克思指出的："剩余价值的全部生产，从而资本的全部发展，按自然基础来说，实际上都是建立在农业劳动生产率的基础上的。……超过劳动者个人需要的农业劳动生产率，是全部社会的基础，并且首先是资本主义生

---

① Bjorn Hettne, *Development Theory and the Third World*, Longman, 1990, p. 2.

产的基础。"① 为了提高农业劳动生产率，就必须提高农民的生产能力，积极鼓励农民参与生产，以现代农业技术装备农业生产，并切实让农民享受到他们付出努力的成果。以上就成为这些国家经济政策的重要选择。

第二是要着眼于各个国家经济、政治、人文环境的个性条件，发掘不同国家在具体条件作用下发展道路的多样性。因果必然性规律观强调，由于各国具体的历史和现实条件、内部和外部环境的不同，各国的劳动大众具有的物质生产能力的发展水平不同，所选择的发展道路必须体现各国的特点，这也就决定了每个国家的发展必然是独特的。即使同是农业和农民问题，在不同国家也都是特定历史条件下的产物，具有各自的特点。只有从所处的具体情势着手，才能够正确地把握其发展状况和问题的症结之所在，针锋相对地采取应对措施，并坚持探索具有本国特色的现代化发展道路。

人类社会的发展已经进入 21 世纪，它的经济结构、政治体制、文化价值观日趋多样。而马克思、恩格斯所创建的历史规律观，奠基于对人类社会与自然界的深入探析，客观、科学地反映了历史发展规律，葆有极强的活力。对此，一些新出现的规律观尚无法超越。这也就是我们着力认识与把握这一历史规律观的初衷。

———————————

① 《马克思恩格斯文集》第 7 卷，人民出版社 2009 年版，第 888 页。

主要参考文献

一　经典著作

《马克思恩格斯文集》第1—10卷，人民出版社2009年版。

《马克思恩格斯全集》第1卷，第6卷，第13卷，第19卷，第26卷第1、3册，第31卷，第45卷，第46卷上、下册，人民出版社1956—1985年版。

《列宁全集》第1、24、34、37、40、41、43卷，人民出版社2013—2017年版。

《斯大林选集》下卷，人民出版社1979年版。

《邓小平文选》第3卷，人民出版社1993年版。

二　研究专著

陈炳辉编著《西方马克思主义的国家理论》，中央编译出版社2004年版。

陈乃昌：《马克思主义发展史话》，天津人民出版社2002年版。

段忠桥：《重释历史唯物主义》，江苏人民出版社2009年版。

复旦大学马克思主义研究中心：《资本主义发展的历史进程研究》，上海人民出版社2001年版。

高峰：《现代资本主义的经济关系和运行特征》，南开大学出版社

2000 版。

葛懋春主编《历史科学概论》，山东教育出版社 1983 年版。

国家教委高校社会科学发展中心组织编写《中外历史问题八人谈》，中共中央党校出版社 1998 年版。

国家图书馆编《部级领导干部历史文化讲座》，北京图书馆出版社 2003 年版。

蓝瑛、谢宗范主编《社会主义流派政治思想述评》，上海社会科学院出版社 1988 年版。

李惠斌主编《全球化与现代性批判》，广西师范大学出版社 2003 年版。

李其庆主编《全球化与新自由主义》，广西师范大学出版社 2003 年版。

李振宏：《历史学的理论与方法》，河南大学出版社 1989 年版。

罗荣渠：《现代化新论》，北京大学出版社 1993 年版。

倪力亚：《论当代资本主义社会的阶级结构》，中国人民大学出版社 1989 年版。

庞卓恒：《人的发展与历史发展》，吉林文史出版社 1988 年版。

庞卓恒：《唯物史观与历史科学》，高等教育出版社 1999 年版。

庞卓恒、李学智、吴英、李友东：《史学概论（第三版）》，高等教育出版社 2019 年版。

阮宗泽：《第三条道路与新英国》，东方出版社 2001 年版。

孙伯鍨等：《马克思主义哲学史》，山西人民出版社 1982 年版。

王东等编《马克思主义与全球化》，北京大学出版社 2003 年版。

吴英：《今日亚太与中国》，天津社会科学院出版社 2000 年版。

吴英主编《马克思恩格斯列宁斯大林论历史科学》，中国社会科学出版社 2014 年版。

杨雪东：《全球化：西方理论前沿》，社会科学文献出版社 2000 年版。

杨雪东、薛晓源主编《"第三条道路"与新的理论》，社会科学文献出版社 2000 年版。

张雷声主编《马克思主义基本原理概论（第二版）》，中国人民大学出版社 2018 年版。

〔英〕G. A. 柯恩：《卡尔·马克思的历史理论——一种辩护》，段忠桥译，高等教育出版社 2008 年版。

〔英〕S. H. 里格比：《马克思主义与历史学：一种批判性的研究》，吴英译，译林出版社 2012 年版。

〔德〕爱德华·伯恩施坦：《社会主义的前提和社会民主党的任务》，殷叙彝译，生活·读书·新知三联书店 1965 年版。

〔英〕安东尼·吉登斯：《第三条道路：社会民主主义的复兴》，郑戈译，北京大学出版社 2000 年版。

〔英〕安东尼·吉登斯：《第三条道路及其批评》，孙相东译，官力校，中共中央党校出版社 2002 年版。

〔英〕安东尼·吉登斯：《超越左与右——激进政治的未来》，李惠斌、杨雪冬译，社会科学文献出版社 2003 年版。

〔英〕安格斯·麦迪森：《世界经济千年史》，伍晓鹰等译，北京大学出版社 2003 年版。

〔美〕巴林顿·摩尔：《民主与专制的社会起源》，拓夫等译，华夏出版社 1987 年版。

〔美〕保罗·肯尼迪：《大国的兴衰——1500—2000 年的经济变迁与军事冲突》，王保存等译，朱贵生校，求实出版社 1988 年版。

〔法〕保尔·拉法格等：《回忆马克思恩格斯》，马集译，人民出版社 1973 年版。

〔美〕彼得·德鲁克：《后资本主义社会》，张星岩译，上海译文出版社 1998 年版。

〔美〕大卫·科兹、弗雷德·威尔：《来自上层的革命》，曹荣湘、孟鸣歧译，中国人民大学出版社 2002 年版。

〔美〕戴维·施韦卡特：《反对资本主义》，李智、陈志刚译，中国人民大学出版社 2002 年版。

〔美〕丹尼尔·贝尔：《后工业社会的来临——对社会预测的一项探索》，高铦等译，商务印书馆 1984 年。

〔英〕恩斯特·拉克劳、查特尔·墨菲：《领导权与社会主义的策略——走向激进民主政治》，尹树广、鉴传今译，黑龙江人民出版社 2003 年版。

〔美〕弗朗西斯·福山：《历史的终结及最后之人》，黄胜强、许铭原译，中国社会科学出版社 2003 年版。

〔美〕哈拉尔：《新资本主义》，冯韵文、黄育馥译，社会科学文献出版社 1999 年版。

〔德〕黑格尔：《历史哲学》，王造时译，生活·读书·新知三联书店 1957 年版。

〔德〕黑格尔：《小逻辑》，贺麟译，商务印书馆 1997 年版。

〔德〕黑格尔：《逻辑学》下卷，杨一之译，商务印书馆 1981 年版。

〔法〕亨利·列菲弗尔：《论国家——从黑格尔到斯大林和毛泽东》，李青宜等译，重庆出版社 1988 年版。

〔美〕吉利斯等：《发展经济学（第四版）》，彭刚等译，中国人民大学出版社 1998 年版。

〔英〕杰弗里·巴勒克拉夫：《当代史学主要趋势》，杨豫译，上海译文出版社 1987 年版。

〔美〕卡尔·G.亨普耳：《自然科学的哲学》，张华夏等译，生活·读书·新知三联书店 1987 年版。

〔奥〕L.贝塔兰菲：《一般系统论：基础·发展·应用》，秋同、袁嘉新译，社会科学文献出版社 1987 年版。

〔德〕李斯特：《政治经济学的国民体系》，陈万熙译，蔡受百校，

商务印书馆 1961 年版。

〔加〕罗伯特·阿尔布里坦等主编《资本主义的发展阶段：繁荣、危机和全球化》，张余文译，经济科学出版社 2003 年版。

〔美〕尼古拉斯·施普尔伯：《国家职能的变迁》，杨俊峰等译，辽宁教育出版社 2004 年版。

〔德〕马克斯·韦伯：《文明的历史脚步·韦伯文集》，黄宪起等译，生活·读书·新知三联书店 1988 年版。

〔德〕马克斯·韦伯：《儒教与道教》，王容芬译，商务印书馆 2004 年版。

〔德〕梅林：《保卫马克思主义》，吉洪译，人民出版社 1982 年版。

〔俄〕普列汉诺夫：《唯物论史论丛》，王荫庭译，人民出版社 1953 年版。

〔俄〕普列汉诺夫：《论唯物主义历史观》，王荫庭译，人民出版社 1957 年版。

〔俄〕普列汉诺夫：《论一元论历史观的发展》，王荫庭译，商务印书馆 2012 年版。

〔美〕乔伊斯·阿普尔比、林恩·亨特、玛格丽特·雅各布：《历史的真相》，刘北成、薛绚译，中央编译出版社 1999 年版。

〔美〕塞缪尔·亨廷顿：《变动社会中的政治秩序》，张岱云等译，华夏出版社 1988 年版。

〔美〕塞缪尔·亨廷顿：《文明的冲突与世界秩序的重建》，周琪等译，新华出版社 1998 年版。

〔美〕斯科特·拉什、约翰·厄里：《组织化资本主义的终结》，征庚圣等译，江苏人民出版社 2001 年版。

〔美〕特伦斯·K. 霍普金斯、伊曼纽尔·沃勒斯坦等：《转型时代——世界体系的发展轨迹：1945—2025》，吴英译，庞卓恒校，高等教育出版社 2002 年版。

〔美〕托马斯·K. 麦格劳：《现代资本主义：三次工业革命中的成

功者》，赵文书、肖锁章译，江苏人民出版社 2000 年版。

〔德〕托马斯·迈尔：《社会民主主义的转型——走向 21 世纪的社会民主党》，殷叙彝译，北京大学出版社 2001 年版。

〔德〕乌尔里希·贝克等：《全球化与政治》，王学东、柴方国译，中央编译出版社 2000 年版。

〔美〕悉尼·胡克：《对卡尔·马克思的理解》，徐崇温译，重庆出版社 1989 年版。

〔美〕威廉姆·肖：《马克思的历史理论》，阮仁慧等译，重庆出版社 2007 年版。

〔美〕伊曼纽尔·沃勒斯坦：《现代世界体系》第 1 卷《16 世纪的资本主义农业和欧洲世界经济的起源》，郭方等译，郭方校，社会科学文献出版社 2013 年版。

〔美〕伊曼纽尔·沃勒斯坦：《现代世界体系》第 2 卷《重商主义与欧洲世界经济体的巩固：1600—1750》，郭方等译，郭方校，社会科学文献出版社 2013 年版。

〔美〕伊曼纽尔·沃勒斯坦：《现代世界体系》第 3 卷《资本主义世界经济大扩张的第二个时期：1730—1840 年代》，郭方等译，郭方校，社会科学文献出版社 2013 年版。

〔美〕伊曼纽尔·沃勒斯坦：《现代世界体系》第 4 卷《中庸的自由主义的胜利：1789—1914》，吴英译，庞卓恒校，社会科学文献出版社 2013 年版。

〔美〕约瑟夫·熊彼特：《经济发展理论》，何畏、易家详等译，商务印书馆 1990 年版。

〔美〕约瑟夫·熊彼特：《资本主义、社会主义与民主》，吴良健译，商务印书馆 1999 年版。

三 论文

陈先达：《唯物史观在新中国的五十年》，《哲学动态》1999 年第

10 期。

邓晓芒：《"柯尔施问题"的现象学解——兼与徐长福先生商讨》，《哲学研究》2005 年第 2 期。

段忠桥：《历史唯物主义："哲学"还是"真正的实证科学"——答俞吾金教授》，《学术月刊》2010 年第 2 期。

段忠桥：《再谈"历史唯物主义与马克思的正义观念"》，《马克思主义与现实》2017 年第 6 期。

庞卓恒：《中西古文明比较》，《社会科学战线》2001 年第 4 期。

庞卓恒：《生产能力决定论》，《史学集刊》2002 年第 3 期。

庞卓恒：《西方资本主义社会正在发生自我扬弃》，《中国党政干部论坛》2002 年第 5 期。

庞卓恒：《马克思社会形态理论的四次论说及历史哲学意义》，《中国社会科学》2011 年第 1 期。

庞卓恒：《何谓科学的方法论和鉴别是非真伪的科学标准——从"史""论"之争纠结难解谈起》，《河北学刊》2020 年第 1 期。

庞卓恒：《人类本性和人的阶级性》，《史学理论研究》2022 年第 3 期。

庞卓恒、吴英：《什么是哲学？什么是历史哲学?》，《史学理论研究》2000 年第 4 期。

庞卓恒、吴英：《历史学是科学还是"人文学科"》，《史学理论与史学史学刊（2002 年卷）》，社会科学文献出版社 2002 年版。

吴英：《对马克思分工—阶级理论的再解读》，《史学月刊》2004 年第 5 期。

吴英：《西方新中间阶级兴起及其社会政治影响》，《史学理论研究》2006 年第 4 期。

吴英：《对唯物史观几个基本概念的再认识》，《史学理论研究》2007 年第 4 期。

吴英：《论中国特色社会主义的本质特征》，《理论与评论》2018

年第 4 期。

吴英：《马克思关于后发国家向社会主义过渡的观点及其现实意义》，《学术前沿》2021 年 11 月下。

徐长福：《求解"柯尔施问题"——论马克思学说跟哲学和科学的关系》，《哲学研究》2004 年第 6 期。

俞吾金：《历史唯物主义是哲学而不是实证科学——兼答段忠桥教授》，《学术月刊》2009 年第 10 期。

张廷国、梅景辉：《历史唯物主义是什么意义上的"实证科学"——由俞吾金教授与段忠桥教授之争所想到的》，《学术月刊》2010 年第 2 期。

四 外文论作

Anthony Giddens, *Capitalism and Modern Social Theory*, Cambridge University Press, 1971.

Anthony Giddens, *The Class Structure of The Advanced Societies*, Hutchinson & Co. Ltd. , 1973.

Arthur J. Vidich ed. , *The New Middle Class: Life Styles, Status Claims and Political Orientation*, Macmillan, 1995.

Bjorn Hettne, *Development Theory and the Third World*, Longman Group UK Limited, 1990.

Bob Carter, *Capitalism, Class Conflict and the New Middle Class*, Routledge, 1985.

Carling Alan, *Social Division*, Verso, 1992.

John Plamenatz, *Man and Society*, Volume One and Two, McGraw-Hill Book Company, 1963.

Mark McCollch, *White Collar Workers in Transition*, Greenwood Press, 1983.

Martin Oppenheimer, *White Collar Politics*, Monthly Review Press,

1985.

Olin Wright, *The Debates on Classes*, Verso, 1989.

Patrick Gardinar, ed., *Theories of History: Readings from Classical and Contemporary Sources*, The Free Press, 1959.

Peter Preston, *Development Theory: An Introduction*, Blackwell Publishers, 1996.

Philip Abrams, *Historical Sociology*, Open Books, 1982.

Richard Sobel, *The White Collar Working Class*, Praeger Publishers, 1989.

Ronald Glassman, *The New Middle Class and Democracy in Global Perspectives*, Macmillan, 1997.

Richard Ruey-Chyi Hwang, *Recent Interpretation of Karl Marx' Social Theory*, Peter Lang, 2006.

Ronald Glassman, *Caring Capitalism: A New Middle-Class Base for the Welfare State*, St Martin Press, 2000.

Stanley Moore, *Marx on The Choice Between Socialism and Communism*, Harvard University Press, 1980.

Tim Butler, *Gentrification and The Middle Classes*, Ashgate Publishing Ltd, 1997.

Wright Mills, *White Collar*, Oxford University Press, 1953.

Arther M. Prince, "Background and Ulterior Motive of Marx's 'Preface' of 1859," *Journal of the History of Ideas*, Vol. 20, No. 3, 1969.

Christopher Bertram, "International Competition in Historical Materialism," *New Left Review*, Vol. 183, No. 1, 1990.

George Brenkert, "Freedom and Private in Marx," *Philosophy and Public Affairs*, Vol. 8, No. 2, 1979.

G. A. Cohen, "Functional Explanation: Reply to Elster," *Political*

Studies, Vol. 28, No. 1, 1980.

Harry Ratner, "Historical Materialism: A Critical Look at Some of Its Concepts," *New Interventions*, Vol. 10, No. 2, 2000.

Jon Elster, "Cohen on Marx's Theory of History," *Political Studies*, Vol. 28, No. 1, 1980.

Manuel Castells, "Yuko Aoyama, Paths towards the Information Society," *International Labor Review*, Vol. 133, 1995.

Richard J. Arneson, "What's Wrong with Exploitation," *Ethics*, Vol. 91, No. 2, 1981.

Richard W. Miller, "Productive Forces and the Forces of Change: A Review of Gerald A. Cohen, 'Karl Marx' Theory of History: A Defense'," *The Philosophical Review*, Vol. 90, No. 1, 1981.

S. H. Rigby, "Historical Causation: Is One Thing More Important Than Another?" *History*, Vol. 80, No. 259, 1995.

Ziyad Husami, "Marx on Distributive Justice," *Philosophy and Public Affairs*, Vol. 8, No. 1, 1978.

后　记

人们常用范文澜先生的名言"板凳要坐十年冷，文章不写半句空"来告诫青年学者要耐得住寂寞，通过持之以恒的研究写出高质量的文章和著作。这本将要出版的小书应该说体现了范老的要求。自 1999 年我跟随庞卓恒先生攻读博士研究生，确定以唯物史观作为写作博士论文的选题，最终的论题是"马克思揭示的人类社会历史发展规律与当代世界历史变迁"，至今已历 24 年，足有十年的双倍还多。应该说，现在这本小书是持之以恒研究的成果，至于是否是高质量的，则有待读者论定。

历史专业不大可能成为青年学子们追逐的热门专业，而我对历史学却是有着真正兴趣的。这其实很好解释。根据唯物史观的基本原理"生活决定意识"，当时生活中最能吸引我兴趣的就是历史。像中午赶着回家听的评书、晚上看的露天电影、最喜欢的课外书，都是与历史有关的，真的想不出还有比这些更能吸引我的，因此也就选择了历史学作为我大学学习以及终身从事研究的专业。因为是真有兴趣，所以也就乐在其中，没有任何枯燥和无聊感。

能够选择史学理论作为硕士和博士研究生攻读的方向，并在毕业后一直从事此领域的研究，我觉得自己足够幸运。先后遇到三位老师，他们可以称得上是我走上学术研究之路的贵人。

第一位贵人是我在河南大学历史系读书时教"史学概论"课的老

师李振宏先生。能够在人口最多、名校最少的河南省考入河南大学，实属幸运；而历史系又是河南大学的王牌院系，很多著名历史学家都曾在这里学习、任教。当时教我们课的很多老师实力都很强，而其中令我印象最深的便是李振宏先生，他把"史学概论"这门理论性很强的课讲得激情澎湃，富于感染力和说服力，并且是那么具有现实关怀和问题意识。我至今仍然认为，国内历史系讲授史学概论课的老师无人能出其右。当时一个年级有120多人，分三个班，出勤率参差不齐，但李振宏先生的课应该是出勤率最高的一门。因为影响大，河南省其他兄弟院校历史系也请李振宏先生去讲授"史学概论"课。我能够选择史学理论专业继续深造，并终身从事史学理论研究，应该感谢李振宏先生，是他引领我对史学理论真正产生了兴趣。

第二位贵人是我硕士阶段和博士阶段的导师庞卓恒先生，能够跟随庞先生读书，是我学术生涯最大的幸运。我们这届大学生毕业时基本是从哪来回哪去，我被分配到鹤壁市第二中学教书，却一直坚持复习准备考研。最终幸运地投到庞卓恒先生门下，在天津师范大学历史系攻读史学理论专业。庞卓恒先生是研究领域非常广泛的学者，从第一次跟庞先生上课就感觉到，他的课太难了，没有大量的课前准备根本就无法上下去。庞先生上课的方式是标准的研讨班式（seminar），先生布置下一次讨论的内容，我们分头去准备，然后带着问题去上课，通过研讨来推进，最后由先生做总结。第一学期开了两门课，一门是马恩经典著作选读课，另一门是专业外语课。两门课的第一次课上得都很不顺利，主要原因是我们准备不足。先生反复强调他的课就是要提出问题进行研讨，学生可以向老师提问题，甚至反驳老师。

我们上完第一次课后就认识到了自己的差距，同时也了解到先生上课的风格。这以后我们加强准备，基本上一周时间都是在预备先生的课。为了上好原著选读课，我借阅了德国古典哲学方面的书籍，基本上每节课都要准备10个以上的问题，不然很难撑得起一上午的课；专业外语课也是精益求精，过去是看一遍大概读懂了就行，现在是必须一句一句译出来，然后写出来，译文不合理的地方还要反复斟酌，直到自己觉得说通了才行。就这样，课上得越来越顺利，也就越来越变成我与老师的对谈。开始时更多是提问，后来逐渐变成提问和辩驳，一堂课不知不觉就上下来了，甚至会超时。我们都为先生严密的逻辑、深厚的理论修养和广博的知识储备所折服。先生是名副其实的问不倒。回想起来，读硕士和博士，加上留校后做先生的助手，我们几乎每周都至少交流一次，而交流的内容就是我提问题、先生回答。总计起来，我怎么也问过上千个问题，但先生最终都能令我信服地给出答案。正因为庞先生的鼓励甚至是"纵容"，我逐渐培养起质疑甚至批判的习惯，乃至将目标对准先生。记得第一学期末我写作了一篇驳论文章《也谈终极原因：同庞卓恒先生商榷》。先生专门把我叫去鼓励一番，但指出文章很多问题没有说清楚，建议我先放一放，等做进一步研究以后再说。当然，随着研究的深入，我真正理解了庞先生在终极原因的认知上是超越了之前流行的主张终极原因是一种相互作用的观点的，所以我那篇文章的观点是立不住的。

　　跟随庞先生读书，我感觉自己在四个方面有了很大的提升。一是人生境界有了很大提升。庞先生那一辈人是身怀揭示人类社会发展规律以服务现实社会发展的远大抱负的，经常在课上和课下听到先生讲到马克思为人类的自由和解放而从事学术研究的事迹，先生也鼓励我们要有追求真理的远大理想。总之，正是因为跟随庞先生学习，有了境界的提高，才能坚持不懈地从事唯物史观基本理论及其现实运用的研究，没有被一些曲折和挫折所干扰，并真心体会到这种研究是有意义和有价值的。二是知识面有了很大扩充。应该说，在跟先生读研之前我的兴趣就比较广泛，买的书中有哲学、社会学、经济学、政治学等，历史学的书反而买的比较少；但这些都属于泛读，并没有真正深入下去。第一学期的经典选读课让我在哲学，尤其是德国古典哲学方面有了较系统的阅读；第二学期先生给我们开了发展经济学的课，使我对经济学、发展经济学有了全面的学习。庞先生是希望我能在经济学方面有所深入的。为了能让我们对西方经济学有更系统的了解，还专门找了数学系的老师给我们上微积分课（虽然也跟着上课，但最终未能深入下去，辜负了先生的一片苦心）。我的硕士论文做的是西方农民学研究，主要涉及三位农民学家查亚诺夫、斯科特和舒尔茨，其中两位是社会学家、一位是经济学家，因此，我在社会学方面也有所涉猎。应该说，没有这种广泛的知识积累，是很难做唯物史观研究的。马克思是标准的百科全书式的人物，他的理论兼及哲学、历史学、经济学、社会学、政治学等，要全面研究唯物史观所涉及的诸问题，没有各门社会科学的知识是寸步难行的。所以，当有学生向我表达想学习唯物史观时，我一方面会鼓励他的兴趣和志向，另一方面会告诫他唯物史观研究的门槛是很高的，其中知识面就是一个很难跨越的挑战。庞先生自己就是知识面非常广博的大学者，所以他对我广泛涉猎的做法是鼓励的，甚至是为我创造条件去扩大知识面。三是理论思维能力有了显著提升，甚至可以说是先生训练我掌握了一种理论分析方法。通过无数次的对谈和对各种问题的分析解释，先生逐步灌输给我一种思考问题的理论方法。先生曾多次强调，一定要反复问"为什么"，不断把因果链条向前推进；要有"打破砂锅问到底"的精神，有模糊的地方一定要弄清。知易行难，但先生正是通过上千次的问答，践行了到底什么叫"打破砂锅问到底"，同时也将这种理论思维方式印刻在我的脑子里。庞先生带的硕士生和博士生很多，他们都有共同的感觉，那就是先生有一套理论思维方法；但他们可能没有我留在先生身边12年、随时发问的机会。能够从庞先生那里学到一种理论思维方法，是我最感谢先生的地方，因为它是受用终身的。四是外语能力有了实质性的提高。跟庞先生上专业外语课，教材是德国学者劳伦斯坦的专著《马克思反对马克思主义》。先生通过指导我们一句一句较真地读通读懂这部晦涩难懂的理论著作，使我的外语能力在不知不觉中有了质的提升。第二学期，庞先生又安排我们继续上专业外语课，教材是荷兰学者海滕的《发展理论与第三世界》。读过《马克思反对马克思主义》后再读《发展理论与第三世界》，真是感觉轻松不少，外语能力也继续得到锻炼。到我毕业留校时，庞先生找我说，咱们这个学位点老师少，你给硕士生上专业外语课吧。教材是一本先生选定的《为历史学者写作的经济学》，选择这本教材的目的还是想让学生对经济学有基本的了解，体现了先生一直想培养做经济学研究的苗子的想法。但这对我却是巨大的挑战。我战战兢兢地接下任务，经过充分准备，课算是顺利上下来了。当然肯定有学生们的包容。给史学理论专业的硕士生上专业外语课（博士点申请下来后也有博士生来上），成了我在师大期间一直做的工作。教材用过海滕的《发展理论与第三世界》、普雷斯顿的《发展理论导论》和里格比的《马克思主义与历史学》。其中《马克思主义与历史学》在清华大学彭刚教授的帮助下，由译林出版社于 2012年出版，2019 年再版。读者对这个译本的反响不错，一些朋友也买了请我签名。他们可能不知道，这本书我曾带着研究生读了至少四遍。这里应该感谢他们，在他们的帮助下，书中的疑点和难点都基本解决了。回想起来，能够翻译一些理论著作并出版，是我过去没有想过的。没有先生曾经带着一句一句地翻译，没有先生灌输那种较真的精神，是不可能做到的。先生不仅下大力气提高我的英语水平，而且还为我译书创造条件。在国内翻译沃勒斯坦的书，起初是由高等教育出版社组织的，一开始是找罗荣渠先生主持翻译，罗先生去世后就主要由庞先生来主持。先生事务繁忙，就领着学生来做。记得是 2001 年，先生找到我说，高教出版社购买了沃勒斯坦教授著作《转型时代》的版权，他们请先生推荐译者，先生想让我来译。我想正好试试手，看能不能独立翻译一本书。就这样用了半年时间译出，先生帮着审校了一遍，最后交给出版社，于 2002 年出版。由于反响不错，之后不断有译书的机会。到目前为止，自己比较满意的译作有：《史学导论》（北京大学出版社 2007 年版）、《马克思主义与历史学》（译林出版社 2012 年版）、《现代世界体系》第 4 卷《中庸的自由主义的胜利：1789—1914》（社会科学文献出版社 2013 年版）。

第三位贵人是我的博士后合作导师于沛先生。跟于先生的相识本应更早些。2001 年南京大学主办了一场重要的国际史学理论研讨会，像伊格尔斯等国际著名学者都参加了。本来是邀请庞先生参会的，但因庞先生有事，就让我去参加，还嘱咐我一定要代他向杨豫先生、陈启能先生、于沛先生问候。这是我第一次到外地开会，兴奋和紧张之情可想而知。坐了一夜动车，因为空调开得足，所以一到南京我就发低烧。幸运的是和在北大工作的师兄赵进中住在一起，他还给我买了药。在报到和小组讨论时，向杨豫先生和陈启能先生转达了庞先生的问候，但一直没有机会向于沛先生问好。于先生当时担任世界历史研究所所长，事务繁忙，很难有单独交谈的机会。第一天中午是桌餐，我想找机会向于先生敬酒，同时转达庞先生的问候，坐定后就一直在寻找于先生，却没有找到。后来快开席了，于先生在好几个学者的簇拥下走进餐厅，被引导着到主桌就座。我边吃边寻找机会，每当下定决心要去向于先生敬酒时，就有人"捷足先登"。争取了几次未成，加上身体不适，就放弃了，想着再找机会向于先生表达吧。谁知于先生有别的事务，第二天就离开了，我后悔不已。后来回到天津向庞先生讲起，他哈哈大笑，说以后再找机会介绍你们认识吧。就这样错失了更早向于先生请教的机会。

2004 年 5 月完成论文写作，跟庞先生商量请哪些学者来参加我的博士论文答辩。先生表示一定要请世界史方向最好的学者来做我的答辩主席，他提的第一位学者就是于沛先生，另一位学者是北京大学副校长何芳川先生。之所以找这两位先生来做我的博士论文答辩主席，我体会是先生在为我铺路了。虽然舍不得我离开天津师大，但他也知道这个平台可能无法满足我的发展。我给于先生发邮件后，很快就接到先生的回信，答应来参加我的答辩。这样，就由于沛先生来做我的答辩委员会主席，其他答辩成员包括南开大学的张象先生、天津师大的侯振彤先生、侯建新先生、李学智先生。记得那是个周一，一大早我就赶到天津站接于沛先生。在打车去师大的路上，于先生叮嘱我不要紧张，我也跟他说起在南京大学错失转达问候的事情，他笑着说确实太忙了，今天算认识了。于先生的和蔼可亲是学界出了名的，所以跟他聊天没有任何拘束，就像跟家里长辈说话一样。答辩进行得很顺利，导师提问完后我没有去做专门的准备就直接回答了。包括于沛先生在内，对我的论文都比较满意。吃完午饭后我送于先生到师大南院招待所休息（答辩是在师大北院历史系进行的），他下午还有公干，说好第二天早晨我来送他去天津站。

第二天一早我赶过去，于先生已经起床了。我提议吃了早点再去天津站，他说不用了，直接去。在路上他跟我说起中宣部启动"马克思主义理论研究和建设工程"的事，历史学科要编写《史学概论》教材，他是首席专家（其他的首席专家包括张岂之、张海鹏、陈祖武），说我的专业方向正是理论建设需要的，如果我想到北京发展可以告诉他。周二是当时世界历史研究所的返所日，他说到北京后就直接去单位。我想不能让于先生空着肚子去上班呀，就赶紧买了面包和方便面给他带上。和于先生的相识使我认识了此生的第三个贵人，是于先生给了我机会到中国社会科学院世界历史研究所这个国内最好的平台上去历练。

答辩结束后我就在思考未来的打算。从我本人讲是非常希望去北京发展的，因为爱人已经先期到北京工作，和家人团聚是顺理成章的事；但从学科建设来说，当时又确实离不开。在和庞先生多次沟通后，先生还是同意我到北京发展。我给于沛先生发邮件询问能不能到世界历史研究所工作，他很快就给我回信说，有两种可能：一种是工作调动，难度比较大，但也不是不可能；另一种是跟他做博士后，可以很快办理。我马上回信告诉于先生，我愿意跟他做博士后。于沛先生很快就联系了院人事局博士后办公室的相关同志，说明了我的情况，博士后办公室也很快就给我发了入站通知。应该说入站还是费了一些周折的。庞先生领衔的史学理论专业是天津市的重点学科，我作为重要梯队成员离开师大是需要校领导批准的。当时的靳校长挽留我，我向他说明了两地分居的现实困难和离开的决心，他表示理解，说只要庞先生和系里同意，学校不会干涉。在庞先生和系里都表示同意后，人事处盖了章。虽然小有波折，总体说还算顺利。我离开了学习工作12年的天津师大，走上一个更大的平台——中国社会科学院世界历史研究所。

　　中国社会科学院不仅是一个科研单位，而且还承担着其所辖各研究所对应学科的学术组织工作，像每个学科最重要的学术会议都是由各研究所和研究室主办的。再有，中国社会科学院最引以为豪的是每个学科都有由各研究所主办的顶级刊物。这些是社科院相比高校的优势所在。我一直打心底里感谢于沛先生对我的知遇之恩，将我带到中国学术研究的最高平台上。我到世界历史研究所第一年参加了多场重要的学术会议，尤其是参加了 2005 年在云南昆明举办的第 12 届全国史学理论研讨会，并当选史学理论分会理事。入所第一年我就在《史学理论研究》这个史学理论研究领域最高学术刊物上发表文章《马克思的世界历史理论与全球化历史进程的实践》，并由于沛先生推荐进入《史学概论》教材编写组，经常同张岂之、张海鹏、瞿林东、陈祖武等先生一起开会。2008 年进入《史学理论研究》编辑部，开始编研结合的工作，这无疑对自己及时了解史学理论研究界的最新动态提供了便捷的渠道，所以，后来发表了一些有关史学理论研究发展现状和如何进一步发展的文章。此后又先后担任了外国史学理论研究室的副主任、主任，《史学理论研究》编辑部的副主编、常务副主编，较深度地见证了中国史学理论研究的发展历程。

　　就中国的史学理论研究而言，应该说是一个亟待发展的学科，这不仅是学术界的共识，并且引起中央的关注。新成立的中国历史研究院唯一一个新设研究所就是历史理论研究所。也就是说，历史理论研究的发展已经成为一个引起现实社会关注的问题，它的发展不畅和受到忽视是历史虚无主义传播、泛滥背后的深层次原因所在。而要发展历史理论，首先就是要发展唯物史观。唯物史观是一门真正的实证科学，它需要实现正本清源和与时俱进。当前唯物史观研究的最重要的任务就是要对从苏联借鉴而来的唯物史观的解释体系进行系统的批判研究，充分认识到它是在"革命与战争"这种特定时代背景下对唯物史观的一种解读，但这种解读在"和平与发展"的时代背景下已显现出片面性。必须结合新的时代背景，在对经典作家论述做更全面解读的前提下，建构一套适应新时代需要的唯物史观的解释体系。本书就是为此而做。

书稿能够出版，首先要感谢中国社会科学院创新工程学术出版资助项目的支持。同时，我要感谢夏春涛研究员，是他提醒我应该将创新工程的结项成果出版，让学术界有一个评价，可以在此基础上进行更深入的研究。还要感谢创新工程结项成果的评审专家，五位专家都对成果给予了肯定，这是出版书稿最大的动力和底气。感谢同研究室的张旭鹏研究员，我们是同年进世界历史研究所的好朋友，这些年一直互相鼓励、共同前进，他也督促我尽快将书稿出版。感谢科研处的孙厦副处长，他在从创新工程结项一直到书稿申请出版资助的过程中亲力亲为，使书稿得以顺利出版。感谢社会科学文献出版社的郑庆寰老师，是他第一时间联系我书稿的出版事宜；感谢郑彦宁、窦知远编辑，从具体的出版事务到书稿的编辑工作，他们都付出了心血。最后要感谢所有帮助过我的老师、朋友和学生，虽然这里不可能一一列举您们的名字，但我都感念在心。

我做的有关唯物史观的讲座得到了正面反馈，证明理论只要讲彻底是能够说服人的，这将成为我继续从事唯物史观研究和继续广泛宣讲唯物史观是科学史观的最大动力。

吴　英

2023 年 11 月 28 日

图书在版编目(CIP)数据

重释唯物史观 / 吴英著. --北京：社会科学文献
出版社，2024.4
ISBN 978-7-5228-2953-1

Ⅰ.①重… Ⅱ.①吴… Ⅲ.①历史唯物主义-研究
Ⅳ.①B03

中国国家版本馆 CIP 数据核字（2023）第 245185 号

重释唯物史观

著　　者 / 吴　英

出　版　人 / 冀祥德
责任编辑 / 郑彦宁　窦知远
责任印制 / 王京美

出　　版 / 社会科学文献出版社 · 历史学分社（010）59367256
　　　　　　地址：北京市北三环中路甲 29 号院华龙大厦　邮编：100029
　　　　　　网址：www.ssap.com.cn
发　　行 / 社会科学文献出版社（010）59367028
印　　装 / 三河市龙林印务有限公司

规　　格 / 开　本：787mm×1092mm　1/16
　　　　　　印　张：24.5　字　数：351 千字
版　　次 / 2024 年 4 月第 1 版　2024 年 4 月第 1 次印刷
书　　号 / ISBN 978-7-5228-2953-1
定　　价 / 128.00 元

读者服务电话：4008918866